局域网

组建与管理

主 编 王 忠
副主编 陈 新

北京希望电子出版社
Beijing Hope Electronic Press
www.bhp.com.cn

内容简介

本书共 10 章，分别讲解了局域网基础知识、TCP/IP 模型及其主要协议、常用的局域网设备、家庭局域网的组建与配置管理、小型企业局域网的组建与配置管理、大中型企业局域网的组建与配置管理、无线局域网的组建与配置管理、网络服务器的搭建与配置管理、局域网网络安全与维护管理、云计算技术等方面的内容。

本书适合作为计算机类相关专业教材，也可作为广大网络工程技术人员的参考书。

图书在版编目（CIP）数据

局域网组建与管理 / 王忠主编. — 北京 ：北京希望电子出版社，2023.9

ISBN 978-7-83002-853-4

Ⅰ. ①局… Ⅱ. ①王… Ⅲ. ①局域网 Ⅳ.①TP393.1

中国国家版本馆 CIP 数据核字(2023)第 156357 号

出版：北京希望电子出版社
地址：北京市海淀区中关村大街 22 号
中科大厦 A 座 10 层
邮编：100190
网址：www.bhp.com.cn
电话：010-82620818（总机）转发行部
010-82626237（邮购）
传真：010-62543892
经销：各地新华书店

封面：黄燕美
编辑：龙景楠
校对：付寒冰
开本：787mm×1092mm　1/16
印张：16.5
字数：391 千字
印刷：北京虎彩文化传播有限公司
版次：2023 年 9 月 1 版 1 次印刷

定价：54.00 元

前言

当今，各种网络技术和应用已经深入人们的日常生活，计算机网络技术已经不仅仅是网络专业人员必须掌握的技术，也是广大非计算机专业人员应了解和掌握的技术。在日常生活中人们接触最多的网络结构是局域网。本书紧紧围绕局域网各个方面的知识，结合当前流行的局域网设备和技术，进行理论讲解，并注重培养读者的操作能力，以提升他们的学习兴趣和实际动手能力。

本书从“统筹职业教育、高等教育、继续教育协同创新，推进职普融通、产教融合、科教融汇”的思路出发，力求体现技能型和应用型特色，围绕计算机相关专业的人才培养目标，按照注重基础、突出实用的原则进行内容设计与开发。本书具有如下几个特色。

一、系统完整、全面翔实

本书从网络的体系结构入手，涵盖了局域网的模型、TCP/IP各层的重点知识，以及常用设备的参数含义。同时，本书还介绍了家庭、小型和大中型局域网的配置和管理方法，无线局域网技术，服务器的搭建，局域网安全以及最新的云计算技术等内容。通过学习本书，读者可以迅速而全面地掌握局域网的各个方面知识和技术。

二、联系实际、快速应用

本书以普及基础知识为主，并结合实际工作、生活中遇到的网络真实情况，分析原理并给出各种解决方法，与实际紧密联系，让读者在掌握理论知识的基础上，可以应用到实际工作中去。

三、注重基础、查漏补缺

本书采用简练的语言，结合入门级读者的特点，进行理论介绍和案例讲解，以便读者更好地理解和应用知识。为了帮助读者更好地掌握内容，本书在内容介绍中穿插了“网络术语”“拓展知识”“注意事项”等栏目内容。这些栏目对于不易理解、容易出错的知识点进行了详尽的解释和分析，扩展了知识面，拓宽了读者的视野。

四、培养兴趣、发散思维

兴趣是最好的老师。本书注重培养读者的学习兴趣，并引导读者按照网络思维方法学习其他计算机知识。同时，本书还鼓励读者通过发散思维模式去思考常见的网络问题，培养专业思维和举一反三的能力。通过学习本书，读者可以在解决问题的过程中不断提高自己的学习能力和思维方式。

本书由海南经贸职业技术学院王忠担任主编，新乡职业技术学院陈新担任副主编。编写分工如下：第1~5章由王忠编写，第6~10章由陈新编写。由于编者水平有限，疏漏之处在所难免，望广大读者批评指正。

编　者

2023年8月

CONTENTS

目录

第1章 局域网基础知识

第2章 TCP/IP模型及其主要协议

第3章 常用的局域网设备

第4章 家庭局域网的组建与配置管理

第5章 小型企业局域网的组建与配置管理

第6章 大中型企业局域网的组建与配置管理

第7章 无线局域网的组建与配置管理

第8章 网络服务器的搭建与配置管理

第9章 局域网网络安全与维护管理

第1章 局域网基础知识

内容概要

网络凭借其巨大的承载能力和广阔的应用拓展能力，逐渐发展成为重要的生产力。随着智能终端，尤其是智能手机的发展，网络技术已经深入人们的日常生活，并创造出了巨大的经济价值和社会价值。因此，掌握一定的网络基础知识已经成为现代人的必备技能。

重点难点

- 计算机网络的定义及发展历程。
- 计算机网络的功能。
- 计算机网络的分类与拓扑结构。
- 网络体系结构与OSI参考模型。
- 局域网的定义和分类。
- TCP/IP协议及参考模型。

1.1 计算机网络简介

网络最初是在计算机出现后并伴随着计算机技术的发展而出现的，所以一直沿用了“计算机网络”的称呼。但现在的网络终端不止有计算机，还有智能手机、智能家居设备、智能安防设备等，因此在了解局域网之前，还需要从计算机网络开始讲起。

1.1.1 计算机网络的定义

计算机网络从狭义上理解就是将地理位置不同的、具有独立处理能力的计算机用通信线路连接起来，如图1-1所示，它通过网络操作系统、网络管理软件和网络通信协议，实现数据传输和资源共享。

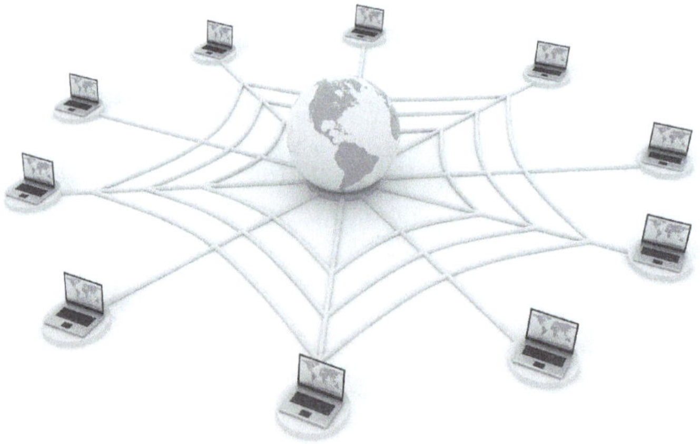

图 1-1 计算机网络

从广义上来说，网络是通过各种通信线缆及各种网络设备连接起来，使用各种有线技术、无线技术和通信协议，为接入其中的不同地理位置的所有网络设备提供互相通信、互相访问功能的一整套功能完备的体系结构。网络中由处于核心位置的网络通信设备（主要是路由器）和软件以及各种线缆组成的结构，叫作通信子网，它的主要功能是传输及转发数据；而所有互联的设备，无论是提供共享资源的服务器，还是各种访问资源的终端，都叫作资源子网，它负责提供及获取资源，如图1-2所示。

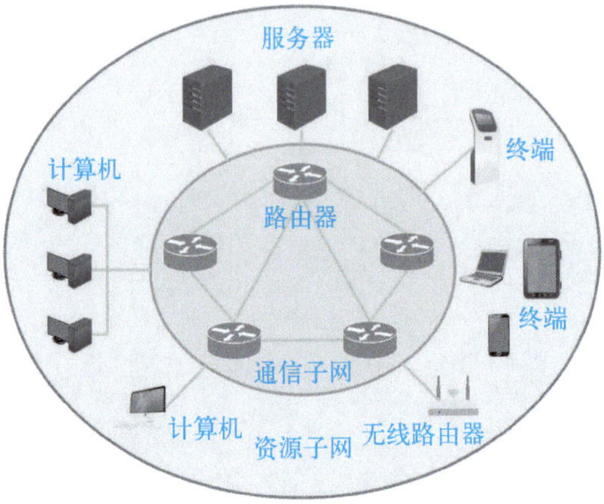

图 1-2 网络体系结构

拓展知识

最简单而又不简单的双机互联

用网线将两台计算机连接在一起，并配置好IP地址（internet protocol address）和子网掩码，就组成了最简单的网络。这两台计算机若安装了网络操作系统，并遵循相同的网络协议即可进行数据通信。而整个通信子网，浓缩到极致，就可看作是一根简单的网线。

1.1.2 计算机网络的发展历程

计算机网络不是凭空出现的，它是在计算机科学技术发展到一定阶段，有了互相传递数据的需求后才产生的。通常可将计算机网络的发展分为以下4个阶段。

1. 计算机终端阶段

20世纪50年代，由于计算机还属于比较稀缺的设备，且价格非常昂贵，因此它主要的应用领域还是在军事及科研单位。

为了解决更多部门的计算、访问资源的需求，网络就出现了。该阶段的主要特征是以大型计算机为中心，而将可以操作的计算机以及可以进行科学计算的终端通过通信线缆连接到中心计算机上，如图1-3所示，这就构成了以中心计算机为中心的最简单的网络体系。

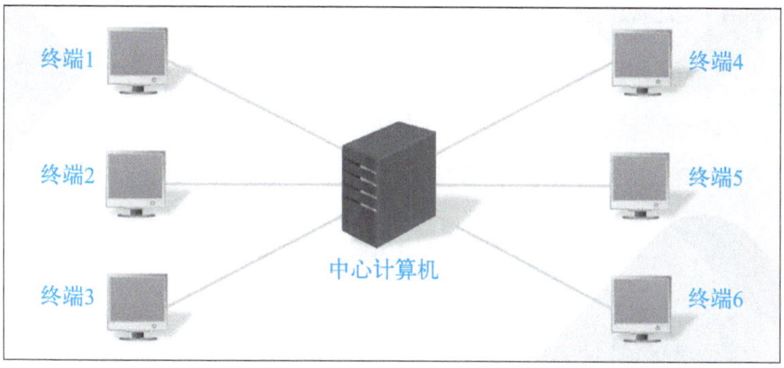

图 1-3　以中心计算机为中心的网络体系

此时，终端的作用相当于“键盘+鼠标+显示器”。终端没有处理能力，所有运算都由中心计算机完成；终端也没有存储能力，所有用户共享中心计算机的资源。终端采用分时系统，逐个与中心计算机进行通信交互。这种结构属于网络的雏形结构，优点是通过网络解决了计算机的计算和数据共享问题，实现了资源共享的目标。缺点是整个网络数据传输的稳定性和性能全部依赖于中心计算机。一旦中心计算机负载过高，就会降低整个网络的性能。如果中心计算机崩溃，整个网络也就随之崩溃。

拓展知识

终端模式回归

随着网络飞速发展，出现了云计算、云存储等依托于网络的新型应用，云电脑应运而生，如图1-4所示。云电脑的作用相当于中心计算机，用户只需下载相应的客户端软件，即可连接到中心计算机。中心计算机为客户端提供一台虚拟计算机，所有用户看到的、听到的、操作的数据都可以通过网络进行传输，在用户看来，这就和使用本地计算机一样。

图 1-4　云电脑

2. 计算机互联阶段

20世纪60年代，随着大型主机的出现，大型主机资源共享的需求成了亟待解决的问题。在该阶段，已经摆脱了中心计算机的束缚（去“中心化”），计算机之间属于独立的存在，通过通信线路互联，并通过约定好的“协议”进行通信及数据传输，如图1-5所示。

此时电信技术的发展为这种大型主机远程资源共享提供了技术支持。程控交换技术和分组交换技术的应用，使得网络的数据分组转发成为可能。此时的网络可以称为分组交换网络，它是以电话线路作为主干通信的网络。前面介绍的通信子网和资源子网的网络结构就是在这个时间段初步形成的。

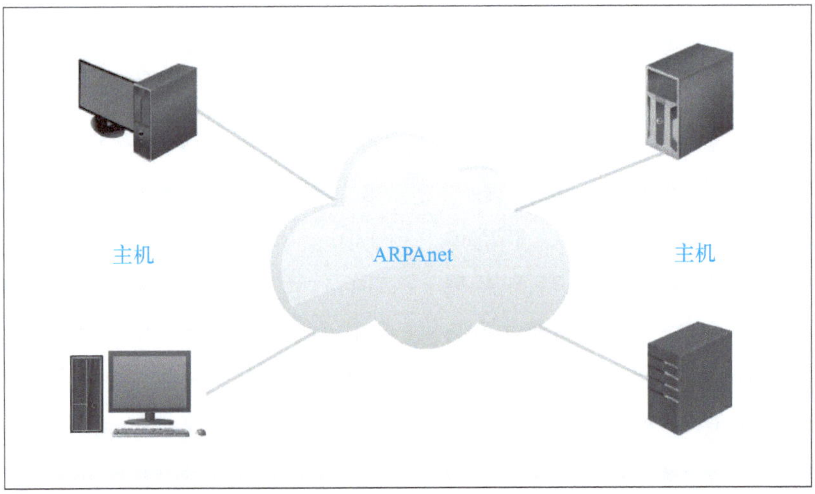

图 1-5　分组交换网络

3. 计算机网络标准化阶段

随着计算机性能逐步提高，价格越来越低，更多的计算机加入到网络中。网络规模变大后，出现了新的问题——不同厂商各自为政，使用了不同的网络协议进行通信，网络协议越来越复杂，给用户的网络互访造成了很大的困难。

1977年，国际标准化组织（International Organization for Standardization，ISO）开始着手制定开放系统互连（open systems interconnection，OSI）参考模型，并在1984年制定完毕，这个模型就是现在所说的OSI七层参考模型，如图1-6所示。它通过分层的结构将复杂的网络通信进行了简化和定义，严格遵循七层参考模型进行产品的设计，保证在相同层面的数据能够按照该层的协议进行互通，即可在不同的网络之间传递数据。

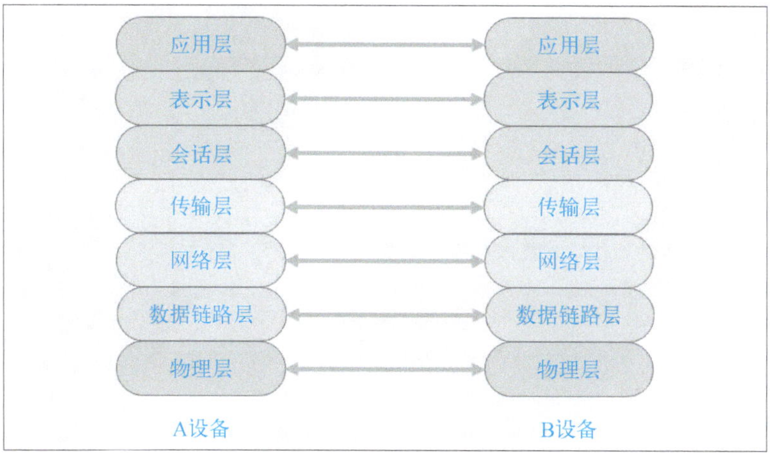

图 1-6　OSI 七层参考模型

4. 信息高速公路阶段

在网络参考模型的基础上，网络飞速发展。ARPAnet（Advanced Research Project Agency network，阿帕网）其实算是最早的因特网骨干雏形，后被美国国家科学基金会（National Science Foundation，NSF）规划建立的13个国家超级计算机中心及美国国家教育科技网所替代。20世纪80年代，个人计算机大范围普及，局域网技术及以光纤为载体的高速网络技术逐步成熟，这使得互联网于90年代进入了以因特网为代表的高速发展时期，即计算机网络发展的第4个阶段，也被称为信息高速公路阶段。

网络术语

因特网

因特网（Internet）是现在规模最大、用户最多、影响最大的计算机互联网络，如图 1-7 所示。所有接入其中的网络终端和各种网络设备都必须使用通用的协议，这突显了标准化的巨大作用。

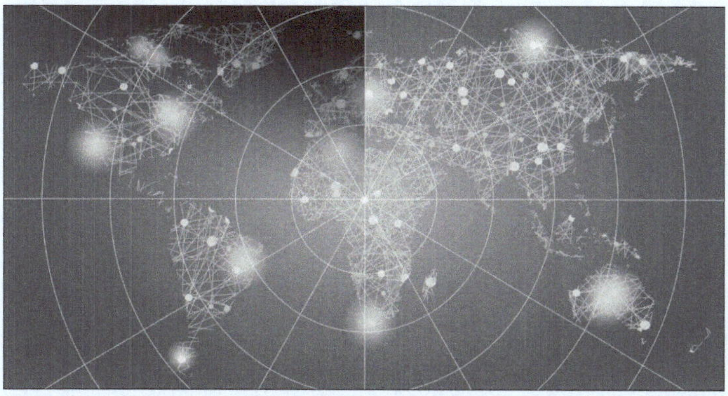

图 1-7　因特网

在当前情况下，网络已经成为生产力的重要组成部分。在政策的引导下，如“互联网+”和“提速降费”，越来越多的行业和应用依赖于网络的发展。例如网上购物、网上会议、订票、挂号、点餐、游戏、网上视频和网上银行等，都展示了网络的重要作用，如图1-8所示。因此，了解和学习与网络相关的知识变得非常必要。

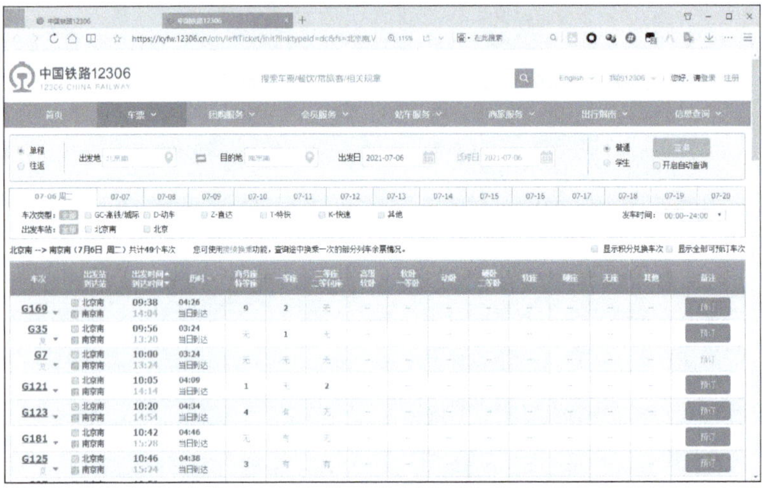

图 1-8　网上订票

拓展知识

我国计算机网络的发展

20世纪80年代末到90年代初是我国因特网的起步阶段，1994年4月正式提出接入因特网并被认可，在同年5月完成联网的所有工作。中国网络的域名最终确认为“cn”。1995年1月，中国电信分别在北京、上海设立的64K专线开通，并且通过电话网、DDN（digital data network，数字数据网）专线以及X.25网等方式向社会提供因特网接入服务。1997年6月3日，中国科学院在中国科学院计算机网络信息中心组建了中国互联网络信息中心（China Internet Network Information Center，CNNIC），如图1-9所示。从1997年至今，是因特网在我国快速发展的阶段。

图 1-9　中国互联网络信息中心

1.1.3　计算机网络的主要功能

不可否认，计算机网络的出现最初是以军事为目的的，但随着网络的功能和需求的不断发展，现在的网络已经成为人们生产、生活的一部分。计算机网络的功能主要有以下几个方面。

1. 数据通信

数据通信是网络的基本功能，各种设备之间按照约定好的协议，通过网络传输各种应用的数据，如电子邮件、数据的上传下载、远程控制等，如图1-10所示。网络的主要功能就是安全、准确、快速地完成数据传送任务，让各种接入网络的设备能正常工作，这也是衡量网络质量好坏的标准。现在大部分手机APP完全依赖于网络服务器的支持。

图 1-10 远程控制

2. 共享资源

网络尤其是因特网，建立的初衷就是共享资源。在网络中，除了可以获得别人的共享资源，也可以将自己的资源发布出去，做到“我为人人、人人为我”。在网络共享中，除文件资源外，还可以共享包括打印机、专业设备在内的硬件资源，以及数据库和软件资源。

拓展知识

为什么要共享硬件资源？

包括大型计算机、超级计算机、大型绘图仪、专业测量仪等在内的硬件设备，不仅投资巨大，而且日常维护费用非常高，很多大型企业都难以负担。这些大型设备在完成日常工作后往往闲置，造成资源的浪费。然而，很多企业和用户却有巨量数据处理的需求。为了提高资源利用率、平摊成本、减少资源浪费以及便于维护和开发，许多大型设备都提供对外服务的项目。例如，“天河二号”超级计算机可以申请使用，如图1-11所示。除了大型硬件外，大型数据库和专业软件等也可以进行共享。

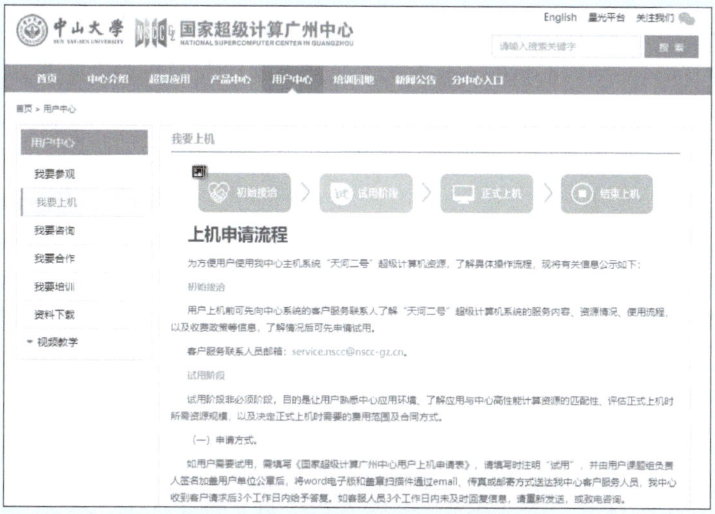

图 1-11 申请使用“天河二号”超级计算机

3. 提高安全性及优化性能

现在的网络在速度和访问策略方面已经非常成熟了。依托于高性能的网络，各互联网企业和门户网站可以将服务器和数据中心按照访问量和使用量部署在不同地理位置的机房中。这样一方面当出现大访问量时，通过负载均衡不出现严重影响；另一方面，如果某个区域出现网络攻击、硬件故障、网络故障等情况，也可以让其他区域的服务器继续提供服务，发挥冗余备份的作用，如图1-12所示。及时部署与使用这些技术，对于一些关键性的系统，如金融系统、订票系统、电商网站等都是非常有必要的。

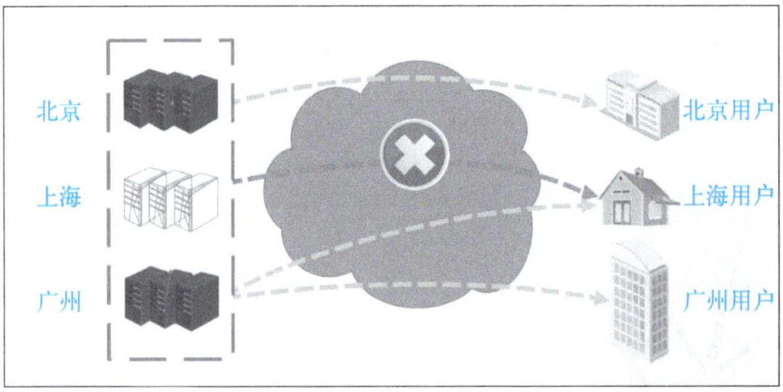

图 1-12　将服务器和数据中心部署在不同地理位置的机房中

拓展知识

高质量网络所带来的安全性

数据中心服务器之间会根据策略定时同步数据，这种大规模数据同步依赖于现今的高速网络。此外，网络数据中心中的多台设备也会根据策略进行冗余备份，以应对各种特殊情况。在排除泄露风险的前提下，网络数据存储相较于本地存储更具安全性。用户在备份数据时，也要考虑网络备份，对于敏感数据最好进行加密后再上传。

4. 分布式存储与数据处理

现如今，云计算已逐渐取代了本地处理模式。各种应用数据依托于网络，在多个远程中央主机上进行计算，而用户端设备的角色逐渐演变为操作终端。另外，复杂的超大型任务也会根据一定规则分解成多个小任务，在多个网络主机上进行运算，从而提高数据处理能力并降低成本。

依托于网络的计算能力和存储能力，可实现数据公开、透明和不易篡改。例如，流行的区块链技术，如图1-13所示，以及其应用——比特币，就是很好的例子。

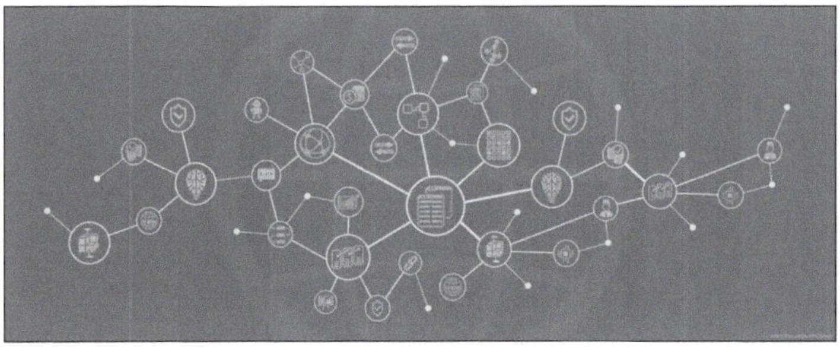

图 1-13　区块链技术

5. 互联网业务的承载

各种依托于网络的新应用，如网络直播、网上交易、网络监控、互联网存储、视频电话、各种互联网小程序等，都需要强大的互联网承载。除了要保证服务的高质量，还要保障用户数据的安全性，所以对互联网的要求越来越高。

1.1.4 计算机网络的主要分类

计算机网络按照覆盖范围来划分，一般将其分成以下3种。

1. 局域网

局域网的范围一般在10 km以内，比如一个校园园区、一栋办公大楼、一个运动中心等，其中最常见的就是家庭局域网和公司局域网。其特点是分布距离近、范围较小、用户较少、传输速度快、组建费用较低、易于实现、维护方便，速度一般为100 Mbit/s～1 000 Mbit/s。

2. 城域网

如某高校在某地的多个校区、某公司在城区的所有分公司、某连锁机构的所有门店等，甚至一整座城市范围内所建立的计算机通信网，都可以叫作城域网。城域网中数据传输延时较小，主要的传输载体为光纤。相对于局域网，城域网的范围在10 km到100 km之间，传输扩展距离更长，覆盖更广，规模更大，传输速度更快，其技术和局域网类似，但费用较高，需要运营商的支持。

3. 广域网

广域网的范围通常为几十千米到几千千米，可以连接多个城市甚至多个国家。通过海底光缆的架设，地理位置可以跨几个洲，形成洲际型网络。广域网所采用的技术包括分组交换、卫星通信等。广域网是现在覆盖最广、通信距离最远、技术最复杂、建设费用最高的网络。日常接触的因特网就是广域网的一种。

除了按覆盖范围进行分类外，还可以按其他方式对网络进行分类。具体如下所述。

- 按拓扑结构分：有星形、树形、网状、蜂窝状、总线型和环形网络。
- 按传输介质分：有同轴电缆、双绞线、光纤和卫星通信网。
- 按交换技术分：有电路交换网、报文交换网和分组交换网。
- 按传输技术分：有广播网、非广播多路访问网和点到点网。

1.1.5 计算机网络的拓扑结构

网络的拓扑结构是指网络的物理连接形式，它从拓扑学的观点出发，不考虑实际网络的地理位置，只是把网络中的计算机和通信设备抽象为一个点，把传输介质抽象为一条线，这样绘制出来的几何图形就是计算机网络的拓扑结构。

目前常见的计算机网络的拓扑结构有如下几种。

- **星形拓扑结构**。星形拓扑结构是目前使用最多的拓扑结构（也是最常见的局域网组网方式），以中央节点为中心，各个节点与中央节点相连，由中央节点提供交换功能，通过执行集中式通信控制策略而构成网络的连接方式，如图1-14所示。星形拓扑结构的优点在于：中心节点易于集中管理和控制；传输率高，各节点可同时传输；可靠性高，某个节点故障不影响整个网络；结构与访问协议简单，建网容易且易于维护。缺点是过于依赖中央节点，当中央节点发生故障时，整个网络便处于瘫痪状态，所以对中央节点的质量要求非常高。

- **树形拓扑结构**。树形拓扑结构是由星形拓扑结构演变而来的，形状像一棵倒置的树。它有一个带分支的根，每个分支还可再延伸出若干个分支，如图1-15所示。树形拓扑结构的优缺点与星形拓扑结构基本相同，优点是易于扩充、故障隔离容易，缺点是各个节点对根节点的依赖性太大，如果根节点发生故障，则全网不能正常工作。

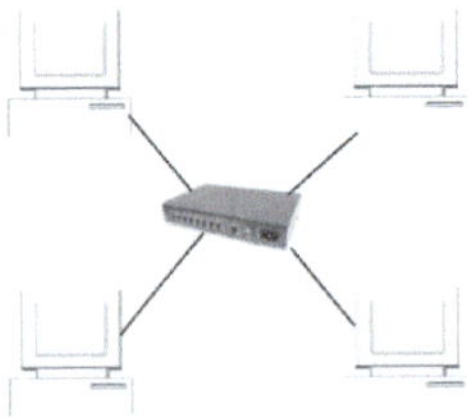

图 1-14　星形拓扑结构

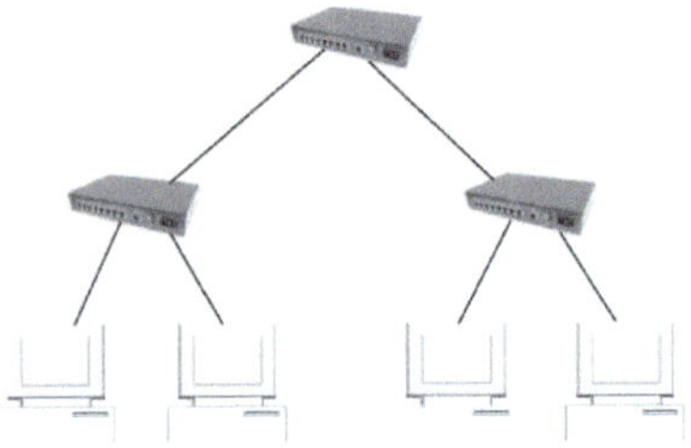

图 1-15　树形拓扑结构

- **网状拓扑结构**。在网状拓扑结构中，网络的每台设备（节点）至少与其他两个设备（节点）相连，如图1-16所示。这种连接不经济，安装复杂，但系统可靠性高，容错能力强。网状拓扑结构一般只用于因特网骨干网上，使用路由算法来计算发送数据的最佳路径。
- **蜂窝状拓扑结构**。蜂窝状拓扑结构是通过无线传输介质（如无线信号塔等）将要传输的区域划分为很多个六边形方格，以保证在方格区域内及方格区域间的静态或移动连接，如图1-17所示。蜂窝状拓扑结构主要用于移动电话网中。

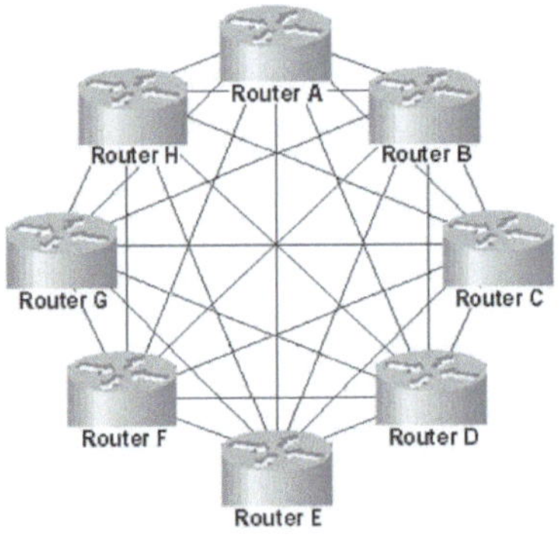

图 1-16　网状拓扑结构

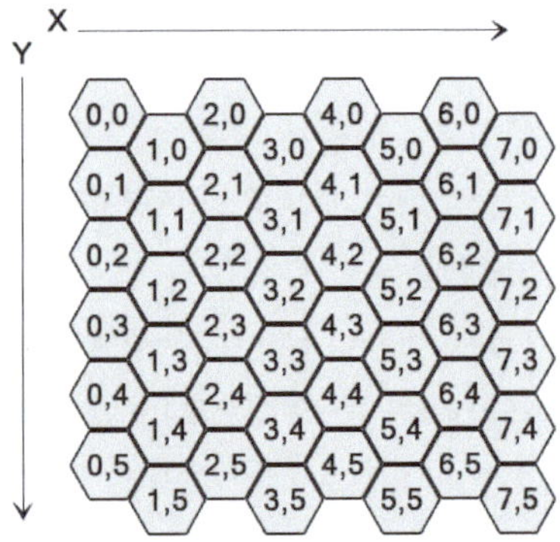

图 1-17　蜂窝状拓扑结构

- **总线型拓扑结构**。总线型拓扑结构网络上的每个节点均连接到一条开路、无源的总线上；总线两端为反射电阻，用以削弱到达两端的信号，降低信号的反射，如图1-18所示。总线型拓扑结构具有结构简单、费用低等优点，缺点是一次只能有一个节点发送数据，速率慢，不能连接太多计算机（通常不多于20台计算机），故障排除较困难。所以，此种网络拓扑结构目前基本上已被淘汰。

- **环形拓扑结构**。环形拓扑结构是一种闭合的总线结构，网络中各个节点通过环路接口的中断器连接在一个闭合环形线路中，信息在环路中沿固定方向流动，两节点间只有唯一的通路，如图1-19所示。环形拓扑结构与总线型拓扑结构相同，具有投资金额小、网络实现简单等优点，但是同样存在一次只能有一个节点发送数据，速率慢，不能连接太多计算机，故障排除困难等缺点，所以目前也很少有用户再使用这种拓扑结构了。

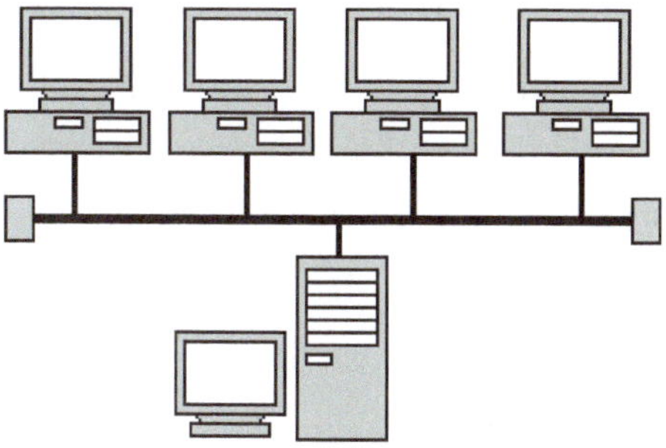

图 1-18 总线型拓扑结构

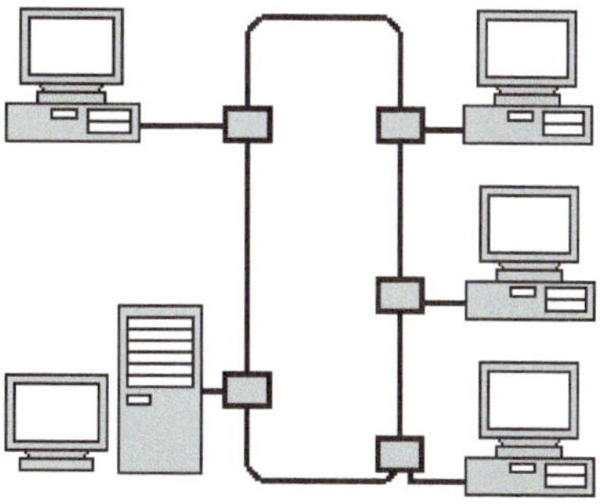

图 1-19 环形拓扑结构

网络术语

网络拓扑图

图 1-14~ 图 1-19 是常见的网络拓扑图。网络拓扑图是通过网络节点设备和通信介质构成的逻辑图，用于重点表达网络的整体结构和使用的设备之间的连接状态。通过网络拓扑图可以规划网络、检查并排除设计错误、连接与统计设备等。在维护网络时，网络拓扑图也是必备的。

1.1.6 数据通信基础

计算机网络的根本是数据通信，为了让大家能更好地理解计算机网络的相关理论和技术，有必要学习一些有关数据通信方面的基础知识，包括数字信号与模拟信号、数据通信的主要技术指标、数字信号的调制、数据传输方式以及数据交换技术等。

1. 数字信号与模拟信号

在现实生活中，经常会听到数字有线电视之类的词汇。那么，什么是数字信号呢？所谓的数字信号，就是由0和1构成的二进制代码信号，而0和1的表达方式是提前制定好的（如高低电平、有光无光等）。数字信号通常不直接产生驱动作用，而是需要一系列的转换才能表达出正确的值。

模拟信号是由传感器采集得到的连续变化的信号。例如，在模拟电话机中，通话的一方对着话筒讲话，通过振动改变话筒中相应电路的电压，这个电压的变化被电话线同步传递到了听者的话筒上，并被增益放大、驱动振膜振动，听者就可以听到声音了。在这个传递的过程中，信号波形未被重组过，而是原样传递过去。

模拟信号与数字信号相比，其优点是失真小且容易实现，但模拟信号存在保密性差、抗干扰弱和无法有效地利用频道资源等缺点，所以目前在很多领域正逐渐被数字信号所取代。

2. 数据通信的主要技术指标

在数据通信中，主要有如下一些技术指标。

- **带宽**。带宽即传输信号的最高频率与最低频率之差。这个比较好理解，如电磁波振动得越快，就可以表达更多的信息。4G技术可以提供150 Mbit/s的网络带宽。需要注意的是，150 Mbit/s并非表明用于传递数据的电磁波的频率为150 MHz。实际上，4G的工作频段可以为2.1 GHz（或2.3 GHz等），之所以使用2.1 GHz的电磁波来传递信号，是因为这些信号是以载波的形式被传递的。
- **比特率**。在数据通信中，比特率是衡量数字信号传输速率的单位。也就是上面提到的bit/s，表示比特/秒，即单位时间内传输的二进制代码的有效位（bit）数。每秒千比特数就是Kbit/s，每秒兆比特数则是Mbit/s。因为一个字节是8位二进制位，所以10 M的宽带，其下载的最大速率应当是10/8=1.25(Mbit/s)，而不是10 Mbit/s。
- **误码率**。误码率指的是在传输过程中出现错误的比率。在计算机网络中，一般要求数字信号误码率低于10^{-6}。

3. 数字信号的调制

将数字传输信号加载到另一个高频率波形上，称之为数字信号的调制，也就是一种载波传送的方式。大多数无线信号之所以都是以高频信号波的形式传送，主要是因为无线信号频率高则便于发射，且利于加载更多的信息量。

通常选择正弦波作为载波，这主要是因为正弦波形式简单，便于发送和接收。通常将数字信号调制技术分为以下3种类型，如图1-20所示。

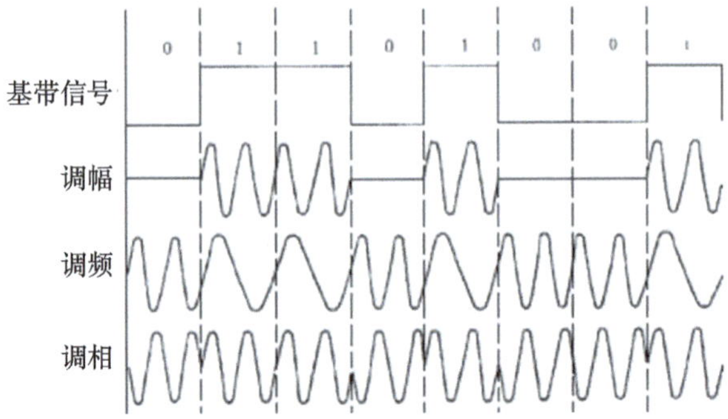

图 1-20　数字信号调制技术的 3 种类型

- **调幅**：使载波的振幅按照所需传送信号的变化规律而变化，但载波频率保持不变的调制方法。使用此种调制方法，载波振幅也可能发生变化。
- **调频**：使载波的频率按照所需传送信号的变化规律而变化。使用此种调制方法，通常载波的振幅不变。
- **调相**：使载波的相位按照所需传送信号的变化规律而变化，但载波频率保持不变的调制方法。

4. 数据传输方式

按照调制方式划分，可将数字信号的传输方式分为基带传输和频带传输。

- **基带传输**：是指通过有线信道等直接将基带信号原封不动地进行传送的方式。该方式一般用于传输距离较近的数字通信系统，如局域网和计算机内部的通信等。

拓展知识

基带信号是直接用两种不同的电压来表示数字信号1和0。将对应矩形电脉冲信号的固有频率称为"基带"，相应的信号称为"基带信号"。

- **频带传输：** 将基带信号调制成模拟信号后再发送和传输，到达接收端后，再把模拟信号解调成原来基带信号的传输方式。该方式一般用于远距离的数字通信，如无线数据通信、4G或5G网络等。

根据一次传输数位的多少划分，可将数字信号的传输方式分为并行传输和串行传输。

- **并行传输：** 使用此种方式，虽然通道多，但是要求并行的各条线路同步，而信号在传递过程中容易发生延迟与畸变，较难实现并行同步。实际上并行传输不如串行传输速度快，所以，串口硬盘代替了并口硬盘。
- **串行传输：** 使用此种方式，所有数据都通过一个信道传递，只要保证较高的频率，即可实现较快的信息传递速度，不必考虑同步问题，因此成为当前主流的传输方式。

按照发送端和接收端的同步方式，又可将数字信号的传输方式分为同步传输和异步传输。

- **同步传输：** 由发送器或接收器提供专用于同步的时钟信号，接收器接收信息位的行为要和发送器的发送行为保持准确同步。
- **异步传输：** 发送器和接收器具有相互独立的时钟，两者中任何一方都不向对方提供时钟同步信号。使用异步传输，发送器可以在任何时刻发送数据，而接收器必须随时都处于准备接收数据的状态。

此外，还有单工方式、半双工和全双工传递方式，也就是单向和双向传输的意思（半双工为一个信道双向传输，全双工为两个信道双向传输）。

5. 数据交换技术

在交换网络中，站点之间需要通过有关节点之间的数据交换才能实现数据通信。基本的交换技术有两类——电路交换与存储转发，存储转发又可以分为报文交换和分组交换。

- **电路交换**。使用此种交换方式，是在两个站点之间通过通信子网的节点（如程控交换机等）建立一条专用的通信链路。实际上就是在两个通信点之间建立实际的物理连接，典型实例是两台电话之间通过公共电话网络的互连实现通话。
- **报文交换**。电路交换的优点是实时性好，但是存在通信带宽不能充分利用等缺点，因此研究出了报文交换。报文交换通过通信子网上的节点暂存转发过来的数据，等线路空闲时，根据报文地址选择线路把它传到下一个节点，直至到达目的站点。
- **分组交换**。报文交换的缺点是由于报文的长度随意，当报文较长时会造成很大的传输延迟，无法满足实时或交互式通信的要求。分组交换限制每次所传输数据单位的长度，对于超过长度的数据分成等长的小单位（称为分组），然后顺序发送，这样可将传输延迟尽量减小，以满足各种通信的需要。

1.2 计算机网络体系结构与参考模型

要想让两台计算机进行通信，就必须使它们采用相同的信息交换规则。在计算机网络中，一般把用于规定信息的格式以及如何发送和接收信息的一套规则、标准、约定称为网络协议（network protocol）或通信协议（communication protocol）。在网络中如何设计协议、协议间如何实现网络功能就是网络体系结构要考虑的问题。

1.2.1 计算机网络体系结构

为了减少网络协议设计的复杂性，网络设计者没有设计一个单一的、巨大的协议来为所有形式的通信规定完整的细节，而是采用把通信问题划分为许多个小问题，然后为每个小问题设计一个单独的协议的方法，从而使得每个协议的设计、分析、编码和测试都比较容易。这就是分层的概念。在计算机网络中，分层次的体系结构是最基本的概念。分层模型（layering model）是一种用于开发网络协议的设计方法。本质上，分层模型描述了把通信问题分为几个小问题（称为层次）的方法，每个小问题对应一层。

所谓分层设计方法，就是按照信息的流动过程将网络的整体功能分解为一个个的功能层，不同机器上的同等功能层之间采用相同的协议，同一机器上的相邻功能层之间通过接口进行信息传递。

分层设计方法将整个网络通信功能划分为垂直的层次集合后，在通信过程中下层将向上层隐蔽具体的实现细节。层次的划分应首先确定层次的集合及每层应完成的任务。划分时应按逻辑组合功能，并具有足够的层次，以使每层小到易于处理。同时层次也不能太多，以免产生难以负担的处理开销。

计算机网络体系结构是指网络中的分层模型以及各层功能的精确定义。对网络体系结构的描述必须包括足够的信息，使实现者可以为每一功能层进行硬件设计或程序编写，并使之符合相关协议。需要注意的是，网络协议实现的细节不属于网络体系结构的内容，因为它们隐含在机器内部，对外部来说是不可见的。

1. 网络协议的组成

一个网络协议由语法、语义和同步（定时）组成。

（1）语法：规定了数据与控制信息格式。

（2）语义：规定了发送者及接收者所要完成的操作。

（3）同步：包括速度匹配和排序等。

举例来说，语法管的是“讲的方式”，语义管的是“讲的内容”，同步管的是“演讲者与受众之间的互动关系”。受众认为讲得快了，演讲者就说慢一些；受众认为讲得慢了，演讲者就说快一些。

2. 分层

把要处理的问题划分成较小的易于处理的片段，这就是“分层”的概念。ARPA的研究经验表明，对于异常复杂的计算机网络协议，为了减少协议设计和调试过程的复杂性，其结构最好采用层次式的。具体地说，层次结构应包括以下几个含义。

（1）第N层的实体在实现自身定义的功能时，只使用第$N-1$层提供的服务。

（2）第N层向第$N+1$层提供服务，此服务不仅包括第N层本身所具有的功能，还包括所有下层服务提供的功能的总和。

（3）底层只提供服务，是服务的基础；顶层只是用户，是使用服务的最高层；中间各层既是下层的用户，也是上层服务的提供者。

（4）仅在相邻层间有接口，下层所提供服务的具体实现细节对上层完全屏蔽。

实体：是为了进行通信而把那一层所提供的功能模块模型化后的概念。更确切地说，是指能发送和接收信息的任何东西，包括终端、应用软件、通信进程等。

服务：第N层要实现本层的功能，前提是使用第$N-1$层的功能，也就是第$N-1$层为第N层提供服务。

3. 计算机网络采用层次化结构的优越性

计算机网络采用层次化结构的优越性包括以下几点。

（1）各层之间相互独立。上层并不需要知道下层是如何实现的，而仅需要知道该层通过层间的接口所提供的服务。

（2）灵活性好。当任何一层发生变化时，只要接口保持不变，则在这层以上或以下的各层均不受影响。另外，当某层提供的服务不再被需要时，甚至可将这层取消。

（3）各层都可以采用最合适的技术来实现，各层实现技术的改变不影响其他层。

（4）易于实现和维护。整个系统已被分解为若干个易于处理的部分，这种结构使得一个庞大而又复杂的系统的实现和维护变得容易控制。

（5）有利于网络标准化。因为每一层的功能和所提供的服务都已有了精确的说明，所以标准化变得较为容易。

1.2.2 网络参考模型的必要性

在计算机网络发展的第3个阶段中，为了规范不同厂家的网络通信标准，使网络可以互通，出现了网络参考模型的概念，比如OSI七层模型和TCP/IP参考模型。

OSI七层模型的制定参考了当时的TCP/IP协议（transmission control protocol/internet protocol，传输控制协议/因特网互联协议），对其进行了归纳总结和拓展，并详细划分了每层的功能和目标。如果按照OSI七层模型各层规定实现每层功能，则两台不同厂家的设备就一定可以通信。所以直到现在，OSI七层模型在网络理论体系中的指导意义仍非常重要，但是OSI七层模型并没有具体的实现方法或协议，所有的协议都来自TCP/IP协议。因此在创建方法及解决问题方面，TCP/IP参考模型比OSI七层模型更具有实际意义。

1.2.3 OSI参考模型

开放系统互连参考模型是国际标准化组织（ISO）和国际电报电话咨询委员会（International Telegraph and Telephone Consultative Committee，CCITT）联合制定的开放系统互连参考模型，为开放式互连信息系统提供了一种功能结构的框架。其目的是为异种计算机互连提供一个共同的基础和标准框架，并为保持相关标准的一致性和兼容性提供共同的参考。这里所说的开放系统，实质上是指遵循OSI参考模型和相关协议并能够实现互连的具有各种应用目的的计算机系统。OSI七层模型如图1-21所示。

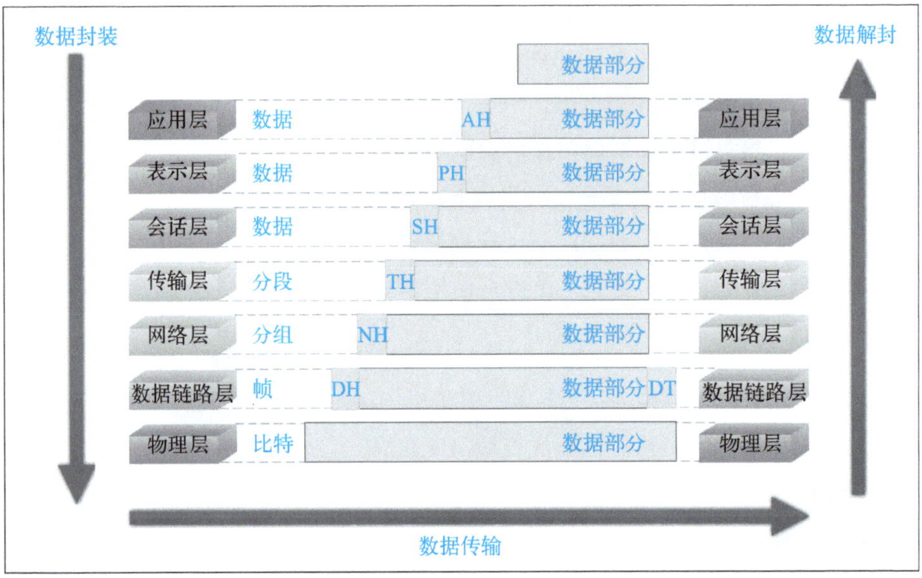

图 1-21　OSI 七层模型

数据在进行网络传输时，按照从上到下的顺序，将数据按照标准进行拆分，并加上对应层的标识，最后变成比特流在网络上传递，到达对端后，再将数据每层的标志拆掉，重新组装后一直传递到应用层。根据协议，每一个对应层都能读懂对方对应层的要求及含义，而不会去管其他层的细节，每层只对上一层负责，保证数据正确移交即可。

因为单纯地谈OSI七层模型的规定和功能并没有实际意义，所以在研究时，经常会代入TCP/IP各层的协议实例等。

1. 物理层

一般研究OSI参考模型是从下到上，所以第1层就是物理层。物理层的主要作用是实现比特流的透明传输。物理层定义了通信设备与传输线路接口的电气特性、机械特性以及应具备的功能等。比如接口的插针含义、传输的电压、如何产生“0”或“1”两种状态、线缆的标准、电阻的大小、如何初始化连接状态等问题。物理层就是确保设备互连，并能稳定地接收与发送数据信号。

注意事项：有电流就代表“1”，没有电流就代表“0”，这种说法并不准确。

这种理解从原理上说没有问题，但实际情况是应根据供电电压来区分，即高电平代表“1”，低电平代表“0”，并不是没有电压才代表“0”，而是电压在一定范围内。

2. 数据链路层

数据链路层将网络层发来的数据包按照标准分割成数据帧，并将数据帧发送给物理层。在同层间，数据链路层负责链路的建立、拆除、分离。因为该层主要的数据格式是帧，所以数据链路层还负责帧的定界和同步，调节帧的发送速率，对帧的收发顺序进行控制。

因为物理层的物理链路非常不稳定，各种噪声、干扰都会存在，所以如何在不稳定的物理层上稳定地传输数据，就是数据链路层需要考虑的问题。数据链路层负责帧的差错校验，通过多种差错检测技术（如方阵码校验和循环码校验等）检测信道上的帧是否是误码；使用序号检测帧是否丢失。如果发现误码或者丢失，则会启动应对机制。应对机制其实很简单，就是重传机制。数据链路层重点负责点到点的连接。

数据链路层的目标是把一条可能出错的链路转变成让网络层看起来像一条不出差错的理想链路。数据链路层可以使用的协议有SLIP、PPP、X.25和帧中继等。工作在该层上的交换机（switch）称为“二层交换机”，是按照存储的MAC地址表进行数据传输的。MAC地址将在第2章重点介绍。

3. 网络层

网络层的主要作用就是通过IP地址进行寻址，规划传输路径，并按照路径信息将数据包正确地投递到接收方。无论在何种异构网络中，只要其遵循网络层协议，就可以接收到数据报。TCP/IP协议中，重要的IP协议就是在网络层使用的。网络层的设备最主要的就是路由器。网络层同时还负责将传输层的数据段分割并封装成数据报，发送到数据链路层，以及从数据链路层接收数据报，拆封后将数据段交给传输层。

网络层在寻址的过程中，按照一张路由表来确定数据的发送路径，网络中的各种设备不是一成不变的，而且网络的状态也分为畅通和拥塞两种。所以网络层还要及时获取到网络中路径的变化，或者链路的状态，及时调整发送的路径，从而保证将数据准确、快速地发送给对方。

物理层、数据链路层和网络层是所有网络设备都必须要有的，这三层主要负责将数据快速、准确地传送到目的地，是面向连接的层次，尽最大努力保证数据的可达性是其使命所在。

4. 传输层

传输层主要实现端到端的可靠（TCP）及不可靠（UDP）连接，并将上层数据分割成数据段发送给网络层进行传输，将数据准确地发送到对端的传输层。此外，传输层还要处理差错及流量控制等问题，简单来说也是重传机制。TCP/IP协议的另一个重要组成部分就是TCP协议，也是在传输层使用的协议。

传输层负责建立、维护和取消与对端的链路，并负责端到端的可靠数据传输。通常说的TCP 3次握手及4次断开就是在传输层完成的。

在实际应用中，传输层的协议非常多，并对应着不同的服务和端口，所以在学习传输层协议时需要特别注意。

5. 会话层

会话层主要管理主机之间的会话进程，包括会话的建立、管理和终止。会话层不涉及数据的传输，而主要提供访问验证机制、会话同步、管理。会话层还提供单工、半双工、全双工3种通信模式的服务。

网络术语

单工、半双工、全双工

“单工”指数据只能向一个方向传播，比如村子里的“大喇叭”广播。“半双工”指数据允许双向传输，但同一时间数据只能沿一个方向传输，比如打电话、对讲机通话等。“全双工”指A和B之间有两条路，双方可以随时发送及接收数据，互不影响，也可以理解成两个单工的集合。

6. 表示层

不同的计算机体系结构可能使用的数据表达方法不同，需要表示层来担当计算机的“翻译官”，其作用之一就是提供公共语言，对语言进行转换，比如常见的ASCII码。表示层需要解决文本、图形图像、音频、视频的表示方法，确定传输时的数据结构。另外，表示层还要解决语法转换、语法选择、连接管理等各种问题。

7. 应用层

应用层是应用与网络的接口，这里的“应用”并不是特指应用程序。其主要用于确定通信的上层应用，确保有足够的资源用于通信并向应用程序提供服务。这些服务按其向应用程序提供的特性分成组，称为服务元素，有些可为多种应用程序共同使用，有些则为较少的一类应用程序使用。其作用是在实现多个系统应用进程相互通信的同时，完成一系列业务处理所需的服务。

在TCP/IP模型中，应用层通过支持不同应用协议的程序来解决用户的应用需求，如文件传输（FTP，file transfer protocol，文件传输协议）、远程操作（Telnet）和电子邮件服务（SMTP）、网页服务（HTTP）等。

1.2.4 TCP/IP协议

TCP/IP协议是由ARPA于1969年开发的，是因特网最基本的协议，是国际互联网络的基础，由网络层的IP协议和传输层的TCP协议组成。TCP/IP完全撇开了网络的物理特性，它把任何一个能传输数据分组的通信系统都看作网络。这种网络的对等性大大简化了网络互连技术的实现。它是最常用的一组协议，也可以算是网络通信协议的一种通信标准协议，同时是最复杂、最为庞大的一组协议。TCP/IP协议具有极高的灵活性，支持任意规模的网络。

1.2.5 TCP/IP参考模型

TCP/IP参考模型是在TCP/IP协议的基础上总结、归纳而来的，可以说TCP/IP是OSI的应用实例。OSI虽然非常全面，但没有实际的协议和具体的操作手段，所以更像是一本指导手册。而TCP/IP参考模型就不同了，它是在TCP/IP协议成功后，不断调整、完善后进行的归纳和总结，具有现实参考意义。但TCP/IP参考模型不适用于非TCP/IP网络。

现在很多人将TCP/IP参考模型划分为四层或五层结构，这两种划分方式都是可以的，如图1-22所示。接下来主要以TCP/IP 五层模型为例介绍TCP/IP模型与OSI参考模型的联系和区别。

在TCP/IP四层模型中，物理层和数据链路层统一为网络接口层；会话层、表示层及应用层统一为应用层。在TCP/IP五层模型中，最下方的两层没有统一。

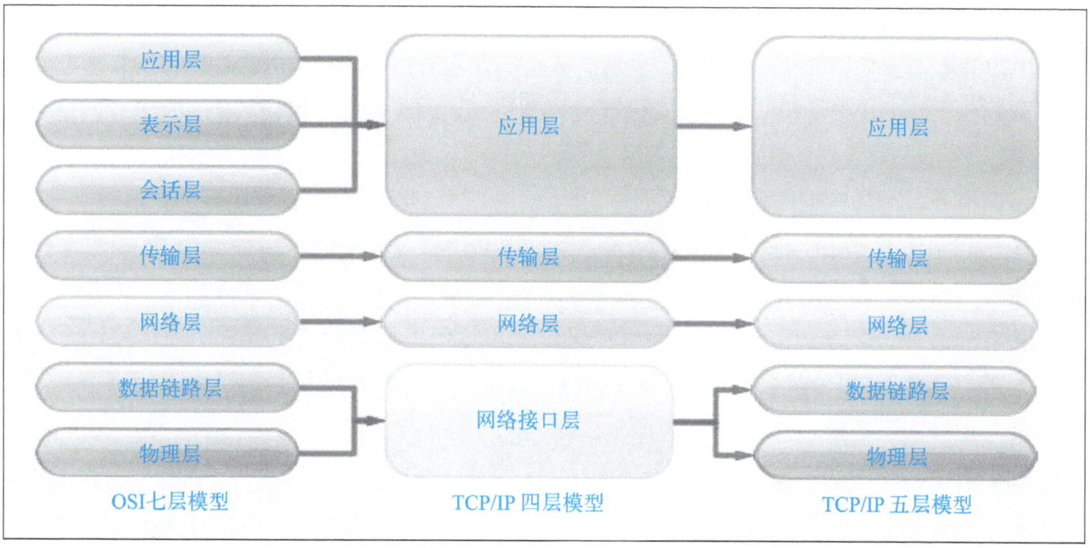

图 1-22 TCP/IP 参考模型

注意事项：将OSI几个层合并后形成了TCP／IP模型。这种说法是错误的。

TCP/IP参考模型并不是在OSI的基础上进行的合并，毕竟TCP/IP协议由来已久。OSI为了研究，参考TCP/IP协议时进行了分类整理。后来的TCP/IP模型进行总结时，仍然按照TCP/IP协议特点进行了保留。OSI的理论太复杂和理想化，而实际应用时并不需要完全照搬或者考虑那么多问题，主要保证关键的功能可以实现即可。在第2章中将着重介绍TCP/IP五层模型各层主要使用的技术、数据在各层的形式、寻址方法和主要协议等内容。

1.2.6 OSI参考模型与TCP/IP参考模型的比较

通过前面的讨论，可以看到TCP/IP参考模型和OSI参考模型有许多相似之处。例如，两种参考模型中都包含能提供可靠进程之间端到端传输服务的传输层，而在传输层之上是面向用户应用的传输服务。

尽管OSI参考模型和TCP/IP参考模型基本类似，但是它们还是有许多不同之处。下面将讨论这两种模型的不同之处。有一点需要特别指出，这里仅比较两种参考模型的差异，而不对两种参考模型中所使用的协议进行比较。

在OSI参考模型中有3个基本概念：服务、接口和协议。OSI参考模型最重要的贡献莫过于将这3个概念区分清楚了。OSI参考模型中，每一层都为其上层提供服务，服务的概念描述了该层所做的工作，并不涉及服务的实现以及上层实体如何访问的问题。层间接口描述了上层实体如何访问下层实体提供的服务，接口定义了服务访问所需的参数和期望的结果。接口仍然不涉及某层实体的内部机制，而只有不同机器同层实体使用的对等进程才涉及层实体的实现问题。只要能够完成它必须提供的功能，对等层之间可以采用任何协议。如果愿意，对等层实体可以任意更换协议而不影响上层实体。

TCP/IP参考模型并不十分清晰地区分服务、接口和协议这些概念。相比TCP/IP参考模型，OSI参考模型中的协议具有更好的隐蔽性且更容易被替换。OSI参考模型是在其协议被开发之前设计出来的，一方面，这意味着OSI参考模型并不是基于某个特定的协议集设计的，因而它更具有通用性；另一方面，这意味着OSI参考模型在协议实现方面存在某些不足。

TCP/IP参考模型正好相反，它先有协议，模型只是现有协议的描述，因而协议与模型非常吻合，问题在于TCP/IP参考模型不适合其他网络模型协议，因此，它在描述其他非TCP/IP网络时用处不大。

下面来分析两种模型的具体差异。

显而易见的差异是两种模型的层数不一样，TCP/IP参考模型的应用层包含了OSI参考模型的会话层、表示层和应用层。

两者的另外一个差别是有关服务类型方面。OSI参考模型的网络层提供面向连接和无连接两种服务，而传输层只提供面向连接服务。TCP/IP参考模型在网络层只提供无连接服务，但在传输层却提供面向连接和无连接两种服务。

综上所述，使用OSI参考模型（去掉会话层和表示层）可以很好地讨论计算机网络，但是OSI协议并未流行。TCP/IP参考模型正好相反，其模型本身并不存在，只是对现存协议的一个归纳和总结，但TCP/IP协议却被广泛使用。OSI试图达到一种理想境界，即全世界的计算机网络都遵循统一的标准，这样全世界的计算机都将能够很方便地进行互连和数据交换。

然而到了20世纪90年代初期，虽然整套的OSI国际标准都已经制定出来了，但彼时因特网已抢先在全世界覆盖了相当大的范围，而与此同时几乎找不到有什么厂家生产出符合OSI标准的产品，因此人们得出这样的结论：OSI只获得了一些理论研究的成果，但在市场化方面OSI则事与愿违地失败了。现今规模最大的、覆盖全世界的计算机网络——因特网并未使用OSI标准。OSI失败的原因可归纳为以下几个方面。

（1）OSI的专家们缺乏实际经验，他们在完成OSI标准时没有商业驱动力。

（2）OSI的协议实现起来过于复杂，而且运行效率很低。

（3）OSI标准的制定周期太长，因而使得按OSI标准生产的设备无法及时进入市场。

（4）OSI的层次划分也不太合理，有些功能在多个层次中重复出现。

按照一般的概念，网络技术和设备只有符合有关的国际标准才能大范围获得工程上的应用。但现在情况却反过来了，得到最广泛应用的不是国际标准OSI，而是非国际标准TCP/IP。这样，TCP/IP就常被称为事实上的国际标准，从这种意义上说，能够占领市场的就是标准。在过去制定标准的组织中往往以专家、学者为主，但现在许多公司都纷纷挤进各种各样的标准化组织中，使得技术标准具有浓厚的商业气息。一个新标准的出现，有时不一定反映出其技术水平是最先进的，而是往往有着一定的市场背景。

总之，OSI的七层协议体系结构既复杂又不实用，但其概念清楚，体系结构和理论较完整。TCP/IP的协议现在得到了广泛的应用，但它原先并没有一个明确的体系结构。TCP/IP是一个四层（或五层）的体系结构，它包含应用层、传输层、网络层和网络接口层等。从实质上讲，TCP/IP只有三层，即应用层、传输层和网络层，因为最下面的网络接口层并没有什么具体内容。

1.3 局域网概述

局域网可以说是组成网络的一个小单位，各种类型的局域网通过各种网络技术互相连通，就组成了城域网或广域网。下面首先介绍局域网的一些基础知识。

1.3.1 局域网的定义

局域网是在一个相对的小范围内，通过局域网技术，将各种计算机、网络设备、网络终端连接并组建而成的网络，主要实现共享上网、共享文件、共享打印、远程管理等功能。

局域网范围较小，传输速度快，性能稳定，其组建成本较低，技术难度不高。现在很多局域网都加入了无线技术，这样组建而成的就是无线局域网。如果用户现在使用有线连接的计算机或者使用手机WiFi连接了互联网，则所在的网络就是局域网。完整的家庭或小型企业的无线局域网拓扑图如图1-23所示。大中型企业的局域网技术相对更复杂一些，在本书后续章节中会有相关的介绍。

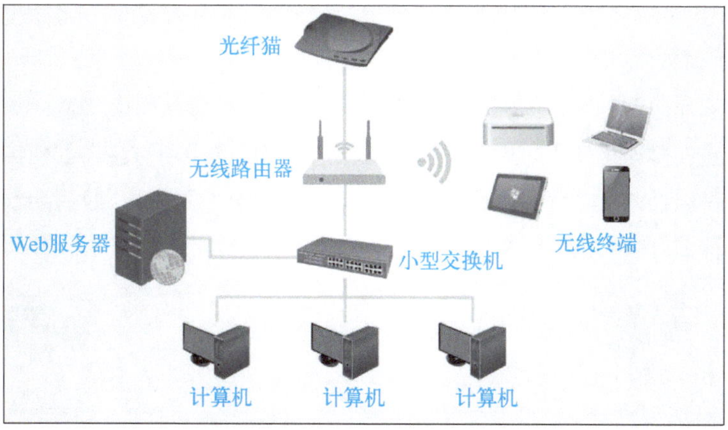

图 1-23 家庭或小型企业的无线局域网拓扑图

1.3.2 局域网的分类

局域网按照不同的标准可以分成很多种类。如按照传输介质划分，可以分为有线局域网和无线局域网等。如按照拓扑结构划分，局域网可以分为如下几种类型。

1. 星形拓扑结构局域网

星形拓扑结构局域网如图1-24所示，该类型局域网由中心节点的网络设备（一般是交换机）和周围节点的各种终端设备组成。终端设备之间的通信需要通过中心节点的网络设备进行数据转发。

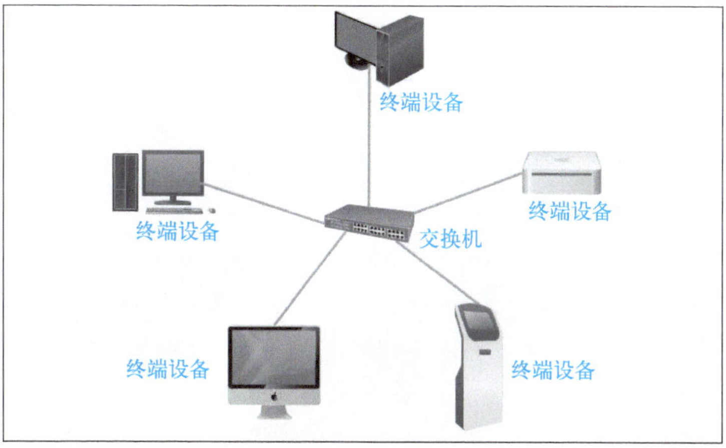

图 1-24 星形拓扑结构局域网

星形拓扑结构局域网的特点是容易实现，传输介质通常为双绞线（网线），较便宜；节点容易扩充，用网线连接新设备即可；如果某个节点出现故障，可以随时将该节点拆除。但星形拓扑结构局域网对中心节点的依赖程度较高，中心节点的网络设备如果发生故障，整个网络就会瘫痪。

星形拓扑是现在主流的局域网拓扑结构，广泛应用于家庭、小型企业中。如果使用的是无线路由器，那么各无线终端与无线路由器之间的逻辑拓扑关系也类似于星形拓扑。

星形拓扑结构局域网在以前曾使用集线器作为中心节点，由于集线器的局限性以及交换机的出现，现在的中心节点基本上都换成了交换机。这样，当设备A与B进行通信时，不会占用也不会影响设备C与D之间通信的带宽，每个时间节点可以有多台设备同时通信。

2. 总线拓扑结构局域网

总线拓扑结构局域网如图1-25所示，该类型局域网采用一根信号线（通常为同轴电缆）进行连接，所有的节点直接连接到该总线上。总线拓扑结构局域网中所有设备都使用广播进行通信，每个时间点只有一台设备可以发送数据，其他节点都可以接收该数据，收到后如发现不是自己的数据就丢弃。这种工作模式类似于集线器。关于集线器的工作原理将在后续章节中重点介绍。

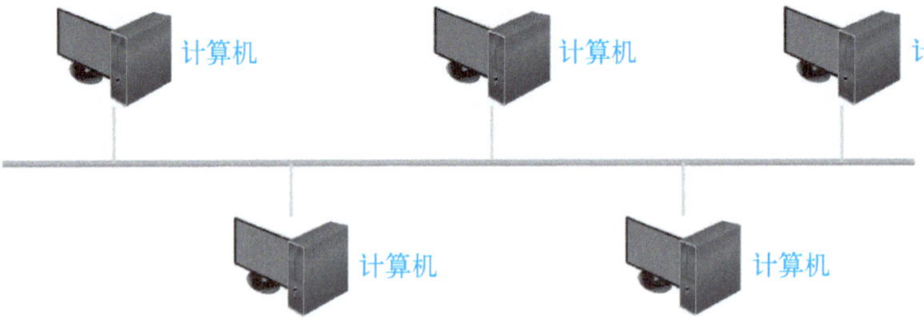

图 1-25　总线拓扑结构局域网

总线拓扑结构局域网的特点是不需要网络设备，有线终端之间通过一条总线进行连接和通信；所有设备共享带宽，总线上的设备越多，每个设备的带宽越少，大约是总线带宽的n分之一。总线拓扑结构局域网中某个设备出现故障后，会使整个总线断掉，导致网络崩溃。

3. 环形拓扑结构局域网

环形拓扑结构局域网如图1-26所示，整个局域网呈环形状态，也就是常说的令牌环局域网。在同一时间，只有持有“令牌”的设备可以发送数据。数据发送完毕后，将“令牌”发给下一台设备。

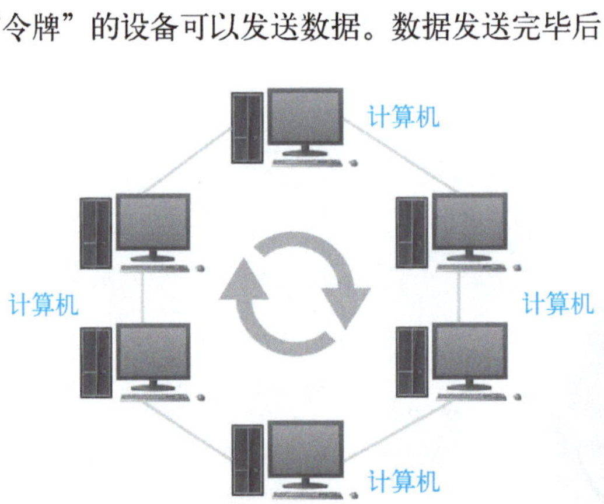

图 1-26　环形拓扑结构局域网

环形拓扑结构局域网同样不需要网络设备，实现较容易，投资小。在环形拓扑结构局域网中，数据流是单方向传递的，每个收到数据包的节点都会向其下游传递数据包。和总线拓扑结构局域网类似，环形拓扑结构局域网中任何一个节点出现了故障，整个网络就会处于瘫痪状态，维护起来也较为困难，故障排查难度较高，而且电缆的连接并非像网线一样，容易产生接触不良。另外，如果要在环形拓扑结构局域网中添加设备，势必会造成网络的中断。

4. 树状拓扑结构局域网

树状拓扑结构从本质上来说是一种多层次的星形结构，常用于一些大中型局域网中。在这些大中型局域网中，由于设备较多，网络需求较高，存在多业务、多用户的情况，需要进行分层管理，如图1-27所示。

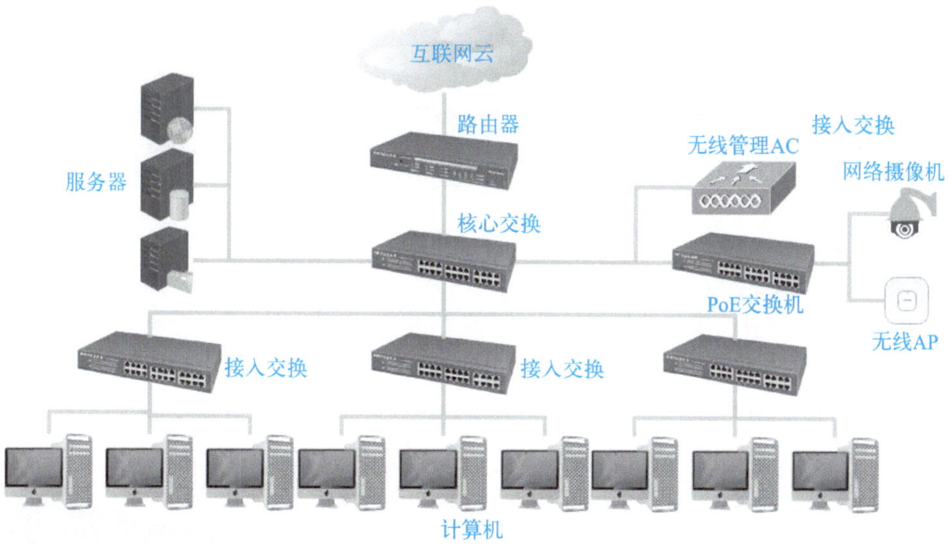

图 1-27　树状拓扑结构局域网

树状拓扑结构局域网组建成本较低，非常容易扩充，采用一些交换机技术后，可以进行线路的冗余备份，稳定性和安全性都非常高；节点坏掉或者某网络设备出现故障后，可以快速定位故障点，故障排除较容易，如果出现问题也可将影响降到最低。相对于小型局域网环境，树状拓扑结构局域网在设备选择方面都需要企业级别，且需要对设备进行专业设置、部署与调试，还需要专业的网络维护人员进行维护，会增加一定的用户成本。

1.3.3 构建局域网的主要技术

根据局域网所使用的拓扑结构和介质，可以采用多种技术构建局域网，包括以太网、令牌环网、FDDI网、ATM网和无线局域网等。

1. 以太网

以太网（Ethernet）是最为常见的局域网技术，现在使用的绝大部分局域网都在使用以太网技术。电气与电子工程协会（IEEE）在IEEE 802.3标准中制定了以太网的技术标准，包括物理层的连线、电子信号和介质访问层协议的内容。现在的以太网分成两种，一种是经典以太网（总线型），另一种是交换式以太网。CSMA/CD主要用在经典以太网中。

网络术语

CSMA/CD

说到以太网，必须提到 CSMA/CD（带冲突检测的载波侦听多路访问）。最为典型的就是之前提到的总线型拓扑结构。CSMA/CD 的原理简单来说就是设备发送数据前侦听信道（线路）中是否有数据传输：如果没有数据传输，会立即发送数据；如果有数据传输，则会随机等待一段时间后，再发送数据；如果同时有数据在网络上传输，则判定为冲突，冲突后会立刻停止发送数据，等待一段随机时间后再发送。可以总结为：先听后发，边发边听，冲突停发，延迟重发。因为交换机隔绝了冲突域，所以用不到 CSMA/CD。

以太网在发展过程中不断提升和完善，最直观的就是速度的提升，因此需要不断修订IEEE 802.3标准所规定的线缆标准。

拓展知识

按照速度划分的以太网

包括标准以太网（10 Mbit/s）、快速以太网（100 Mbit/s）、千兆以太网（1 000 Mbit/s）以及万兆以太网（10 Gbit/s）。最新的802.3ba标准中，规定了传输介质（双绞线）达到40 Gbit/s和100 Gbit/s传输带宽的以太网标准。而802.3bm标准中，规定了传输介质（光纤）达到40 Gbit/s和100 Gbit/s传输带宽的以太网标准。

2. 令牌环网

令牌环网（token ring）主要用于令牌环拓扑结构中，最早见于IBM的网络系统中，现在比较少见了。令牌环网的传输速率也可以达到100 Mbit/s，介质可以是屏蔽双绞线、非屏蔽双绞线和光纤等。

3. FDDI网

FDDI（fiber distributed data interface，光纤分布式数据接口）是由美国国家标准化组织（American National Standards Institute，ANSI）制定的在光缆上发送数字信号的一组协议。FDDI使用双环令牌，传输速率可以达到100 Mbit/s。由于支持高宽带和远距离通信网络，FDDI通常被用作骨干网。FDDI用得最多的是作为校园环境的主干网，这种环境的特点是站点分布在多个建筑物中。FDDI也常常被划分在城域网的范围内。

FDDI网络的抗干扰性和保密性较好，可靠性高，支持的范围较大，但造价较高。

4. ATM网

ATM（asynchronous transfer mode，异步传输模式）是以信元为基础的一种分组交换和复用技术，适用于局域网和广域网。ATM是一种为了多种业务设计的通用的面向连接的传输模式，具有高速数据传输速率并支持多种类型的通信，如声音、数据、传真、实时视频、图像等。ATM采用面向连接的传输方式，将数据分割成固定长度的信元，通过虚连接进行交换。ATM集交换、复用、传输于一体，在复用上采用的是异步时分复用方式，通过信息的首部或标头来区分不同信道。

网络术语

ATM 的信元

ATM 的信元即 ATM 传送数据的基本单元，信元中包含了传送的源地址和目标地址。而以太网在网络层传输的是数据包，而且偏重于数据通信，两者的结构是不同的。

5. 无线局域网

无线局域网（wireless local area network，WLAN）是一种利用射频技术进行数据传输的系统。因为无线终端的大规模普及，无线技术也被大范围地应用。无线技术的优点就在于摆脱了有线通信的束缚，可在无线覆盖范围内的任意位置添加或删除节点。其缺点为：一方面是无法达到有线网络的稳定性，发生丢包的可能性更大，而且延时不稳定；另一方面是无线信号有衰减，尤其是穿透墙壁时。

拓展知识

常见的无线技术与无线局域网技术

目前，无线网络连接技术按照传输距离远近可分为短距离无线连接技术和长距离无线连接技术。短距离无线连接主要有5种技术，分别为WiFi、蓝牙（图1-28）、NFC（图1-29）、ZigBee、UWB。长距离无线连接主要的技术也有5种，分别为GPRS、5G、NB-IoT、LoRa以及全球卫星导航系统。

图 1-28　蓝牙

图 1-29　NFC

目前，占据最大份额的就是802.11系列协议。而使用802.11系列协议的最大无线产品技术就是WiFi，由于其应用太广泛，因此在很多情况下使用WiFi代替了WLAN。WLAN还有很多其他的协议，也就是说WiFi其实包含在WLAN中。现在的WiFi已经到了第6代，即WiFi 6，如图1-30所示。

图 1-30　WiFi 6

1.3.4　局域网的硬件组成

局域网的硬件组成包括终端设备、网络设备以及连接介质。终端设备包括智能手机、计算机、智能终端等；网络设备包括网卡、交换机（图1-31）、路由器（图1-32）、服务器、防火墙等；连接介质包括双绞线、光纤(图1-33)、无线电波等。

图 1-31　交换机

图 1-32　路由器

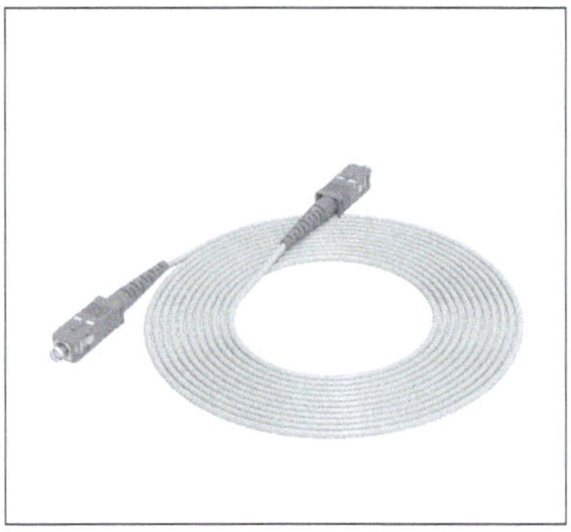

图 1-33　光纤

在后续章节中，将着重介绍局域网设备及其作用。

1.3.5　网络操作系统

网络操作系统，通俗地说，就是能够保证正常连网的操作系统。目前的大多数操作系统都可以实现连网功能，如常见的Windows、Linux、UNIX、Netware等操作系统，以及手机上的安卓、iOS系统和华为鸿蒙系统等。

在Windows操作系统家族中，Windows XP、Windows 7、Windows 8、Windows 10是用于个人机的常用操作系统。Windows Server 2019、Windows Server 2022等是服务器操作系统，常用来架构可以提供Web服务的服务器，也可以作为企业内部的服务器来使用。

Linux和UNIX操作系统通常也可作为服务器使用。与Windows服务器系统相比，Linux和UNIX作为服务器，其性能更加稳定，安全性也更强，但是Linux和UNIX的界面都比较差，所以不太适合作为计算机终端使用。

Netware操作系统主要作为服务器来使用，其文件服务功能非常强。此外，它也常作为游戏服务器来使用。

拓展阅读

建设泛在智能的网络连接设施。加快5G商用网络规模建设与应用创新，实施5G应用“扬帆”行动计划。面向有条件的城市组织开展“千兆城市”网络建设和示范试点，不断推动城市宽带网络向高速化和智能化升级。统筹推进全国骨干网、城域网、接入网IPv6改造，深化商业应用IPv6部署，提升终端IPv6支持能力，实现网络、应用、终端向下一代互联网平滑演进升级。加强新型网络基础架构和6G研究，加快地面无线与卫星通信融合、太赫兹通信等关键技术研发。

——《“十四五”国家信息化规划》

思考与练习

（1）请列举出身边关于网络应用的实例。

（2）请使用网络拓扑图的形式，绘制出当前家庭中所使用的网络结构。

（3）请手动绘制出OSI及TCP/IP参考模型的层次结构图。

第2章 TCP/IP模型及其主要协议

内容概要

由于OSI七层模型只是通用性的参考标准，因此在实际应用中人们更愿意通过TCP/IP参考模型去分析和解决网络问题。本章将通过TCP/IP五层模型并结合TCP/IP协议集，介绍网络中使用的技术、协议、数据格式等相关知识。

重点难点

- 物理层的传输介质。
- 数据链路层的主要设备及工作原理。
- IP协议及IP地址。
- 路由器的工作原理。
- TCP及UDP协议。
- 应用层的常见协议及功能。

2.1 物理层

物理层位于TCP/IP参考模型的底层，如图2-1所示。

图 2-1 TCP/IP 参考模型

物理层的主要作用是确保比特流可以在各种传输介质上传输，其规定了设备间链路的创建、维护和拆除。它具有机械、电气、功能和过程等4种特性。

2.1.1 物理层简介

物理层虽然处于最底层，却是整个开放系统的基础。物理层为设备之间的数据通信提供传输媒体及互连设备，为数据传输提供可靠的环境。物理层主要的研究内容包括以下几个部分。

1. 机械特征

机械特征主要包括连接接口的形状、尺寸、连接方式、固定方式、各引脚的作用、材料规格和制作的标准等，比如超五类双绞线颜色及接口的引脚的排列顺序，如图2-2所示。

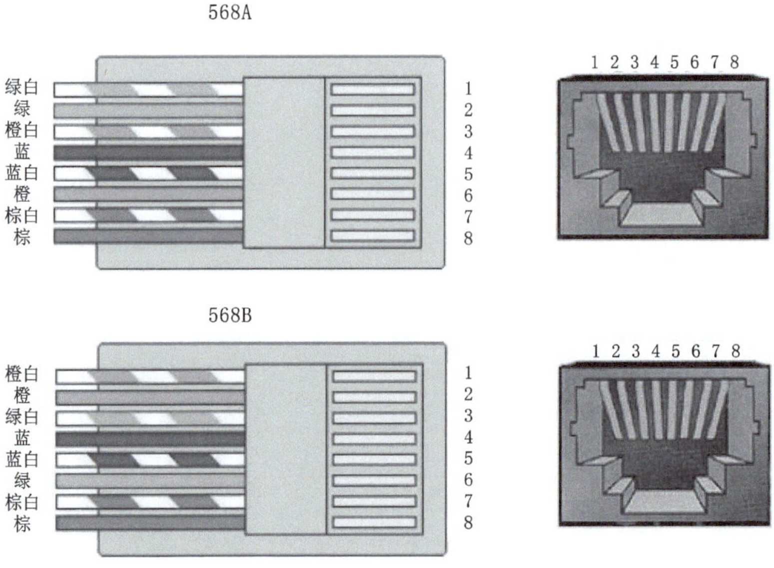

图 2-2 超五类双绞线颜色及接口的引脚的排列顺序

2. 电气特征

双绞线、同轴电缆等金属导线中传输的都是电子信号，所以需要规定信号的电压、间隔、持续时间等。

3. 功能特性

按照电气特性来实现功能性要求，比如使用什么电压代表“0”或“1”等。

4. 过程特性

不同功能的各种可能事件的出现顺序。

2.1.2 物理层常用的传输介质

物理层常用的传输介质就是同轴电缆、双绞线和光纤。

1. 同轴电缆

同轴电缆最早用于局域网的总线型拓扑结构中。同轴电缆由中心铜线、网状导电层以及两层之间的塑料绝缘层和最外部的保护套组成，中心铜线和网状导电层之间形成电流回路。由于中心铜线和网状导电层为同轴结构，同轴电缆由此得名。

现在经常使用的同轴电缆主要有漏泄同轴电缆（图2-3）和射频同轴电缆（图2-4）。

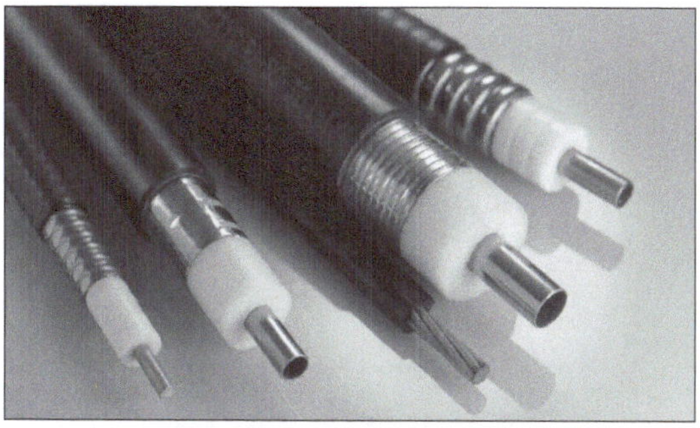

图 2-3 漏泄同轴电缆

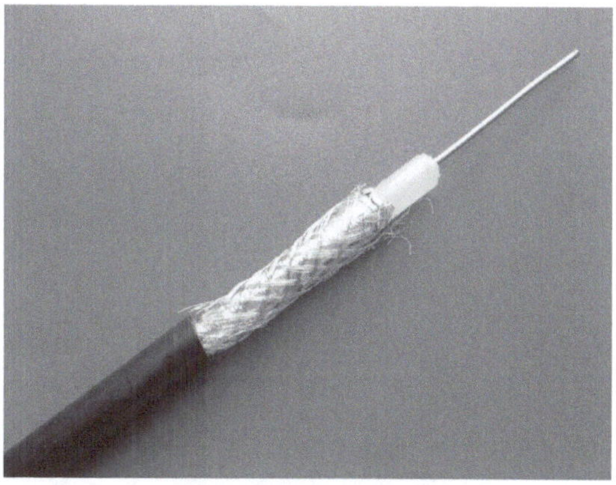

图 2-4 射频同轴电缆

同轴电缆可以传输模拟信号和数字信号，比较常见的应用就是有线电视信号传输、长途电话传输、局域网短距离连接等。但随着有线电视逐渐被网络电视取代，长途电话被手机取代，在组建局域网时，由于同轴电缆体积大，不能承受缠结、压力和严重弯曲，以及成本过高，因此已逐渐被双绞线取代。但同轴电缆仍然应用在一些特殊领域，如应用在电信运营商的基站中。因为漏泄同轴电缆具有射频传输及天线收发双重功能，可以用于地铁、隧道、地下室等信号屏蔽区域，作为信号发射和天线使用。除了可以作为有线电视线，同轴电缆还可作为音频信号的传输载体，用在音频设备上用来传输高音质的无损音乐。

2. 双绞线

双绞线也就是常说的网线，如图2-5所示，它从五类网线发展到现在的八类网线，传输速率不断提高，其中八类网线的最大传输速率可以达到25 Gbit/s和40 Gbit/s，而且现在的网线有了模块化设计，安装和使用也更为方便，如图2-6所示。

图 2-5　双绞线

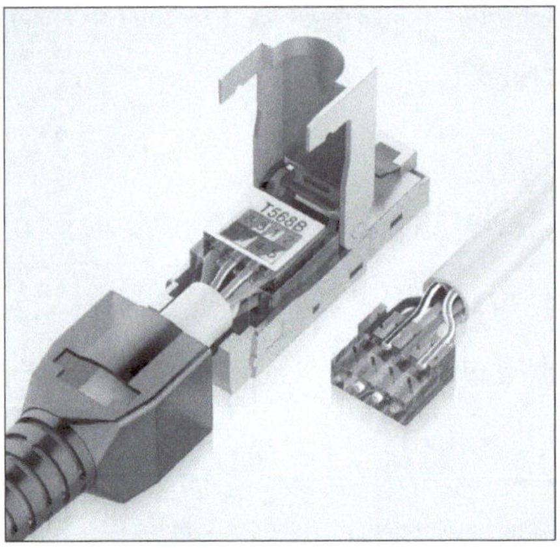

图 2-6　模块化设计

关于双绞线的分类、制作方法等说明，将在第3章中着重介绍。

3. 光纤

光纤是另一种常见的传输介质，也叫作光导纤维，如图2-7所示。光在光纤中的传播主要是依据光的全反射原理。光纤的特点是带宽高，适合远距离数据传输（目前双绞线最大传输距离约90 m）。以前的光纤往往用在主干线路上，经过多年的发展，现在从运营商的机房到普通用户家中都使用了光纤。常见的光纤猫如图2-8所示。

图 2-7　光纤

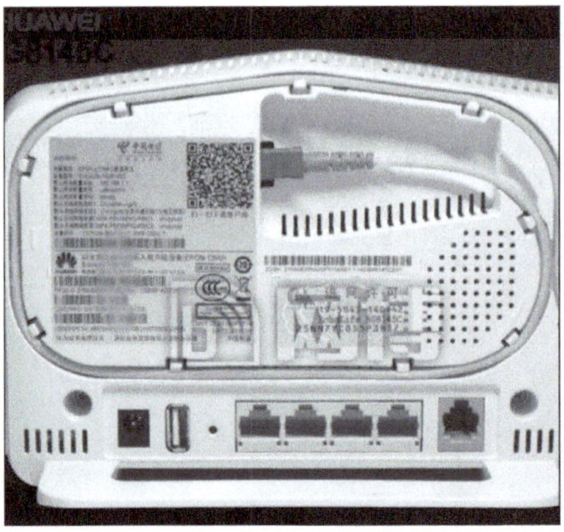

图 2-8　光纤猫

网络术语

跳线

双绞线和光纤都有跳线，所谓跳线就是指一段线缆（一般不会太长），线缆两端按照相关标准制作连接头，用于设备之间的连接以及数据传输等。

拓展知识

物理层的主要协议

物理层的主要协议有PON、DSL、Bluetooth、USB等。

2.2 数据链路层

数据链路层的作用是将数据帧可靠地传递到相邻节点。

2.2.1 数据链路层的作用

数据链路层定义了单个链路上如何传输数据。链路是一条无源的点到点的物理线路段，中间无其他交换节点。数据链路层除物理链路外，还必须有通信协议来控制数据的传输。所以数据链路层包括相关软件和硬件。数据链路层中的数据，叫作数据帧。在数据链路层中，帧是以点到点的方式进行传输的，如图2-9所示。因为在物理层中，可能会有一些问题存在，而数据链路层能实现数据的可靠传输，并向上对网络层负责。在网络层看来，下层是一条无差错的数据链路。

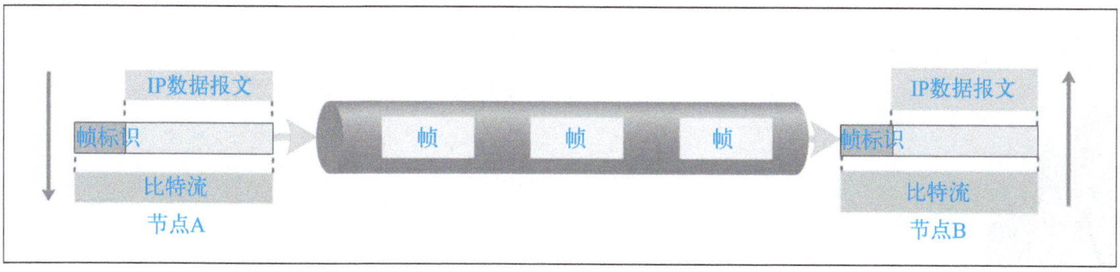

图 2-9 点到点方式的传输

数据链路层的主要作用就是数据链路的建立、维护、拆除以及帧的包装、传输、同步、差错控制和流量控制等。

拓展知识

数据链路层的分层

数据链路层被分为LLC（logical link control，逻辑链路控制）子层和MAC（medium access control，媒体接入控制）子层。MAC子层主要负责控制连接物理层的物理介质。LLC子层主要负责识别网络层协议，然后进行封装。现在很多网卡上，只有MAC子层协议，而没有LLC子层协议。

数据链路层帧的封装就是在上层的数据报前后分别添加首部和尾部，如图2-10所示，并且确定帧的范围以便完成帧的正确提取。

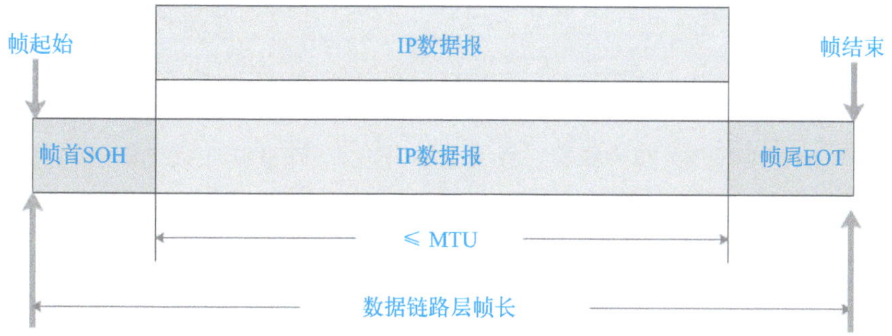

图 2-10 数据链路层帧的封装

网络术语

MTU

MTU（maximum transmission unit，最大传输单元），用来通知对方自己所能接收的数据服务单元的最大尺寸。它是包或帧的最大长度，一般以字节为单位。如果 MTU 过大，在经过路由器时会因为过大而被拒绝转发。大部分操作系统会提供给用户一个默认值。

比如将 MTU 设置为 1 500，此时如发送一个大小为 2 000 的包，则该包会被拆分成 1 500+500 的两个包，再加上头信息进行传输。实际上以太网帧的 MTU 值是 1 518，由 14 个字节的头信息、1 500 个字节的包以及 4 个字节的 FCS（frame check sequence，帧校验序列）组成。

数据链路层对于物理层可能会发生错误的情况，使用了各种错误检测机制，包括广泛使用的CRC（cyclic redundancy check，循环冗余校验）技术。在数据后面添加上的冗余码称为FCS。有差错的帧会被丢弃而不被接受，但要做到可靠传输，还需要加上确认和重传机制。

数据链路层的协议有很多，比如MAC、LLC、VLAN（virtual local area networks）、VTP、ARP、L2TP、PPP等。

2.2.2　MAC地址

以太网的数据链路层分为LLC子层和MAC子层，LLC子层负责识别网络层协议及选择封装方式。MAC地址是MAC子层中的关键部分，它是非常重要的数据传输参数。

1. MAC地址概述

MAC地址就是常说的网络硬件的物理地址。每个网络接口都会存在MAC地址，在数据帧的传输过程中，必须用该地址确认传输的对象。MAC地址长度为48位（6个字节），通常表示为12个十六进制数，比如“80-FA-5B-1D-EF-F5”，中间的“-”也可以用“:”代替。MAC地址具有唯一性，在出厂默认情况下，各设备的默认MAC地址都各不相同，就像每个人的身份证号码一样，具有唯一性。设备在收到MAC地址后，会校验收到的目标MAC地址是否是自己的MAC地址，如果是则接收，如果不是则丢弃。

拓展知识

MAC地址的组成

MAC地址的前3个字节，如“80-FA-5B”代表硬件制造商的编号，它是由电气电子工程师协会（Institute of Electrical and Electronics Engineers，IEEE）分配的；后3个字节由厂商自由分配，代表某个网络产品的序列号。

2. MAC帧的格式

以太网的MAC帧格式有两种标准：DIX Ethernet V2标准（即以太网V2标准）和IEEE的802.3标准。现在使用比较广泛的是以太网V2标准，该标准规定了以太网的MAC帧格式，如图2-11所示。

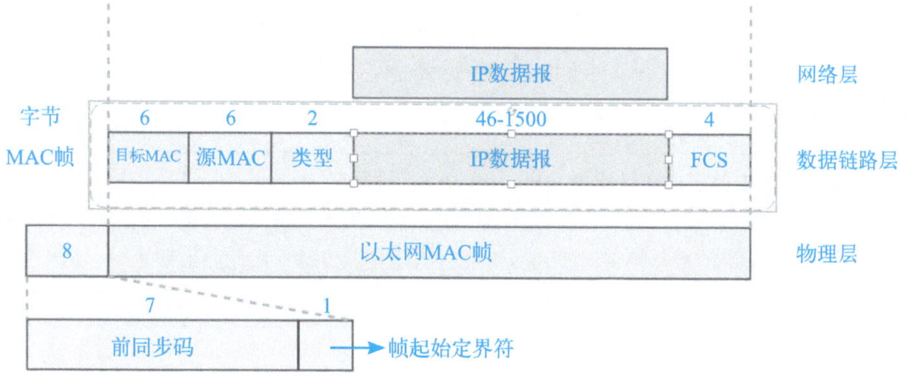

图 2-11 DIX Ethernet V2 标准

图2-11中的相关内容介绍如下。

“目标MAC”和“源MAC”代表了传输的数据帧的目标设备和源设备。

“类型”标识出上一层的协议，用于将IP数据报转交给上一层的对应协议。

“IP数据报”是网络层使用的数据格式，也是数据链路层封装的内容。因为MAC帧的最大长度为64个字节到1 518个字节，所以IP数据报的最小长度为46个字节，最大长度为1 500个字节。

前7位是“前同步码”，其作用是迅速实现物理层比特同步；后面1位是“帧起始定界符”，用来确定帧开始的位置。

注意事项：IP数据报不符合要求怎么办？

如果IP数据报大于1 500个字节，就需要拆分成几个小于或等于1 500个字节的IP数据报，再加入帧标识。如果IP数据报小于46个字节，则会在数据中加入整数字节的填充字段（本身无意义），以保证数据帧长度大于或等于64个字节。

2.2.3 数据链路层的主要设备及其工作原理

数据链路层的主要设备包括网卡、网桥和交换机。

1. 网卡

网卡也叫网络适配器或者网络接口卡，常见的有PCI-E接口的有线网卡，如图2-12所示，以及USB接口的带天线的无线网卡，如图2-13所示。

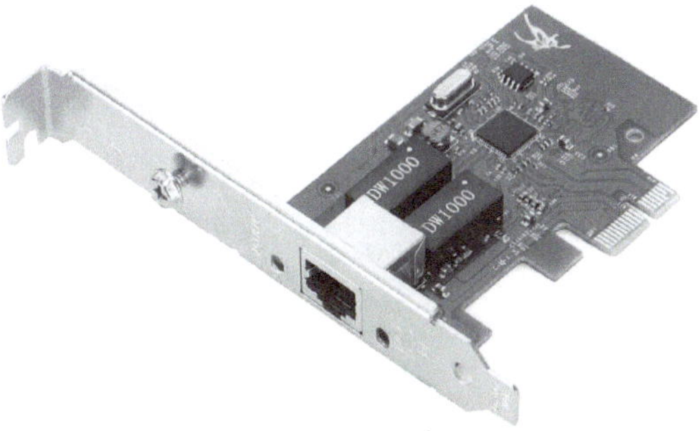

图 2-12 PCI-E 有线网卡

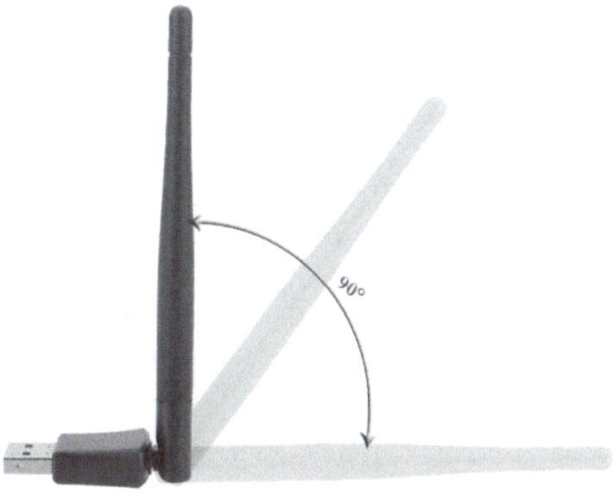

图 2-13 无线网卡

准确地说，网卡工作在物理层和数据链路层中，也就是TCP/IP四层模型中的“网络接口层”中。网卡的作用有网络连接、链路管理、帧的封装与解封、数据缓存、数据收发、串行与并行的转换、介质访问控制等。网卡上有数据处理芯片和存储芯片，用来处理和存储收到的网络数据。

注意事项：“网卡就工作在数据链路层。”这句话准确吗？

很多资料在介绍网卡时将其定义为数据链路层设备。其实很多网络设备一般跨多个功能层，所以网卡不仅负责数据链路层的数据帧传输，还负责数据的比特流传输，因此更准确地说，网卡工作在数据链路层和物理层中。

网络术语

集线器

集线器也叫 hub，外型有点像交换机，如图 2-14 所示，集线器现在基本上已经被淘汰了。集线器在以前是作为星形拓扑结构的中心节点使用的，但其与交换机的工作原理完全不同，属于总线型拓扑。

图 2-14　集线器

集线器对数据只起到同步、放大和整形的作用，不保证数据传输的完整性和准确性，而且数据向所有端口发送。在正常情况下，连接集线器的网络设备收到数据帧后，发现目的地址并非本设备后，会丢弃该数据帧。而其他一些监控软件和设备可以任意抓取所有的数据包，所以使用集线器通信，其安全性也较差。

2. 网桥

网桥设备现在也基本被淘汰了，不过网桥的工作原理和交换机是相同的，它还可以隔绝冲突域。网桥一般有两个接口，每个接口分别有一条独立的交换信道，并不共享总线。所以网桥比集线器性能更好且更加安全。

网桥的作用及优势就是隔绝了冲突域。网桥根据MAC地址来寻址，并通过存储的MAC地址表来决定是否转发及转发到哪个接口中。但因为网桥需要分析数据帧中的信息，并且进行的是存储转发，所以会增加数据的到达时延。因此网桥适合用户不多的情况。

虽然网桥只有两个接口，但和交换机的工作过程类似。常见的网桥工作拓扑图如图2-15所示。下面介绍网桥的工作过程。

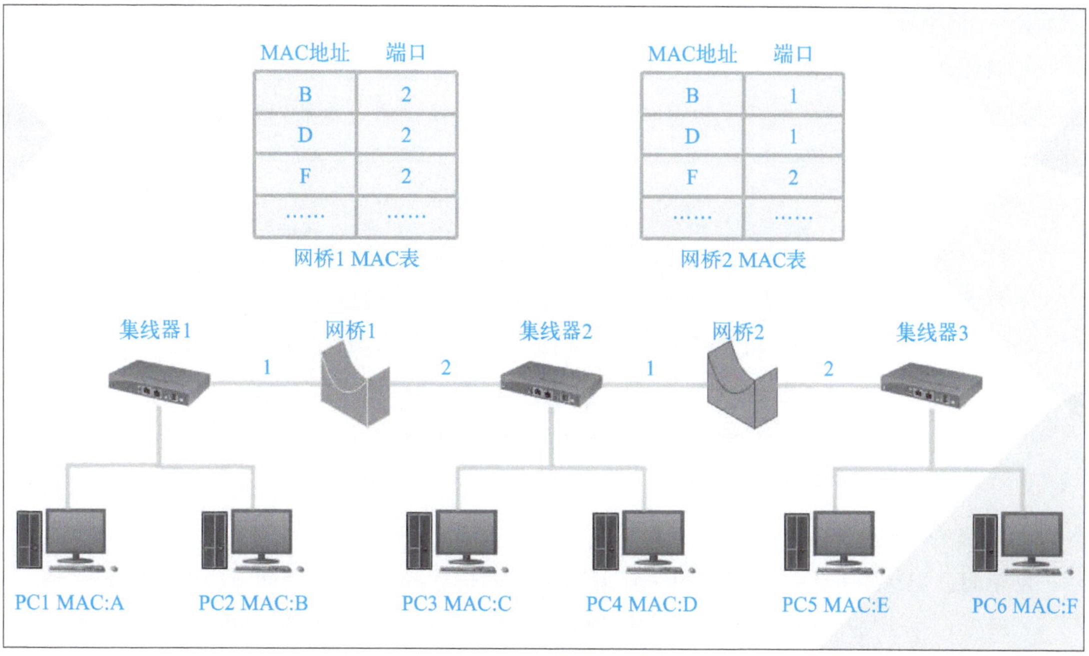

图 2-15 网桥工作拓扑图

如图2-15所示，在初始情况下，网桥1和网桥2的MAC地址表中都是空白的。此时如PC2要与PC6进行通信，会发送广播帧，询问PC6的MAC地址。网桥1会记录PC2的MAC地址B及其对应的接口1。接下来网桥1会将广播帧转发到其2号端口，PC3和PC4收到后会丢弃，而网桥2的1号端口会收到该广播帧，也会记录PC2的MAC地址和收到该帧的端口1，并向其端口2转发。PC6收到该帧后，会做出响应，告诉PC2其MAC地址是F，并将帧开头的目标MAC地址变为B，将源MAC地址变为F，然后发送出去。网桥2收到后，会记录MAC F与端口2的关系，然后查询MAC地址表，当发现MAC B是在1号端口中时，就会从1号端口发送出去。网桥1收到该帧后，也会查看记录，发现MAC B是在端口1，就从端口1将该帧转发出去。PC2收到该帧后，开始发送数据。其他计算机在收到数据帧后，发现目标MAC地址不是自己就丢弃。

在整个过程中，网桥首先进行学习，所有流经它的数据都会记录其MAC地址和端口的关系，形成MAC地址表，并会及时维护及更新这张地址表。然后网桥会依据这张表进行数据的转发工作，如果地址表中有该项，则根据记录进行转发，否则向除接收该帧的端口外的所有其他端口进行转发。所以说网桥不分割广播域，所有广播都会转发。

之所以说网桥能分割冲突域，是因为如果PC3和PC4进行通信，若没有网桥，所有的PC都会收到该数据帧，但有了网桥1和网桥2后，PC3和PC4进行通信时只有网桥1的2号端口、网桥2的1号端口收到该数据帧，并且网桥根据MAC地址表不会转发该数据，不会影响PC1与PC2以及PC5与PC6之间的通信。通过这种方法就实现了分割、缩小冲突域的目标，间接地提高了网络的利用率和带宽。

但在发送广播帧的时候，所有设备仍然可以收到该广播帧，所以网桥并不能分割广播域。要分割广播域就需要加入另外一个参数——IP地址，并通过路由器来划分广播域。

3. 交换机

交换机也叫多口网桥，可以为接入交换机的任意两个节点提供独享的通道。常见的以太网交换机工作在数据链路层中，除包含网桥的功能外，还提供了大量的通信接口用来连接需要联网的设备，如图2-16所示。

图 2-16　交换机

交换机的功能主要有如下几个方面。

- **学习：**记录所有经过的数据的MAC地址和对应接口的关系，并形成MAC地址表。
- **转发：**按照MAC地址表，将数据转发到指定的端口上，如果没有记录，则进行广播。
- **其他：**交换机还具有提供大量接口、分割冲突域、通过专门技术避免环路产生的作用。

交换机的工作原理如图2-17所示。

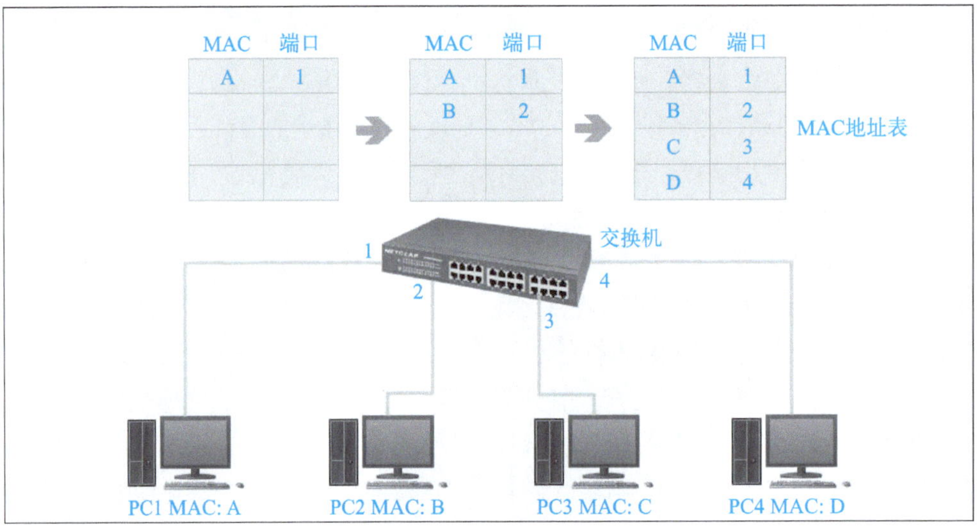

图 2-17　交换机的工作原理

如图2-17所示，PC1给PC2发送数据，交换机在1号端口获取数据后，会查看MAC表，发现没有PC1的信息，会将MAC地址A和1号端口绑定，形成MAC条目，并向其他所有端口转发该广播帧，其他设备会丢弃，PC2获取到后，会做出回应，发送回应的包；在返回的包中，交换机会记录PC2的MAC地址和端口信息；查询MAC地址表后，发现PC1在端口1，于是将数据帧转发到1号端口。下次PC1和PC2进行通信，就不需要发送广播帧了，交换机会直接在PC1和PC2之间建立一条专用的链路进行通信，而且不会影响PC3和PC4之间的通信。经过一段时间后，所有设备的MAC地址和端口信息就会被完全记录下来。这样，交换机就可以为每个通信建立独立的链路，可以更加快速地进行转发。

交换机的转发方式可以分为以下3种。

- **直通转发：** 交换机读取到MAC地址就进行转发，特点是转发速度快、时延低。但是因为并没有完全检查数据就进行了转发，所以在质量不太好的网络中，可能会造成转发了损坏或错误的数据帧的问题。因此直通转发技术主要用于链路质量较好的网络环境中。
- **存储转发：** 接收完所有数据帧内容，并进行完整性校验后再转发。其优点是发送的数据质量较高，减少了错误，但同时转发速率较直通转发慢。存储转发对链路质量要求不高。
- **碰撞逃避转发技术：** 碰撞逃避转发技术通过减少网络错误繁殖，在高转发速率和高正确率之间选择了一条折中的办法。

2.3 网络层

网络层处于传输层和数据链路层之间，是TCP/IP协议中最重要的IP（internet protocol，互联网协议）协议所处的层，它规定了计算机互联通信时需要遵守的规则。只要不同网络的网络层协议相同，那么这些网络之间就可以互相通信，如图2-18所示。正因为IP协议，因特网才得以发展成为世界上最大的计算机通信网络。

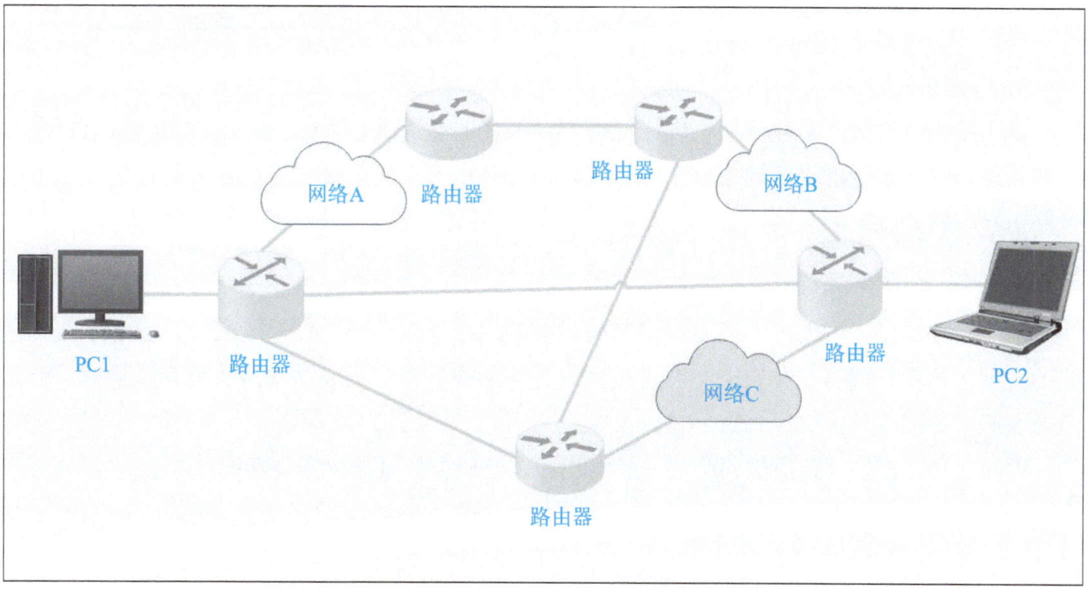

图 2-18 网络层

2.3.1 网络层的作用

和数据链路层一样，网络层也负责点到点的传输。网络层主要负责以下工作。

1. 封装与解封

传输层将数据段发送到网络层后，网络层为数据段加入网络层的报头信息，将其封装成数据报，然后交给数据链路层进一步处理。到达对方后，拆除报头信息，将数据段交给传输层继续处理，如图2-19所示。

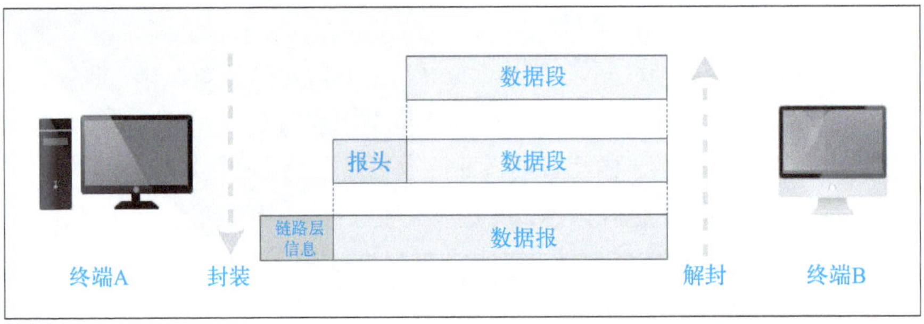

图 2-19 数据段的封装与解封

2. 路由寻址

网络层的作用就是将数据包正确地交给目的地，所以网络层还需要通过算法找到一条可以到达对方的最优路径将数据发送出去，也就是尽最大努力交付数据报服务。

注意事项：最优路径不等于最短路径。

A到B的直连链路是100 m，A到C是1 000 m，C到B是1 000 m。根据最优路径算法，数据包将从A发送到C，再从C发送到B，所以最短链路不一定是最快的路径。路由器的各种路径算法就是保证能够以最快的速度，将数据包送到目的地。

3. 拥塞控制

由于路由器的最优路径算法可以保证数据以最快的速度到达目的地，这种策略也可以绕开拥塞线路，在一定程度上起到了拥塞控制的作用。路由器之间会经常通报各自的链路状态，以便路由器了解是否发生了拥塞，并能形成一张优质的路由表。

4. 连接异构网络

除了常见的以太网以外，还有很多其他类型的网络，这些网络如果要通信，就必须按照一定的规则进行数据的打包和发送。在广域网中异构网络更多，所以这些网络要互联互通，就必须遵循相同的网络层协议，如TCP/IP协议等。

除此之外，网络层还提供网络的连接复用、差错检测和服务选择等功能。

2.3.2 IP协议与IP地址

IP协议是为终端在网络中相互连接进行通信而设计的协议，是TCP/IP体系中的网络层协议。其主要作用为：一是解决网络互联问题，实现大规模、异构网络的互联互通；二是分割顶层网络应用和底层网络技术之间的耦合关系，以利于两者的独立发展。

注意事项：为什么网络设备只能工作在网络层？

网络层的作用是尽最大努力进行数据的交付，传输的可靠性可以在上层解决，网络层无须考虑，所以网络设备可以做得非常简单，成本也大大降低了。简单的设备保证了高效率、低故障率，运行方式灵活多变，可以适应多种应用。当然，随着网络的发展，出现了很多面向更上层的网络设备，比如应用层防火墙、应用层路由器等。在外网线路中，应用更多的还是下三层的网络设备。

1. IP地址概述

IP协议中非常重要的一个组成部分就是IP地址。IP地址是指互联网协议地址，又译为网际协议地址。IP地址是IP协议提供的一种统一的地址格式，它为互联网上的每一个网络和每一台主机分配一个逻辑地址，以此来屏蔽物理地址的差异。IP地址就像是每一家的门牌号，只有知道了门牌号，快递员才能将包裹顺利地投递到各家中。

拓展知识

为什么不使用MAC地址寻址？

首先，如果要改为MAC地址寻址，需要新的模型和协议，需要重新考虑标识参数和路径算法，还要各个厂商支持，其工作量是巨大的。其次，在构建路由表方面，结合默认路由、静态路由、动态路由以及路由收敛技术，可以将路由表压缩到最小。简化的路由表方便维护和寻址。而MAC地址非常巨大，需要设计新的算法，否则路由表的条目将是一个天文数字，整个网络只是维护表的条目就可以占满所有的带宽。而且现在MAC地址已经按照规则进行了分配，要重新制定规则也是非常麻烦的。所以理论上是可以的，但不具有实际可操作性。

2. IP地址的格式

IP地址的格式最常见的是IPv4地址。IPv4地址由4个8位的二进制数组成，共计32位二进制数，也就是4个字节。IP地址通常使用点分二进制的形式进行表示（a.b.c.d），每位的范围是0～255。比如常见的192.168.1.1，用点分二进制进行表示的效果如图2-20所示。后文中主要以IPv4地址为例介绍IP地址的相关知识。

192 . 168 . 1 . 1

11000000.10101000.00000001.00000001

图 2-20 用点分二进制表示 192.168.1.1

3. 网络位与主机位

以前的座机号码由区号和实际电话号码组成，比如010-12345，其中010是区号，12345是实际的电话号码。类似地，IP地址也有网络位与主机位之分。

网络位也叫网络号，表示IP所在的网络，只有在同一网络位中的主机才能直接进行通信，否则只能通过路由器进行交流。主机位也叫主机号，是该网络中终端的编号。网络位和主机位要同时使用。

4. IP地址的分类

为了更好地使用IP地址，Internet委员会将IPv4地址划分为5种不同的类型，以适应不同的主机容量和网络容量，如图2-21所示。

你学会了吗？

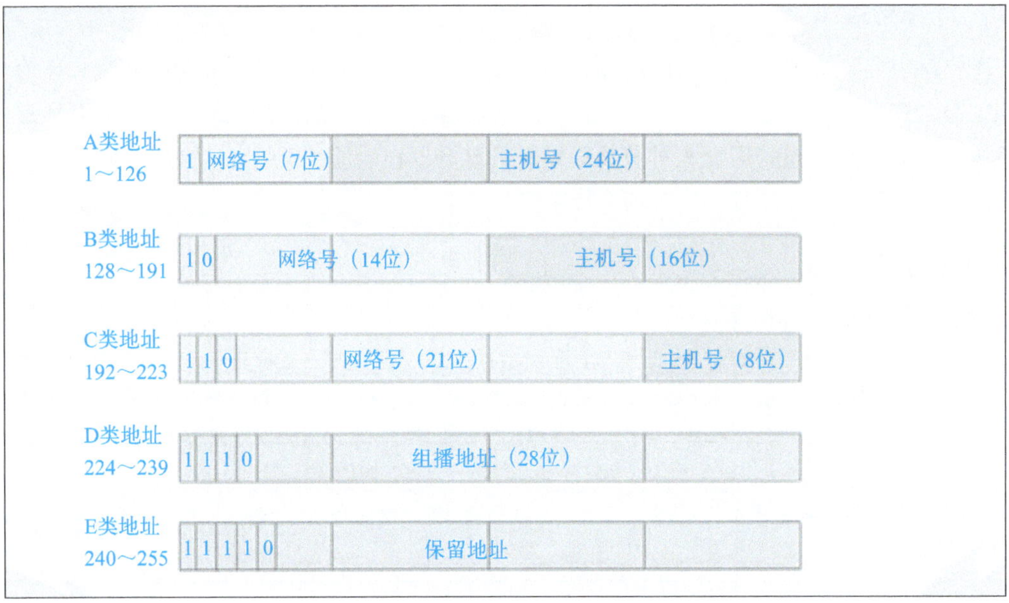

图 2-21　IPv4 地址 5 种不同的类型

（1）A类地址。

在IP地址的4段数字中，第1段数字为网络号，剩下的3段数字为主机号的IP地址叫作A类地址。A类地址的最高位必须是0，但网络号不能全为0。A类地址的网络号范围为1～126，不能为127；主机号也不能全为0或全为1，全为0代表本主机所在网络，而全为1代表该网络地址中的所有主机，用于在该网络内发送广播包之用。例如，99.0.0.0代表99这个网络，而99.255.255.255是该网段的广播地址，这个规则在其他类地址中也适用。每个A类地址所支持的最大主机数为$2^{24}-2=16\ 777\ 214$（台）。

拓展知识

127开头的IP地址

因为该地址被保留用作回路及诊断地址，任何发送给127.X.X.X的数据都会被网卡传回该主机，用于检测使用。可以使用ping命令去检测127网段中的任意地址。

（2）B类地址。

B类IP地址由两个字节的网络号和两个字节的主机号组成，网络号的最高位必须是“10”。B类IP地址中网络号的长度为16位，主机号的长度为16位。B类地址网络号的取值介于128～191之间。B类地址适用于中等规模的网络，共有16 384个，每个B类地址所能容纳的计算机数为$2^{16}-2=65\ 534$（台）。

拓展知识

169.254开头的IP地址

在B类地址中，169.254开头的IP也是不使用的，当DHCP发生故障或响应时间太长而超出了系统规定的时间时，系统会自动分配这样一个地址。如果发现主机IP地址是一个这样的地址，该主机的网络大多不能正常访问。

（3）C类地址。

C类IP地址由3个字节的网络号和1个字节的主机号组成，网络号的最高位必须是“110”。C类地址网络号的取值介于192～223之间。C类IP地址中网络号的长度为24位，主机号的长度为8位。C类地址数量较多，共有2 097 150个。其适用于小规模的局域网络，每个C类地址最多只能包含$2^8-2=254$（台）计算机。

（4）D类地址。

D类IP地址不分网络号和主机号，在历史上被叫作多播地址（multicast address），即组播地址。在以太网中，多播地址是一组特定网络终端的标示符，代表该设备已经加入到一个多播组中，该组设备可以统一接收到目标为该组的多播数据包。多播地址的最高位必须是“1110”，范围为224～239。

（5）E类地址。

E类地址为保留地址，可以用于实验，但不能分配给主机。E类地址以“11110”开头，范围为240～255。

5. 内网与外网地址

每个联网的设备都需要一个A类、B类、C类的正常IP才能通信。这些IP叫作公网IP或者外网IP。实际上由于IPv4地址池已经基本分配完毕，完全做不到每个设备都能获得一个IP地址，但很多设备都有联网的需求。为了解决这个问题，人们从A类、B类和C类地址中各划出一些地址段，并且用这几种地址段给局域网中的设备设置IP地址。这种局域网环境就叫作内网，这3类特殊的IP就叫作内网IP。从A类、B类、C类地址中划出的地址段介绍如下。

- **A类：**10.0.0.0～10.255.255.255、100.64.0.0～100.127.255.255。
- **B类：**172.16.0.0～172.31.255.255。
- **C类：**192.168.0.0～192.168.255.255。

如果大家都可以设置成这3类IP，不会冲突吗？如何上网？其实，内网IP只在本地局域网生效，无法在外网上传递数据。这些内网IP的主机如果想要连接外网，需要进行地址转换。一般路由器通过PPPoE拨号后，可以获取公网IP，路由器代替内网主机通信时，将数据包的内网IP转换为路由器获取的公网IP，就可以在网络上传送了，返回的包再交给对应的主机即可，这个技术叫作NAT。

6. 网络号与广播地址

当IP地址使用二进制表示时，主机号全为0的IP，就叫作该网段的网络号。例如对于192.168.1.33/24，主机号全为0时的IP为192.168.1.0/24，所以该IP就是网络号；而主机号全为1时的IP为192.168.1.255/24，所以该IP就是该网络的广播地址。目的地址为广播地址的包，该网络中的所有主机都能收到，所以叫作广播。

7. 子网掩码

上面IP地址后的“/24”也叫作子网掩码，可以表示成“255.255.255.0”。两台通信的主机首先需要根据子网掩码计算出是否在同一个网络中（也就是网络号相同），如果相同则可以通信，否则需要使用路由器。

子网掩码的形式类似于IP地址，也是一个32位二进制数字，它的网络号全部为1，主机号全部为0。比如，IP地址192.168.1.3，如果已知网络号是前24位，主机号是后8位，那么子网掩码就是11111111.11111111.11111111.00000000，写成十进制就是255.255.255.0。有时也会用“IP/网络位的总位数”的格式，如192.168.1.13/24，表示有24位的网络位。

8. IPv4与IPv6

简单来说，IPv6是为了解决IPv4已经分配完毕的问题。IPv6地址池非常大，IPv4采用32位地址长度，只有大约43亿个地址，而IPv6采用128位地址长度，几乎可以不受限制地供应地址。

IPv6地址是IPv6协议的一部分。在IPv6协议中，除解决地址短缺问题以外，还考虑了性能优化，如端到端IP连接、服务质量（QoS）、安全性、多播、移动性、即插即用等。

虽然IPv6发展了很长时间，但离真正实用还有段距离。这主要是因为IPv6的普及不仅涉及IP地址，还涉及所有的网络设备、IPv6的应用、各种服务器和数据中心的网络等。而且从IPv4到IPv6不是简单的升级，两者还不能通过简单的转换来更替。一个新的协议从开发到实现再到应用是一个相当漫长的过程。

2.3.3 IP数据报的格式

从传输层发送来的数据会在网络层加入网络层的标识后继续向下发送。在网络层添加的数据报头信息如图2-22所示。

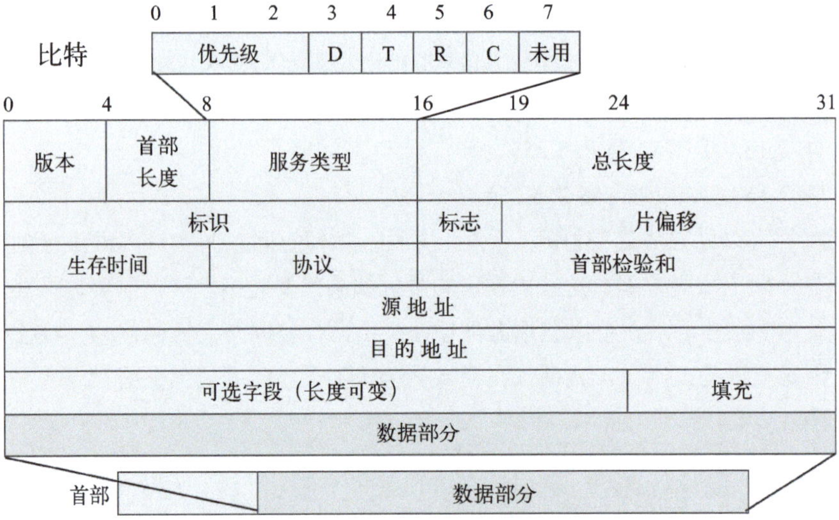

图 2-22 网络层添加的数据报头信息

一个IP数据报由首部和数据两部分组成。首部的前一部分是固定长度，共20个字节。在首部固定部分的后面是一些可选字段，其长度是可变的。首部的构成如下。

（1）版本。

占4位，指IP协议的版本，目前的IP协议版本号为4（即IPv4）。

（2）首部长度。

占4位，可表示的最大数值是15个单位（一个单位为4个字节）。因此IP首部长度的最大值是60个字节。

（3）服务类型。

占8位，用来获得更好的服务，在旧标准中叫作服务类型，但实际上一直未被使用过。

（4）总长度。

占16位，指首部和数据之和的长度，单位为字节，因此数据报的最大长度为65 535个字节。总长度不能超过MTU。

（5）标识。

占16位，它是一个计数器，用来产生数据报的标识。

（6）标志。

占3位，目前只有前两位有意义。标志字段的最低位是MF（more fragment）。MF1表示后面“还有分片”。MF0表示最后一个分片。标志字段中间的一位是DF（Don't Fragment）。只有当DF=0时才允许分片。

（7）片偏移。

片偏移（12位）指的是较长的分组在分片后某片在原分组中的相对位置。

片偏移以8个字节为偏移单位。

（8）生存时间。

生存时间（8位）记为TTL（time to live），是指数据报在网络中可通过的路由器数的最大值。

（9）协议。

协议（8位）字段指出此数据报携带的数据使用何种协议，以便目的主机的网络层决定将数据部分上交给哪个处理过程，比如网络层的ICMP、IGMP、OSPF等或者传输层的协议。

（10）首部检验和。

首部检验和（16位）字段只检验数据报的首部，不检验数据部分。这里不采用CRC检验码而采用简单的计算方法。

（11）源地址和目的地址。

各占4个字节，记录了发送源的IP地址以及到达目标的IP地址。

（12）可选字段。

IP首部的可选字段就是一个选项字段，用来支持排错、测量以及安全等措施，内容很丰富。可选字段的长度可变，从1到40个字节不等，取决于所选择的项目。增加首部的可选字段是为了增加IP数据报的功能，但这同时也使得IP数据报的首部长度成为可变的。这就增加了每一个路由器处理数据报的开销。实际上这些选项很少使用。

2.3.4 路由器的工作原理

网络层最重要的设备就是路由器。除了家庭或小型企业使用的路由器外，还有大中型企业使用的路由器，如图2-23所示。下面介绍路由器的相关知识。

图 2-23 大中型企业使用的路由器

1. 路由器的工作过程

路由器内部存在一张表，叫作路由表，类似于MAC地址表，用来记录目标网络和对应的接口或下一跳IP地址。在收到数据包后，会按照路由表的内容进行数据的转发，如图2-24所示。

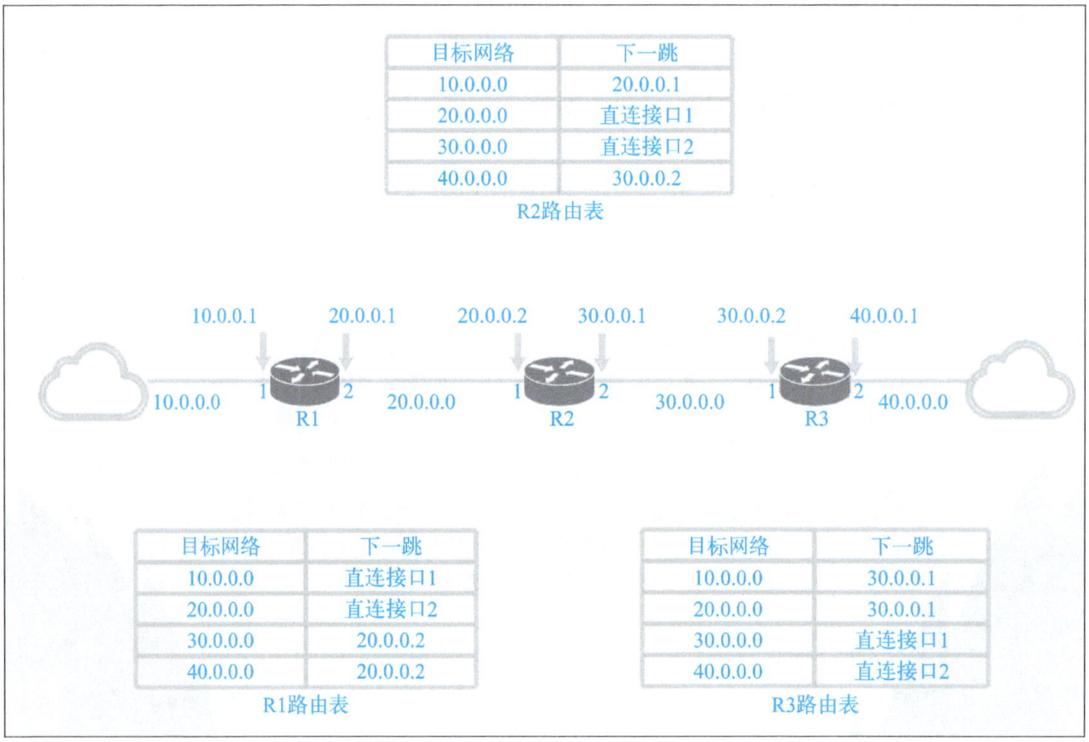

图 2-24　按照路由表的内容进行数据的转发

当R1收到的数据包要发送到40.0.0.2时，R1会查询自己的路由表，发现40.0.0.0网段的下一跳是20.0.0.2，而20.0.0.0是其2号接口直连网段，所以将数据包通过2号接口发出即可。R2收到该数据包后，发现目标是40.0.0.0网络，查询路由表后，从R2的2号接口发出。R3收到该数据包后，发现40.0.0.0是其直连的网段，处于2号接口，那么就会从2号接口将其发出。这个过程就是路由器的寻址和转发过程。

在通常情况下，每隔一段时间，路由器之间会通过路由器的协议来申告其直连的链路及网络号，其他路由器接收后，通过计算，更新各自的路由表。

在这个过程中，数据包的IP源地址和目标地址是不变的，路由器要依靠目标地址确定数据的发送方向，源地址在接收端返回数据时，变成目的地址，所以这两个参数是不变的。而MAC地址因为要确定下一个设备，所以每经过一个设备就会被修改一次，整个过程如图2-25所示。

你学会了吗？

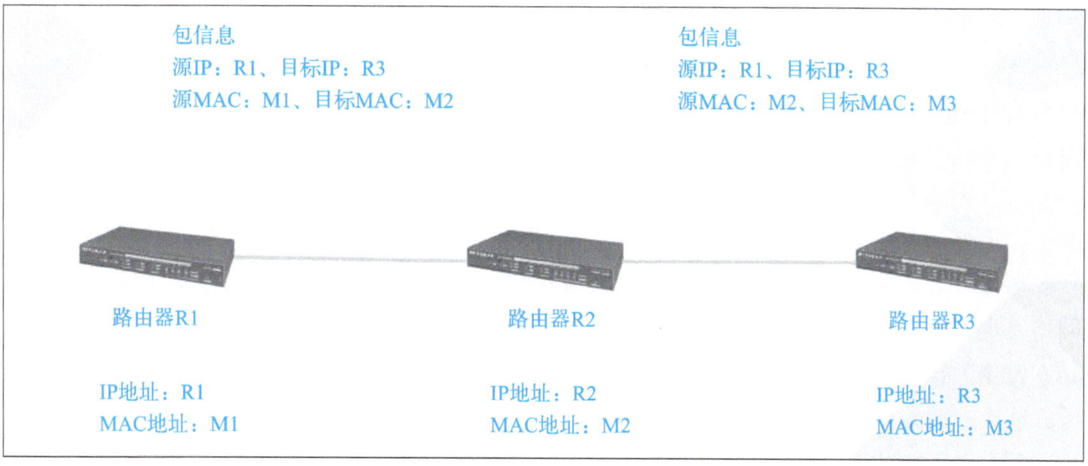

图 2-25　MAC 地址每经过一个设备就修改一次

2. 静态路由、直连路由、默认路由、网关、动态路由

静态路由、直连路由和默认路由等条目在路由表中非常常见，也是路由器的主要路由策略。

（1）静态路由和直连路由。

静态路由是用户手动为路由器配置的路由表条目。一种是用户给路由器的端口配置IP地址时，路由表会自动出现该IP的网络号，并且绑定了出口，所以这种也叫作直连路由。还有一种是用户手动指定访问某网络号应该走的下一跳地址。配置完毕后，可以查看路由表内容，其中类型为C的就是直连路由，而类型为S的就是静态路由，比如所有发往192.168.1.0/24网络的数据包会被要求从FastEthernet0/0端口发出、发往192.168.2.0/24的数据包会被要求从FastEthernet0/1端口发出、发往192.168.3.0/24的数据包也会被要求从FastEthernet0/1端口发出，如图2-26所示。关于企业级路由器的配置，将在后面的章节中进行详细介绍。

```
Gateway of last resort is not set

C    192.168.1.0/24 is directly connected, FastEthernet0/0
S    192.168.2.0/24 is directly connected, FastEthernet0/1
C    192.168.3.0/24 is directly connected, FastEthernet0/1
Router#
```

图 2-26　静态路由和直连路由

拓展知识

静态路由的优缺点

手动分配的好处就是可以控制数据流向，进行负载均衡。其主要问题在于如果网络参数和拓扑发生变化，需要重新配置静态路由，如果网络太大，手动配置的工作量是非常大的。

（2）默认路由和网关。

默认路由其实和网关的作用类似，用户只要设置了默认路由，在发送数据包时，如果在路由表中查询不到目标的网络和路径，就会直接转发给默认路由器。默认路由器会帮助用户路由此数据包，其作用和网关设备，即家用路由器是一样的。在路由表中，可以查看到“S*”的类型，这就是默认路由，如图2-27所示。默认路由一般用于末梢网络，大大简化了路由器的配置，在一定程度上减少了管理员的配置工作。

```
Gateway of last resort is 0.0.0.0 to network 0.0.0.0

S    192.168.1.0/24 [1/0] via 192.168.3.1
C    192.168.2.0/24 is directly connected, FastEthernet0/0
C    192.168.3.0/24 is directly connected, FastEthernet0/1
S*   0.0.0.0/0 is directly connected, FastEthernet0/1
Router(config)#
```

图 2-27 “S*”的类型是默认路由

(3）动态路由。

动态路由是路由器之间按照某种协议，互相通告各自的网络，并按照算法形成路由表。当网络发生变化或者经过一个规定时间后，路由器间会再次进行通告并计算，形成新的路由表。动态路由的优点是无须人工配置和维护路由表，减少了大量的配置工作，避免配置错误的发生；缺点是需要互相之间发送路由数据，占据了部分带宽。

现在用得比较多的是RIP协议和OSPF协议，在路由表中，分别以“R”和“O”表示，如图2-28和图2-29所示。关于这两种协议的配置，将在后面的章节中进行介绍。

```
Gateway of last resort is not set

C    192.168.1.0/24 is directly connected, FastEthernet0/0
R    192.168.2.0/24 [120/1] via 192.168.3.2, 00:00:04, FastEthernet0/1
C    192.168.3.0/24 is directly connected, FastEthernet0/1
Router(config)#
```

图 2-28 RIP 协议

```
Gateway of last resort is not set

C    192.168.1.0/24 is directly connected, FastEthernet0/1
C    192.168.2.0/24 is directly connected, FastEthernet0/0
O IA 192.168.3.0/24 [110/2] via 192.168.2.2, 00:19:05, FastEthernet0/0
O IA 192.168.4.0/24 [110/3] via 192.168.2.2, 00:19:05, FastEthernet0/0
R1#
```

图 2-29 OSPF 协议

2.4 传输层

传输层提供端到端的通信。

2.4.1 传输层简介

传输层为通信双方提供应用进程之间端到端的逻辑通信。此外，还提供以下功能：格式化信息流，建立端口到端口的通信，连接的控制和管理，并提供差错控制、流量控制和纠错功能。传输层的目的是建立可靠的传输。传输层协议规定接收端必须发回确认。假如分组丢失，必须重新发送。

2.4.2 进程与端口

进程是正在运行的程序的一个实例。进程之间通过端口进行通信，也叫作协议端口号。端口号分为以下3种。

1. 公认端口

公认端口号范围为0～1 023，是一些常用的端口号，通常与各种协议和服务挂钩。比如，网页服务HTTP协议使用80端口，文件传输FTP使用20及21端口，远程管理Telnet使用23端口，电子邮件服务SMTP使用25端口，域名解析服务DNS使用53端口，简单文件传输协议TFTP使用69端口，HTTPS使用443端口，SSH使用22端口等。

2. 注册端口

注册端口号范围为1 024～49 151，是分配给用户进程或应用程序的。这些进程是用户选择安装的一些应用程序，而不是已经分配好公认端口的常用程序。这些端口在没有被服务器资源占用的时候，用户端动态选用为源端口。

3. 动态端口

动态端口号范围为49 152～65 535，动态分配给某些服务使用。

2.4.3 TCP及UDP协议

TCP/IP模型中最重要、最核心的两个协议，一个是网络层的IP协议，另一个就是传输层的TCP（transmission control protocol）协议。此外传输层还有UDP（user datagram protocol）协议。TCP传输的单位是TCP报文段（segment），UDP传输的单位是UDP报文或用户数据报。

1. TCP协议

TCP协议也叫作传输控制协议，是一种面向连接的、可靠的通信协议，主要目的是在不可靠的下三层提供可靠的端到端的连接和数据通信所使用的协议。TCP连接是一条虚连接而不是一条真正的物理链路。TCP提供全双工通信，不提供广播或多播服务，每一条TCP连接只能是一对一的。TCP根据对方给出的窗口值和当前网络的拥塞情况来确定每一个报文段应该多大。TCP可以把很长的数据块拆分或者将短数据块积累到足够多的字节后构成报文段再发送。

2. TCP的连接与断开

TCP的连接过程经过3个阶段：建立连接、传输数据和释放连接。TCP连接采用的是C/S模式，也就是客户端（client）/服务器（server）模式。主动发起连接的是客户端，被动等待连接的应用进程叫作服务器。常说的3次握手、4次断开，指的就是TCP的连接和断开连接的过程。

（1）TCP建立连接。

TCP建立连接一共分为3个过程，如图2-30所示。

首先PC1向PC2发出连接请求报文段，此时首部中的同步位SYN=1，同时选择一个初始序号seq=x。TCP规定，SYN报文段不能携带数据，但要消耗掉一个序号。这时，PC1进入SYN-SENT状态。序号指的是TCP报文段首部20个字节里的序号，TCP连接传送的字节流的每一个字节都按顺序编号。

PC2收到请求后，向PC1发送确认。在确认报文段中把SYN和ACK位都设为1，确认号是ack=x+1，同时也为自己选择一个初始序号seq=y。请注意，这个报文段也不能携带数据，但同样要消耗掉一个序号。这时PC2进入SYN-RCVD状态。

PC1收到PC2的确认后，还要向PC2给出确认。确认报文段的ACK设为1，确认号ack=y+1，而自己的序号seq=x+1。这时，TCP连接已经建立，PC1进入ESTABLISHED状态，当PC2收到PC1的确认后，也会进入ESTABLISHED状态。

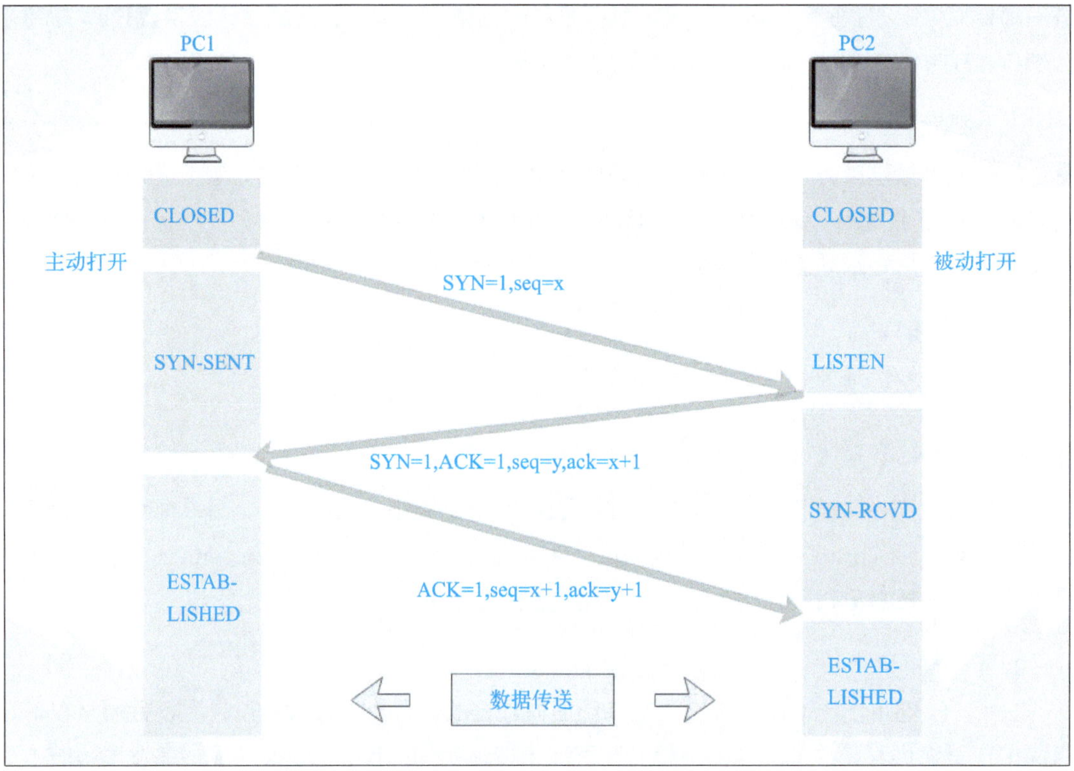

图 2-30　TCP 建立连接的 3 个过程

（2）TCP连接的释放。

因为TCP是面向可靠的连接，所以在数据传输结束后并不会直接停止，而是按照协议的要求进行协商，安全地关闭连接。TCP连接的释放经历了4个过程，如图2-31所示。

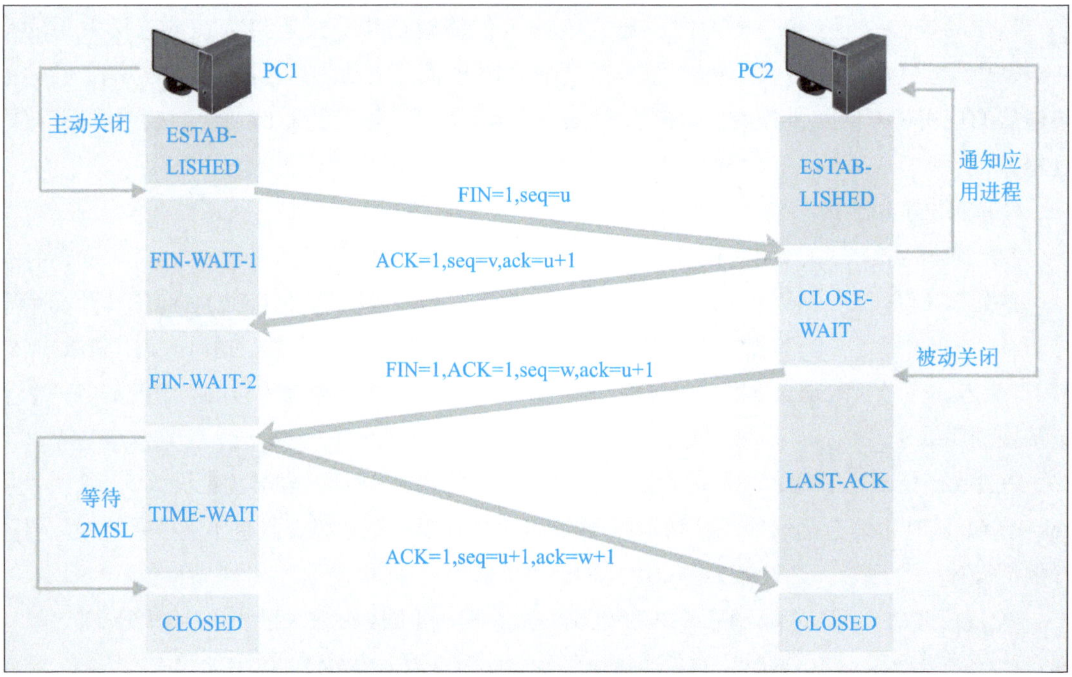

图 2-31　TCP 连接的释放的 4 个过程

PC1的TCP进程先向服务器发出连接释放报文段，并停止发送数据，主动关闭TCP连接。释放连接报文段中FIN=1，序号seq=u，该序号等于最后一个传输的数据字节的序号加1，PC1进入FIN-WAIT-1（终止等待1）状态，等待PC2的确认。

PC2收到连接释放报文段后即发出确认释放连接的报文段，该报文段中ACK=1，确认号为ack=u+1，其自己的序号为v，该序号等于PC2前面已经传送过的数据的最后一个字节的序号加1。然后PC2进入CLOSE-WAIT（关闭等待）状态，此时TCP服务器进程应该通知上层的应用进程，因而PC1到PC2方向的连接就释放了，这时TCP处于半关闭状态，即PC1已经没有数据要发送了，但PC2若发送数据，PC1仍要接收，也就是从PC2到PC1这个方向的连接并没有关闭，这个状态可能会持续一段时间。

PC1收到PC2的确认后，就进入了FIN-WAIT-2（终止等待2）状态，等待PC2发出连接释放报文段，如果PC2已经没有要向PC1发送的数据了，其应用进程就通知TCP释放连接。这时PC2发出的连接释放报文段中FIN=1，确认号还必须重复上次已发送过的确认号，即ack=u+1，序号seq=w，因为在半关闭状态PC2可能又发送了一些数据，因此该序号为半关闭状态发送的数据的最后一个字节的序号加1。这时PC2进入LAST-ACK（最后确认）状态，等待PC1的确认。

PC1收到PC2的连接释放请求后，必须对此发出确认。确认报文段中ACK=1，确认号ack=w+1，而自己的序号seq=u+1，而后进入TIME-WAIT（时间等待）状态。这时候，TCP连接还没有释放掉，必须经过时间等待计时器设置的时间2MSL后，PC1才进入CLOSED状态，时间MSL叫作最长报文寿命，RFC建议设为2 min，因此从PC1进入TIME-WAIT状态后，要经过4 min才能进入CLOSED状态，而PC2只要收到了PC1的确认后，就进入了CLOSED状态。二者都进入CLOSED状态后，连接就完全释放了。

3. TCP报文格式

TCP的报文格式如图2-32所示。

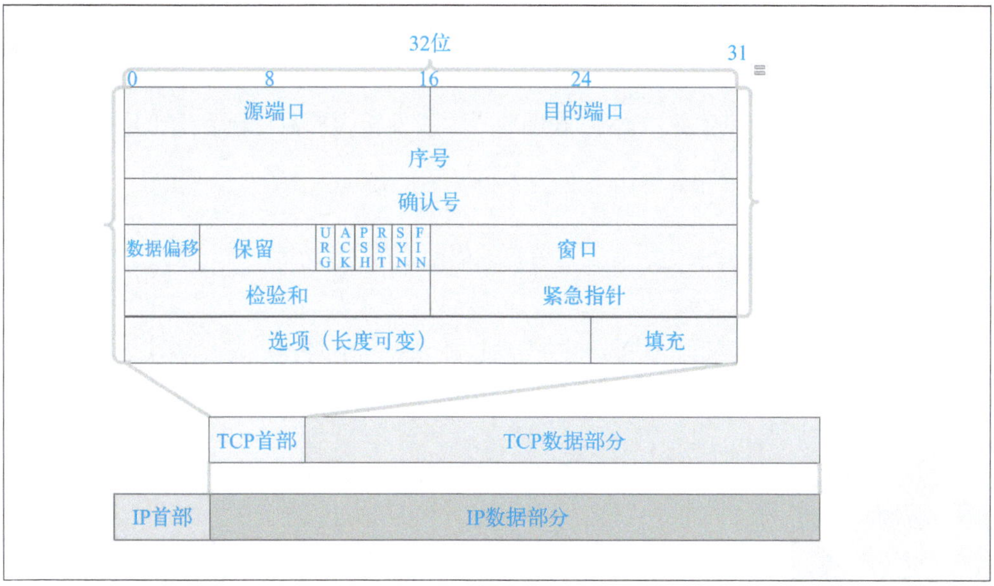

图 2-32 TCP 的报文格式

（1）源端口和目的端口字段。

源端口和目的端口字段各占2个字节。端口是传输层与应用层的服务接口。运输层的复用和分用功能都要通过端口才能实现。

（2）序号。

序号占4个字节。在TCP连接中，传送的数据流中的每一个字节都编上一个序号。序号字段的值指的是本报文段所发送的数据的第1个字节的序号。

（3）确认号。

确认号占4个字节，是期望收到对方下一个报文段的数据的第1个字节的序号。

（4）数据偏移。

数据偏移占4位，它指出TCP报文段的数据起始处距离TCP报文段的起始处有多远。

（5）保留字段。

保留字段占6位，保留为今后使用，但目前应设为0。

（6）紧急URG。

当URG=1时，表明紧急指针字段有效。它告诉系统此报文段中有紧急数据，应尽快传送（相当于高优先级的数据）。

（7）确认ACK。

只有当ACK=1时，确认号字段才有效。当ACK=0时，确认号无效。

（8）推送PSH。

接收TCP收到PSH=1的报文段，就会尽快地交付接收应用进程，而不再等到整个缓存都填满后再向上交付。

（9）复位RST。

当RST=1时，表明TCP连接中出现严重差错（例如由于主机崩溃或其他原因），必须释放连接，然后再重新建立传输连接。

（10）同步SYN。

同步SYN=1表示这是一个连接请求或连接接收报文。

（11）终止FIN。

终止FIN用来释放一个连接。FIN=1表明此报文段发送端的数据已发送完毕，并要求释放传输连接。

（12）窗口。

窗口占2个字节，用来让对方设置发送窗口的依据，单位为字节。

（13）检验和。

检验和占2个字节。检验和字段检验的范围包括首部和数据两部分。在计算检验和时，要在TCP报文段的前面加上12个字节的伪首部。

（14）紧急指针字段。

紧急指针字段占16位，用于指出在本报文段中紧急数据共有多少个字节（紧急数据放在本报文段数据的最前面）。

（15）选项字段。

选项字段长度可变。TCP最初只规定了一种选项，即最大报文段长度MSS（maximum

segment size）。MSS告诉对方TCP：“我的缓存所能接收的报文段的数据字段的最大长度是MSS个字节。”MSS是TCP报文段中的数据字段的最大长度。数据字段加上TCP首部才等于整个的TCP报文段。

（16）填充字段。

填充字段是为了使整个首部长度是4个字节的整数倍。

4. UDP协议及报文格式

UDP协议也叫作用户数据报协议，是传输层的另一种传输协议。和TCP协议不同，UDP更像下三层的数据传输模式，是一种面向连接的协议，尽最大努力交付。在传送前不需要建立连接，对方收到UDP报文后，也不需要给出确认信息。虽然UDP协议并不保证传输数据的可靠性，也不使用拥塞控制，但其效率非常高，常用于一次传输少量数据的情况，而UDP的可靠性主要由应用层负责。UDP支持一对一、一对多、多对一的交互通信模式。

UDP所做的工作相对于TCP来说非常简单，即在数据上增加了端口功能和差错检测后，就将数据交给网络层进行封装和发送，既不合并也不拆分，只保留报文边界。UDP首部开销很小，只有8个字节。对于网络层交付上来的UDP报文，在去掉首部后，就交给上层的应用进程，一次交付一个完整的报文，报文的大小是由应用程序进行控制的。UDP首部的格式如图2-33所示。

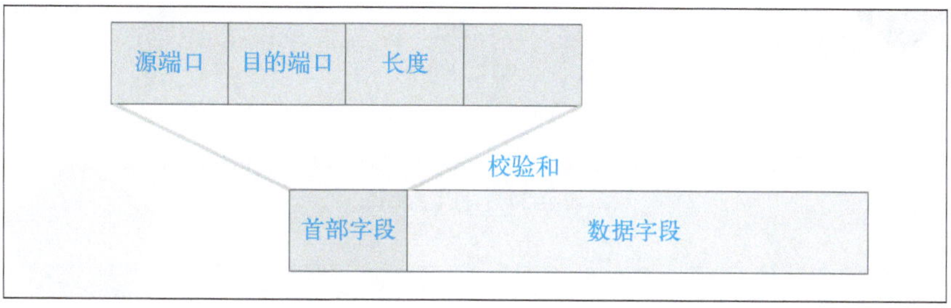

图 2-33 UDP 首部的格式

在UDP中有两个字段，即数据字段和首部字段。首部字段有8个字节，分成4个字段，分别记录了源端口、目的端口、长度和校验和。

2.5 应用层

应用层是OSI七层模型的最高层，但TCP/IP模型中的应用层包含了OSI七层模型的表示层、会话层、应用层。因为在实际应用中，表示层和会话层并没有独立出现过，都是和应用层一起实现的。

2.5.1 应用层的作用

模型中的应用层并不是指应用程序本身，而是定义了应用程序用于请求网络服务的接口。应用层决定了应用程序能够请求网络完成什么类型的事情，或是网络支持什么类型的活动，其具体内容就是规定应用进程在通信时所应遵循的协议，其网络应用基本上都是C/S模式，也就是客户端/服务器模式。常见的应用层协议包括HTTP、FTP、DNS、DHCP、IMAP、SMTP、

SNMP、POP3等。下面重点介绍应用层的主要协议及其实际应用。

2.5.2 应用层主要的协议

应用层定义了一组对网络的访问控制，该层决定了应用程序能够请求网络完成什么类型的事情，或是网络支持什么类型的活动。应用层的应用，主要使用的协议有HTTP、HTTPS、DNS、DHCP、FTP、TELNET、SMTP、POP3、IMAP、SNMP等。下面以几个常见的协议为例，介绍其功能和作用。

1. HTTP与HTTPS协议

HTTP（Hypertext Transfer Protocol，超文本传输协议）是万维网联盟（World Wide Web Consortium，W3C）和因特网工程任务组（Internet engineering task force，IETF）合作开发的客户端和服务器请求和应答标准。简单来说，HTTP规定了在因特网上如何使用Web浏览器来访问网页服务器的各种资源。HTTP协议规定了两者在通信时应该遵守的规则和访问步骤，如图2-34所示。

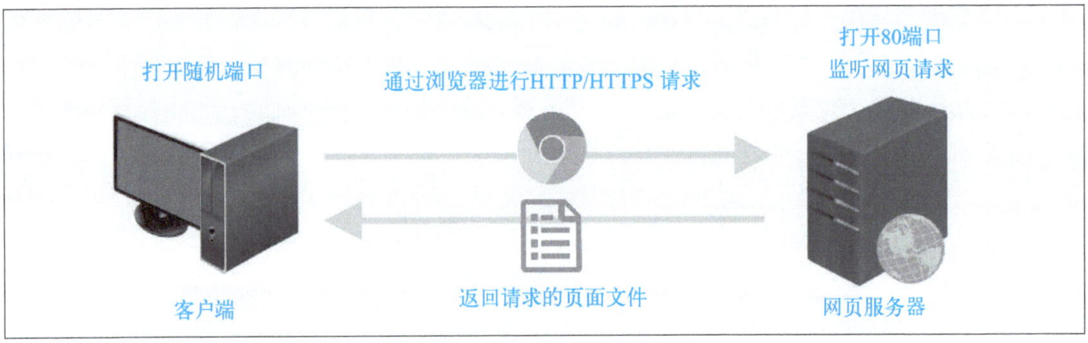

图 2-34 HTTP 协议

网络术语

万维网、超文本、网页与网站

万维网（world wide web，WWW），也称为 Web、3W 等，是基于客户端 / 服务器方式的信息发现技术和超文本技术的综合。WWW 服务器通过超文本标记语言（HTML）把信息组织成为图文并茂的超文本，利用链接从一个站点跳到另一个站点。

超文本（hypertext）的内容可以是文本、图形、音频、视频等多媒体文件，因为与普通文本相比，它能展示更丰富的内容，所以叫作超文本。

超文本内容的载体就是一个个页面，也叫网页，存储在服务器中。网页浏览器从网页服务器取回“网页”的信息并显示。而这些网页的集合，叫作网站，比如百度、淘宝、京东等。

HTTP协议使用TCP连接进行可靠传输，一般使用80端口监听外部的Web请求。HTTP是面向事务（transaction-oriented）的应用层协议，它是万维网上能够可靠地交换文件（包括文本、声音、图像等各种多媒体文件）的重要基础。

HTTPS（Hypertext Transfer Protocol over Secure Socket Layer）是在HTTP协议的基础上加入了传输加密和身份验证机制SSL来确保HTTP传输的安全性，如图2-35所示。客户端和服务器在传输数据之前，会通过证书对双方进行身份认证，如图2-36所示。

HTTP协议简单灵活而且易于扩展。HTTP的组成都是Header+Body。Header也就是头部信息，是非常简单的文本格式。HTTP 协议里的请求方法、URI、状态码、原因短语、头字段等每一个核心组成要素都没有被规定死，允许开发者任意定制、扩充或解释，给予了浏览器和服务器最大限度的信任和自由，因而HTTP应用广泛，应用环境非常成熟。

图 2-35　HTTPS 协议

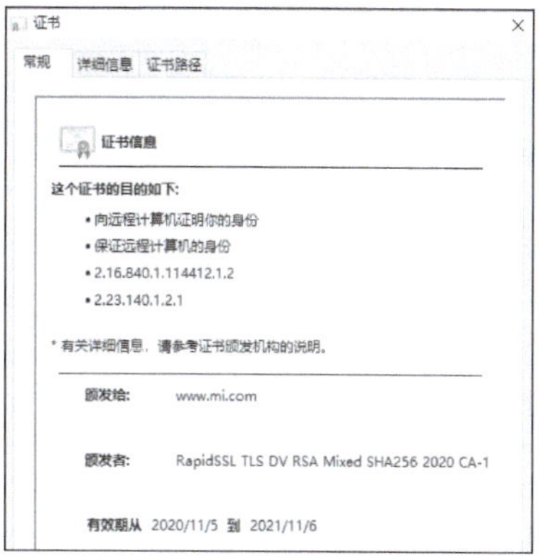

图 2-36　通过证书对双方进行身份认证

拓展知识

HTTP的报文结构

通过抓包软件抓取浏览器的访问数据包，可以查看到此时的HTTP报文内容，如图2-37所示。

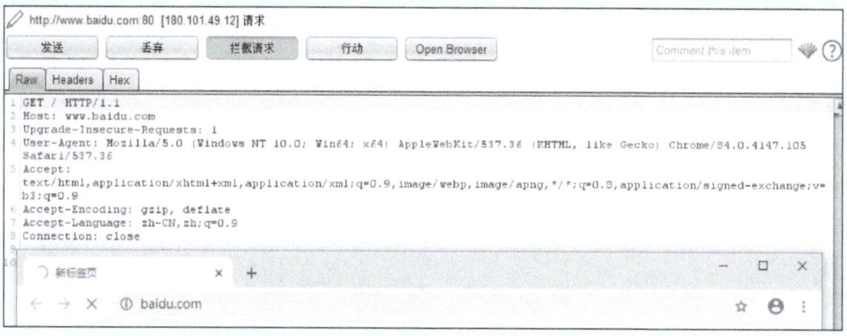

图 2-37　抓包查看 HTTP 报文内容

第1行叫作起始行，“GET”是请求方法中的获取资源，使用的是HTTP协议，版本是1.1。第2行中的“Host”指的是目标的域名或IP地址。“Upgrade”行主要是要求服务器协调使用HTTPS协议。“User-Agent”行用于说明浏览器的类型，这里用的是Chrome浏览器。“Accept”及以下几行主要是和服务器协调编码、语言之类的参数。“Connection:close”用于告诉Web服务器或者代理服务器，在完成本次请求的响应后断开连接，不要等待后续请求了。

收到服务器返回的数据表如图2-38所示。

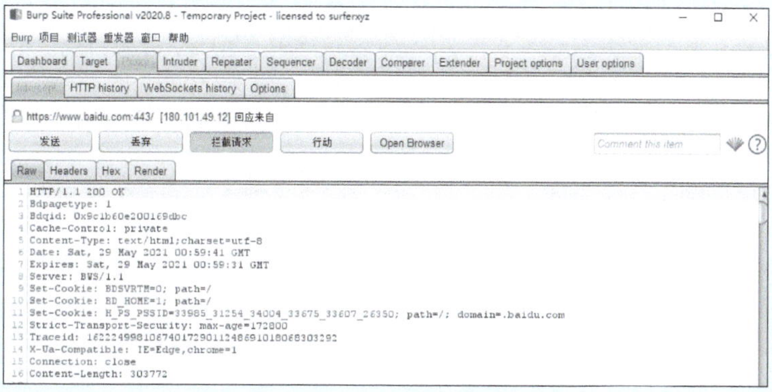

图 2-38　收到服务器返回的数据表

HTTP最大的特点是“无状态”，这是它的优点，也是缺点。因为服务器没有记忆能力，所以不需要额外的资源来记录状态信息，不仅实现上会简单一些，而且能减轻服务器的负担，把更多的CPU和内存用来对外提供服务。但因为是无状态，所以无法支持需要连续多个步骤的事务操作。每次都得问一遍身份信息，不仅麻烦，而且增加了不必要的数据传输量。由此出现了Cookie技术。

网络术语

Cookie

Cookie，可以简单地理解成缓存，用户在访问某网站后，网站会对用户的一些信息进行记录，然后发送回访问者的设备进行存储。下次用户再访问该网站或某页面时，可以通过 Cookie 文件让用户免登录，或者通过 Cookie 中的 ID 信息，调取用户在服务器上的配置信息、访问历史、页面参数设置等，如图 2-39 和图 2-40 所示。

图 2-39　Cookie 技术

图 2-40　通过 Cookie 调取用户在服务器上的设置

HTTP的最大缺点是明文传输，这是把双刃剑。明文的意思就是协议里的报文（准确地说是Header部分）不使用二进制数据，而是用简单可阅读的文本形式。这样，不需要借助任何外部工具，用浏览器、Wireshark或者tcpdump抓包后，就可以很容易地查看或者修改，为开发调试工作带来极大的便利。但同时其缺点也是显而易见的，就是不安全，可以很容易地被监听和窥探。因为HTTP协议下无法判断通信双方的身份，不能判断报文是否被更改，所以出现了HTTPS协议。

从性能的角度来说，因为HTTPS还涉及了身份验证和数据加密，所以在性能上要低于HTTP协议。HTTP协议使用的是80端口，而HTTPS使用了443端口。

现在很多有安全性要求的网站以及大部分门户网站都使用了HTTPS协议。

拓展知识

URL

URL（uniform resource locator，统一资源定位符），就是在浏览网页时输入的网页地址的全部内容，是用来获取各种资源的唯一地址。比如在浏览器中输入“www.baidu.com”来访问对应的网站，其实是不完整的，完整的URL应该是“http://www.baidu.com:80”。其中的“http://”指的就是HTTP协议，默认不需要输入。如果使用的是加密的HTTPS协议，就要输入“https://”。“www.baidu.com”是其完整的域名，也叫作FQDN（fully qualified domain name，完全限定域名）。最后的“:80”也就是HTTP默认的访问端口号，如果使用的是HTTPS协议，那么此处会是“:443”。

2. DNS协议

DNS（domain name system，域名系统）是互联网的一项主要服务。下面介绍DNS协议的相关知识。

（1）DNS简介。

因为网络都是靠IP地址进行通信的，服务器，尤其是网页服务器也不例外，但通过IP地址访问非常不便。为了方便记忆，人们开发出域名，但是域名本身无法完成寻址和数据通信，需要一种将域名变成IP地址的方法，这时就需要用到DNS，通过DNS即可将域名变成其对应的IP地址。

DNS是一种可以将域名和IP地址相互映射的以层次结构分布的数据库系统。DNS系统采用递归查询请求的方式响应用户的查询，为互联网的运行提供关键性的基础服务。目前绝大多数防火墙和网络都会开放DNS服务，DNS数据包不会被拦截，因此可以基于DNS建立隐蔽信道，从而顺利穿过防火墙，在客户端和服务器之间传输数据。

（2）域名的结构。

其实域名应该反过来看，比如“www.baidu.com”，在“com”后应该有一个“.”存在，这就是根域。然后是顶级域名，如com、cn、net、org、edu等。接下来就是二级域名，二级域名可以自定义，比如baidu、qq、xiaomi等。最前面的“www”其实是提供网页服务的主机名称。类似的命名方式，像提供邮件服务器的，可以叫作mail；提供FTP服务的，可以叫作ftp等。主机名.二级域名.顶级域名就构成了完整的域名，也叫作FQDN。整个域名结构如图2-41所示。

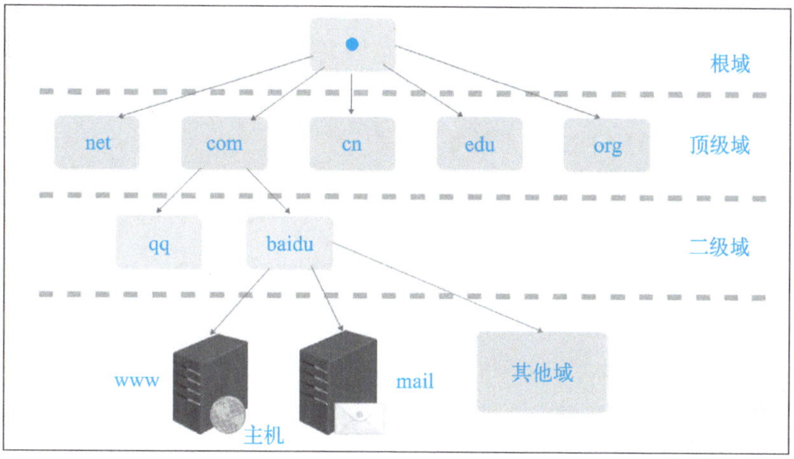

图 2-41　域名结构

拓展知识

多级域名结构和DNS区域

上文介绍的顶级域名，也可以叫作一级域名，在二级域名后，可以加上三级域名、四级域名等，只要本地有自建的DNS服务器能将该域名解析成IP地址就可以使用。

一般从三级域名开始，就需要本地服务器的支持了，比如在baidu.com前，可以再次增加一个DNS区域，叫作cs.baidu.com。这个区域也可以有自己的主机，比如www.cs.baidu.com。cs.baidu.com是baidu.com的子域，当然还可以继续创建子域或者同级别的域。

（3）DNS的查询过程。

正常的DNS查询过程如图2-42所示。

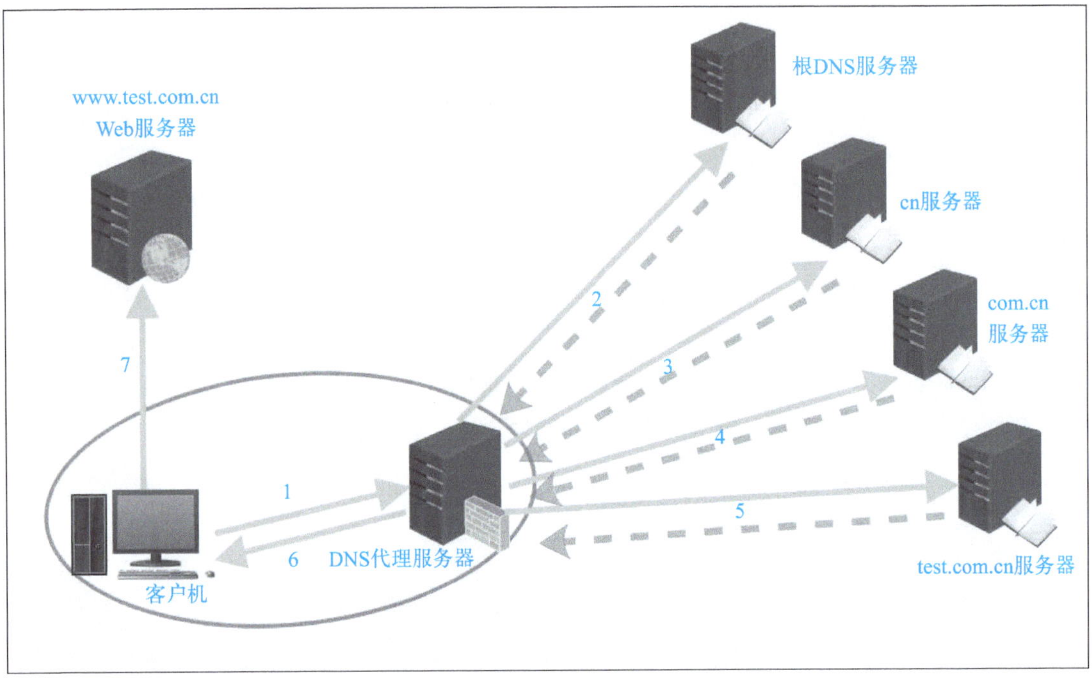

图 2-42　DNS 查询过程

第1步　客户机将www.test.com.cn的查询请求发送给DNS代理服务器。

第2步　DNS代理服务器发现此域名没有相关记录，因此，它将查询传递到根DNS服务器，请求解析该域名的IP地址。根DNS服务器把“cn”域名服务器的地址返回给DNS代理服务器。

第3步　DNS代理服务器将解析请求发送给“cn”域名服务器，服务器根据请求将“com.cn”域名服务器的地址返回给DNS代理服务器。

第4步　DNS代理服务器将解析请求发送给“com.cn”域名服务器，服务器根据请求将“test.com.cn”域名服务器的地址返回给DNS代理服务器。

第5步　DNS代理服务器向“test.com.cn”域名服务器发送请求，此域名服务器发现有对应的记录，因此将www.test.com.cn的IP地址返回给DNS代理服务器。

第6步　DNS代理服务器将解析得到的www.test.com.cn的IP地址在本地缓存并发送给客户机。

第7步　客户机通过域名及解析后的IP地址，访问www.test.com.cn的Web服务器，获取网页信息。

拓展知识

根域名服务器

根域名服务器主要用来管理互联网的主目录，最早是IPv4服务器，全球只有13台（这13台IPv4根域名服务器的名字为“A”至“M”）。在这13台根域名服务器中，1台为主根服务器，在美国，由美国互联网机构Network Solutions运作；其余12台均为辅根服务器，其中9台在美国，2台在欧洲（位于英国和瑞典），1台在亚洲（位于日本）。

随着IPv4资源耗尽，IPv6已经在慢慢普及，所以又新增了25台IPv6服务器，其中在中国部署了其中的4台，由1台主根服务器和3台辅根服务器组成。

3. DHCP协议

DHCP（dynamic host configuration protocol，动态主机配置协议），其功能就是按照协议的要求，给客户端主机分配IP地址、子网掩码、网关、DNS地址等网络参数，目的是减少手动配置IP地址的不便，防止配置错误或IP冲突的产生。通过DHCP协议分配IP地址的主要过程如图2-43所示。

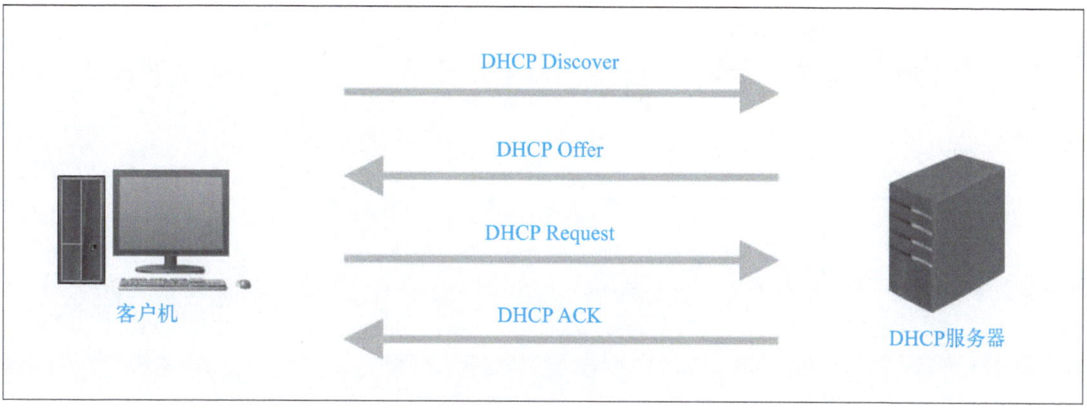

图 2-43　通过 DHCP 协议获取 IP 地址

- **DHCP Discover**：客户端开始DHCP过程时发送的包，是DHCP协议的开始。
- **DHCP Offer**：服务器接收到DHCP Discover之后做出的响应，它包括给予客户端的网络地址、租约过期时间、服务器的识别符以及其他信息等。
- **DHCP Request**：客户端对于服务器发出的DHCP Offer所做出的响应。在续约租期的时候同样会使用。
- **DHCP ACK**：服务器在接收到客户端发来的DHCP Request之后发出的成功确认的报文。在建立连接的时候，客户端在接收到这个报文之后才会确认分配给它的IP地址和其他信息可以被允许使用。

4. FTP协议

FTP也是经常使用的用于传输文件的协议。在网络上，除了HTTPS协议外，最常使用的就是FTP协议了。它也是实现文件共享和传输的最重要的协议。FTP也是客户端/服务器模式。

FTP使用21端口对连接进行控制，在整个会话过程中会一直处于打开状态，用来随时控制及协调传输的状态。实际上用来传输文件的端口是20端口。传输开始时，用户端会访问服务器21端口，同时将自己的一个随机端口打开并通知FTP服务器。服务器接受请求后，会打开自己的20端口连接客户端指定的随机端口，进行文件的传输。

思考与练习

（1）简述交换机及路由器的工作原理。

（2）简述TCP连接和断开的过程。

（3）简述应用层的主要协议及其作用。

第3章 常用的局域网设备

内容概要

本章将着重介绍在局域网中经常使用的设备，以及这些设备的重要参数含义和选购的标准等内容，为后面组建局域网打下基础。

重点难点

- 双绞线的分类及特性。
- 单模光纤与多模光纤。
- 光纤的接口。
- 网卡的参数和选购技巧。
- 交换机的主要参数及选购技巧。
- 路由器的主要参数及选购技巧。

3.1 双绞线

双绞线是局域网最常见的传输介质，因其内部导线采用两两缠绕的方式而得名。双绞线通过将导线两两缠绕的方式可以抵消单根线产生的电磁波，也可以抵御一部分外界的电磁波，从而降低对传输信号的干扰，提高线缆对电子信号的传输能力和稳定性。双绞线内部导线有8种不同的颜色，每一根都由中心的铜制导线和外绝缘保护套组成。双绞线因其造价低廉、传输效果好、安装方便、易于维护，被广泛使用在各种局域网中。

3.1.1 非屏蔽双绞线与屏蔽双绞线

按照双绞线是否含有屏蔽层，可以将双绞线分成非屏蔽双绞线（unshielded twisted pair，UTP）及屏蔽双绞线（shielded twisted pair，STP）两种，如图3-1和图3-2所示。

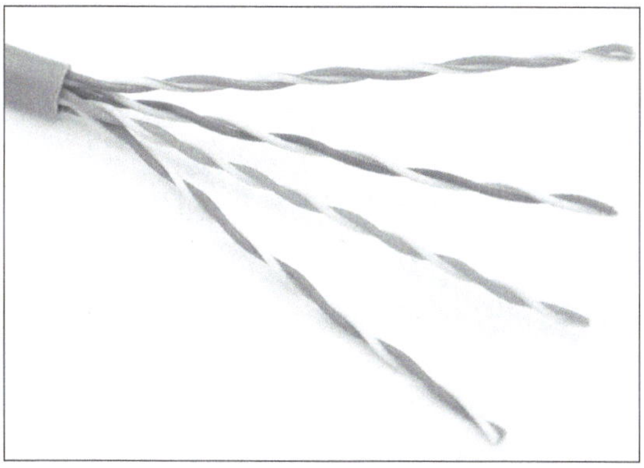

图 3-1　非屏蔽双绞线

图 3-2　屏蔽双绞线

1. 非屏蔽双绞线

非屏蔽双绞线，也就是普通双绞线，即由8根线加上外部的保护套组成。

2. 屏蔽双绞线

屏蔽双绞线是在非屏蔽双绞线的基础上，添加了铝箔、编织网等作为屏蔽层，如图3-3、图3-4所示，其主要目的是减少外界磁场干扰、减少传输信号时的衰减，从而增加传输距离和传输质量。

拓展阅读

信息基础设施规模全球领先。建成全球最大规模光纤和4G网络，5G商用全球领先，互联网普及率超过70%。从2015年到2020年，固定宽带家庭普及率由52.6%提升到96%，移动宽带用户普及率由57.4%提升到108%。城乡信息化发展水平差距明显缩小，全国行政村、贫困村通光纤和通4G比例均超过98%。北斗三号全球卫星导航系统开通。

——《“十四五”国家信息化规划》

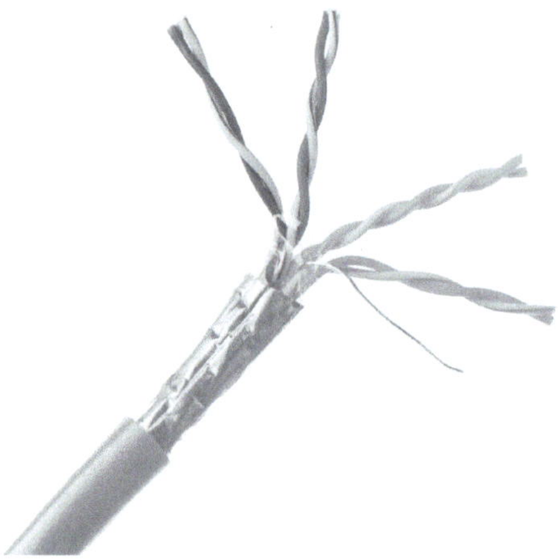

图 3-3　铝箔屏蔽双绞线

图 3-4　双屏蔽双绞线

3. 两种双绞线对比

非屏蔽双绞线因其性价比高，能满足现阶段局域网要求，连接接口制作简单而被广泛应用于百兆网络和千兆网络中。

屏蔽双绞线可以有效减少辐射及信号衰减，还能防止外部电磁干扰，使其比同档次的非屏蔽双绞线具有更高的传输速率、更远的传输距离和更低的误码率。但相对来说，其价格高，安装困难。屏蔽双绞线通常应用在电磁干扰严重或对速度要求较高的主干线路中。

屏蔽双绞线只有在正确接地的情况下才能发挥出屏蔽效果。一方面要求整个系统有足够的屏蔽，包括双绞线、插座、水晶头和配线架；另一方面建筑物包括机房要有良好的接地系统，如图3-5和图3-6所示，而且整个系统必须有一个位置连接接地系统。如果做不到以上几点，屏蔽双绞线的屏蔽层本身就会变成最大的干扰源，在这个状态下，性能甚至不如非屏蔽双绞线。因此，通常在综合布线中只采用非屏蔽双绞线，而在一些有特殊速度要求或者干扰比较重的地方才会使用屏蔽双绞线。

图 3-5　双绞线、插座、水晶头、配线架等整个系统有足够的屏蔽

图 3-6　建筑物应有良好的接地系统

3.1.2　双绞线的线序

双绞线由8根不同颜色的导线组成，之所以用不同的颜色进行区分，是因为物理层对不同线缆的作用有不同的定义。

标准化组织已经对双绞线中的线序进行了定义，TIA和ISO两家组织经常进行标准制定方面的协调工作。在双绞线标准中应用最广的是ANSI/EIA/TIA-568A和ANSI/EIA/TIA-568B（简称T568A和T568B），这两个标准也都规定了线序。为了维护方便，建议用户按照制定的标准制作双绞线。

T568A和T568B规定的线序如图3-7所示，其中T568A的线序为绿白-绿-橙白-蓝-蓝白-橙-棕白-棕，T568B的线序为橙白-橙-绿白-蓝-蓝白-绿-棕白-棕。现在最常使用的线序就是T568B。其实将T568A的1号和3号线、2号和6号线互换，就变成了T568B。

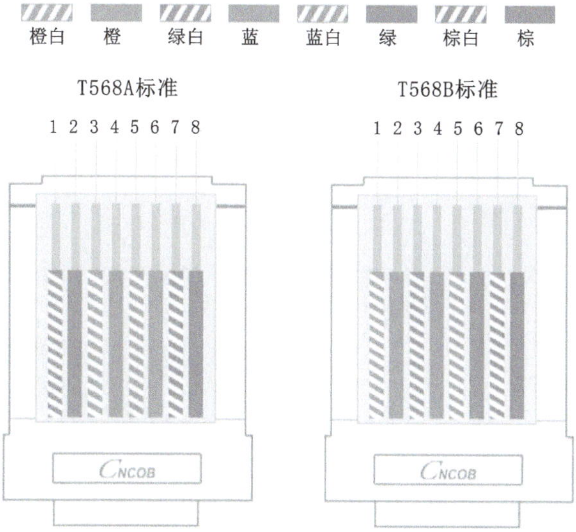

图 3-7 T568A 和 T568B 规定的线序

3.1.3 双绞线的分类及特性

随着技术的进步，双绞线已从一类发展到现在的八类，其中一至四类已经被淘汰。现在常见的双绞线分类及其特性如下。

1. 五类双绞线

五类双绞线的传输频率为100 MHz，最高传输速率为100 Mbit/s，铜芯直径在0.45 mm以下，最大的传输距离为100 m，执行标准为100 Base-T。五类双绞线分为屏蔽和非屏蔽两种，在通信时会使用1、2、3、6四根线。

网络术语

直通线与交叉线

两端都按照 T568A 标准或 T568B 标准的线序制作的双绞线，就叫作直通线。一端按 T568A 标准，另一端采用 T568B 标准制作的双绞线，叫作交叉线。

按传统来说，直通线用来连接不同类型的设备，交叉线用来连接同种设备。但现在的设备都支持自动翻转、自动协商，所以在制作时，均按照 T568B 线序即可。

五类双绞线在外层皮上会有“CAT.5”的字样，在选购接口时选择普通的水晶头即可使用，如图3-8所示。因为五类双绞线速度的局限性，现在已经基本被淘汰了。如果网线长度不够，可以使用中继器来延长线缆的传输距离，如图3-9所示。

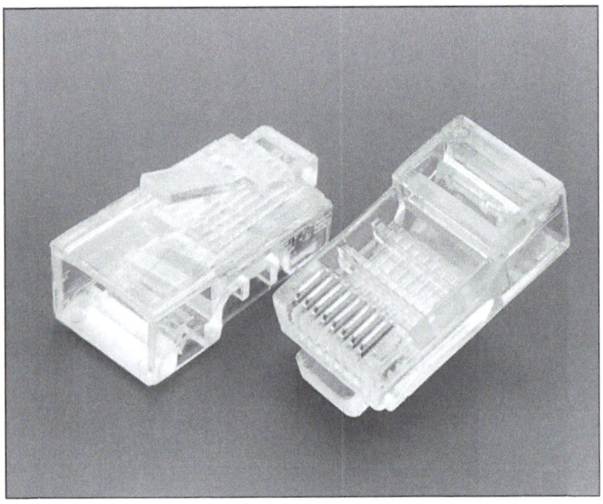

图 3-8　水晶头

图 3-9　中继器

网络术语

水晶头

水晶头是对网线连接接口的另外一种叫法。制作网线要用网线钳，如图 3-10 所示，将网线用网线钳压制到水晶头中，才能连接到接口中，如图 3-11 所示。水晶头因其外观晶莹剔透而得名，其学名应该叫作 RJ-45 连接器。

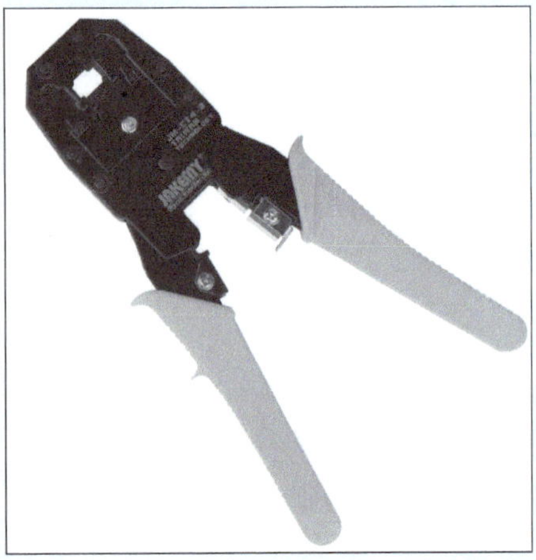

图 3-10　网线钳

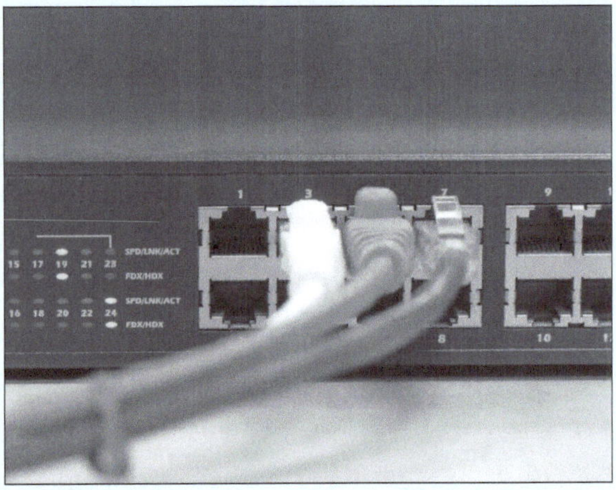

图 3-11　将网线连接到接口中

2. 超五类双绞线

超五类双绞线是现在用得比较多的最具性价比的线缆，如图3-12所示，其传输频率为100 MHz，最高传输速率为100 Mbit/s（如果连接设备质量很好，在距离不长的情况下，可以达到1 000 Mbit/s的水平），铜芯直径为0.45～0.51 mm，与五类双绞线相比，具有衰减小、串扰少、时延误差更小等优势。超五类双绞线也分为屏蔽和非屏蔽两种，使用最多的是非屏蔽超五类双绞线。

因为超五类双绞线具有极高的性价比，所以普遍应用在家庭、公司局域网组建中，但随着六类及以上线缆的价格降低，加上越来越多大文件传输、高带宽需求的局域网应用出现，包括家庭局域网在内，使用的双绞线正在从超五类向六类及以上的标准过渡。这里也建议组建家庭局域网时，尽量选择六类及以上的双绞线。

超五类双绞线的外皮上会有“CAT-5E”的字样，如图3-13所示。

图 3-12 超五类双绞线

图 3-13 超五类双绞线外皮上的“CAT-5E”字样

3. 六类双绞线

六类双绞线比超五类双绞线要粗一些，且更加扎实。六类双绞线的传输频率为250 MHz，最大传输速率为1 000 Mbit/s，主要用于千兆网络的数据传输。其使用的铜芯直径为0.56～0.58 mm，在外皮上有“CAT.6”的字样，且在内部增加了十字骨架，将线缆进行了分离，最大限度地减少串扰的问题，如图3-14所示。十字骨架会随着线缆的长度而旋转。六类双绞线分为屏蔽和非屏蔽两种，而且六类双绞线有专用的分体式水晶头，如图3-15所示。

图 3-14 六类双绞线

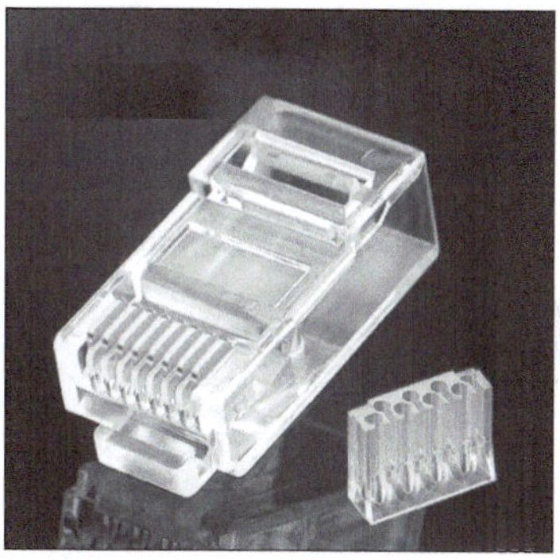

图 3-15 分体式水晶头

拓展知识

为什么六类双绞线的水晶头还要分体式的？

因为六类双绞线不管是单根还是整体，都要比超五类双绞线粗很多，所以在水晶头尺寸一定的情况下，无法像超五类双绞线那样将8根导线并排，如图3-16所示，而需要像图3-17所示那样上下错开排列。

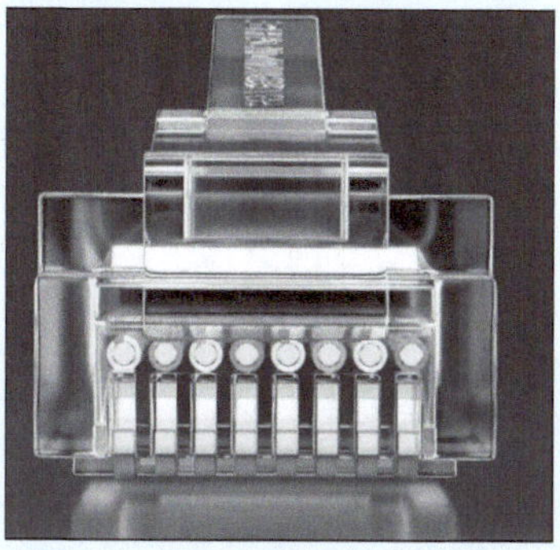

图 3-16 超五类双绞线 8 根导线并排

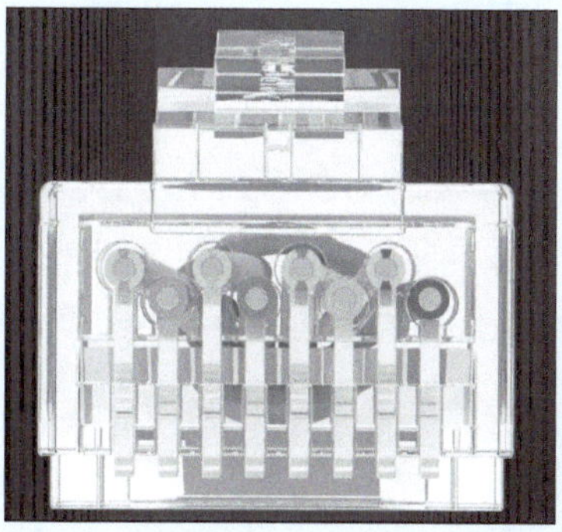

图 3-17 六类双绞线 8 根导线上下错开排列

如果购买了普通的六类双绞线水晶头，手动排线就会非常费劲，而分体式水晶头多出了分线模块，用户可以先将导线穿过分线模块，如图3-18所示，剪齐后再将分线模块插入水晶头中，使用专门的压线钳压制即可，如图3-19所示。

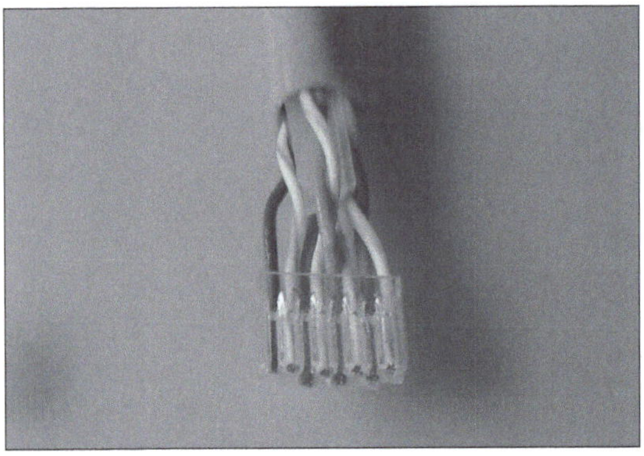

图 3-18　分线模块

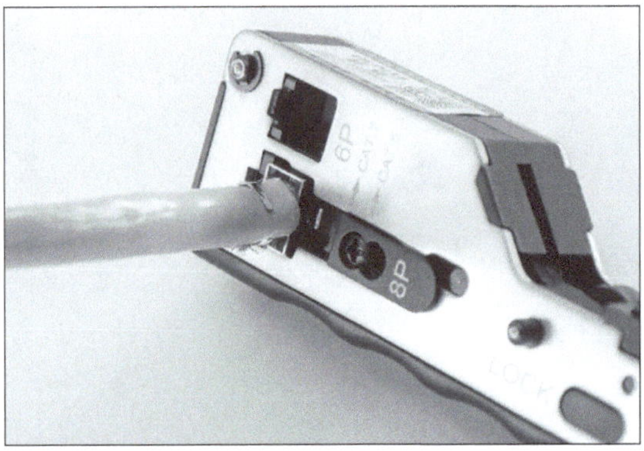

图 3-19　使用专门的压线钳压制

4. 超六类双绞线

超六类双绞线是六类双绞线的增强版，传输频率为500 MHz，最大传输速率为10 Gbit/s，也分为屏蔽与非屏蔽两种，主要应用在大型企业的主干线路中，线皮上通常会标记“CAT.6A”的字样。

5. 七类双绞线

从七类双绞线开始，就只有屏蔽线而无非屏蔽线了。七类双绞线的传输频率为600 MHz，最大传输速率可达10 Gbit/s，最远传输距离为100 m，主要应用于特殊的需要高速带宽环境的地方，如各机房和数据中心等。

6. 八类双绞线

八类双绞线的传输频率可达2 000 MHz，根据标准的不同，最大传输速率分别为25 Gbit/s和40 Gbit/s，如果要达到40 Gbit/s，双绞线长度不能超过30 m。虽然在目前，八类双绞线的应用并不广泛，但是随着网络的发展，对传输性能的要求不断提高，八类双绞线会逐渐成为数据中心综合布线系统中的主流产品。

3.1.4　双绞线的制作

以常见的六类非屏蔽双绞线为例，介绍其制作方法。

步骤 01 使用网线钳的剥线口将双绞线外皮剥开，露出8根导线，并将中间的十字骨架齐根剪掉，如图3-20所示。如果是屏蔽线，会存在屏蔽层，将屏蔽层金属网和金属铝箔也剪掉。

步骤 02 将4对共8根导线解开，按照T568B的线序整理好，套入分线模块，如图3-21所示。制作过程中要注意分线模块的方向，并尽量让导线平直。套入后，检查一下线序是否正确。

你学会了吗？

图 3-20 露出 8 根导线，齐根剪掉中间十字骨架

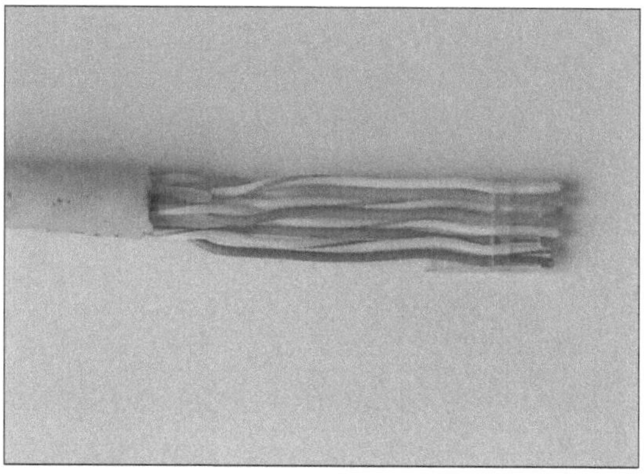

图 3-21 套入分线模块

步骤 03 将分线模块尽量向下拉，并根据水晶头大小，确定好留下的导线长度，然后将多余的部分剪掉，如图3-22所示。

步骤 04 将导线连同分线模块插入水晶头外壳中，注意方向，如图3-23所示。

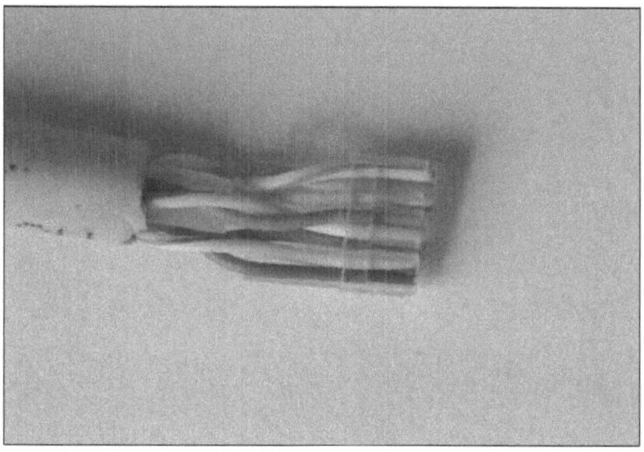

图 3-22 剪掉多余的部分导线

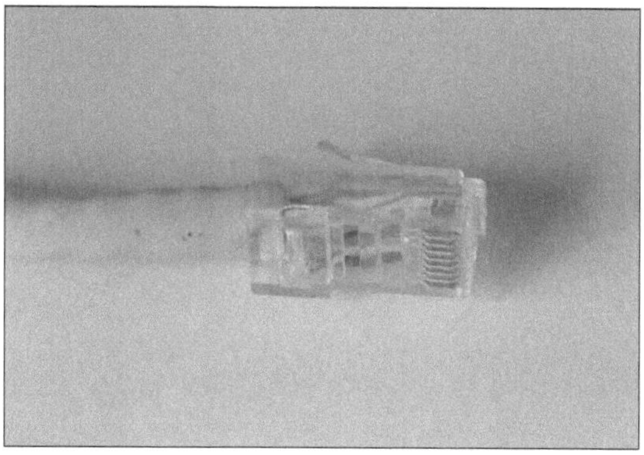

图 3-23 将导线插入水晶头外壳

步骤 05 将水晶头放入压线钳中，用力压紧即可，如图3-24所示。

步骤 06 最后，使用网络测试仪检测8根导线是否全部连通，如图3-25所示。

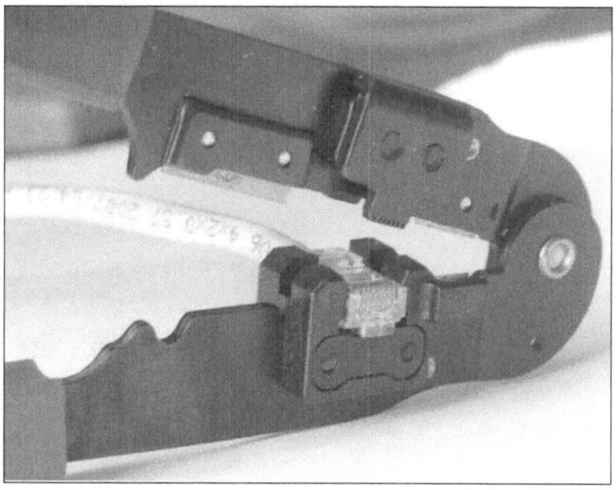

图 3-24 用压线钳压紧

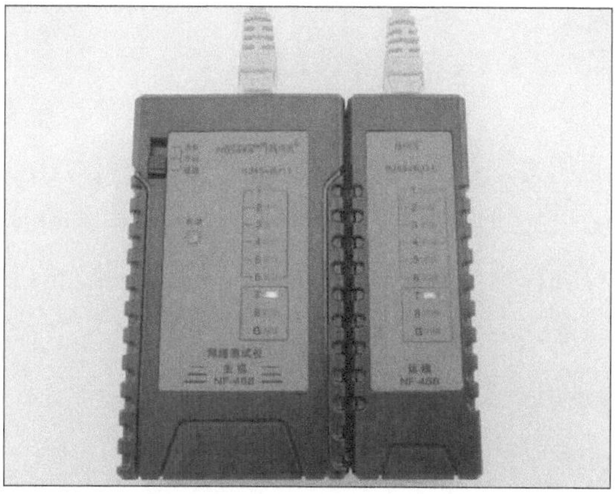

图 3-25 网络测试仪检测 8 根导线是否全部连通

如果制作超五类双绞线，则在剥开外皮后，按线序排列好导线。然后将导线在合适距离用压线钳切整齐后插入超五类双绞线的水晶头中，最后用压线钳压入水晶头金属簧片即制作完毕。

3.2 光纤

双绞线是电子信号传输的载体，而光纤是光信号的载体，用光进行通信。光纤发展到现在，已经不仅仅是在主干线路中使用，而且还通过FTTH技术引入了用户家中。

3.2.1 光纤简介

光纤也叫光导纤维，是一种由玻璃或塑料制成的纤维，是光信号的载体。光纤中心部分一般分为两层，内层为纤芯，直径为几微米到几十微米，外层为包层，直径为0.1～0.2 mm。一般纤芯的折射率比包层大1%，由于折射率不同，根据光的折射和反射原理，当光线在纤芯中传播，到达纤芯和包层交界面的角度大于产生全反射的临界角时，光线会发生全反射，从而保证了光信号的稳定性，且没有较大的衰减，因此光在光纤中可以超远距离传输。光纤的结构如图3-26所示。

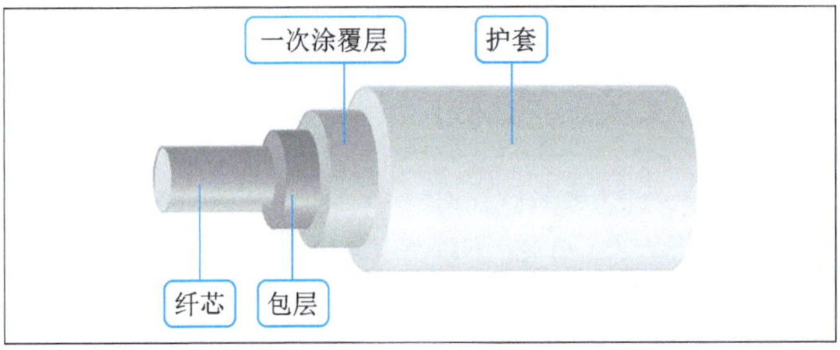

图 3-26 光纤结构

- **纤芯：**为折射率较高的玻璃材质，直径在5～75 μm之间。
- **包层：**为折射率较低的玻璃材质，直径为0.1～0.2 mm，是实现光线全反射的主要结构层。
- **一次涂覆层：**用来保护裸纤（纤芯和包层）而涂覆的一层材质，厚度一般为30～150 μm，能使光纤表面不受潮湿气体和外力所伤，提高光纤抗微弯性能，降低光纤的微弯附加损耗。
- **护套：**用于保护光纤。

在一次涂覆层上，可以再加入缓冲层及二次被覆，二次被覆可提高光纤抗纵向和径向应力的能力，方便光纤加工。二次被覆一般分为松套被覆和紧套被覆两大类。通过紧套被覆制作的紧包光纤，外径标称通常为0.6 mm和0.9 mm两种，是制造各种室内光缆的基本元件。紧包光纤可直接制作尾纤和各种跳线，用于各类光的有源或无源器件的连接，以及仪表和终端设备的连接等。

网络术语

光缆

一定数量的光纤按照一定的防护标准组成缆芯，加上外层护套和保护层，就叫作光缆。

3.2.2 光纤的优势

使用光纤传输数据相较于双绞线来说，有如下优势。

1. 频带宽

频带的宽窄代表传输容量的大小，载波的频率越高，可以传输信号的频带宽度就越大。光纤工作频率比电缆使用的工作频率高出8～9个数量级，目前单个光源的带宽只占了光纤带宽中很小的一部分。多模光纤的频带约几百MHz，好的单模光纤可达10 GHz以上。

2. 损耗低

光纤传播数据比同轴电缆的功率损耗要小一个数量级以上，但其能传输的距离要远得多。而且其损耗几乎不随温度而变化，不用担心因环境温度变化而造成干线电平的波动。

3. 质量轻

单模光纤芯线直径一般为4～10 μm，外径也只有125 μm，加上防水层、加强筋、护套等，用4～48根光纤组成的光缆直径还不到13 mm，比标准同轴电缆的直径47 mm要小得多，加上光纤是玻璃纤维，密度小，使它具有直径小、质量轻的特点，安装十分方便。

4. 抗干扰能力强

光纤的基本成分是石英，只传光，不导电，不受强电、电气信号、雷电等干扰，而且在其中传输的光信号不受电磁场的影响，故光纤传输对电磁干扰、工业干扰有很强的抵御能力。也正因为如此，在光纤中传输的信号不易被窃听，因而利于保密。

5. 环保节能

一般通信电缆要耗用大量的铜、铅或铝等有色金属。光纤本身是非金属，可以节约大量有色金属。

6. 工作性能可靠

一个系统的可靠性与组成该系统的设备数量有关。设备越多，发生故障的机会越大。因为光纤系统包含的设备数量少，可靠性自然就高，加上光纤设备的寿命都很长，无故障工作时间可达50万～75万 h。其中寿命最短的光发射机中的激光器，最低寿命也在10万 h以上。

7. 成本不断下降

目前，有人提出了新摩尔定律，也叫作光学定律（optical law）。该定律指出，光纤传输信息的带宽，每6个月增加1倍，而价格降为原来的一半。光通信技术的发展，为因特网宽带技术的发展奠定了非常好的基础。由于制作光纤的材料（石英）来源十分丰富，随着技术的进步，成本还会进一步降低，而电缆所需的铜原料有限，价格会越来越高。

3.2.3 单模光纤与多模光纤

根据传播光的模式，可以将光纤分为单模光纤（single-mode fiber，SMF）与多模光纤（multi-mode fiber，MMF）。

在工作波长中，只能传输一个传播模式的光纤，通常简称为单模光纤，单模光纤纤芯直径小于10 μm。单模光纤通常使用的光波长为1 310 nm或者1 550 nm。单模光纤的外护套一般为黄色，连接头一般为蓝色或绿色。

在工作波长中，能传输多个传播模式的光纤称作多模光纤。多模光纤纤芯直径为50 μm，光在其中按波浪形传播，传输模式可达几百个。多模光纤使用的光波长为850 nm或1 310 nm。多模光纤的外护套一般为橙色，万兆的为水蓝色，连接头多为灰白色。

单模光纤用于高速、长距离的数据传输，损耗极小，而且非常高效，但需要激光源，成本较高。多模光纤相比较来说，适合短距离、速度要求低的情况，成本较低。多模光纤聚光性好，但耗散较大。

3.2.4 光纤的接口

光纤的接口主要包括以下几种。

1. SC型接口

标准方形接口，如图3-27所示，具有耐高温、不容易氧化等优点。接口采用插拔销闩式的紧固方式，不需要旋转，插拔操作很方便，而且介入损耗波动较小，具有抗压强、安装密度高等优点，这种接口在光纤收发器中较为常见。

2. LC型接口

LC型接口，即常说的小方头接口，如图3-28所示。该接口主要用在光纤跳线中，适合高密度连接，采用模块化插孔闩锁的固定方式。

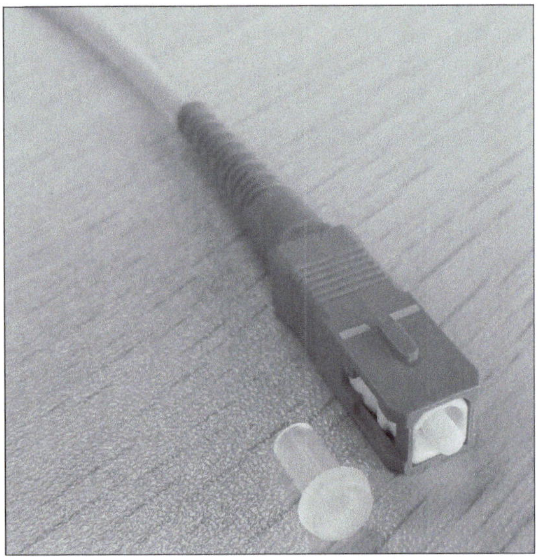

图 3-27　SC 型接口

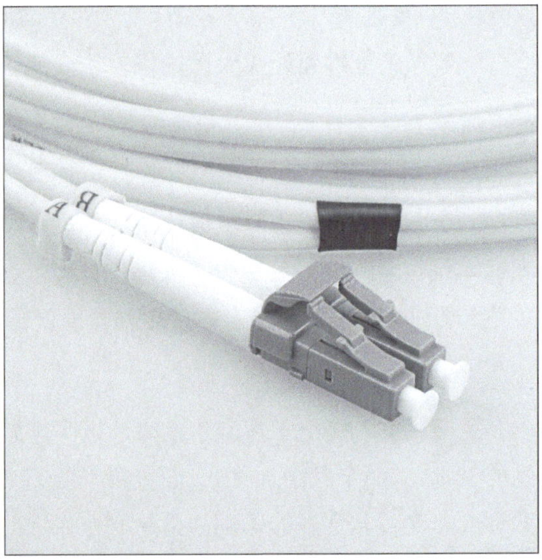

图 3-28　LC 型接口

3. FC型接口

FC型接口采用螺丝扣的紧固方式，较为牢固，如图3-29所示，一般用在光纤配线架等不需要经常插拔的场合。

4. ST型接口

ST型接口，即常说的卡接式接口，如图3-30所示，接口端子呈圆形，紧固方式为螺丝扣。

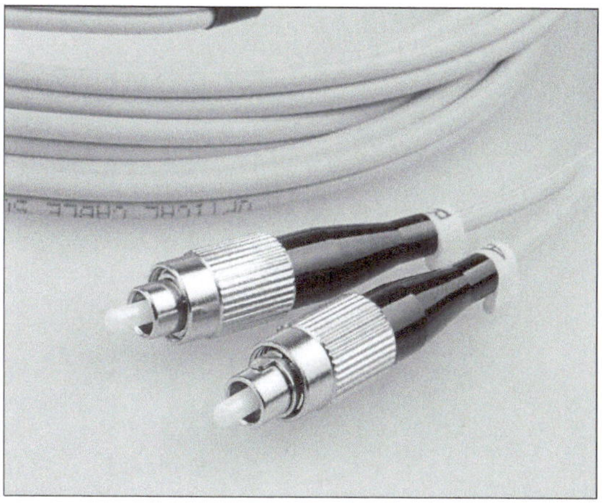

图 3-29 FC 型接口

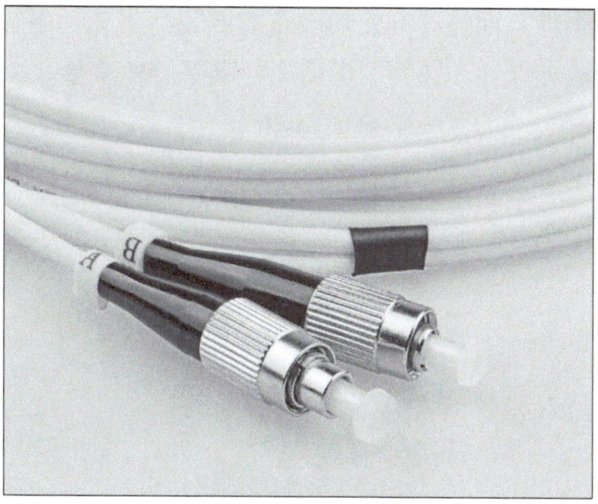

图 3-30 ST 型接口

3.2.5 光纤的常见设备及作用

光纤在制作和使用过程中，经常会使用如下一些设备。

1. 光纤收发器

光纤收发器（光电转换器）如图3-31所示，它的作用就是将收到的双绞线的电信号转换成光信号，再通过光纤发送给另外一个收发器，然后另一个光纤收发器再将光信号转换成电信号通过网线发出。整个转换过程仅属于物理层的范围，对上面各层没有影响。光纤收发器常用于长距离的实际传输中，如高清监控视频的传输。

2. 红光笔

红光笔如图3-32所示，用来检测光纤的断点，以及在多条光纤中寻线使用。

图 3-31 光纤收发器

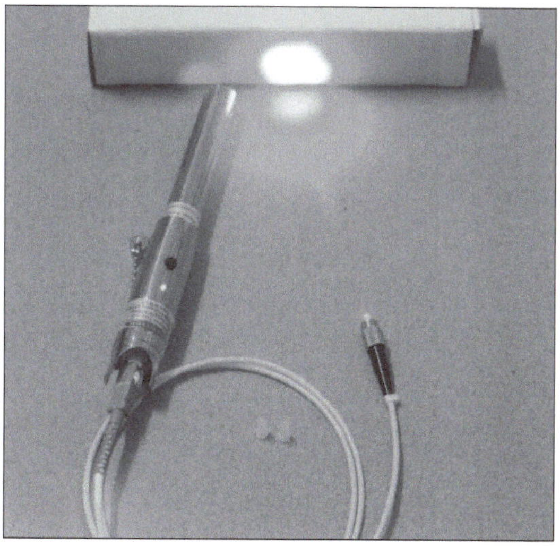

图 3-32 红光笔

3. 光功率计

光功率计如图3-33所示，用来检测光功率或者光通过光纤的损耗情况，类似于多用电表。在光纤测量中，光功率计是重负荷常用表。通过测量发射端机或光网络的绝对功率，一台光功率计就能够评价光端设备的性能。用光功率计与稳定光源组合使用，则能够测量连接损耗、检验连续性，并帮助评估光纤链路传输质量。

4. 米勒钳

米勒钳如图3-34所示，用来剥离光纤的外皮及涂覆层，方便对光纤进行热熔或冷接。

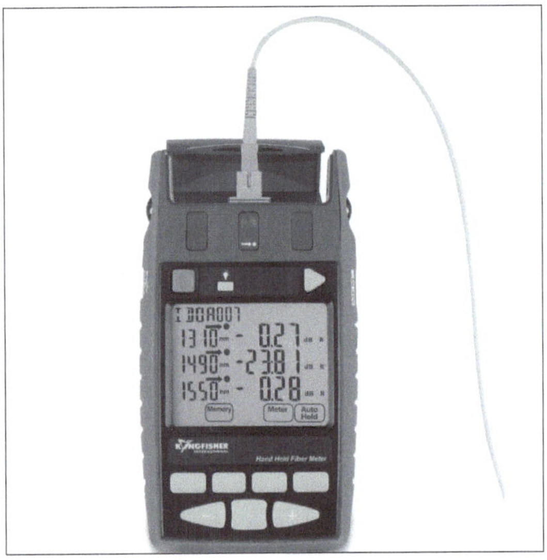

图 3-33　光功率计

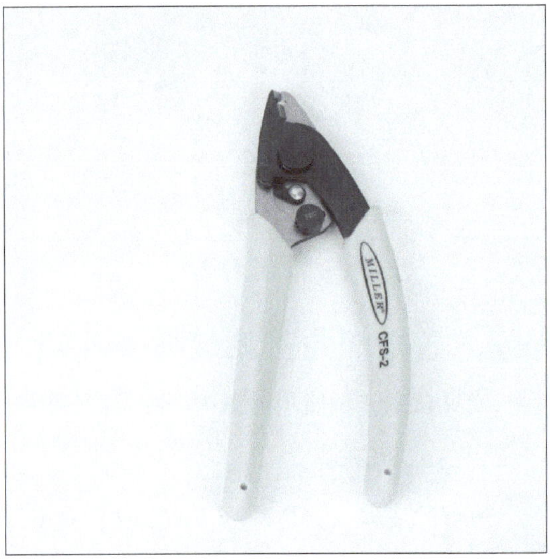

图 3-34　米勒钳

5. 光纤切割刀

光纤切割刀如图3-35所示，用来切割光纤，切割光纤时，断面必须保持平整，这样连接后才能降低光的衰减。光纤切割刀常和定长器一起使用，定长器用于在切割时定长，如图3-36所示。

图 3-35　光纤切割刀

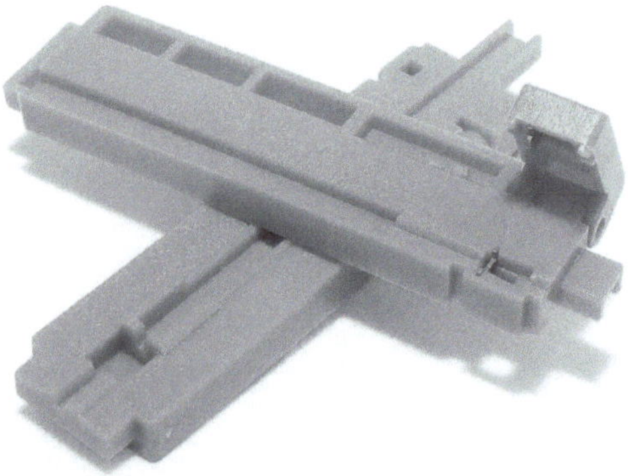

图 3-36　定长器

6. 光纤熔接机

光纤熔接机如图3-37所示，用于光纤的熔接，它是利用高压电弧将两段光纤的端面熔化，并平缓推进让两根光纤熔合成一根，实现光纤的耦合。光纤熔接机属于光纤热熔的必备设备，价格不菲。

7. 光纤冷接子

光纤冷接子如图3-38所示，将光纤接入冷接子后，就变成了光纤接头。

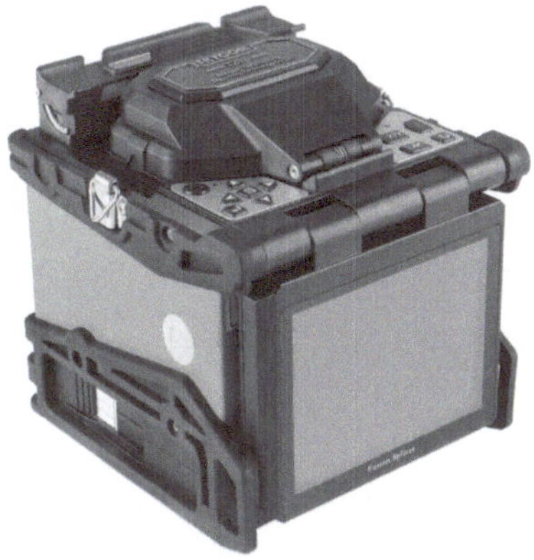

图 3-37 光纤熔接机

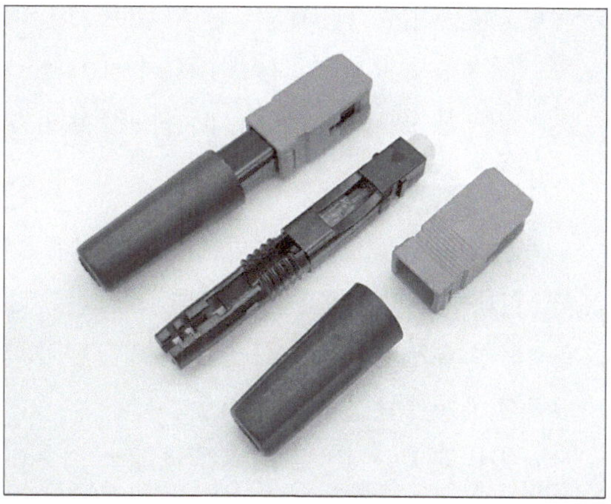

图 3-38 光纤冷接子

8. 皮线钳

皮线钳用于去除光纤外皮，如图3-39所示。

9. 光模块

光模块如图3-40所示，一般安装在路由器、交换机等网络设备上，用来连接光纤。

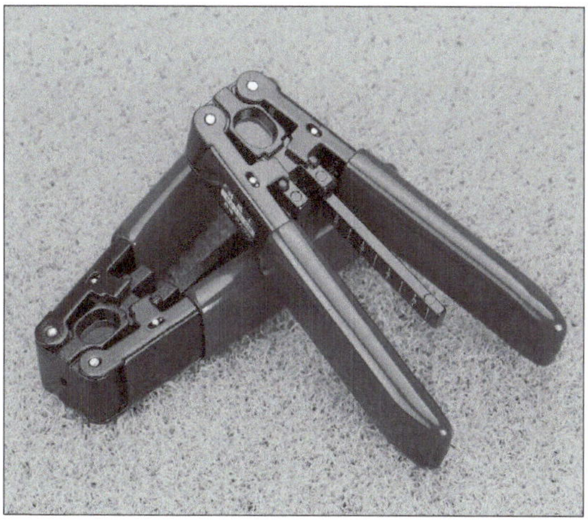

图 3-39 皮线钳

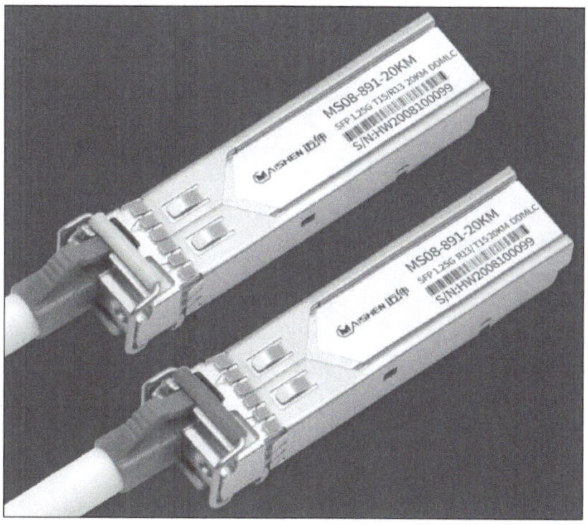

图 3-40 光模块

3.2.6 光纤的热熔与冷接

热熔和冷接是光纤连接的两种常见方式。

1. 光纤的热熔

光纤熔接是一项细致的工作，特别是在端面制备、熔接、盘纤等环节，需要操作者仔细观察、周密考虑、操作规范。

光在光纤中传输时会产生损耗，这种损耗主要由光纤自身的传输损耗和光纤接头处的熔接损耗组成。光纤一经定购，其自身的传输损耗也基本确定，而光纤接头处的熔接损耗则与光纤本身及现场施工有关。降低光纤接头处的熔接损耗，可增大光纤的传输距离，并减少光衰减。光纤热熔的优缺点如下。

- 只需使用光纤熔接机、光纤切割刀，即可将两根光纤连接起来，不需要其他辅助材料。
- 优点是质量稳定，接续损耗小（0.03～0.05 dB）。
- 缺点是设备成本过高，设备的储电能力有限，野外作业受限制。

2. 光纤的冷接

光纤的冷接就是使用光纤冷接子将光纤和光纤，或光纤与尾纤进行对接。冷接时不需要熔化光纤，仅将端面对齐即可。其操作简单便捷，效率高于热熔机热熔光纤。光纤冷接的优缺点如下。

- 不需要精密设备，只使用光纤切割刀即可。但每个接点需要一个快速冷接子。
- 便于操作，适合野外作业。
- 损耗偏大。每个点的接续损耗为0.1～0.2 dB。

3.3 网卡

所有连接网络的设备都必须有网卡（网络适配器/网络接口卡），网卡是工作在数据链路层的设备，一般计算机或者无线设备都自带有线或无线网卡。网卡本身属于硬件，在安装网卡后需要安装驱动，网卡才能正常工作。

3.3.1 网卡的分类和应用领域

网卡按照一定的标准可以分成不同的类别。下面介绍网卡的分类及其应用领域。

1. 按照网卡的存在方式分类

按照网卡的存在方式，可以将网卡分为集成网卡和独立网卡。

集成网卡如图3-41所示，是集成在计算机主板上的网卡芯片，通过计算机后面的接口连接网线，不能随意拆卸。当集成网卡或接口出现问题后，只能选用独立网卡。无线设备的无线网卡也是集成在各自的电路板上。

独立网卡是一块单独的电路板，通过接口连接到计算机主板上，如图3-42所示。

图 3-41　集成网卡

图 3-42　独立网卡

2. 按照网卡的接口分类

按照网卡所连接的计算机的接口类型，可以将网卡分为USB网卡和PCI-E网卡。USB接口网卡有可以连接网线的，如图3-43所示，大部分都是USB无线网卡，如图3-44所示。

图 3-43 USB 接口网卡

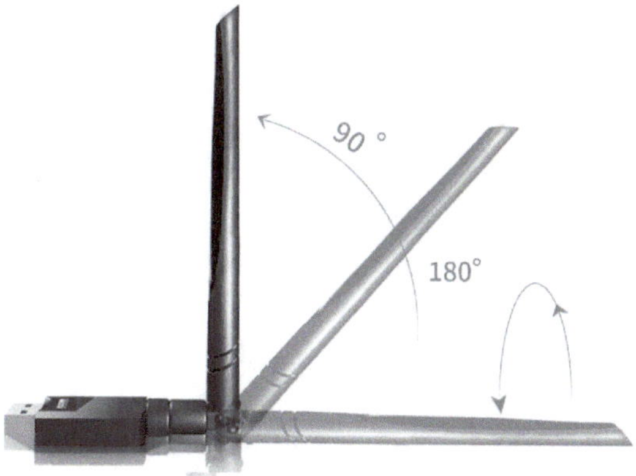

图 3-44 USB 无线网卡

其他接口如PCI接口网卡，最大支持100 Mbit/s带宽，因为计算机的升级换代，PCI接口已经消失，老式计算机如果有需要可以考虑这种接口的网卡。而现在比较常见的就是PCI-E接口网卡(图3-42)，通常插在主板的PCI-E插槽中。

一般来说，如果公司是有线环境，可以选择USB接口或PCI-E接口的有线网卡；其他环境，建议选择带有天线的USB无线网卡，其在信号强度、穿墙稳定性等方面都要优于不带天线的USB无线网卡。现在很多网卡都主打免驱动，安装上即可使用。

拓展知识

网卡指示灯的含义

有线网卡一般都带有指示灯，一个为黄色灯，一个为绿色灯。绿色灯一般长亮，代表链路正常，如果不亮，需要检查网线及网线接口。黄色灯一般会闪烁，代表有数据正在传输。

3.3.2 网卡的选购技巧

主板网卡的损坏非常少见，所以购买网卡除功能性需求外，主要是用于网络升级。

1. 根据环境和设备选择

网卡的选购首先要根据实际使用情况，如果是有线环境，且是台式机，那么首选PCI-E网卡，其次是为台式机购买无线网卡，一般选择USB网卡即可。有条件的用户，也可以选择PCI-E无线网卡，如图3-45所示。另外别忘了添加天线，有些主板自带了无线网卡，但是没有天线，需要另外购买，如图3-46所示。

图 3-45　PCI-E 无线网卡

图 3-46　添加天线

2. 根据路由器选择

根据路由器支持的协议和速度，选择对应的有线网卡，再配合网线，发挥出有线网络的优势，建议选择千兆有线网卡。而无线网络因为受限制的条件较多，所以在选择无线网卡方面，建议选择带有天线的穿墙性能较好的无线网卡。有条件的话，建议选择支持WiFi 6的无线网卡。

3. 选择比较专业的网络设备制造商

虽然网卡不是易损件，但不同的芯片也影响着网络信号的稳定性和延时。所以在选择时建议选择专业的网络设备制造商的产品，如Intel、TP-LINK、水星、腾达等品牌。

4. 根据实际应用选择

如果是游戏玩家，建议使用有线网卡，因为有线网卡在信号的稳定性、抗干扰能力、延时控制方面都优于无线网卡。普通用户为了方便台式机的使用，建议选择无线网卡。而一些特殊的行业，尤其是网络相关行业，建议选择高稳定性的企业级网卡。

3.4　交换机

由于集线器已经被淘汰了，网桥也退出了历史舞台，因此在大中型企业局域网中作为数据交换的核心设备主要是交换机。

3.4.1　交换机的分层

按照交换机在大中型企业中所处的逻辑层次，可将交换机分成3类，分别为接入层交换机、汇聚层交换机和核心层交换机，如图3-47所示。

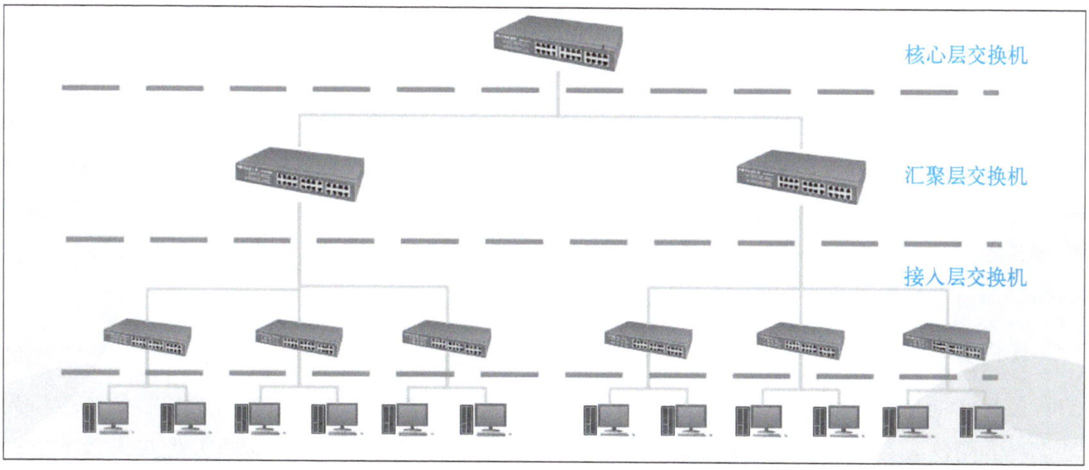

图 3-47 交换机的分层

1. 接入层交换机

接入层交换机主要是为各种设备提供网络接入接口，具有低成本和高密度端口的特性。接入层交换机在选购时需要结合实际的信息点数量并预留一部分富余。另外，接入层交换机需要具有一些用户管理功能，如用户认证、计费管理等。

2. 汇聚层交换机

汇聚层交换机是核心层交换机和接入层交换机的中间设备，有些简单的网络结构可能会没有汇聚层。汇聚层的作用主要是减少核心层的交换负载。汇聚层交换机不需要那么多的接口，但需要更高的转发速率。汇聚层交换机的作用包括实施管理策略、安全策略、接入策略、限制策略、过滤策略等。汇聚层和接入层的交换机需要虚拟局域网技术的支持。

3. 核心层交换机

核心层交换机是大中型企业交换网络的核心设备，是整个系统的交换中心。核心层交换机具备高可靠性、高容错性、可管理及高效等特点。很多大型企业核心层使用多个核心层交换机来实现多机冗余备份和负载均衡。

3.4.2 交换机的重要参数及选购技巧

交换机的选购技巧其实和选购计算机一样，都需要了解该设备的详细参数、参数的含义以及该参数是否满足自己的需求。

下面以某交换机的参数为例进行讲解，该交换机有24个10/100/1 000 Base-T端口、2个10 G Base-T端口和4个10 G SFP+端口，交换能力是336 G，64-Byte数据包转发率为144 Mpps。

1. 端口

交换机的端口是选购交换机时首先需要考虑的，比如用户有108个信息点，那么对于本例有24个接口的交换机而言，需要购买5台才能满足所有设备接入并留有一部分富余的要求；或者可以更换为两台48口交换机加1台24口交换机。本例交换机还有4个10 G的万兆光纤接口，可以用于设备间级联使用。另外该设备还配备2个万兆的双绞线接口，用户可以使用双绞线连接设备进行高速传输。

在选购时，除了数量外，还要考虑端口的转发速率，一般10/100 M自适应比较常用，适合在小型公司局域网中使用。而对于喜欢尝鲜的家庭局域网用户，或者有大量网络应用需求的企业，就需要考虑千兆接口交换机了。

在局域网主干建设中考虑使用光纤的，应根据网络拓扑铺设光纤线路，在购买交换机时，需要查看交换机是否带有光纤接口、是否需要购买光纤模块、光纤接口的速度是否满足网络的传输要求等。

2. 背板带宽

背板带宽是交换机接口处理器或接口卡和数据总线间所能吞吐的最大数据量。一台交换机的背板带宽越高，处理数据的能力就越强，但同时设计成本也会增加。所有端口容量×端口数量之和的两倍只有小于背板带宽，方可实现全双工无阻塞交换，达到交换机发挥最大数据交换性能的条件。本例中，共有24个千兆口，速度为24 Gbit/s；6个万兆口，速度为60 Gbit/s；总共是84 Gbit/s。考虑到全双工，再乘以2，总计168 Gbit/s，小于交换能力336 Gbit/s，所以满足全双工全速交换的需求。

网络术语

交换矩阵

交换机之所以能实现任意端口之间的高速数据转发，主要依靠的就是交换矩阵。交换矩阵是交换机的硬件结构，在各端口之间实现高速点到点的连接，形成一张数据传输网络。有了交换矩阵，交换机可以多条线路同时工作，而且点与点之间可以独享带宽，达到端口速率的最大值。

3. 包转发率

包转发率（满配置吞吐量）是指交换机在转发数据包时的效率，也就是每秒转发的包的数量，单位为Mpps。100 M接口的包转发率应该是0.148 8 Mpps，1 000 M接口是1.488 Mpps，10 G接口是14.88 Mpps，这些数值是在包为64 Byte大小时的转发率。在本例中，所有端口的包转发率为24×1.488+6×14.88=124.992（Mpps），小于交换机的最大包转发率144 Mpps，所以是满足要求的。

4. 转发延迟

转发延迟是指从交换机接收到数据包到开始向目的端口复制数据包之间的时间间隔。有许多因素会影响延时大小，比如转发技术等。采用直通转发技术的交换机有固定的延时。采用存储转发技术的交换机由于必须接收完整的数据包才开始转发数据包，因此它的延时与数据包大小有关。数据包大，则延时大；数据包小，则延时小。

5. 交换机的其他功能

现在交换机的硬件指标已经趋于稳定，主要的卖点集中在QoS保证、交换机的安全机制、管理策略以及是否支持包括生成树协议、VLAN协议等技术上。需要这些技术支持的，应在选购中加以注意。

6. 多层交换机技术

这里的层是指TCP/IP五层模型中的第2层、第3层和第4层。

二层交换机就是工作在数据链路层的交换机，也是日常使用最多的网络设备。二层交换机根据MAC地址进行转发。

三层交换机就带有路由功能了。三层交换机由硬件结合实现数据的高速转发。三层路由模块直接接叠加在二层交换机的高速背板总线上，突破了传统路由器的接口速率限制，速率可达几十Gbit/s。接口速度和背板带宽是三层交换机性能的两个重要参数。一般在大中型企业局域网中，核心交换机都选择三层交换机，以实现VLAN间的高速转发。

网络术语

三层交换技术

三层交换技术可以简单地理解成二层交换技术 + 三层转发技术，但它的效率更高。它解决了局域网中网段划分之后网段中子网必须依赖路由器进行管理，以及传统路由器低速、复杂所造成的网络瓶颈问题。

简单来说就是“一次路由、多次转发”。这是多个 VLAN 之间通信的一种方式。关于 VLAN 会在后面的章节中进行介绍。这里可以理解为在同一网络中的不同网段之间进行通信，都需要经过路由器，如果设备过多，就会占用路由器过多的资源，从而拖慢整个网络的转发效率。所以三层路由器可以经过一次路由，并对通信双方进行标记，下次这两方再通信，就不需要路由，直接变成二层转发，这样就极大地提高了局域网交换设备的工作效率。

第4层交换的一个简单定义是：它是一种功能，决定传输不仅仅依据MAC地址（二层交换机）或源/目标IP地址（三层路由器），而且依据第4层传输协议（TCP/UDP）及应用端口号等。第4层交换功能就像是虚拟IP，指向物理服务器。它所传输的业务服从各种各样的协议，有HTTP、FTP、NFS、Telnet或其他协议。这些业务在物理服务器基础上，需要复杂的载量平衡算法。如果用户有针对协议的转发需要，可选择四层交换机，但一般较少使用。

7. PoE技术

PoE是指在以太网中使用双绞线传输数据并同时传输电能。一些设备的安装位置不易取电，可以采用PoE供电，如网络监控系统中的网络摄像机（图3-48），以及各种无线AP（access point）接入点都经常使用PoE交换机进行供电。

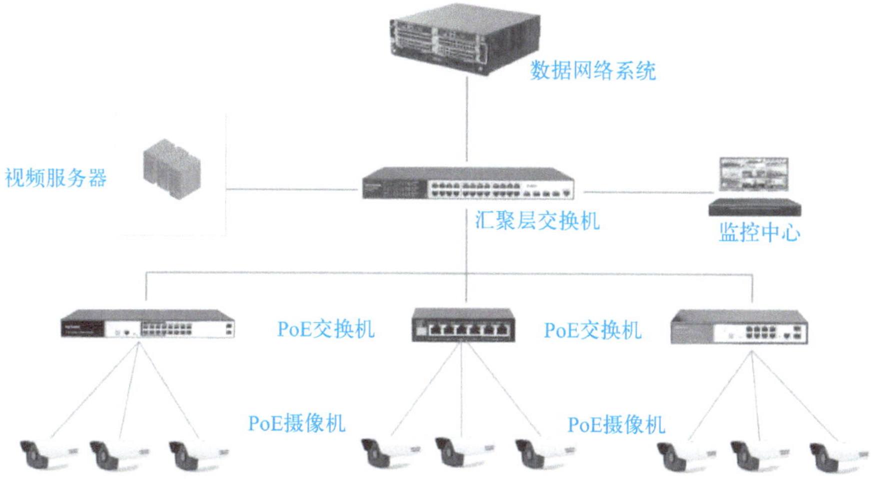

图 3-48 网络监控系统

8. 链路聚合技术

链路聚合可以让交换机之间以及交换机与服务器之间的链路带宽有非常好的伸缩性，比如可以把两个、3个或4个千兆的链路绑定在一起，使链路的带宽成倍增长。链路聚合技术可以实现不同端口的负载均衡，同时也能互为备份，保证链路的冗余性。在一个网络中设置冗余链路，并用生成树协议让备份链路阻塞，在逻辑上不形成环路，这样一旦出现故障，可以启用备份链路。所以在购买核心交换机时，一定要查看是否支持链路聚合技术。

9. 厂家的选择

目前，交换机产品比较常见的厂家有锐捷、华三、华为、思科、TP-LINK、D-Link、NETGEAR、中兴等，一般都享受全国联保、三包服务，质保时间按照产品有所不同。用户可以通过客服电话等方式联系厂商。目前，只要在正规渠道购买主流厂商的产品，在售后服务及远程支持方面都是比较好的。如果用户想在其他渠道购买或者选购其他品牌，应该综合考虑产品的售后服务，再确定是否购买。

3.5 路由器

路由器的主要作用就是连接异构网络、寻址及路由选择。在此基础上，路由器还具有共享上网（NAT转换）、流量控制、过滤隔离和网络管理等功能。

3.5.1 路由器的分类

路由器按照实际应用，可以分成3种。

1. 接入级路由器

接入级路由器就是生活中常见的路由器，如图3-49所示，主要用在家庭或小型企业中，在带机量不多的情况下使用，可以使用PPP拨号连接网络。另外，接入级路由器还提供实用的管理功能。

2. 企业级路由器

企业级路由器如图3-50所示，主要用在各种大中型企业局域网中，其主要目标是路由和数据转发，并且进一步要求支持不同的服务质量。企业级路由器还支持一定的服务等级（如是否允许分成多个优先级别、是否容易配置、是否支持QoS等）。企业级路由器可有效地支持组播。因企业网络往往要处理历史遗留的各种LAN技术，所以企业级路由器需要具备支持多种协议（包括IP、IPX和Vine）的能力。它们还要支持防火墙、包过滤、大量的管理和安全策略以及VLAN等。

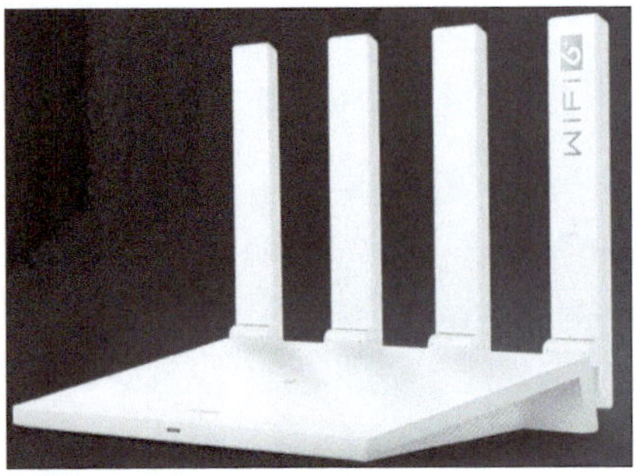

图 3-49　接入级路由器

图 3-50　企业级路由器

3. 骨干级路由器

骨干级路由器用于实现企业级网络的互联。对它的要求是速度和可靠性，而代价则处于次要地位。硬件可靠性可以采用热备份、双电源、双数据通路等来保证。骨干级路由器的主要性能瓶颈是在转发表中查找某个路由所耗费的时间。当收到一个包时，输入端口在转发表中查找该包的目的地址以确定其目的端口，当包要发往许多目的端口时，势必增加路由查找的代价。因此，将一些常访问的目的端口放到缓存中能够提高路由查找的效率。不管是输入缓冲路由器还是输出缓冲路由器，都存在路由查找的瓶颈问题。

3.5.2 路由器的主要参数及选购技巧

从结构上来说，路由器和计算机类似，也有CPU、内存、硬盘（闪存）等部件。在挑选路由器时，需要了解以下硬件参数。

1. CPU

路由器的CPU是路由器的核心部分。与桌面级CPU不同，路由器的CPU重在稳定性和长时间工作的能力。不同系列、不同型号的路由器，CPU的性能也不同。CPU的性能主要关系到路由器的吞吐量，也就是路由表的查询时间、路由的计算能力（收敛时间）以及时延等。

网络术语

收敛时间

路由器在网络拓扑结构发生变化后，会重新计算路由并汇总到路由表中。收敛时间是指从网络的拓扑结构发生变化到网络中所有路由设备中路由表重新保持一致的状态所耗费的时间。CPU 的性能主要决定了路由表的计算时间。

2. 内存及闪存

路由器的内存主要用来存储运行时需要的数据信息，如配置、端口设置、IP地址、路由表等，并与CPU进行交互操作。而闪存的功能和硬盘类似，用来存储路由器的系统及配置参数，一般不可能像计算机硬盘容量那么高。路由器的内存也分为DDR、DDR2、DDR3等，在选购时需要注意。

3. 路由表性能

路由器依靠路由表来决定如何转发。路由表的性能是指路由表内所能容纳路由表项数量的极限。由于因特网上执行BGP协议的路由器通常拥有数十万条路由表项，因此该项目也是路由器能力的重要体现。

网络术语

BGP

BGP是不同自治系统的路由器之间交换路由信息的协议。BGP使用的环境与内部网关协议不同。因特网的规模太大，使得自治系统之间的路由选择非常困难。对于自治系统之间的路由选择，要寻找最佳路由是很不现实的。BGP只能力求寻找一条能够到达目的网络的比较好的路由，而并非要寻找一条最佳路由。

4. 吞吐量

吞吐量是指在不丢包的情况下单位时间内通过的数据包数量，也就是指设备数据包转发的能力。吞吐量包括设备吞吐量和端口吞吐量。设备吞吐量是指路由器根据IP包头选路时每秒转发的包数量。设备吞吐量通常小于路由器所有端口吞吐量之和。端口吞吐量是指端口的包转发能力。

5. 端口形式和速率

路由器端口可以是RJ-45端口，也可以是光纤接口，具体数量需要根据网络拓扑和需求量以及估算的吞吐量进行计算和选择。一般常用的速率有100 Mbit/s和1 000 Mbit/s两种，用户可根据实际情况选用。

6. 带机数量

带机数量是指路由器所能负载的计算机数量。在厂商介绍的性能参数表上经常可以看到标称路由器能带200台PC、300台PC等。但是，因为路由器的带机数量直接受网络的用途和网络中的设备占用情况影响，不同的网络环境带机数量相差很大。

比如在网吧里，几乎所有的人都在同时上网聊天、打游戏、看网络电影，这些数据都要通过网络接口，因而路由器的负载很重。而企业网上同一时间只有小部分人在使用网络，路由器负载很轻。因此把一个能带300台PC的企业网中的路由器放到网吧中，有可能会有网络丢包、阻塞或掉线的情况发生。

7. 线速转发能力

路由器最基本且最重要的功能就是数据包转发。全双工线速转发能力是指以最小包长（以太网64个字节）和最小包间隔在路由器端口上双向传输的同时不会引起丢包。流量的进出基本平衡，不会因为设备处理能力的问题而造成吞吐量下降。

8. 厂家、价格和售后

价格和售后需要用户根据目标采购设备及资金状态进行综合考虑。路由器的主要生产厂家有锐捷、华为、思科、TP-LINK、华硕、NETGEAR等。

9. 无线路由器的主要参数

随着无线终端越来越多，无线路由器作为核心，其信号的好坏、带宽大小和扩展功能等也直接影响着无线网络的性能。无线路由器的主要参数如下。

（1）传输频段。

传输频段即路由器的工作频率，现在2.4 GHz频段技术非常成熟，也是使用最多的频段，主要是该频段拥有穿墙能力强的显著特点。但终端数量过多，会导致信道拥堵，网速变慢。5 GHz频段的传输速率非常快，但穿墙能力很弱。现在一些路由器支持2.4 GHz与5 GHz共存，按照接入点的特性自动或者手动选择最佳传输频段。

（2）传输标准。

传输标准对网速和连接情况有最直接的作用，可在IEEE 802.11a/b/g/n/ac/ax中选择。这个标准是国际化标准，代表了网络数据传输率的等级。

（3）天线增益。

这个数据的好坏决定了路由器的信号强弱，但数据的传输带宽还要看数据的无线传输方式是几进几出。

注意事项：天线越多越好吗？

天线越多信号越好，这个结论并不准确。如果购买的是一台300 M的路由器，不管它是两根天线，还是4根天线，整体还是300 M，并没有变强。信号强度取决于天线增益、摆放位置和路由器本身使用的芯片等。

（4）管理功能。

有些路由器可以实现拒绝陌生终端蹭网（图3-51）、远程PoE供电、手机远程管理、智能QoS、双WAN双拨号、上网时间限制（图3-52）、应用层防火墙等功能，用户可以根据实际需求选择。

图 3-51　拒绝陌生终端蹭网

图 3-52　上网时间限制

关于无线路由器的其他特性和功能，将在后面章节中详细介绍。

3.6 防火墙

这里的防火墙主要指的是硬件防火墙，如图3-53所示，一般处在内网和外网之间，用来过滤和抵御外网的网络攻击，或对内网的访问进行管理等。防火墙依照特定的规则，允许或是限制传输的数据通过。现在很多路由器和防火墙进行了融合，在路由器中添加了防火墙的规则和控制模块。其实防火墙从硬件层面上说，和路由器是一类设备，防火墙本身也可以作为路由器使用。

图 3-53　硬件防火墙

3.6.1 防火墙简介

防火墙指的是一个由软件和硬件设备组合而成，在内部网和外部网之间、专用网与公共网之间构造的保护屏障，它使局域网与外部网络之间建立起一个安全网关（secure gateway），从而保护内部网免受非法用户的侵入。防火墙主要由服务访问规则、验证工具、包过滤和应用网关4部分组成。防火墙有硬件防火墙与软件防火墙之分，硬件防火墙如图3-55所示；软件防火墙可以安装到服务器上，或者放置在网络出口处。

网络上的每一个数据包中都会包含一些特定的信息，如数据的源地址、目标地址、源端口号和目标端口号等。防火墙通过读取数据包中的地址信息来判断这些包是否来自可信任的网络，并与预先设定的访问控制规则进行比较，进而确定是否需要对数据包进行处理和转发。数据包过滤可以防止外部不合法用户对内部网络的访问，但由于不能检测数据包的具体内容，因此不能识别具有非法内容的数据包，无法实施对应用层协议的安全处理。如果用户需要，也可以选择应用层防火墙。

拓展知识

防火墙与路由器的关系

其实防火墙与路由器属于同一类型的网络硬件。防火墙与路由器在一定程度上是一样的：防火墙具备路由寻址功能，支持路由协议；而路由器也具备防火墙过滤功能以及访问验证机制等，差别主要在于专业程度上。现在一些企业也使用路由器的安全设置来达到防火墙的功能。

3.6.2 防火墙的主要功能

防火墙作为局域网或者网络关键部分的大门，需要安装到网络数据流必须经过的位置，然后对所有流经其网卡的数据包按照规则进行处理，过滤掉防火墙中限制的数据包或网络恶意攻击。防火墙的主要功能如下。

1. 保护内部网络

只有规则允许的、安全的、符合防火墙规则的数据包才允许放行，这大大提高了内部网络的安全性。拒绝或丢弃外部具有威胁或恶意的数据包，这样外部的攻击就不能利用一些漏洞或协议以及端口来攻击内部网络。

2. 代理上网

如果用户的网络出口采用的是防火墙，在防火墙上可以配置NAT服务器，用来代理内网用户的外网访问。

3. 建立完善的安全认证系统

通过以防火墙为中心的安全方案配置，能将所有安全软件（如口令、加密、身份认证、审计等）部署在防火墙上。与将网络安全问题分散到各个主机上相比，防火墙的集中安全管理更经济。另外，VPN功能也可以配置在防火墙上，因而可搭建安全的远程访问体系。

4. 监控审计

防火墙在防御后会将恶意或可疑攻击记录下来，并通知管理员，以便管理员了解攻击事件并做好进一步的防御或排查工作。同时防火墙也能提供网络使用情况的统计数据。当发生可疑动作时，防火墙能进行适当的报警，并提供网络是否受到监测和攻击的详细信息。另外，收集一个网络的使用和误用情况也是非常重要的。这样可以清楚防火墙是否能够抵挡攻击者的探测和攻击，并且清楚防火墙的控制是否充足。而网络使用情况统计功能对网络需求分析和威胁分析而言也是非常重要的。

5. 管控内网数据流

通过防火墙，能够将内网进一步划分成外网可以访问的部分（如各种网页服务等），以及内部不允许联网的特殊部门。这样可实现内部网重点网段的隔离，从而能有效地限制局部重点或敏感网络的安全问题对全局网络造成的影响。

使用防火墙可以隐蔽那些透漏内部细节的服务（如Finger、DNS等服务）。Finger显示了主机所有用户的注册名、真名、最后登录时间和使用shell类型等，其显示的信息非常容易被攻击者所获悉，从而使攻击者可以知道一个系统使用的频繁程度，这个系统是否有用户正在连线上网，这个系统在被攻击时是否会引起注意等。防火墙可以同样阻塞有关内部网络中的DNS信息，这样一台主机的域名和IP地址就不会被外界所了解。

3.6.3 防火墙的分类

防火墙按照应用的不同，可以分为以下几种。

1. 网络层防火墙

网络层防火墙也叫包过滤防火墙。其监控的是网络层的数据包，通过数据包的报文信息，可以知道源地址、目标地址等信息。网络层防火墙可以根据源IP地址、目的IP地址来制定规则，有些结合了传输层的功能，可以对TCP协议、UDP协议及各种端口进行规则的制定。

2. 应用层防火墙

应用层防火墙是比较新的防火墙，可以识别及控制的层次达到了模型的应用层。应用层防火墙可以识别出数据所属的具体协议及具体应用。应用层防火墙可以拦截进出某应用程序的所有封装包，并且封锁其他的封装包（通常是直接将封装包丢弃）。理论上这一类的防火墙可以完全阻绝外部的数据流进到受保护的网络里。应用层防火墙可以防范计算机蠕虫或是木马程序的快速蔓延。不过就具体实现而言，应用层防火墙规则和功能的实现比较烦琐，而且对数据包的拦截和对规则进行判断时，非常影响网络性能。所以大部分防火墙都不会考虑以这种方式进行设计和功能实现。

3. 复合型防火墙

综合了网络层防火墙技术和应用层防火墙技术的优点，譬如发过来的安全策略是包过滤策略，那么可以针对报文的报头部分进行访问控制；如果安全策略是代理策略，就可以针对报文的内容数据进行访问控制。因此，复合型防火墙技术综合了两者的优点，提高了防火墙技术在应用实践中的灵活性、安全性和效率问题。

3.6.4 防火墙的选购技巧

如果出于成本考虑，用户在路由器上部署并实施各种策略即可。如果是比较关键的部门，建议选择专业的硬件级别防火墙。选购时需要参考以下几个方面。

1. 性能

因为防火墙是通过对进入的数据进行过滤来识别其是否符合安全策略的，所以在流量比较高时，要求防火墙能以最快的速度及时对所有数据包进行检测，否则就可能造成一定程度的延时，甚至死机。防火墙的性能参数主要包括网络吞吐量、丢包率、延迟、连接数等，其中吞吐量是重中之重。

2. 安全性

防火墙的安全性能取决于防火墙是否采用了安全的操作系统以及其是否采用了专用的硬件平台。在安全策略上，防火墙应具有一定的灵活性。首先，防火墙的过滤语言应该是灵活的，编程对用户是友好的；其次，还应具备若干可能的过滤属性，只有这样才能根据实际需求采取灵活的安全策略保护用户的网络安全。

3. 品牌

目前国内外在防火墙产品的开发、生产中比较著名的品牌有H3C、Cisco、华为、锐捷等，这些品牌技术实力比较强，而且都能提供高规格产品，当然，高规格产品的价格也相对要贵许多。

4. 配置灵活性

防火墙产品在配置上应尽可能简单、方便。目前有一种支持透明通信的防火墙，在安装时不需要对网络配置做任何改动，非常适合小型企业选用。另外，一个好的防火墙产品必须符合用户的实际需要。对于国内用户来说，防火墙产品最好具有中文界面，既能支持命令行方式管理，又能支持GUI和集中式管理。

总之，一个好的网络防火墙产品应功能多样，具备灵活的可扩展性和可升级性，以及良好的协同工作能力。

拓展阅读

坚持安全和发展并重。树立科学的网络安全观，切实守住网络安全底线，以安全保发展、以发展促安全，推动网络安全与信息化发展协调一致、齐头并进，统筹提升信息化发展水平和网络安全保障能力。

——《“十四五”国家信息化规划》

思考与练习

（1）按照第3.1.4节介绍的内容，自己动手制作双绞线。

（2）为台式机安装无线网卡。

（3）简述交换机和路由器的主要参数及其含义。

第4章 家庭局域网的组建与配置管理

内容概要

家庭局域网虽然没有企业局域网覆盖的范围大，但家庭局域网的数量是局域网中数量最多的。随着各种智能终端的大量使用，家庭局域网的科学化组建直接影响到家庭局域网的性能和各种功能的实现。通过对本章内容的学习，读者可以了解并掌握家庭局域网的组建技巧及注意事项。

重点难点

- 家庭局域网的规划设计。
- 家庭局域网的设备选择。
- 家庭局域网的经典组建案例。
- 家庭局域网的配置和管理。

4.1 家庭局域网的规划设计

局域网在组建前，需要先进行规划设计，再按照规划设计执行，才能有的放矢并避免一些常见错误。下面介绍家庭局域网规划的内容。

4.1.1 家庭局域网的设计目标

设计目标明确了局域网设计的最终目的、所能实现的功能、需要解决的问题等。所有的设备选择、安装和配置，都围绕着设计目标进行。因此，明确设计目标是进行规划设计的第一步。一般的家庭局域网设计目标有如下几点。

1. 共享上网

家庭局域网组建的目的就是满足家庭中的各种终端，如手机、计算机、网络电视、家庭安防系统等连接外网的需求。家庭中一般的网络应用包括影音娱乐、网络游戏、资料查询、在线音视频、在线聊天、安防监控报警等。

2. 共享资源、数据传输

除共享访问外网以外，局域网的另一个功能就是在局域网内部进行数据、文件的共享和传输。比如将计算机、NAS设备的文档、视频、照片等资源分享给其他设备（如手机、网络电视、平板等）查看和编辑，实现各种设备之间的资源互享。

网络术语

NAS设备

NAS（network attached storage，网络附属存储）设备如图 4-1 所示，是一种连接在网络上，具备资料存储功能的装置，因此也称为“网络存储器”。家庭中如果对多媒体资源、文档等有大量的访问需求，可以搭建一套 NAS 系统进行资源的分享。如果资金有限，可以考虑使用带有硬盘的路由器，如图 4-2 所示，或者路由器 + 移动硬盘 /U 盘的方式制作简易的存储系统。如果资金充裕且需要更加稳定及更多的功能，可以使用小型计算机主机搭建。

图 4-1 NAS 设备

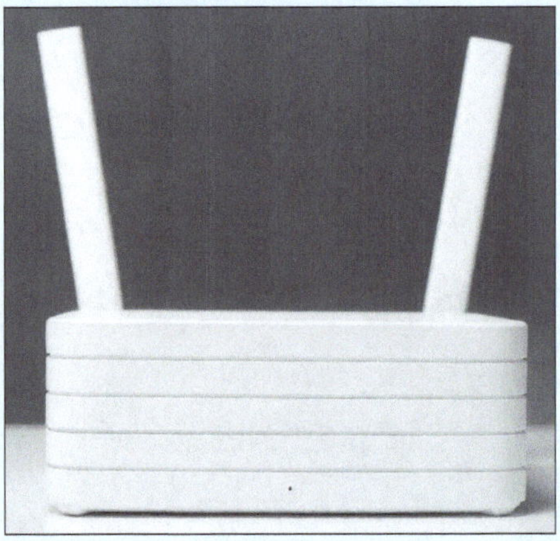

图 4-2 带有硬盘的路由器

除了存储共享资源外，家庭局域网还负责在设备之间的数据传输，包括数据信号和智能设备的控制信号等。

3. 满足网络游戏需求

网络游戏包括需要连接互联网的游戏和一部分局域网游戏，这些游戏在局域网中均需实现并且尽量保证游戏的带宽、延时等质量要求，尤其对于手机端的端游来说更加重要。

4. 网络控制

网络控制包括控制网络各终端的网速，控制设备是否可以连网并保障隐私，控制设备上网的时间以防止未成年人过度上网，设置可以连网的游戏，设置可以访问的网站，限制未授权设备接入路由器访问外网等。图4-3所示就是对局域网内设备是否可以访问外网进行的控制。

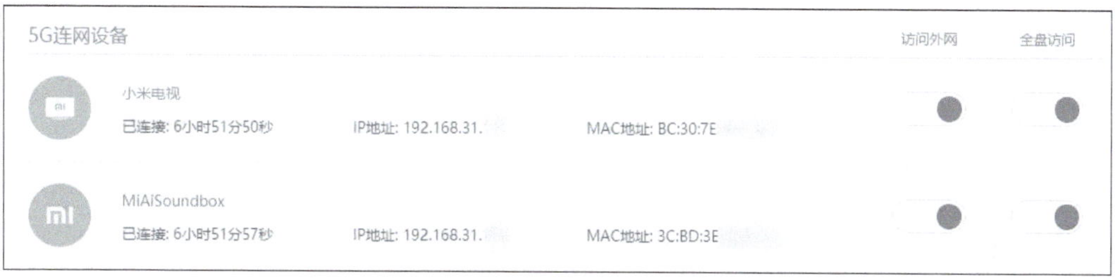

图 4-3　网络控制

5. 保证无线信号稳定

现在越来越多的无线设备加入了局域网，除确保这些设备都可以连接路由器外，还需要保证信号稳定、低延时、全覆盖。在跨路由器时，尽量减少无线信号的中断。对于穿墙较多的情况，需要选择信号较强的无线路由器，或者适当增加无线中继设备，还可以采用有线+无线的方式解决。

6. 网络设置简单便捷

无论是否是专业人士，都可以掌握局域网的一般操作，如设备加入局域网、设置共享设备、日常的简单维护等。

7. 满足一些专业需求

现在智能家居系统十分常见，所以家庭局域网设计时应满足智能门禁、智能报警系统、智能窗帘、智能风扇、智能电视等智能终端的互联和控制需求，如图4-4所示。

图 4-4　智能家居系统

家庭局域网设计时也有可能会遇到专业的游戏系统、影院系统、KTV系统等，虽然这些设备的布局和使用所涉及的领域超出了网络范畴，但这些设备的连网、网络互访控制等仍然属于网络规划的范围，所以在局域网设计中，应考虑为其保留对应的网络接口、预埋线路等情况。

8. 保障安全性

家庭用户和小型企业用户都需要考虑安全问题，除了物理性能上的安全，如弱电的接地、接头防水等，系统及网络层面的安全更加重要，例如加密方式的选择，是否隐藏无线信号等。

4.1.2 家庭局域网设计要点

一般的家庭局域网规划设计时需要注意以下几个设计要点。

1. 功能性

功能性也就是根据用户提出的要求，设计出满足用户需要的网络。没有功能性就谈不上进行网络设计了。

2. 可靠性

家庭局域网的可靠性要求没有企业级那么高，但是在连接互联网的稳定性上一定要有所保障。这主要和用户选择的路由器质量、各终端的质量、网络运营商的服务质量相关。另外在布线时，需要选择合格的线缆产品，并进行专业安装。

3. 性能

家庭局域网设备的性能要和家庭宽带以及用户实际应用相匹配，比如对于游戏级用户来说，低延时依然是主要的性能指标。带宽大小和宽带的延时并不成正比，而是与服务器和运营商之间互联的出口大小有关。有可能10 Mb/s的带宽比100 Mb/s带宽的延时要低得多。用户可以通过软件检测网络的速度、延迟和丢包率等，如图4-5所示。

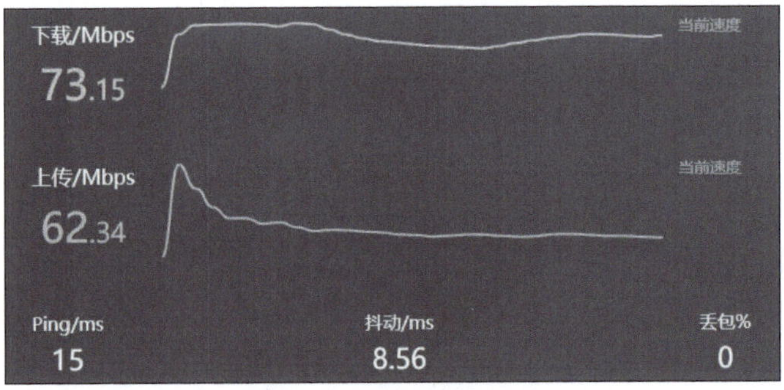

图 4-5　检测网络性能

4. 可扩展性和可升级性

家庭局域网的可扩展性和可升级性要求比企业级局域网要低，满足起来也简单得多，但是在基础布线以及网络产品的选择上，应该根据网络发展趋势和未来可能添加的网络产品而有所准备，也就是对家庭网络基础配置要有一个扩容的准备。比如布线一般选择六类及以上的线缆，并在一些关键位置埋下信息点。在条件允许的情况下，各房间和中心设备之间埋设两根线缆以便达到备份的目标，装修一旦完成，再调整线缆基本上是不可能的。可升级性要求表现在家庭局域网可以非常方便、安全、低成本地升级网络核心设备、周边网络终端设备，使整个家庭局域网的数据承载能力和数据传输能力能够符合更高标准的网络要求。

5. 易管理、易维护

家庭局域网产品都有专门的管理和维护渠道，可通过浏览器配置或手机APP控制，如图4-6所示。除非发生重大网络问题，一般家庭产品基本上都不会过多地关注配置问题。当然，设备损坏或者升级后进行重新配置时，需要用户具备一些基本的配置知识。

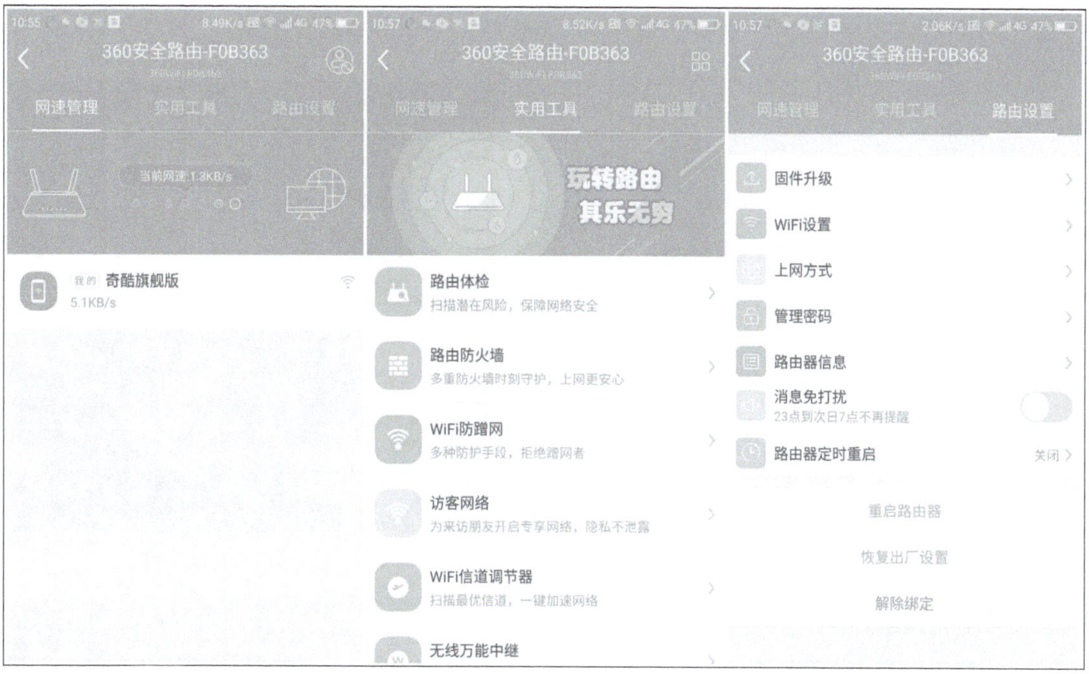

图 4-6　家庭局域网管理与维护

6. 安全性

家庭局域网的安全性问题主要表现在系统漏洞、人为损坏和设备故障上，尤其需要防范因网络摄像头被恶意开启，计算机被木马、病毒感染等导致的个人隐私泄露的情况发生。提高安全性方面可采取的措施如下：采用高品质的线缆和网络设备；在终端上，应配置防火墙和杀毒软件；使用者应尽可能多地了解设备使用说明；有人时主动关闭摄像头等。

7. 美观

很多家庭用户比较注重家庭环境的美观，在布线或后期改造走线时，需要结合审美需求。另外，现在无线产品的普及率很高，除非特殊情况需要选择有线产品，大部分家庭局域网都是以无线为主。当然这并不是说有线就是多余的，一些非常依赖网络质量的设备还是建议通过有线方式进行连接。

4.1.3　家庭局域网规划设计的注意事项

虽然家庭局域网的组建比较简单，但在规划时，仍需要注意一些关键点。

1. 做好需求分析

在进行规划前，一定要做好需求分析。

（1）实施环境。

一般家庭用户要了解房间布置等基本信息。如果已经是布好网线的，需要了解信息盒位置、各信息点位置等，如图4-7所示；如果是未装修房屋或需要改造的房屋进行布线，应了解户型、房间数量、墙体材料、走线路径信息等，如图4-8所示。布线时应避免强电干扰，信息点取电要方便（如果确实有难度，可以考虑PoE供电），然后根据房间的位置确定无线路由器的安放位置。

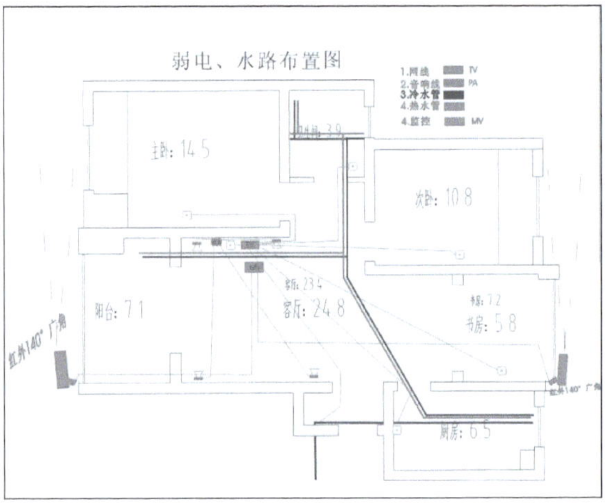

图 4-7　已布好网线的房屋

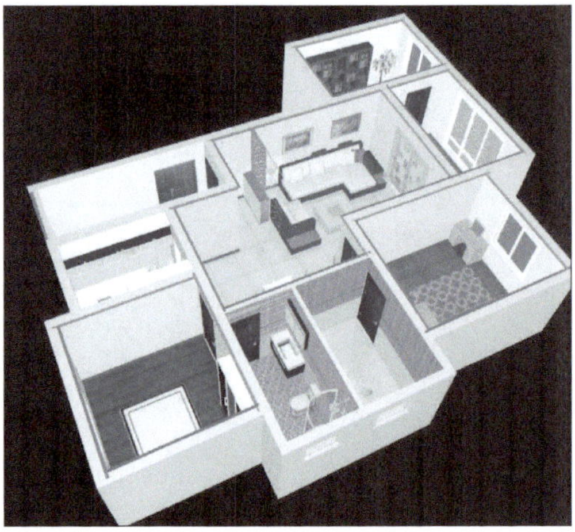

图 4-8　未装修或需改造的房屋

（2）现有设备。

了解用户家庭中现有的设备信息，包括计算机台数及位置、手机数量、智能终端种类及常用位置信息、现存网络设备等，如果不满足设计目标需要升级或者更换。另外还需要考虑兼容性问题，比如新设备对老设备的支持情况，老设备是否会影响整体性能等。尽量在成本可控范围内，更换成最优的新设备。

（3）组网范围。

一般家庭在一套房屋中组网即可，但也有跨楼层连接，邻居间互联，在别墅、复式建筑或在几层楼之间组建局域网的情况。如果跨度过大，需要考虑远距离线缆传输的相关问题，包括双绞线是否能使用，是否应该更换成光纤，无线设备是否需要配备放大器等。PoE供电的情况在距离过远时就必须考虑本地取电或增加PoE中继设备。

（4）用户的特殊需求。

这一点需要着重考虑，比如用户需要UPS备用电源为一些关键设备供电；智能家居要实现传感器报警、远程遥控、外网对内网的访问、远程下载等，需要增加哪些设备及相关技术等。

2. 严控预算经费

虽然一切都需要满足用户的需求，但前提条件是预算经费充足。如果当前设计规划超出了用户预算，就需要和用户沟通，确认是否增加预算，或者先满足所有的基础功能，后期在不影响整体布局的情况下再增加其他功能。

可以在初步规划后，为用户出具预算表，然后再据此沟通修改。另外还需要考虑售后问题，售后的成本一定要加入其中。售后做得好，是一个双赢的结果。

4.1.4 绘制图纸

通过了解用户基本信息、要求以及房屋的实际情况后，就可以绘制弱电布置图和网络拓扑图。网络拓扑图用来确定设备及功能，在规划时使用。弱电布置图是对网络拓扑图在实际实施中的解读，用于施工以及确定位置信息，所以十分必要。

4.2 家庭局域网的设备选择

在家庭局域网的组建中使用到的主要设备包括无线路由器、交换机、网卡以及网线，其他的功能性设备可以根据需要增减。

4.2.1 无线路由器的选择

家庭局域网中的路由器，现在一般都是无线路由器。作为家庭局域网的核心设备，无线路由器的选择属于重中之重。

1. 支持的标准

首先该路由器一定要符合IEEE 802.3ab标准，也就是家庭路由器的所有端口都是千兆口，这是千兆局域网现在和未来一段时间的标准，所以作为核心路由器一定要支持。

另外，所配备的无线路由器起码应满足现阶段的IEEE 802.11ac标准，也就是WiFi 5标准。如果用户有需要，也可以选择IEEE 802.11ax标准，也就是WiFi 6标准的设备。以后的各种无线设备基本上都需要支持该标准，所以建议选择WiFi 6标准的路由器。

2. 穿墙能力

现阶段各种无线路由器的穿墙能力都差不多，如果有特别需要，可以选择以穿墙能力强为主打的产品。但无线路由器的穿墙能力其实都是有限的，建议选择有线+无线的组网方式解决信号衰减的问题。还有一点需注意，并不是天线越多，信号就越强。

3. 适合的管理功能

根据自身的需求情况，选择满足要求的路由器。如家长可以使用带有儿童上网保护、上网时间管理功能的路由器；游戏玩家使用带有游戏数据专用通道的路由器；需要保护隐私使用带有防火墙、防蹭网和黑名单功能的路由器；使用可以实现更多功能的可安装插件的路由器等，如图4-9所示。

你学会了吗？

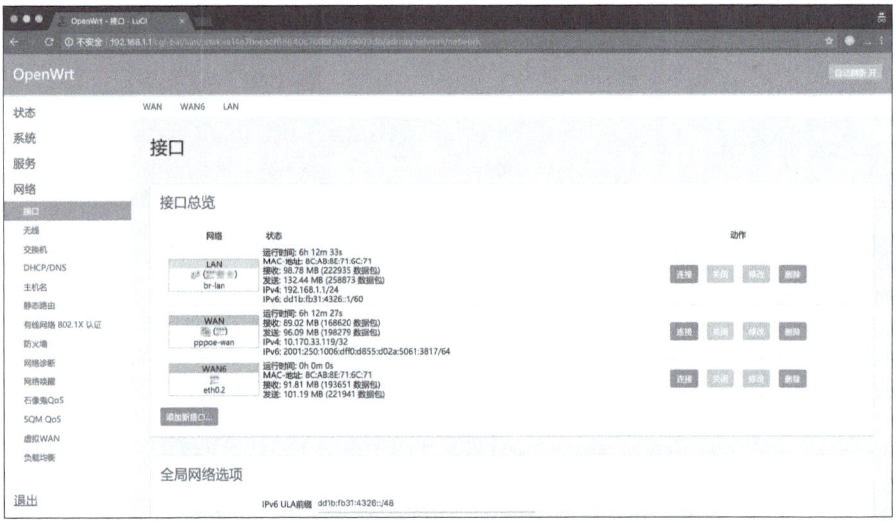

图 4-9　OpenWrt 系统

4. 路由器的硬件

路由器硬件包括CPU、内存、ROM等，用于在产品间进行比较时使用。

5. 特色功能

特色功能如智能限速、手机相册备份、端口转发、故障诊断、远程下载、网络控制等。这些功能可根据需要进行选择。

4.2.2　交换机的选择

家庭局域网中，如果房间较少，没有有线信息点，则仅使用家用路由器的接口即可。如果有线的信息点过多，则需要交换机的支持。在选择交换机时，尽量选择全千兆口，并且在满足所有信息点数量的同时，还要留有一部分富余量。

4.2.3　网卡的选择

网卡一般随设备自带，比如计算机主板集成的网卡以及各终端的无线网卡。如果台式计算机要使用无线网卡，可以选择一款带有天线的USB无线网卡或者PCI-E无线网卡。

4.2.4　网线的选择

因为主要的设备都要满足千兆网络的要求，所以网线建议选择六类线及以上的双绞线。如果跨楼层或者地理位置稍远，就需要考虑使用光纤。使用光纤时，在光纤两端安装光纤收发器即可。

注意事项：超五类双绞线可以使用吗？

使用超五类双绞线时，如果距离比较近，比如几米，而且线材质量较好，是可以达到千兆带宽的。一些普通的智能家居设备可以使用超五类双绞线。需要注意的是，超五类双绞线在实际传输时，只使用了1、2、3、6这4根导线，带宽是百兆。要达到千兆的带宽，不论超五类还是六类及以上的双绞线，需要用到全部8根导线。用户在设备安装完毕后，可以手动进行测试。

4.3 家庭局域网的经典案例

家庭局域网的搭建还是比较简单的。下面介绍一个常见的家庭局域网组建案例。

4.3.1 案例所用拓扑结构

本案例要搭建的家庭局域网采用的是常见的拓扑结构，如图4-10所示。

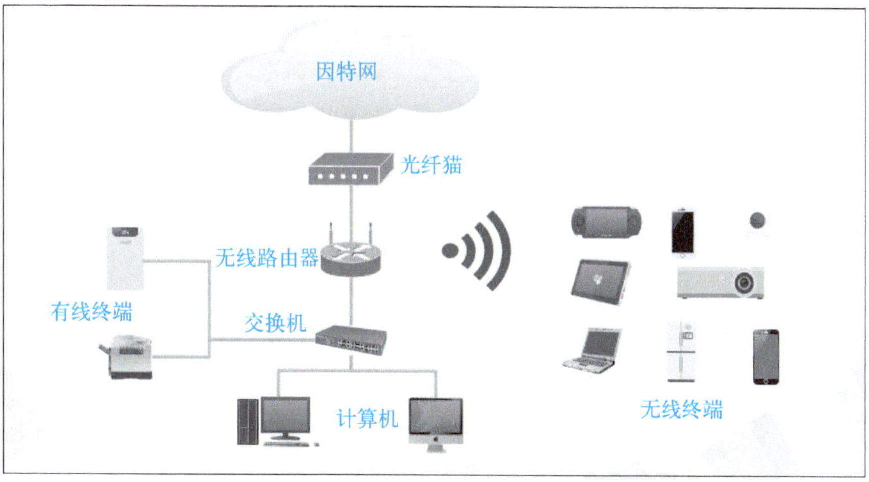

图 4-10 家庭局域网的常见拓扑结构

注意事项：局域网的范围。

一般来说局域网的范围以无线路由器为界，路由器的LAN口及无线连接都属于局域网。路由器的WAN口连接的就不是局域网了。需要注意的是，光纤猫一般属于运营商的设备，用户只是租用。所以如果光纤猫出现问题，或不能满足用户的带宽要求，可以向运营商申请更换。

4.3.2 案例中设备的特色及优势

本案例所选网络设备的特色及优势介绍如下。

1. 路由器

本例中使用的是华为路由器AX3 Pro，如图4-11所示。该路由器适合90～150 m^2的房屋面积。

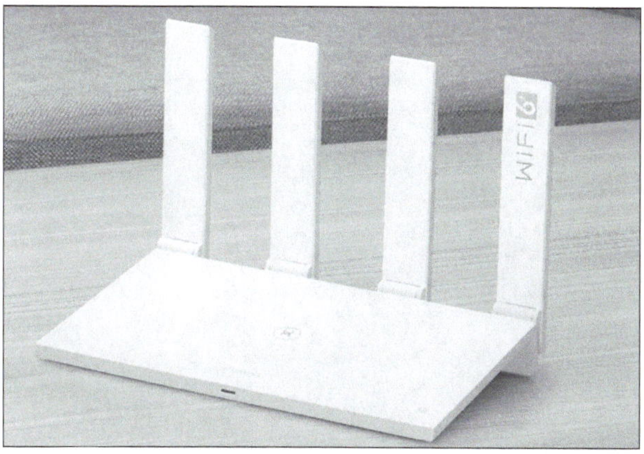

图 4-11 华为路由器 AX3 Pro

该家用路由器的主要特色如下。

（1）支持WiFi 6+。

高带宽，1024-QAM 高阶调制、最大支持160 MHz频宽；高并发，智能分频，多台设备并发连接；低时延，大幅减少排队等待；低功耗，终端设备按需唤醒。

AX3 Pro和华为WiFi 6+手机均支持160 MHz超大频宽，理论速度2倍于80 MHz频宽（相同MU-MIMO数），通过芯片协同加速，实际速度更是远高于其他AX1800路由器。

理论上，AX3 Pro双频并发的连接速率可高达2 976 Mbit/s（2.4 GHz 574 Mbit/s + 5 GHz 2 402 Mbit/s），具有四核强劲性能，能够充分发挥WiFi 6速度，连接5 GHz频段实际下载速率可超过1 Gbit/s，10 s即可下载完一部高清电影。相比于其他路由器，优势还是比较明显的，如图4-12所示。

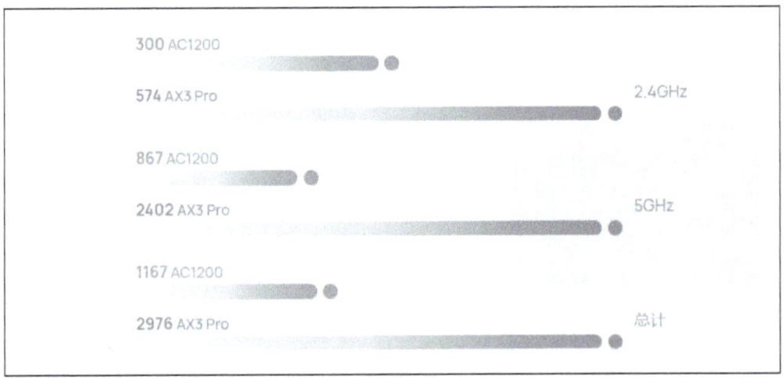

图 4-12　AX3 Pro 相比其他路由器的优势

（2）穿墙性能提升。

通过自研芯片协同，大幅提升华为WiFi 6手机信号质量（最大可提升6 dBm），解决了远距离手机假信号的痛点，实现多穿一堵墙的效果。

（3）硬件性能强劲。

AX3 Pro采用凌霄四核1.4 GHz CPU，性能强劲，算力高达12 880 DMIPS，四核智能调度、分工协同，有效降低负载，保障多连不卡，如图4-13所示。WiFi 6智能分频可让多设备同时并发连接，其中2.4 GHz支持4个并发，5 GHz支持16个并发，双频总接入设备数量高达128个。2.4 GHz和5 GHz分别配备两颗独立的信号放大器，WiFi 6和WiFi 5设备均能享受更好的信号。另外，该路由器配有256 MB的运行内存和128 MB的机身内存。

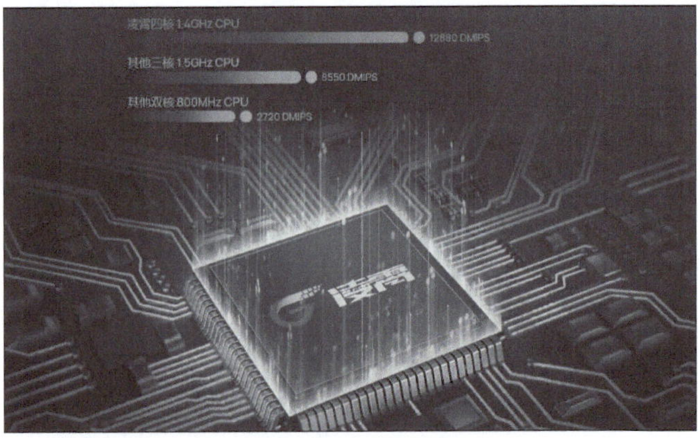

图 4-13　AX3 Pro 硬件性能强劲

网口：提供4个10 M/100 M/1 000 M自适应速率的以太网接口，支持WAN/LAN接口自适应（网口盲插）。网口传输协议：802.3、802.3u、802.3ab。

网络术语

网口盲插

以前的路由器，连接外网的网线需要连接到路由器的 WAN 口，而连接内网的端口叫作 LAN 口。现在的路由器，用户可以随便连接网线，路由器可以自动甄别出该口连接的是外网还是内网，从而自动进行调整，更加人性化。

（4）轻松连接WiFi。

AX3 Pro支持NFC功能，手机解锁屏幕后，碰一碰路由器顶部，无须输入密码，便可轻松连接WiFi。

（5）防沉迷与防恶意扣费。

通过华为智慧生活APP，对儿童设备进行时长/支付（微信、支付宝、华为钱包）/游戏/视频/社交限制，合理规划孩子的上网时长，有效防止孩子沉迷于游戏、视频和各类社交APP。还能对色情、暴力、博彩等不良网站进行拦截，保护孩子健康上网。

（6）网课加速。

通过智能业务识别，保障网课数据优先转发，大幅减少WiFi丢包和延时；支持与商业培训公司服务器协同，自动选择更优链路，提升网课稳定性。

（7）专业手游加速。

华为手机手游加速，时延降低20%，Wi-Fi6相比Wi-Fi5时延更低。凌霄WiFi芯片拥有一个独立、高优先级的低时延通道，当华为手机开启手游时，路由器能智能识别，将游戏数据送入低时延通道，大幅降低游戏延迟。

（8）其他特色功能。

通过凌霄CPU的独立安全区域（TEE可信任执行环境）和微内核，构建TrustZone安全解决方案，并且获得CC（全球权威IT产品安全认证）EAL5级认证，达到金融级安全水平。华为HiLink智能家居设备能自动进入智能设备保险箱，其他设备亦可被手动添加至保险箱。可以保护IoT设备不受局域网设备攻击，限制IoT设备的不明连接，如预防摄像头偷窥、智能音箱被监听、门锁被破解等。输入密码连接WiFi后，需经主人授权方可上网，有效预防陌生人通过破解软件蹭网。免密接入的华为HiLink设备无须授权。

2. 交换机

本例中使用的交换机是TP-LINK的8口千兆交换机TL-SG1008U，如图4-14所示。

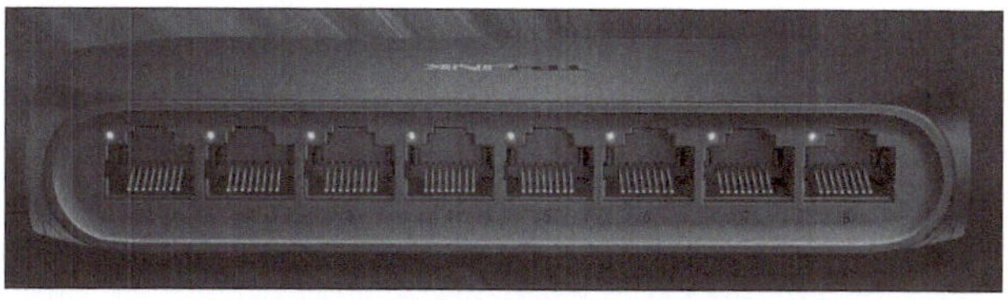

图 4-14　TL-SG1008U 交换机

该产品的特色如下。

8个10 M/100 M/1 000 M自适应RJ-45端口；所有端口均具备线速转发能力；支持端口自动翻转（Auto MDI/MDIX）功能；支持MAC地址自学习；支持全双工工作模式；桌面型塑壳壳体，即插即用。

由于该产品属于SOHO交换机，因此不需要管理功能，即插即用，简单方便；又因为结构简单，功能少，所以故障率低，可以长时间稳定运行。

网络术语

SOHO

SOHO是"small office home office"的简称，意思是居家办公，一般指那些专门的自由职业者。所以小型家庭用产品都可以冠之以SOHO的名头，如SOHO路由器、SOHO交换机等。

3. 网卡

本例中不需要额外的网卡。如果用户有需要，并且准备采用WiFi 6设备组网，则可以在计算机中增加PCI-E无线网卡，如磊科NW-AX3000 Pro，如图4-15所示。

图 4-15　磊科 NW-AX3000 Pro

该网卡2.4 GHz的带宽为574 Mbit/s，5.8 GHz的带宽为2 400 Mbit/s；支持蓝牙5.0传输，兼容Windows与Linux平台，高效散热，防尘防干扰，外观精致，使用更安全的WPA3加密协议，支持MU-MIMO，穿墙效果更佳。

4. 网线

本例中选择六类的安普（AMP）双绞线进行布置，如图4-16所示。安普双绞线的特色是：传输性能优越，机械性能强，电气性能稳定，传输延时低，尺寸小，阻抗性好，具有优异的串扰、回损和隔离以及低插损耗。

用户可以手动制作跳线，但建议购买成品，可以选择山泽六类跳线，如图4-17所示。

山泽六类千兆高速跳线线身柔软，采用一体注塑工艺，接头交错网尾设计；用优质无氧铜线芯，耐磨、耐弯折、耐拉伸、阻抗低、抗干扰能力强、网络传输信号损耗小；RJ-45接口采用镀金金属头外壳，抗干扰、耐插拔，所用的优质PC水晶头韧性佳，其内部三叉式芯片能够保证针片与线缆更好地接触与传导性能；PVC线背采用柔软PVC环保新材料，具有耐磨、耐弯曲、耐拉扯等特点。当然，用户也可以选择超六类及以上的跳线。

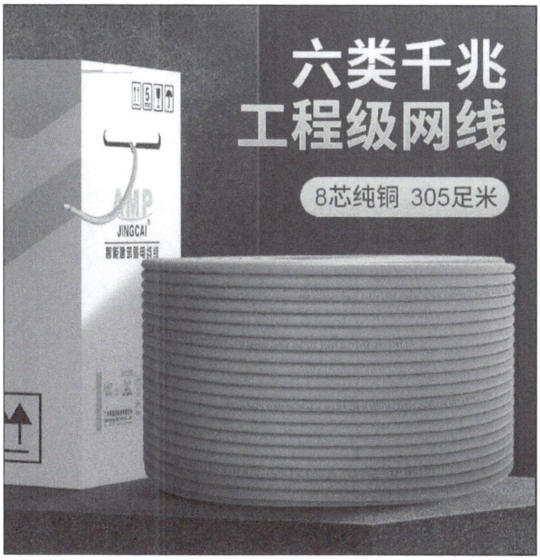

图 4-16 安普双绞线

图 4-17 山泽六类跳线

4.3.3 设备的连接

网络设备的连接可以按照拓扑图进行。用户需要连接的设备就是从光纤猫开始的。

1. 连接光纤猫和路由器

光纤猫一般都有LAN口或者叫“千兆口”，如图4-18所示。光纤猫上的LAN口用于连接路由器的WAN口，如图4-19所示，有些设备上也把WAN口叫INTERNET口。如果路由器具有网口盲插功能，那么插哪个口都可以。另外光纤猫上可能有iTV接口，它是用来连接电视机的，不要接在该接口上。

图 4-18 光纤猫 LAN 口

图 4-19 路由器 WAN 口

因为网线支持热插拔，所以设备通电与否都可以用跳线连接。

拓展知识

布线时的注意事项

在家庭布线时，首先要考虑美观度，尽量将电缆管槽埋藏于地板或装饰板之下，信息插座也要选用内嵌式的，将底盒埋藏于墙壁内。其次要远离干扰源，在弱电线路与强电线路交汇或并行时，要适当远离并做好防干扰措施。最后要注意信息点数量，适当冗余。

2. 无线路由器与交换机的连接

如果仅是几个房间的网线需要连接，可以直接连接路由器的LAN口。如果信息点过多，就需要使用交换机。无线路由器和交换机的连接比较简单，用跳线将图4-19所示的无线路由器的LAN口与交换机的Uplink（上行）口连接即可，没有此口的，也可以直接连接交换机的LAN口。有些交换机没有标出LAN口，接入数字接口即可，如图4-20所示。

图 4-20　交换机“Uplink”口

3. 交换机与信息点的连接

将提前布置好的所有信息点的网线全部接入到交换机的LAN口中即可。

网络术语

打标

打标，即给所有网线做好标签，从而可以快速识别出该网线连接的信息点。在遇到故障时，可以通过线上的标签快速排查。另外在连接设备时也不容易接错。虽然家庭用户的网线不多，但是仍然建议用户给所有网线打上标签，如图 4-21 所示。

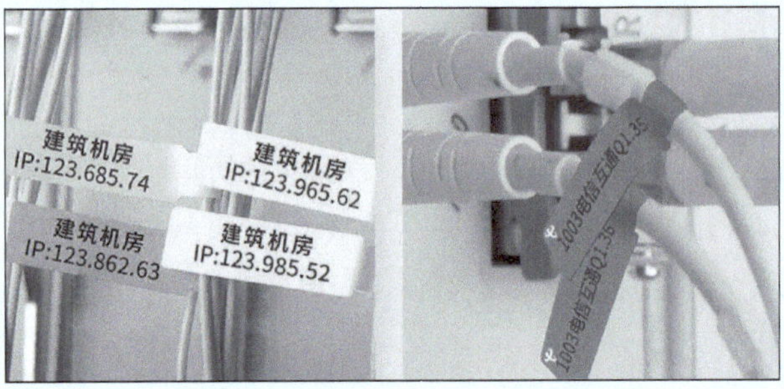

图 4-21　打标

4. 信息点与设备的连接

信息点与终端设备（如电视机、计算机等）进行连接，只需要使用网线，连接信息点所在的信息面板的网络口（图4-22）与计算机等设备的RJ-45口（网线接口，如图4-23所示）即可。

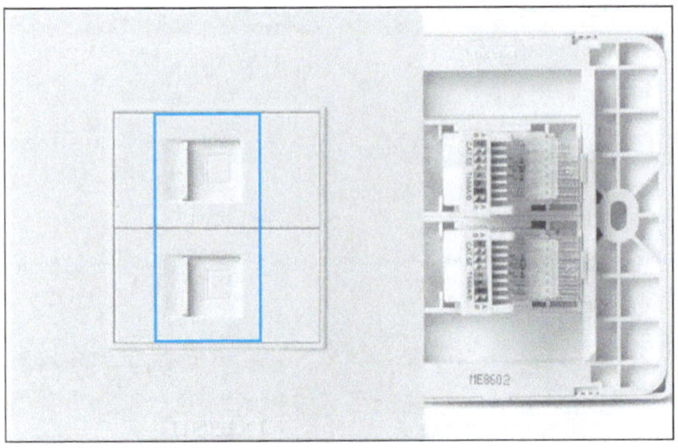

图 4-22　网络口

图 4-23　RJ-45 网线接口

拓展知识

信息面板的接法

一般房间的信息点都是以信息面板的形式存在的。信息面板由面板部分和后面的网络模块组成。网线需要按照网络模块的接口定义，使用打线钳将网线压入到对应的接口中。用户在安装时，按照T568B模式打线即可。现在很多情况下不需要打线钳，直接将网线排好，用盖子压入即可，如图4-24所示。之后再从正面将跳线一端接入接口中，如图4-25所示，这样另一端接入设备网线口后就可以使用了。

图 4-24　排好网线，盖子压入

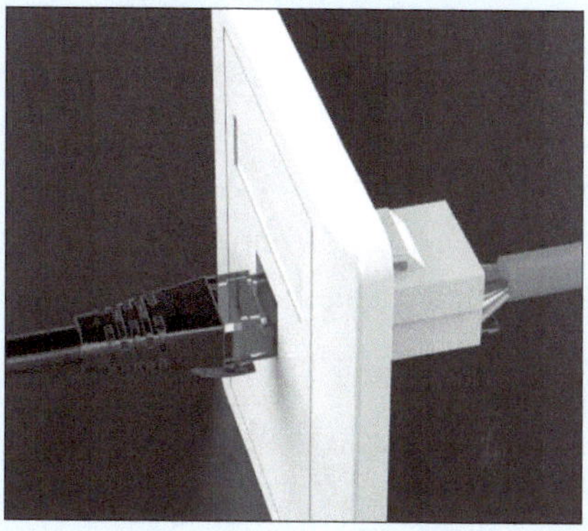

图 4-25　跳线一端接入到接口

5. 信息盒中的设备布置与无线路由器的位置

在一般情况下，所有弱电线都会在信息盒中汇总，包括入户的光纤，如图4-26所示。信息盒的布置根据用户所使用的设备安放即可，记得预留强电的接口以便给路由器和交换机供电。

无线路由器的摆放有两种方案：一种摆法是将无线路由器安放在信息盒中，这样做的优点是在房间数量较少的情况下，只要使用一台无线路由器就可以连接所有信息点；缺点则是信息盒如果屏蔽效果太好，无线信号就会比较弱。

另外一种摆法是在客厅到信息盒间布置两条六类线，将路由器布置在客厅后，接法和上面介绍的一样，这样就必须有交换机的支持。这样做的优点是无线信号优于安放在信息盒中的方案；缺点是需要交换机，且需要提前在客厅和信息盒间布置两根网线。

以上两种是常见的方案。如果资金比较充足，可以使用效果更好的AC+AP方案，即在客厅等位置使用无线吸顶AP（图4-27），然后将其连接到信息盒的AP控制器中，这样效果好但是投入较大，因此建议选择上面后一种方案。关于无线AP，将在无线局域网一章中详细介绍。

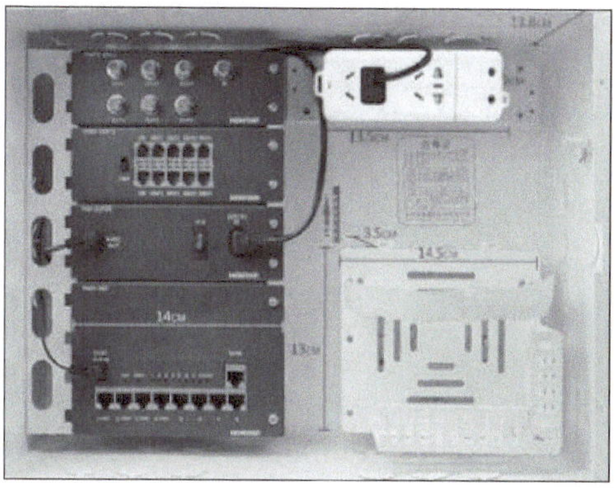

图 4-26　信息盒

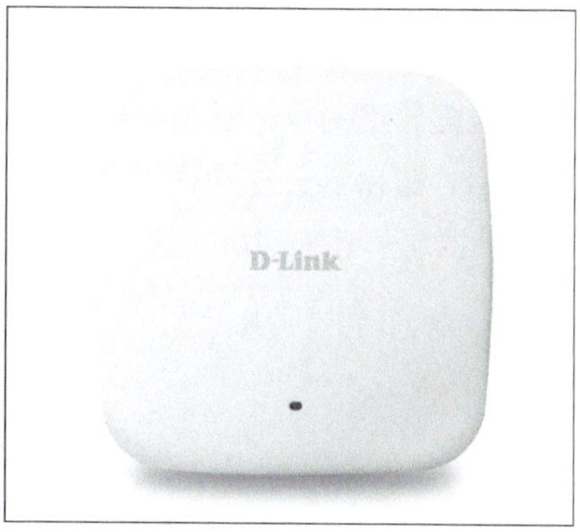

图 4-27　无线吸顶 AP

4.4 家庭局域网的配置和管理

硬件的连接只是第一步，硬件完成连接后，需要配置好软件，硬件才能工作。所有功能的实现，也需要对设备进行配置。一般来说，设备的配置包括路由器配置和各终端的连网配置。下面主要介绍硬件配置。

4.4.1 无线路由器的配置

无线路由器的配置包括拨号上网的配置、无线网络配置等。

1. 路由器的初始配置及拨号配置

路由器根据品牌的不同，其管理界面的进入方式和配置位置可能不同。但原则上只要在路由器中配置好运营商提供的账号密码并且拨号成功即可。另外也可以使用各种无线终端进行配置。下面以使用手机配置为例介绍路由器的初始配置及拨号配置。

步骤 01 启动无线路由器，用手机连接路由器的无线信号，如图4-28所示。无线信号名称可以查看路由器背部的说明。连接完毕后，打开手机浏览器，输入路由器背部的管理地址或域名登录，如图4-29所示。

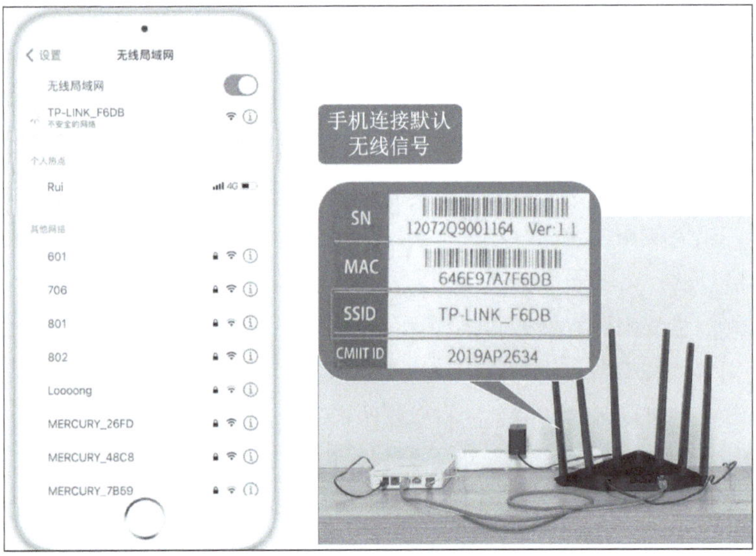

图 4-28 连接路由器的无线信号

图 4-29 输入管理地址或域名登录

步骤 02 第一次配置路由器，会让用户重新设置管理员密码，按要求填写即可，如图4-30所示。

步骤 03 登录后，路由器会自动检测当前的上网方式，一般是PPPoE，也就是宽带拨号上网，输入运营商提供的账号和密码，单击“下一步”按钮，如图4-31所示。

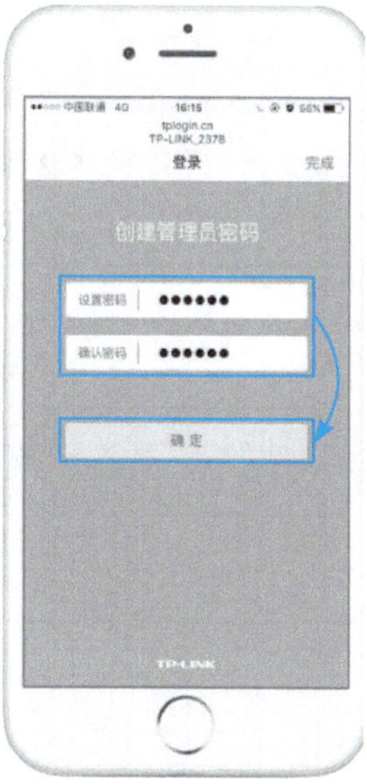

图 4-30 按要求重新设置管理员密码

图 4-31 输入运营商提供的账号和密码

拓展知识

其他上网方式

除了拨号上网，如果该路由器接入了另一个路由器，则上网方式会识别为“自动获得IP地址”，如图4-32所示。如果上网方式是“固定IP地址”，则需要用户手动设置参数，如图4-33所示。

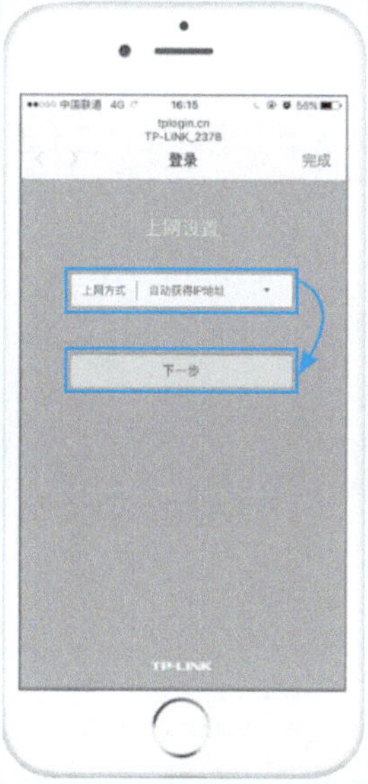

图 4-32 自动获取 IP 地址

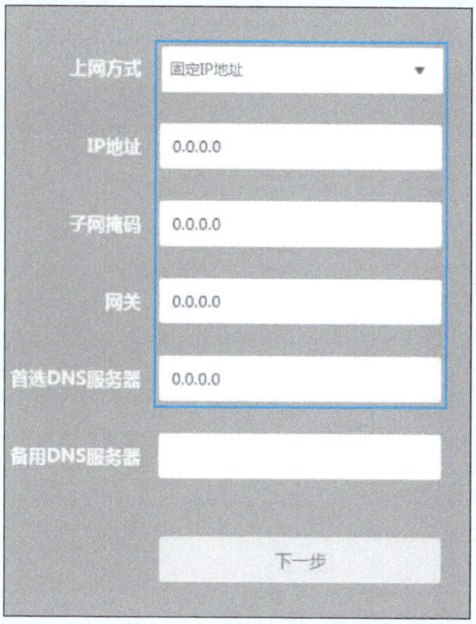

图 4-33 手动设置参数

2. 配置无线网络

无线网络的配置包括配置无线名称（SSID）、无线密码、加密方式等。

步骤01 如图4-33所示，单击“下一步”按钮，会弹出“无线设置”界面，在这里设置无线的名称和连接密码，单击“确定”按钮，如图4-34所示。

步骤02 设置完成后，单击“完成”按钮，如图4-35所示。

图 4-34　设置无线名称和连接密码

图 4-35　单击“完成”按钮

完成后，路由器会重新启动，用户可以使用刚刚设置的新的无线名称和密码连接路由器。

拓展知识

修改宽带信息及无线配置

如果需要修改宽带账号和密码，可以进入路由器的管理界面，找到“上网设置”，手动修改运营商所提供的账号和密码，如图4-36所示。如果要修改无线SSID号和密码，可以在路由器的管理界面中找到WiFi设置，手动修改WiFi的名称、密码、加密方式等，如图4-37所示。建议禁用多频合一功能，手动选择使用2.4 GHz或5 GHz频段。

图 4-36　修改运营商拨号账号和密码

图 4-37　修改 WiFi 设置

3. 路由器DHCP参数设置

路由器的DHCP默认是192.168.0.0/24网段，或者是192.168.1.0/24网段，用户可以手动修改以增强安全性。若是路由器连接了其他路由器，则需要修改本路由器DHCP分配的网段，以免造成冲突。

修改方法就是进入路由器的管理界面，在“局域网设置”或者是“DHCP设置”中修改路由器的管理IP地址以及分配的起始IP地址、结束IP地址和租约时间，完成后单击“保存”按钮即可，如图4-38所示。

图 4-38 路由器 DHCP 参数设置

注意事项：无法修改怎么办？

有时地址池的范围是灰色的或者因其他情况无法修改，怎么办呢？正确的做法是先修改路由器的管理IP，然后地址池会变为可编辑状态。为了进一步确保安全性，可以将DHCP服务关闭，这样蹭网的人就获取不到IP地址，也就无法上网了。至于用户的其他设备，可以手动配置IP地址、子网掩码、网关，然后就可以正常上网了。

4. 修改路由器的工作模式

路由器的工作模式有普通模式、中继模式和桥接模式。以上介绍的都是普通模式。中继模式是本路由器通过有线或无线的方式连接上另外一台路由器。

中继模式和桥接模式都可以对已有无线信号进行放大，扩展无线覆盖。区别在于中继模式下放大信号后，整个网络只有一个无线信号；而桥接模式下在放大前端信号的同时，可以根据需求设置自身的无线信号是否与前端网络相同。设置相同，桥接模式功能等同于中继模式；如果不同，则网络中存在两个不同的无线信号。

下面对中继模式的设置方法进行简单介绍。

步骤01 进入管理界面后，打开“上网设置”选项卡，拉到界面最下方，在“工作模式切换”中单击“切换”按钮，如图4-39所示。

步骤02 在弹出的“工作模式切换”页面中选择当前需要的环境，这里选择“无线中继工作模式（扩展现有的无线网络）”，单击“下一步”按钮。如果某些房间信号不好，如书房、卫生间、厨房等地方，可以使用路由器连接该位置的有线网络端口，并在该处选择“有线中继工作模式（扩展现有的网络）”选项，如图4-40所示。

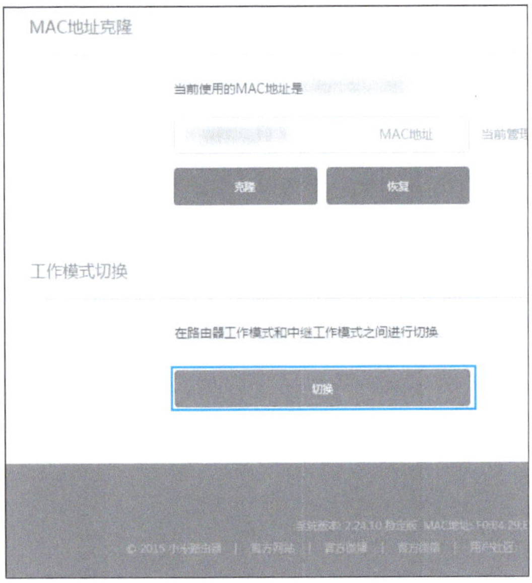

图 4-39　切换工作模式

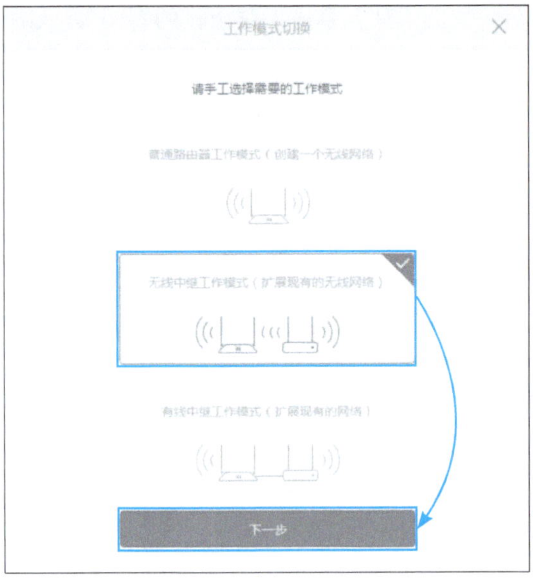

图 4-40　选择当前需要的环境

步骤03 从列表中选择需要被中继的网络，并输入该无线网络的密码，勾选“无线网络的名称密码与目标路由器一致”复选框，单击“一键无线中继”按钮，如图4-41所示。

步骤04 路由器弹出成功画面，提示当前的无线网络名称及中继路由器的管理地址，记得记录下来，然后单击“确定”按钮即可，如图4-42所示。

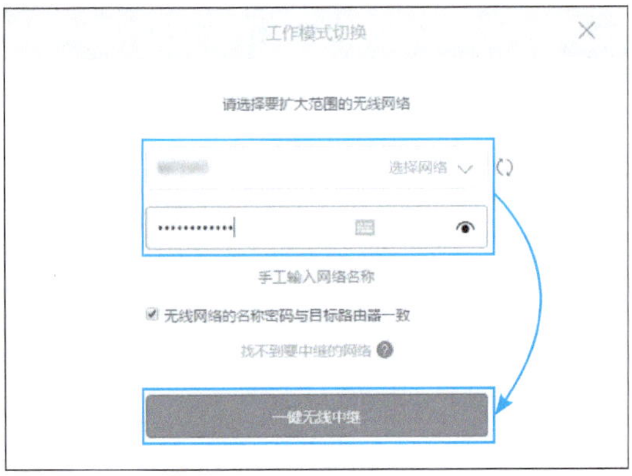

图 4-41　单击“一键无线中继”按钮

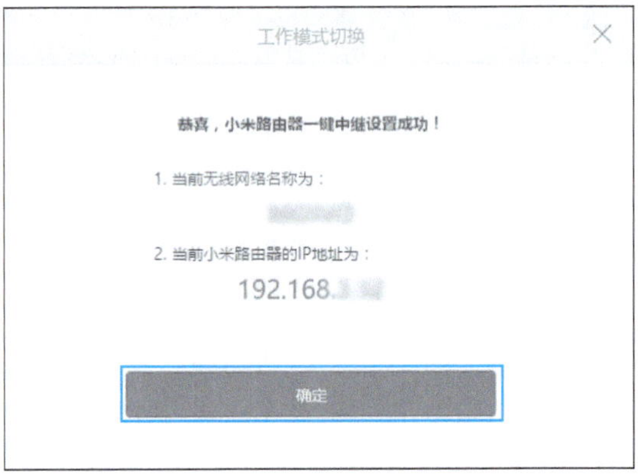

图 4-42　一键中继设置成功

5. 备份及还原路由器配置

用户配置完路由器后，可以备份当前的配置信息。当路由器出现故障或备份丢失后，可以快速还原。

步骤01 进入路由器的系统状态中，单击“备份与恢复”中的“新建备份”按钮，如图4-43所示。

步骤02 选择备份的内容，单击“开始备份”按钮即可，如图4-44所示。接着网页会弹出下载对话框，选择保存位置后保存即可。

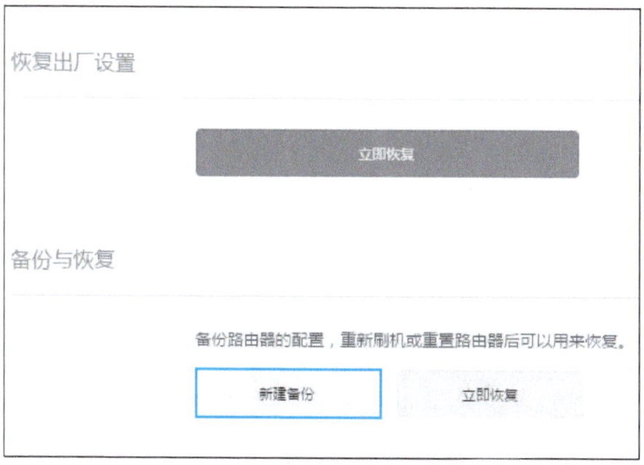

图 4-43 单击“新建备份”按钮

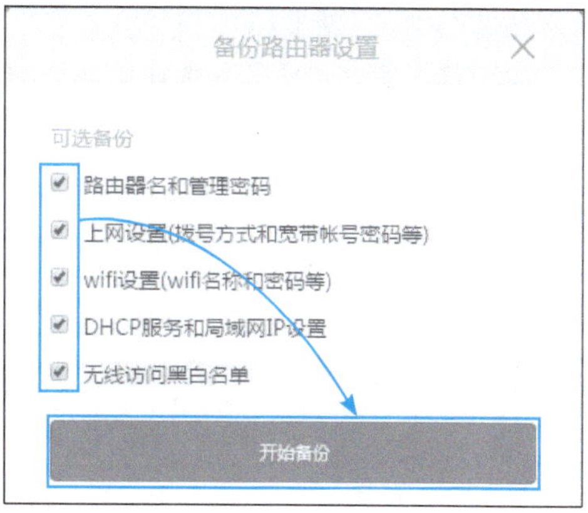

图 4-44 单击“开始备份”按钮

步骤 03 如果路由器出现故障，在“备份与恢复”中单击“立即恢复”按钮，如图4-45所示。

步骤 04 找到并选中备份文件后，单击“开始恢复”按钮即可，如图4-46所示。

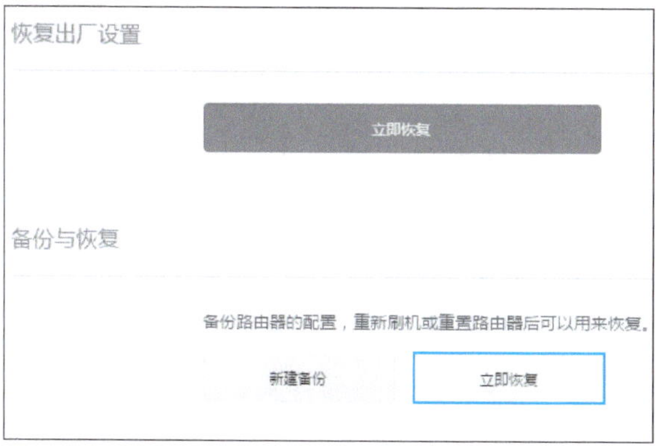

图 4-45 单击“立即恢复”按钮

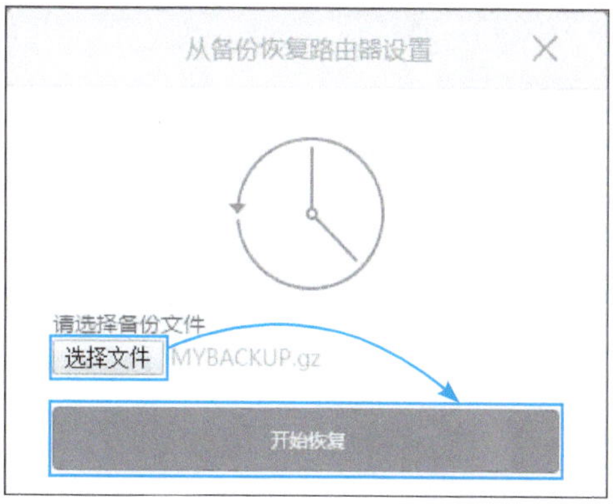

图 4-46 单击“开始恢复”按钮

拓展知识

恢复出厂设置

网络出现问题后，如果能够进入路由器配置界面，可在“恢复出厂设置”中单击“立即恢复”按钮，如图4-47所示，再在弹出的警告信息界面中单击“直接恢复出厂设置”按钮，如图4-48所示。

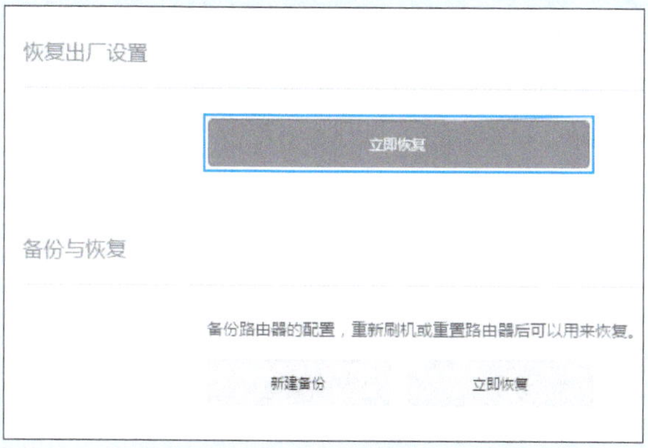

图 4-47 单击“立即恢复”按钮

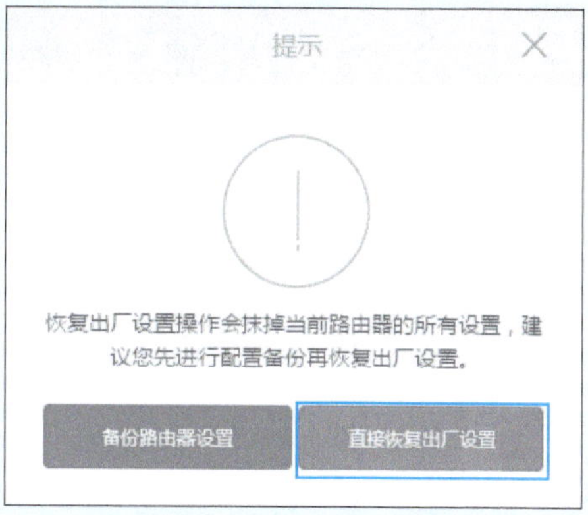

图 4-48 直接恢复出厂设置

6. 路由器控制策略设置

路由器的控制包括控制连接设备的网速、是否允许其连网、是否允许其访问路由器等。下面介绍一些常见的控制策略设置。

步骤01 打开路由器的管理界面，单击连接的设备进入高级设置界面，如图4-49所示。

步骤02 进入设备的管理界面，可以设置限速，如图4-50所示，还可以加入黑名单、禁止其访问路由器等。

图 4-49 路由器的管理界面

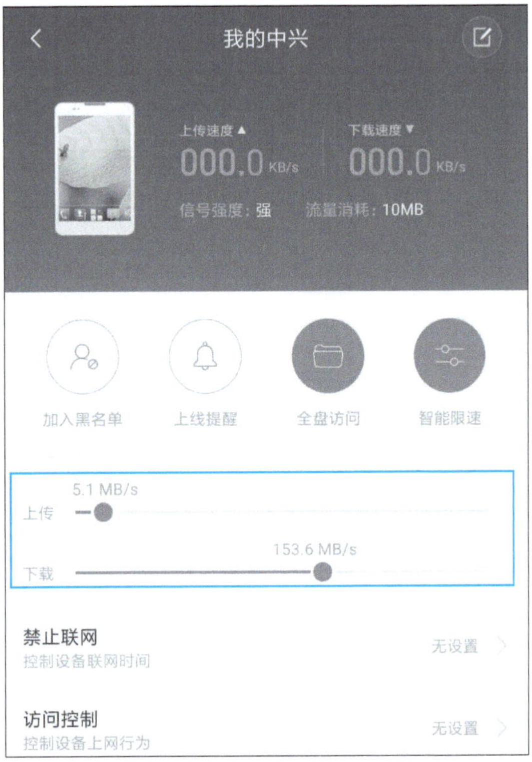

图 4-50 设备的管理界面

步骤03 在“禁止联网”中可以设置该设备无法连接外网，如图4-51所示。在“访问控制”中可以设置允许访问的网站，如图4-52所示。

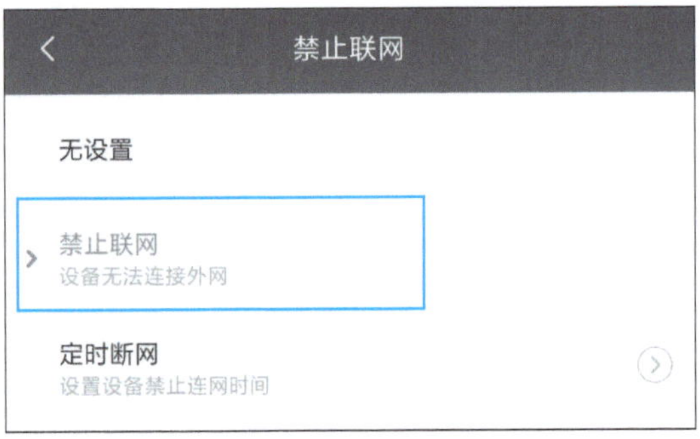

图 4-51 设置设备无法联网

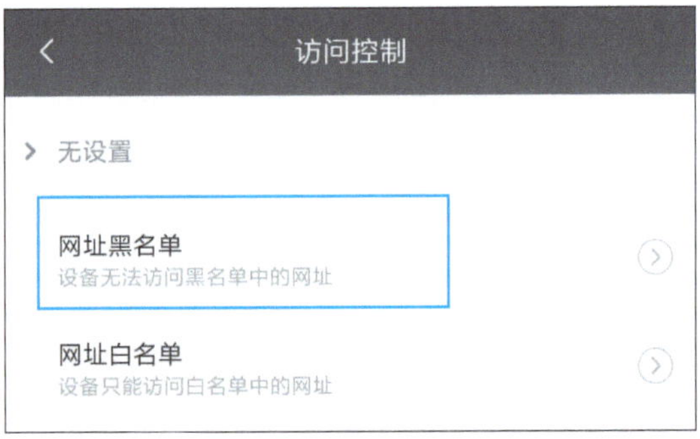

图 4-52 设置允许访问的网站

其他功能包括自动断网、设置连网时间、防蹭网设置、添加第三方的功能插件等。

4.4.2 网卡的设置

无论使用什么品牌、种类的网卡，在计算机中的设置只分有线和无线两种。

1. 有线网卡的参数设置

有线网卡在自动识别和安装驱动后，一般都会通过路由器的DHCP功能自动获取到IP地址。如果用户关闭了DHCP或者局域网环境没有DHCP服务器，用户可以手动配置IP地址连接外网。下面介绍有线网卡的IP地址配置。

步骤01 在“网络”上右击，选择“属性”选项，如图4-53所示。

步骤02 单击“更改适配器设置”链接，如图4-54所示。

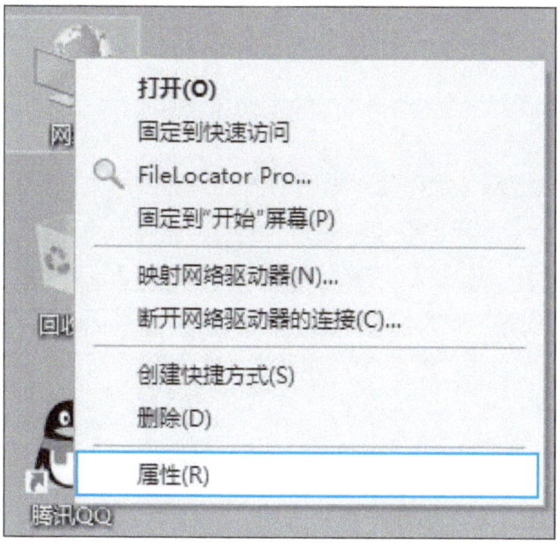

图 4-53 选择“属性”选项

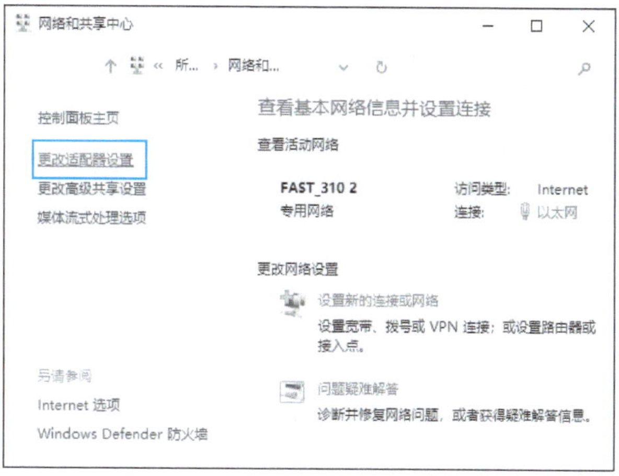

图 4-54 单击“更改适配器设置”链接

步骤03 在网卡上右击，选择“属性”选项，如图4-55所示。

步骤04 在网卡“属性”界面中双击“Internet协议版本4（TCP/IPv4）”选项，如图4-56所示。

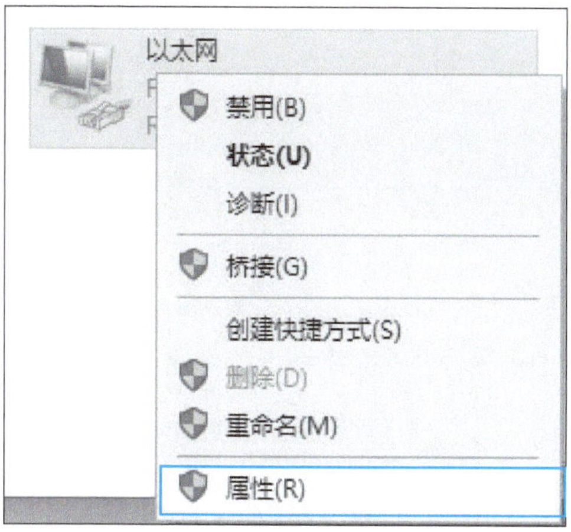

图 4-55 选择“属性”选项

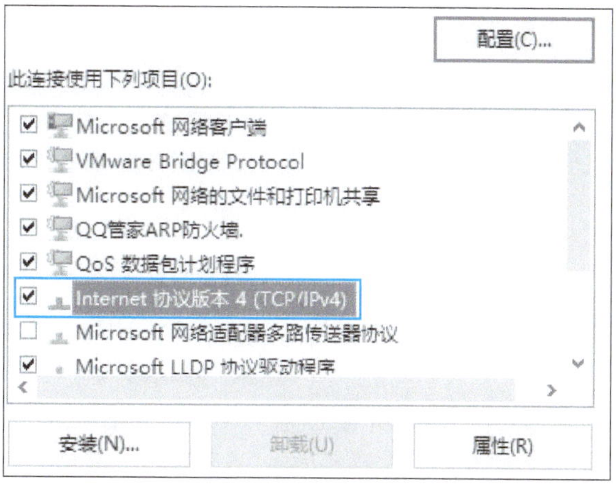

图 4-56 双击“Internet 协议版本 4(TCP/IPv4)”选项

步骤05 单击“使用下面的IP地址”单选按钮，手动输入当前局域网的IP地址，如图4-57所示。

步骤06 单击“使用下面的DNS服务器地址”单选按钮，输入DNS服务器的IP地址，如图4-58所示，完成后单击“确定”按钮，完成更改。

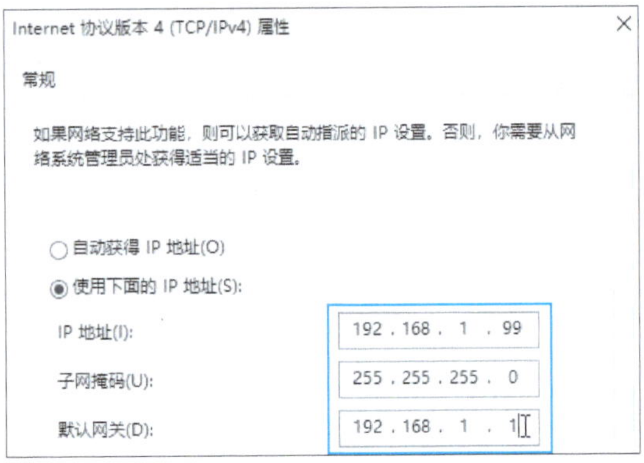

图 4-57　输入当前局域网的 IP 地址

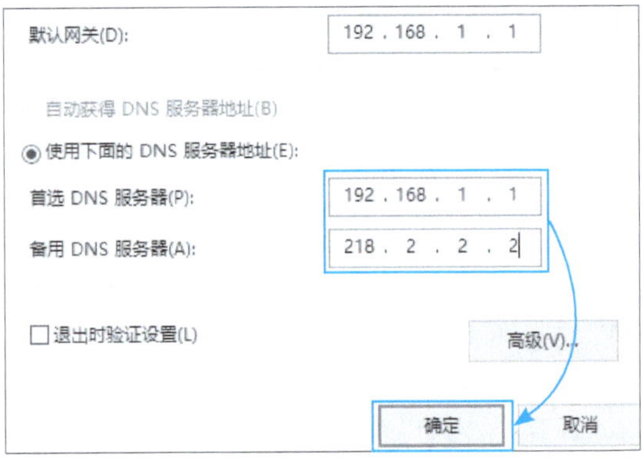

图 4-58　输入 DNS 服务器的 IP 地址

拓展知识

计算机拨号的设置

其实计算机也可以直接连接光纤猫，在计算机上拨号就可以上网。但因为没有路由器，只有该计算机可以上网，一般用来做测试时使用。在图4-54所示的界面中，单击“设置新的连接或网络”选项，在弹出的界面中选择“连接到Internet”，并单击“下一页”按钮，如图4-59所示。然后按照向导一步步进行设置，在ISP信息中输入运营商提供的账号（即用户名）和密码，单击“连接”按钮，如图4-60所示，就可以拨号上网了。

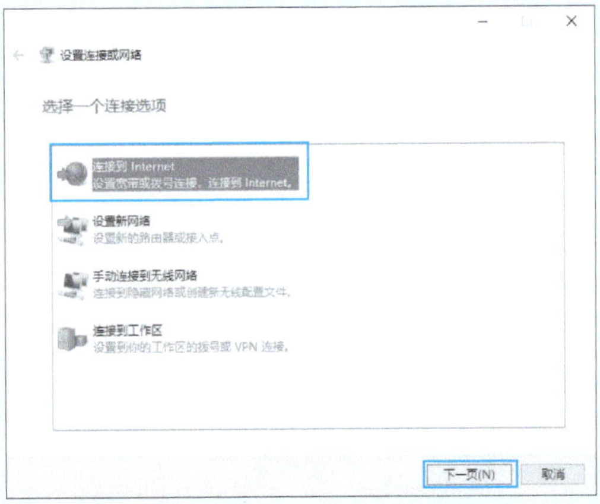

图 4-59　选择“连接到 Internet”选项

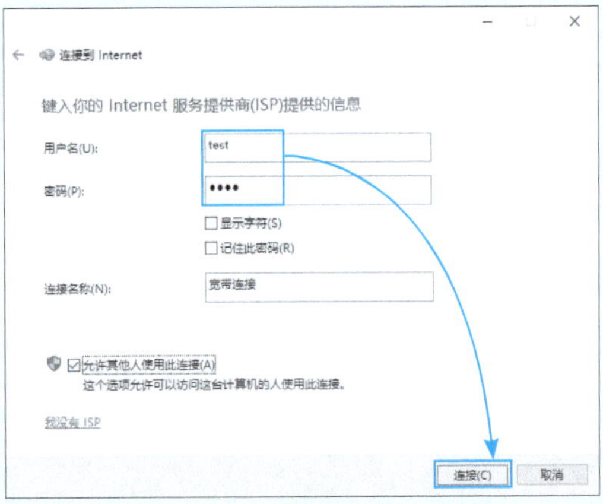

图 4-60　输入用户名和密码

2. 无线网卡的参数设置

使用计算机的无线网卡上网和手机类似，找到WiFi信号名称，单击后输入密码就可以访问该无线网络。如果无线网卡没有分配DHCP，用户也可以手动设置无线网卡的网络参数，操作方法与有线网卡类似。

步骤 01 在进入网卡的界面后，在无线网卡上右击，选择“属性”选项，如图4-61所示。

步骤 02 进入无线网卡的IPv4属性界面，按照相同的方法设置IP地址即可，如图4-62所示。

你学会了吗？

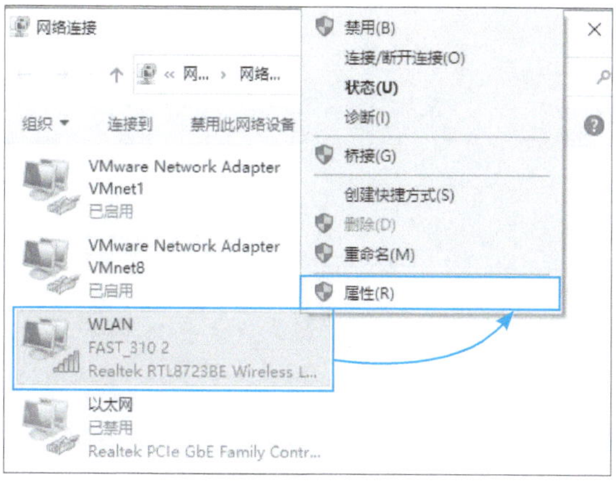

图 4-61 选择“属性”选项

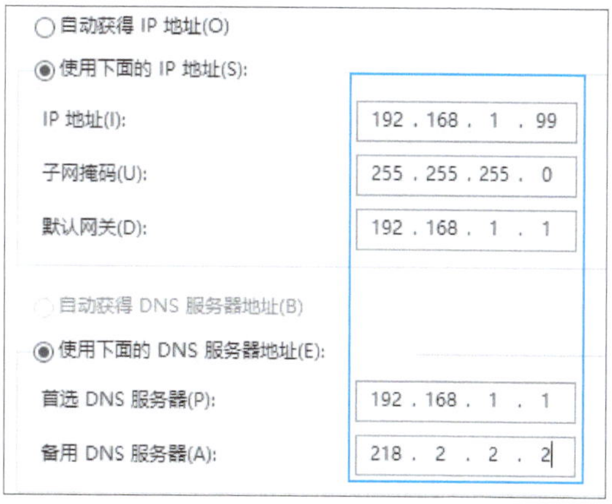

图 4-62 设置 IP 地址

3. 其他终端的设置

其他网络终端的网卡设置方法根据不同的系统有所不同，以无线居多。一般找到并启动设备无线功能后，都可以自动扫描到附近的无线网络，选择网络并输入无线密码就可以连接了。图4-63所示是网络电视连接无线网络画面。

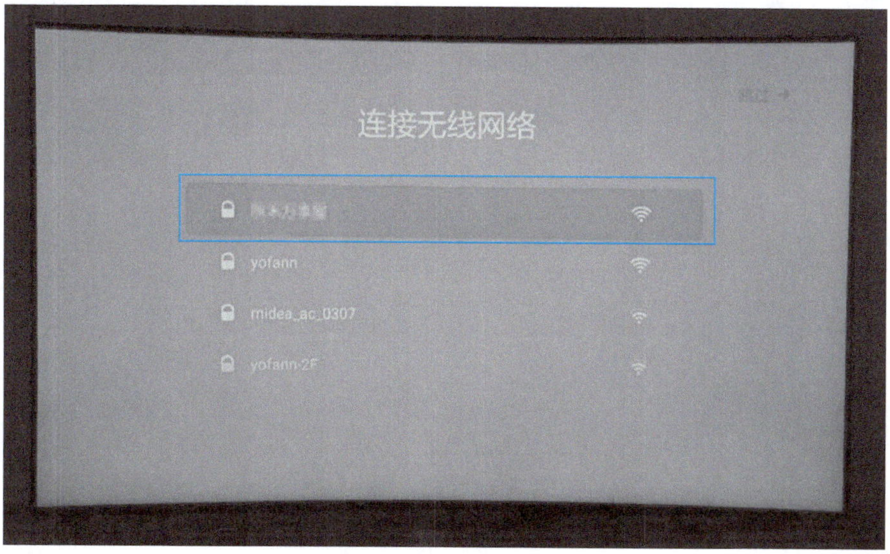

图 4-63 网络电视连接无线网络画面

思考与练习

（1）按照本章学习的内容，观察家中的网络设备及连接方法，尝试拔掉网线后重新连接。

（2）按照第4.4.1节介绍的内容，为路由器重新配置拨号连接。

（3）按照第4.4.2节介绍的内容，重新配置网卡的参数。

第5章 小型企业局域网的组建与配置管理

内容概要

除了家庭局域网外，用户接触最多的就是小型企业局域网，包括网吧、餐饮店、小型办公环境等都属于小型企业局域网的范畴。本章将介绍小型企业局域网的组网特点、规划、设备选择、经典案例以及主要配置。相信通过对本章的学习，用户对绝大部分小型局域网都能够进行组建与管理。

重点难点

- 小型企业局域网的规划。
- 小型企业局域网设备的选择。
- 小型企业局域网实际案例。
- 小型企业局域网的配置管理。

5.1 小型企业局域网的规划设计

小型企业局域网的规模介于家庭局域网和大中型企业局域网之间，相对于家庭局域网来说，小型企业局域网更注重局域网资源共享。小型企业局域网可能会需要简单的服务器，在设备的使用方面更偏向于专业、有简单管理功能的路由器和交换机，但又不像大中型企业局域网那样对设备的要求那么高。从技术角度来说，小型企业局域网基本上和家庭局域网相同。

5.1.1 小型企业局域网规划准备

小型企业局域网规划前，也需要了解当前用户的现状，包括局域网的规划范围、现有的设备信息、整个工程的造价、整个施工的内容，做到心中有数，为此后的规划和报价做好准备。需要注意的是，小型企业局域网通常没有专业的维护人员，所以要求设备的配置和管理应尽可能简单。

5.1.2 小型企业局域网需求分析

小型企业局域网的需求会因企业的性质、规模、行业的不同而有所差别，但基本上对网络的需求都包含以下几个方面。

1. 共享上网

和家庭局域网类似，小型企业局域网也要保障可以正常地连接外网，并且可以对设备的连网进行控制。

2. 共享资源

确保局域网中各种服务器及终端之间共享资源的高效传输。

3. 服务器需求

一般小型企业局域网中，可能会使用到Web服务器，用于对外发布企业信息；使用FTP服务器实现文件传输和共享等；有必要的话还可以使用OA服务器发布工作任务，实现办公协作等功能。

4. 安全监控技术

通过网络监控摄像机可以对企业内部进行有效的安全监控，所以在规划时要将监控终端也考虑进去。

5. 安全技术

在企业中，除常用的防毒、杀毒等单机防护外，还可能会考虑软件防火墙技术，以及在局域网中使用的计算机管理软件。另外，无线网络的安全性也需要考虑。

6. 网络结构简单

小型企业局域网一般在50个节点以下，是一种结构简单、应用方便的小型局域网，通常由少数多口接入级交换机以及一个核心交换机或企业级路由器组成，没有汇聚层交换机，有些还可能是一个没有层级结构的、仅由交换机作为核心的纯局域网环境。网络结构一般为星形结构，但跨楼层的局域网也有可能采用混合网络结构。由于无线技术的普及，现在以无线路由器为中心的各种门面店等场所，结构更加简单。简单的网络结构确保了低故障率和易管理性，因此在规划时一定不要设置得过于复杂。

7. 适当的扩展

成长较快的企业，通常只需一两年，其网络规模和应用都将发生非常大的改变，所以，在选择网络设备时要充分考虑到网络的扩展。网络扩展方面的考虑主要体现在交换机端口和所支持的技术上。在端口方面，要留有一定量的余地，不要选择只满足当前网络节点数端口的交换机；在技术支持方面，最好选择支持千兆位以太网技术的交换机，且至少有两个以上的双绞线千兆位以太网端口，以及支持光纤模块接口的企业级交换机，以便扩展。

当然，现在由于无线网络的发展，此后配置的设备都可以使用无线网络进行通信。

8. 控制投资成本

小型企业比较重视投入产出比，所以在网络上的投资一般比较低。这就要求在进行方案设计时要充分考虑成本问题，在满足企业网络应用和未来发展的前提下，尽可能降低成本，使所选方案具有较高的性价比。

因为用户数少，从经济角度考虑，应尽可能选择端口数多的交换机。如企业用户在30个左右，则不必选择两台24口的交换机，而最好选择一台48口的交换机。这样设备总投资可能低很多，同时还可使网络结构更加简单，便于维护和管理。当然对于用户数在50个左右的网络，最好采取分层结构，而且核心交换机的端口数也不必太多。

在这类企业网络中，虽然交换机是负荷最重的网络设备，但由于用户数非常少，网络应用也非常简单，因此当用户数在20个左右的单交换机网络环境中时，通常仅需选用最高带宽为100 Mbit/s的交换机。这时服务器端的网卡也只需采用绝大多数主板上集成的普通100 Mbit/s以太网网卡即可，而不必专门购买服务器所用的千兆位网卡。当用户数达到40个或40个以上时，在网络的核心层可选择支持千兆位以太网的交换机，边缘层同样可采用普通的快速以太网交换机。

拓展知识

网吧用户需求

现在的网吧大部分采用的是无盘客户机，无盘环境更依赖于网络。因此，如果是网吧用户，就要按照网吧的规模，选择网吧使用的专业多出口设备、核心或汇聚级交换中心设备、多口接入级别专业交换机。从拓扑及使用的网络技术而言，小型网吧和小型企业局域网基本一致。主要区别就是网吧中使用了无盘工作站技术（无盘服务器）、管理计费系统（管理服务器）和资源发布系统（影视、游戏服务器）等行业专业软件。

5.1.3 小型企业局域网总体规划原则

在制订小型企业局域网总体规划时，需要注意以下几个规划原则。

1. 平衡需求与性价比

购买成本与使用成本一直都是小型企业最为关注的问题。一般在满足企业需求后，尽可能节约成本是主要原则。

2. 先进性与易用性

先进性需要良好的技术支持与投入。小型企业技术人员较少，可以选择与网络维护公司签订维护协议进行维护。因此在实际设计中，要求在满足企业日常运行的前提下，整个系统尽可能简单、可靠、易用。

3. 具有升级与扩展能力

在小型企业选购产品时，需要结合企业发展趋势，留有合适的冗余。这样在企业需求增加时，可以以最小的代价达到扩展要求。

4. 具有一定的安全性

与家庭局域网相比，企业级局域网都比较重视安全问题。在局域网中，需要制定一套安全机制与故障应急预案。

5. 产品功能与需求匹配

80%的小企业用户通常只用到局域网20%的功能。精简功能设计的产品不但可以在满足大多数需求的情况下有效降低成本，而且能提高系统的稳定性和易维护性。所以在设备功能、选型、售后、技术方面，一定要以企业的需求为根本出发点。

6. 保持简单的网络结构

小型企业局域网的结构比较简单，可以是多层复合型网络结构，也可以是单层的简单星形结构。

7. 考虑子网划分

出于安全性考虑，在财务、人事等多台计算机需要连网时，可以为这些计算机与普通的工作计算机分别划分不同网段的IP地址，互相之间进行隔离。例如，将普通计算机设置为192.168.1.X网段，将财务用计算机划归192.168.188.X网段，其余以此类推。

8. 提前确定规划内容

规划内容包括建设目标与要求、网络拓扑图与IP地址及子网划分、设备选型及价格、使用的技术标准及实现方法、施工图、施工计划、交付标准、预算资金等，这些内容应形成文字报告，并及时与用户进行沟通，最终形成双方满意的方案，并签订合同，再开始实施。

5.2 小型企业局域网的设备选择

一部分门面店、专卖店、小型的餐饮场所等网络需求不是特别高的地点，都可以按照家庭局域网的设备进行选型。而一些企业单位，尤其是安全性和性能要求比较高的地点，就需要偏向于企业级别的网络设备。小型企业局域网主要用到的网络设备包括路由器、交换机、服务器等。下面介绍小型企业局域网如何选择这些网络设备。

5.2.1 路由器的选择

小型企业在路由器的选择上可以采用家庭用路由器，也可以选择带机量和性能更加符合企业用户的企业级入门路由器，以达到安全性和其他性能的要求。

1. TL-XVR6000L

该路由器如图5-1所示，属于企业级别的WiFi 6无线路由器。和家用路由器相比，可满足多用户、大空间、高负载下的性能和稳定性，且在企业的网络数据安全和员工的上网行为管理等方面要优于家用路由器。

图 5-1　TL-XVR6000L 路由器

该路由器的特点如下。

- 11AX双频并发，最高无线速率可达5 952 Mbit/s，更高带机量。
- 支持OFDMA、MU-MIMO、160 MHz频宽等WiFi 6新特性。在5G频段，可以使用160 MHz频宽，比80 MHz频宽路由器的信道速度理论上快1倍，再加上1024-QAM调制方式，使每路射频的传输速率从433 Mbit/s提升到1 201 Mbit/s，连接速率提升至约2.8倍。覆盖更好的2.4 GHz频段，速率也超过1Gbit/s。
- 企业级性能，多用户、大空间、高负载环境下稳定运行。办公环境相比家庭环境，人多、地方大，而且网络负载重得多，这些都是影响WiFi性能的关键。该路由器开放空间的覆盖半径在150 m，单台可以服务512个终端设备。对于大部分小型局域网，都可以轻松适应。
- 支持4T4R的MU-MIMO，让多个设备连接更轻松稳定。
- 1个2.5 G WAN/LAN可变口，外接高宽带/内网传输灵活两用；3个千兆WAN/LAN可变口，1个千兆LAN口，如图5-2所示。

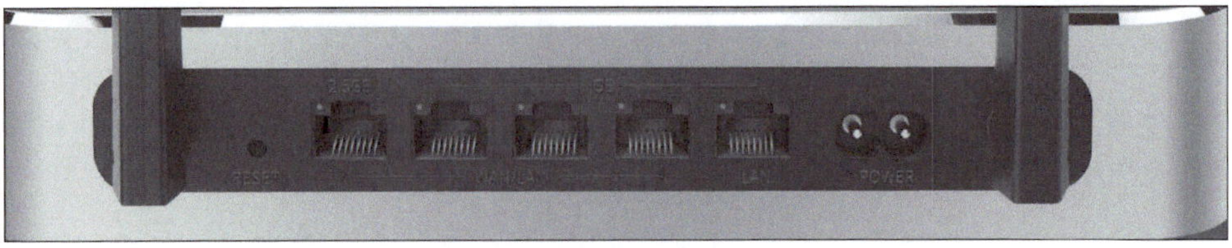

图 5-2　路由器端口

拓展知识

2.5 G端口的应用

该路由器自带的2.5 G端口，速度可以达到2 500 Mbit/s。作为外网接口，可以连接1 000 Mbit/s的运营商专线，满足大带宽的要求。另一方面该端口具有WAN/LAN自适应功能，作为LAN口可以连接NAS设备，高带宽可以实现多个LAN口同时访问NAS等共享设备，让NAS出口不再成为瓶颈。

- 支持AP管理、认证、DDNS等企业级软件功能。
- 支持多运营商宽带线路混合接入，最多支持4路宽带接入，线路间支持负载均衡，使接入带宽数倍增长，并在某些宽带线路故障时保证网络不中断。
- 支持IPSec、L2TP、PPTP等多种VPN功能，保证用户数据安全。
- 支持应用限制、网站过滤、智能带宽、网页安全、访问控制列表等上网行为管理。可以基于人员、时间、应用进行全面上网行为管理。
- 支持ARP防护、DoS（denial of service，拒绝服务）攻击防护、扫描类攻击防护等多种网络安全功能。办公环境相比家庭环境，对网络安全和通信保密的要求完全不同。WVR全系列均内含防火墙功能，防范网络攻击；网内部门和部门之间、员工和员工之间、访客和员工之间都能实现数据隔离；支持VPN加密，妥善保护企业数据安全。

2. TL-ER3210G

如果企业的规划并不以无线路由器为中心〔使用无线AP、AC（access controller）等设备〕，而是以多种功能模块进行局域网组建，则可以使用企业级路由器，如TL-ER3210G，如图5-3所示。

图 5-3　TL-ER3210G 企业级路由器

该路由器的特点如下。

- 性能强劲。双核CPU，主频1 GHz，256 MB DDR3内存。数据包处理能力大幅提升。在实际环境中，典型带机量为300台左右，可以满足绝大多数小型企业局域网的要求。
- 网口丰富。具有5个千兆网口（1WAN+4LAN）。
- 支持IPSec/PPTP/L2TP 多种VPN，远程通信更安全。支持IPSec VPN，允许最多建立50条隧道，加密企业和分支机构的机密数据，保障数据安全。支持PPTP VPN和L2TP VPN服务器/客户端模式，允许最多建立32条隧道（共用），方便出差员工、移动办公人员远程访问企业内部服务器，轻松实现远程办公。
- 支持Web认证、短信认证、PPPoE服务器。可以通过网页认证推送商家广告；通过短信认证，进行二次营销活动；通过PPPoE服务器，可以实现内网用户统一拨号上网功能。
- 可实现上网行为管理。内置常见的上网应用数据库，可一键管控各种桌面端、移动端的上网应用；内置十几类几百个网址数据库，可一键限制员工对相应网站的访问；支持禁止网页提交，避免企业敏感数据外泄；支持过滤文件扩展类型；支持行为审计功能，全面记录上网行为，报表化输出审计结果。

- 内置AC功能，可统一管理TP-LINK企业AP。用户可以使用该路由器配合无线AP，打造专业的无线网络服务。相对于无线路由器，可以做到轻松扩展，信号覆盖绝对无死角，维护简单便捷。
- 内外网ARP防护及常见攻击防护。支持ARP双重防护，支持对内外网的DoS攻击、扫描类攻击、可疑包攻击的防护功能、支持基于MAC地址的过滤功能，以及其他面向网络服务的更详细的访问策略的支持。
- 智能IP带宽管理及连接数限制。可以设置每台设备的上传下载速度、每台设备的连接数量等，支持VLAN。

5.2.2 交换机的选择

小型企业根据有线终端的数量，可以选择24口或48口的交换机。从端口速度来说，只是满足上网功能的，选择100 Mbit/s的交换机即可，如果企业内部有大量数据交换，建议选择1 000 Mbit/s接口的交换机。

1. TL-SG3452

TL-SG3452交换机如图5-4所示，是一款全千兆网管交换机。

图 5-4　TL-SG3452 交换机

该交换机的特色如下。

- 48个10/100/1 000Base-T RJ-45端口，打造高速内网环境。
- 4个独立千兆SFP端口，可以通过加入光模块，用光纤与远端设备进行连接。
- 支持TP-LINK商用云平台远程管理，支持手机APP管理。
- 支持智能开机，自动配置组网，拓扑图形化展示。
- 支持四元绑定、ARP/IP/DoS防护、802.1X认证。
- 支持IEEE 802.1Q VLAN、QoS、ACL、生成树、组播。有效消除二层环路，实现冗余备份、负载均衡等功能。
- 支持端口安全、端口监控、端口隔离。支持IP、MAC、VLAN和端口绑定，对数据包进行过滤。支持ARP防护、MAC欺骗防护、IP欺骗防护等。
- 支持云管理、Web网管、CLI命令行、SNMP。该交换机支持多样化的管理和维护方式，并且可以使用多种加密方式，管理更加安全。另外，该交换机还具有CPU监控、内存监控、Ping检测、Tracert检测、线缆检测等多种安全监控手段。

2. TL-SG3452P

如果在小型企业局域网中还有大量的监控摄像头以及各种AP，可以选择TL-SG3452P交换机，如图5-5所示。该交换机支持PoE供电，可以远程为不方便取电的终端提供电能。

图 5-5 TL-SG3452P 交换机

该交换机的特色如下。

- 48个10/100/1 000Base-T RJ-45端口（支持PoE+供电）。
- 4个独立千兆SFP端口。
- 整机最大PoE供电功率达396 W，单端口最大PoE供电功率为30 W。
- 支持TP-LINK商用云平台远程管理，支持手机APP管理。
- 支持智能开局，自动配置组网，拓扑图形化展示。
- 支持四元绑定、ARP/IP/DoS防护、802.1X认证。
- 支持IEEE 802.1Q VLAN、QoS、ACL、生成树、组播、IPv6。
- 支持端口安全、端口监控、端口隔离。
- 支持Web网管、CLI命令行、SNMP。

其他特色同上面介绍的TL-SG3452。在PoE方面，该交换机具有如下特色。

- PoE机型支持PoE+供电，遵循IEEE 802.3af/at标准，满足安防监控、电话会议系统、无线覆盖等场景的PoE供电需求。
- 支持在Web网管界面中设置基于用户自定义的时间段，用以控制PoE端口供电。
- 支持在Web网管界面中配置PoE端口优先级，当剩余功率不足时，优先保障高优先级端口的供电。
- PoE机型每端口PoE输出功率最大可达30 W，用户可以在Web网管界面中设置端口可提供的最大功率。

网络术语

PoE 供电

PoE（power over ethernet）指的是用网线为一些基于 IP 的终端传输数据的同时，还能为此类设备提供直流供电的技术。PoE 有不同的供电标准：IEEE 802.3af 标准最大可提供 15.4 W 的功率，由于传输线材的损耗，能给最大功耗不超过 12.95 W 的设备供电；遵循 IEEE 802.3at 标准的 PoE 交换机，能给最大功耗不超过 25 W 的设备供电。PoE 的安全传输距离为 100 m。如果 PoE 设备和网线质量都是符合标准的，用 PoE 供电后网速仍然可以达到千兆。

5.2.3 服务器的选择

小型企业局域网有可能需要Web服务器、FTP服务器、OA服务器以及其他作为存储中心的服务器。用户可以选择使用NAS设备，也可以选择使用服务器来达到更加稳定的目的。用户可以选择的服务器很多，鉴于小型企业局域网的数据通信量相对不高，因此可以选择DELL PowerEdge T140塔式服务器，如图5-6所示。用户可以根据需要选择不同的硬盘容量配置。

图 5-6　DELL PowerEdge T140 塔式服务器

该服务器的特色如下。

- 全新BOOS卡，提供两个M.2接口用于系统托管，并可以组建Raid 1进行系统防护。
- 应用广泛、功能强大。
- 流畅运行各种金蝶、用友等ERP、办公OA软件、文件共享服务等。
- 集中存储重要文件，通过磁盘阵列保护企业数据安全。
- 通过赋予权限，设置不同级别的读写权限，实现企业重要资料的安全管理。
- 7×24 h不间断运行，可以随时使用远程软件进行管理。
- 高主频ECC内存。
- 电源稳定，转换率高。
- 可扩展的内部设计。

网络术语

ECC 内存

ECC 是“error checking and correcting”的简写，中文名称是“错误检查和纠正”。ECC 内存，即应用了能够实现错误检查和纠正技术（ECC）的内存条。ECC 内存一般多应用在服务器及图形工作站上，用于使整个计算机系统在工作时更趋于安全稳定。

5.3　小型企业局域网经典案例

本节以一个经典的小型企业局域网的组建为例，介绍其网络拓扑和搭建方案的具体内容。

5.3.1　了解现状及需求分析

一个小型公司，工作场所面积约200 m^2，计算机30台，服务器1台，打印机1台，无线终端数量约50个，PoE网络摄像机4台，可能会增加PoE无线AP，外接300 M的电信网络。

现需要组建小型局域网，实现共享上网、共享计算机文件资源，还需要对局域网进行管理，从应用层面进行限制。

5.3.2 规划网络拓扑

经过规划，本案例局域网的网络拓扑图如图5-7所示。

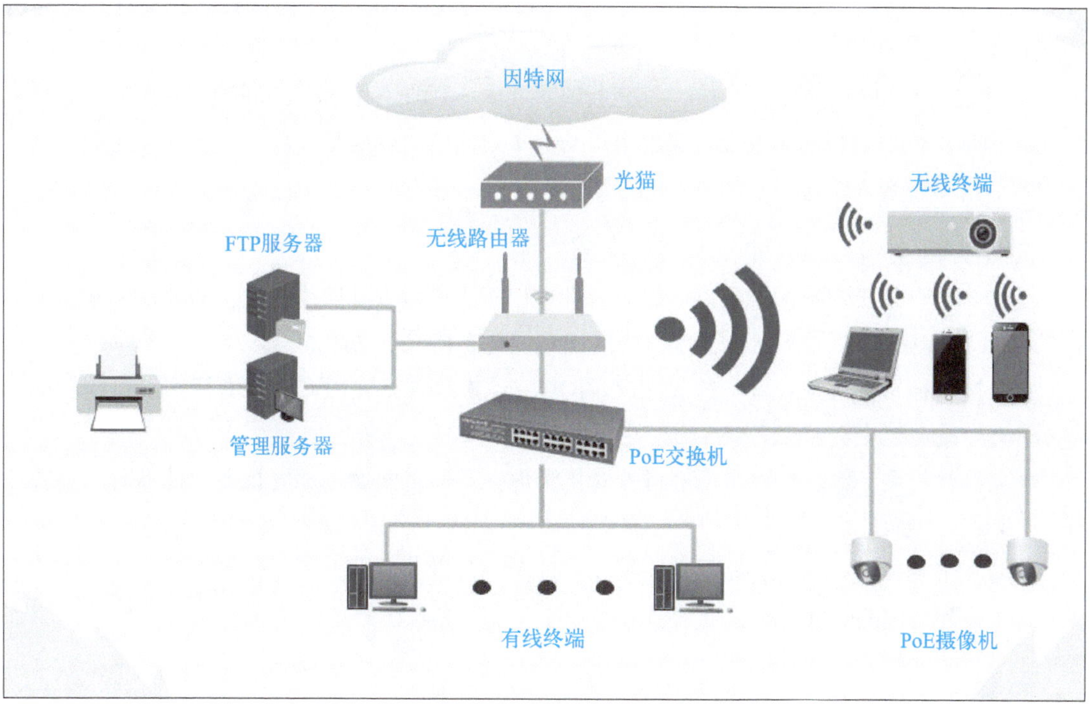

图 5-7 局域网网络拓扑图

5.3.3 设备选型思路

在本案例中，设备的选择思路介绍如下。

1. 核心由单无线路由器构成

考虑到办公室面积不大，无线设备数量也不多，使用无线路由器即可满足要求。这里使用的是TL-XVR6000L，该路由器自带网络控制功能，而且2.5 G接口可以连接FTP服务器，用来高速传输文件。如果以后使用无线AP，路由器本身还支持无线AP的管理功能，可以很方便地对AP进行配置。

2. 核心交换机带有PoE

考虑到用户本身有PoE摄像机且后期有可能增加PoE AP，在交换机方面使用了支持PoE供电的TL-SG3452P型号的48口交换机，满足整个局域网的有线终端数量且略有富余。

3. 增加服务器

可将公司原来的服务器作为打印服务器和PoE网络摄像机的管理服务器，用以存储录像等。再增加一台服务器，配置硬盘后做成磁盘阵列，用来存储公司重要文件，也可以作为FTP服务器，以后如有需要还可做成Web服务器。

4. 可靠的网络防护

办公环境相比家庭环境，对网络安全和通信保密的要求完全不同。本例中采用的设备支持ARP双重防护，支持对DoS攻击、扫描类攻击和可疑包攻击的防护，支持MAC地址过滤，可有效保障企业网络安全。

可设置多个SSID，对各个WiFi之间进行隔离设置，确保各个部门之间的信息隔离；同时可在同一个信道内部进行隔离设置，实现员工与员工之间的数据隔离；将来访宾客与企业内网完全隔离，既方便客人，又不干扰员工。

5. 全面的上网行为管理

家庭环境一般不对上网做限制，但办公环境出于工作效率、网络安全、商业保密等诸多方面的考虑，必须对上网进行管控。本例中的出口设备支持以下功能。

- **一键管控常见应用：**可一键管控PC端QQ、迅雷等常见应用，同时支持网址过滤功能，有效规范企业员工的上网行为，提升员工工作效率。
- **差异化管理：**针对不同员工进行差异化管理，不同时间设定不同权限（什么时间能做什么、不能做什么），轻松管理内部网络。
- **智能带宽控制：**支持智能带宽控制，可针对每台设备设定上下行速率限制，为每一位员工分配合理的带宽，避免个别员工占用过多带宽拖累整个办公网络。

6. 稳定

所有设备都有充分的散热设计，且支持自动恢复，故障率降到最低，高温环境也无须担心。一旦出现故障，可以手动或自动恢复。

注意事项：可否自己组装一个台式机当服务器用？

对于个人来说是完全可以的，可以使用普通计算机学习各种服务器技术。但如果在企业中，尤其是一些关键位置的服务器，则不建议这么做。对于服务器来说，长时间稳定运行才是关键，包括稳定性、纠错能力、安全性等方面都要高于桌面级的计算机。服务器一般会采用专用的配件，如至强处理器、ECC内存、企业级硬盘、各种磁盘阵列以及各种安全技术等。

5.4 小型企业局域网的配置管理

下面介绍小型企业局域网配置及管理。

5.4.1 主要设备的配置

1. 路由器初始化配置

步骤01 使用网线连接计算机和路由器后，在浏览器地址栏中输入域名“tplogin.cn”并按Enter键。首次进入路由器的配置界面时需要配置管理员用户名和密码，如图5-8所示。

步骤02 设置完毕后，根据实际情况设置当前WAN口数量，如图5-9所示。

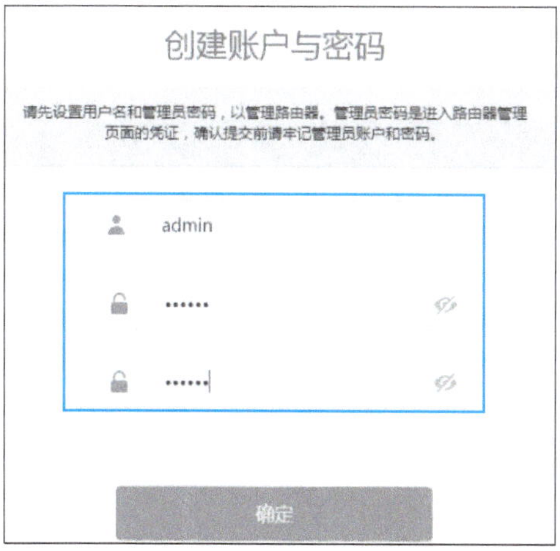

图 5-8　配置管理员用户名和密码

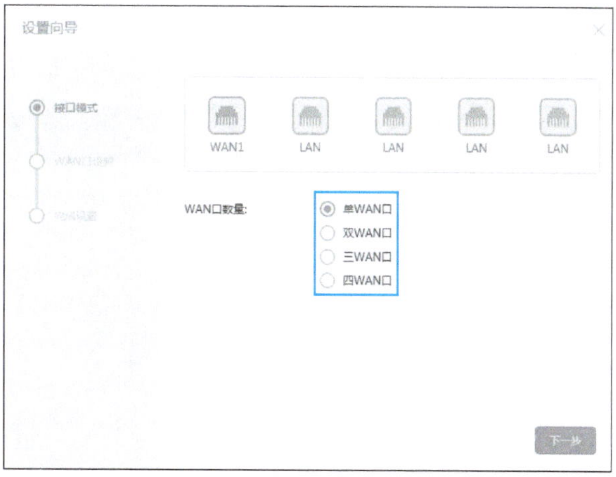

图 5-9　设置当前 WAN 口数量

步骤 03 和前面介绍的路由器配置一样，选择“PPPoE拨号”连接，输入运营商提供的用户名和密码进行拨号连接，如图5-10所示。如果是“静态IP”连接，需要手动设置，如图5-11所示。

图 5-10　输入用户名和密码进行拨号连接

图 5-11　手动设置静态 IP

步骤 04 配置无线网络的SSID名称和密码，如图5-12所示。

步骤 05 配置完成后会显示配置信息，重启路由器完成初始化配置，如图5-13所示。

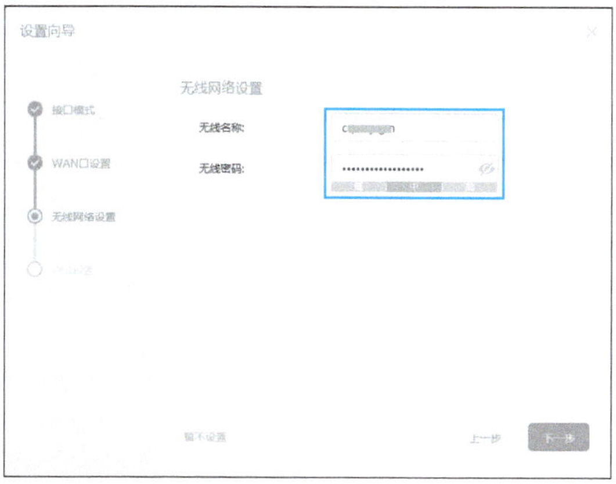

图 5-12　配置无线网络的 SSID 名称和密码

图 5-13　显示配置信息

步骤06 重启路由器后，用新的管理员账户和密码登录路由器，就可以查看当前的路由器状态，并可以进行更详细和更专业的设置，如图5-14所示。

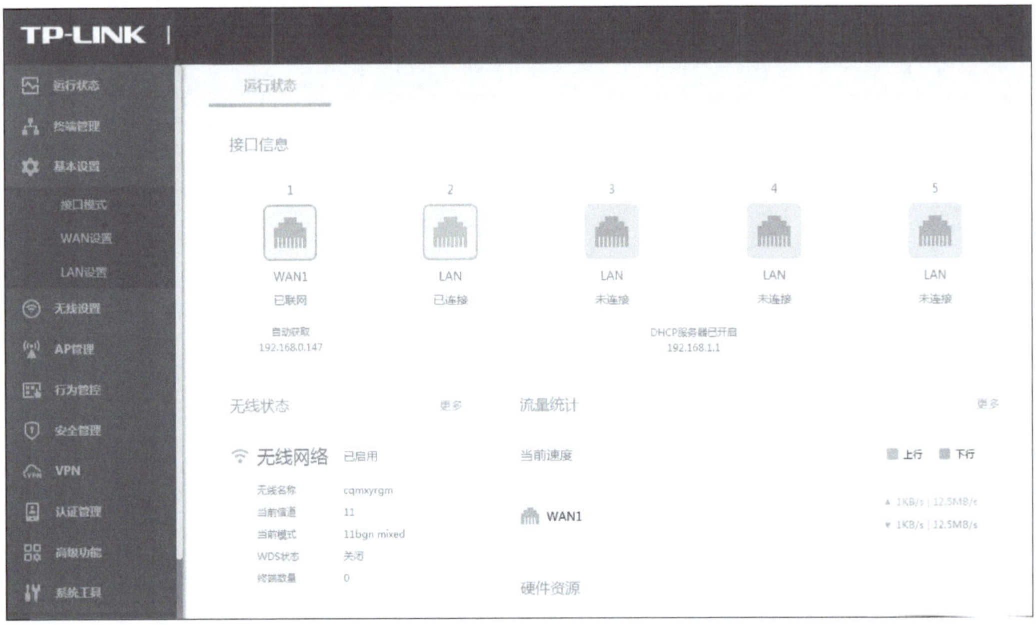

图 5-14　查看当前的路由器状态

2. 接入方式配置

随着智能手机、平板电脑等移动互联网终端的普及，酒店、商场、餐厅等越来越多的服务场所需要给客户提供免费WiFi。无线接入用户的认证和推送广告信息成为该类公共无线网络的基础要求。TP-LINK商用云支持下发认证配置给已上云的设备，通过远程即可对项目的无线网络做认证配置，无须蹲守现场，认证方式灵活，支持广告推送。下面以TP-LINK的商用网络云平台为例进行介绍。

步骤01 登录平台后，进入“认证配置”界面并新建认证配置，如图5-15所示。

图 5-15　新建认证配置

步骤02 设置“认证设置名称”“认证方式”“免费上网时长”等，如图5-16所示。

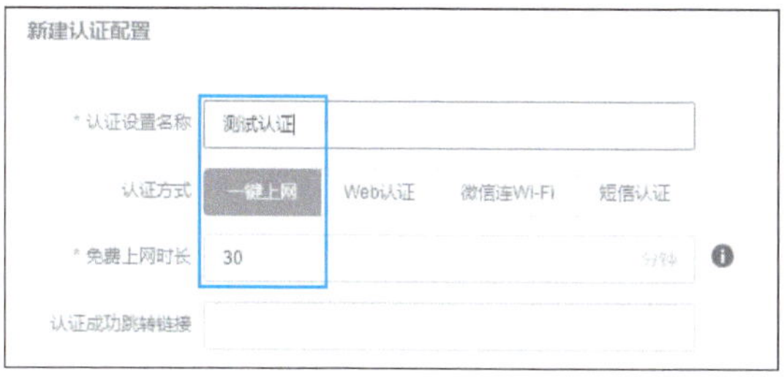

图 5-16 设置“认证设置名称”“认证方式”“免费上网时长”等

步骤 03 进入Portal页面新建广告模板，如图5-17所示。完成绑定SSID后，客户连接该无线信号，就会弹出认证界面，用户可以一键上网，商家也宣传了产品，如图5-18所示。Web认证和短信认证的设置过程基本类似。

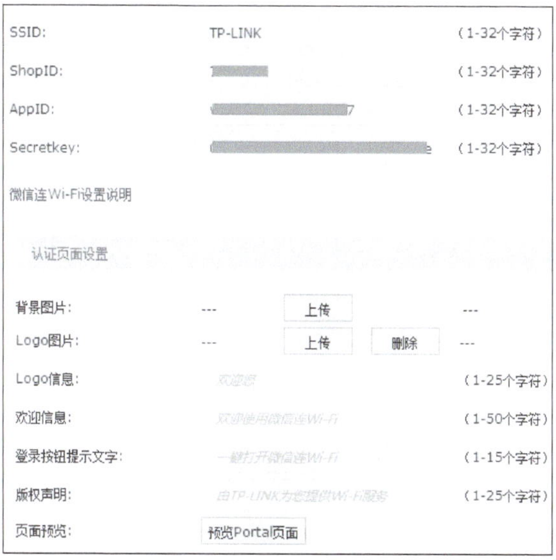

图 5-17 新建广告模板

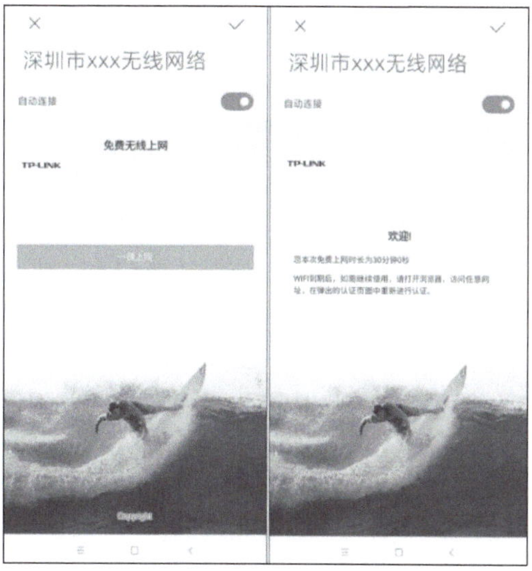

图 5-18 一键上网

3. 交换机的初始化配置及管理IP配置

启动交换机，并连接计算机和交换机，打开计算机浏览器，输入交换机默认管理地址“192.168.0.1”进入交换机登录界面，使用默认的用户名（admin）、密码（admin）即可登录，如图5-19所示。登录成功后，可以看到当前端口状态和系统信息，如图5-20所示。

图 5-19 使用默认的用户名和密码登录

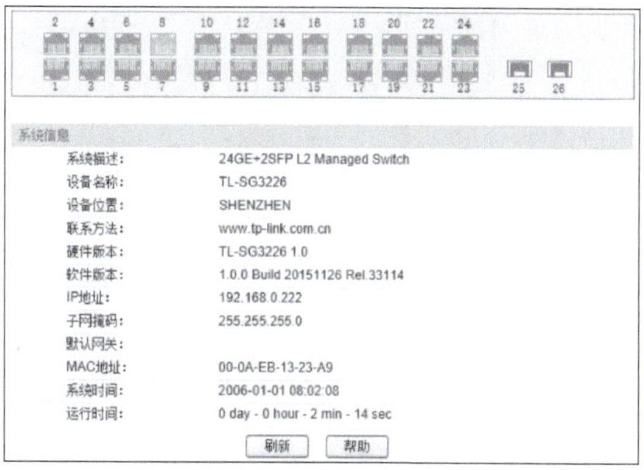

图 5-20 当前端口状态和系统信息

在“IP配置”界面中修改当前的IP地址，以便管理，如图5-21所示。关于交换机的一些高级协议配置，将在第6章进行介绍。

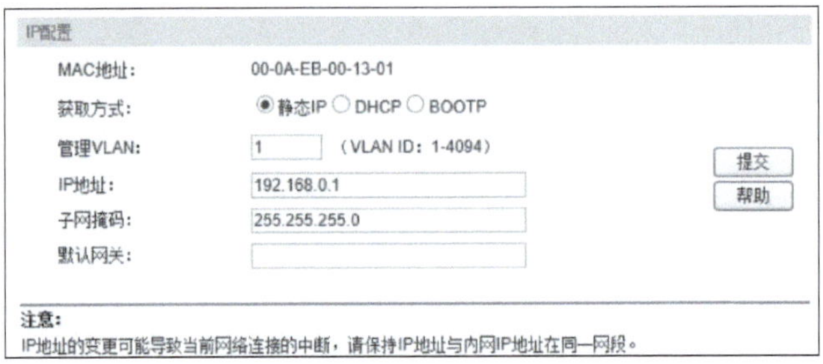

图 5-21　修改当前 IP 地址

4. 路由器行为管理

进入路由器的“行为管控”设置界面，可以通过设置“网址过滤”来过滤相关网站，如图5-22所示。

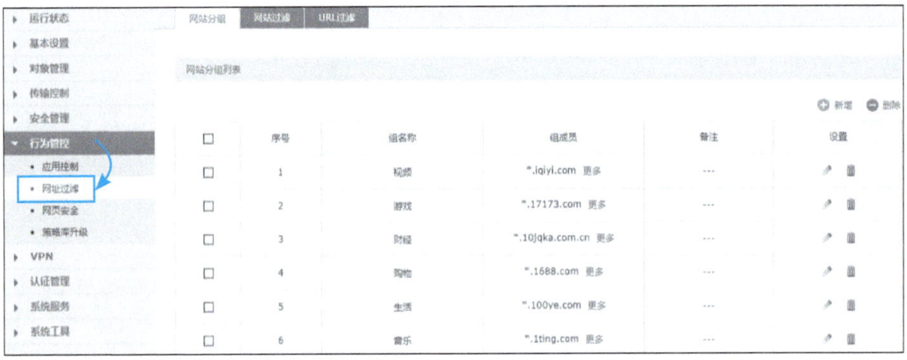

图 5-22　设置“网址过滤”

可以设置禁止连网的应用及时间，如图5-23所示。另外，还可以根据所选应用设置允许特定QQ号访问网络，如图5-24所示。

图 5-23　设置禁止联网的应用及时间

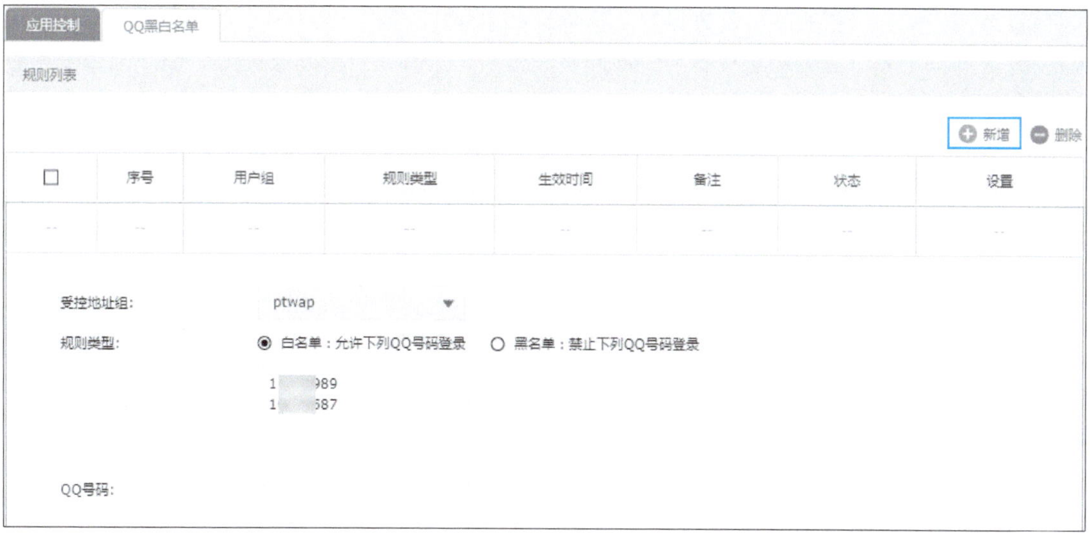

图 5-24　允许特定 QQ 号访问网络

5.4.2　配置计算机局域网共享

如果局域网有NAS或FTP服务器，所有计算机都可以将文件发送到这些设备上共享使用。但小型企业局域网一般是计算机共享文件。下面介绍如何配置计算机局域网共享。

1. 配置共享环境

局域网共享配置主要包括配置共享环境、配置共享文件夹。首先需要配置共享环境，这是非常重要的。大部分共享不成功都是共享环境配置不当造成的。配置共享环境，主要是配置高级共享设置，配置的步骤如下。

步骤 01 在右下角的网络图标上右击，选择“打开‘网络和Internet’设置”选项，如图5-25所示。

步骤 02 单击“网络和共享中心”选项，如图5-26所示。

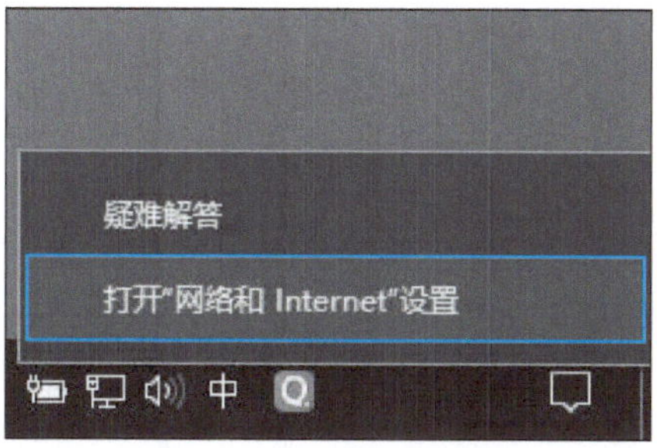

图 5-25　选择“打开‘网络和 Internet’设置”选项

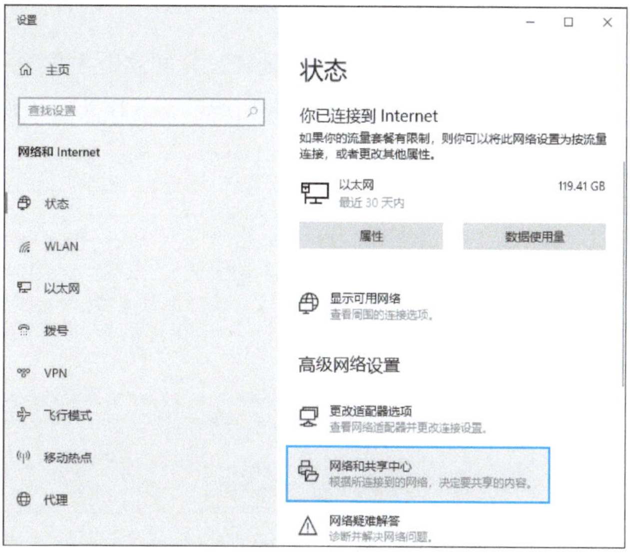

图 5-26　单击“网络和共享中心”选项

步骤 03 单击左侧的“更改高级共享设置”选项，如图5-27所示。

步骤 04 展开“专用（当前配置文件）”网络下拉列表，选中“启用网络发现”和“启用文件和打印机共享”单选按钮，如图5-28所示。

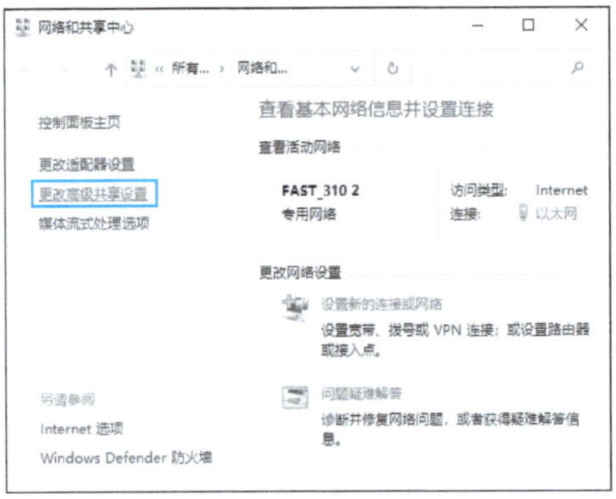

图 5-27　单击“更改高级共享设置”选项

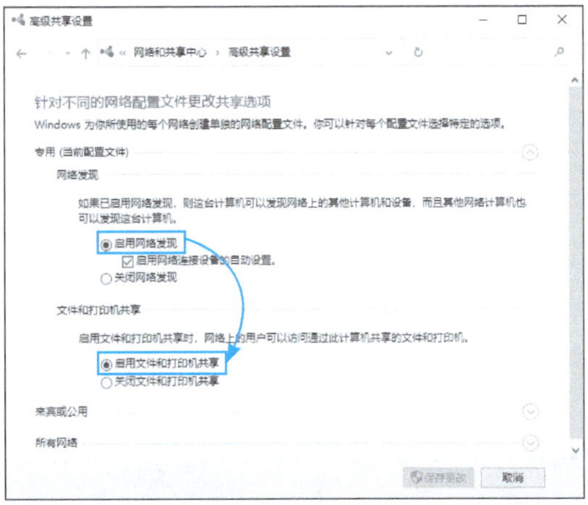

图 5-28　选中“启用网络发现”和“启用文件和打印机共享”单选按钮

步骤 05 展开“来宾或公用”下拉列表，选中“启用网络发现”和“启用文件和打印机共享”单选按钮，如图5-29所示。

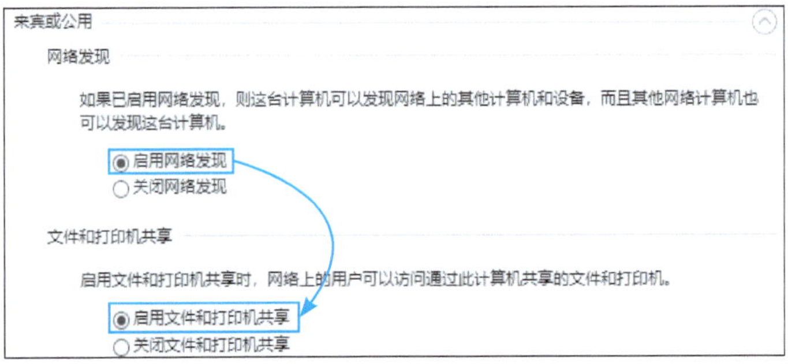

图 5-29　选中“启用网络发现”和“启用文件和打印机共享”单选按钮

步骤 06 展开“所有网络”下拉列表，同样启用共享，并在“密码保护的共享”中选中“无密码保护的共享”单选按钮，如图5-30所示，以便其他用户无须账户及密码就可以访问共享，这一点非常关键。

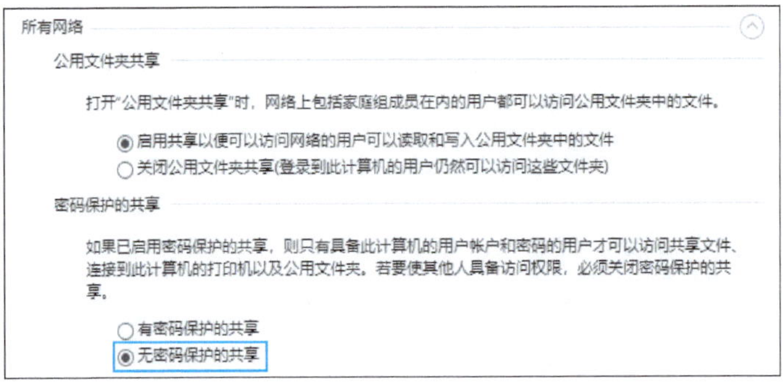

图 5-30　选中“无密码保护的共享”单选按钮

最后保存修改，退出即可。

2. 配置共享文件夹

接下来可以配置共享文件夹，配置步骤如下。

步骤01 在需要共享的文件夹上右击，选择“属性”选项，如图5-31所示。

步骤02 切换到“共享”选项卡中，单击“共享”按钮，如图5-32所示。

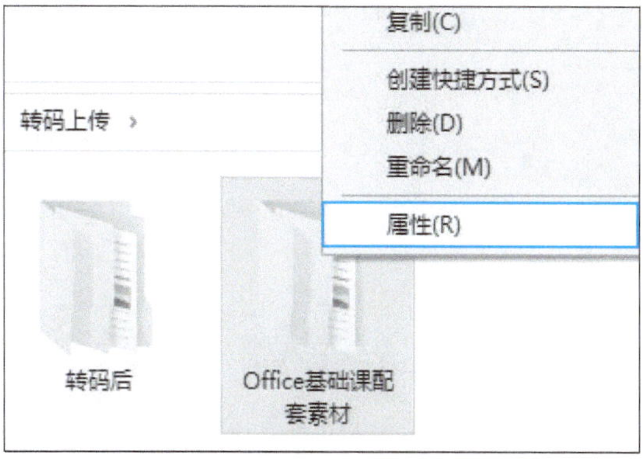

图 5-31　选择“属性”选项

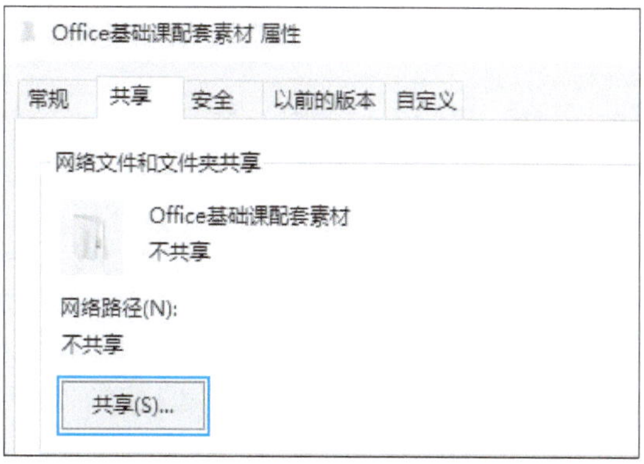

图 5-32　单击“共享”按钮

步骤03 输入“everyone”，单击“添加”按钮，如图5-33所示。

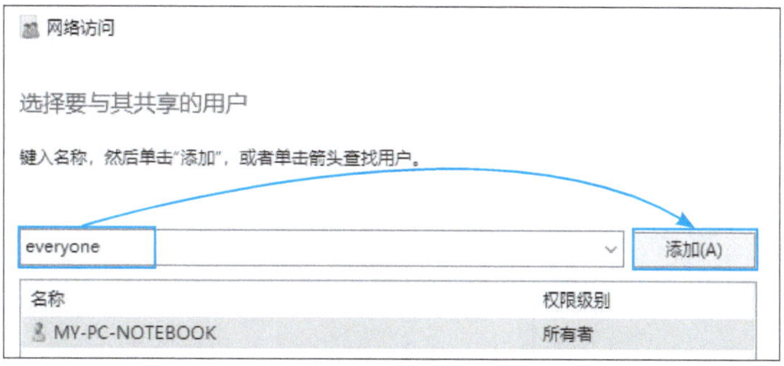

图 5-33　输入“everyone”，单击“添加”按钮

步骤04 单击“Everyone”右侧的下拉按钮，选择访问者的权限。为了安全，这里选择“读取”选项，如图5-34所示，然后单击“共享”按钮。

步骤05 共享成功，用户可以复制项目的链接发给局域网中的其他人，如图5-35所示。

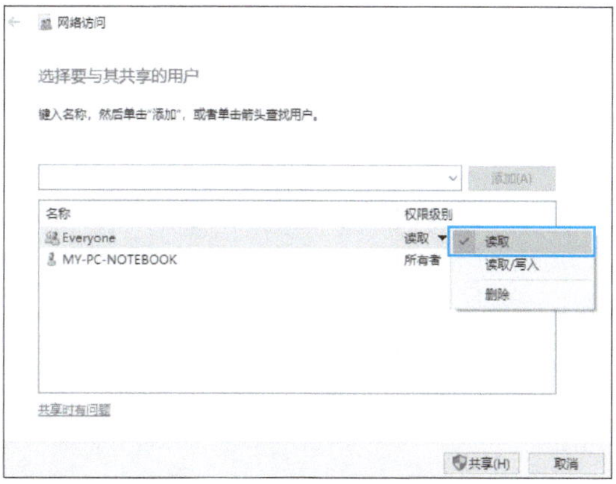

图 5-34　选择“读取”选项

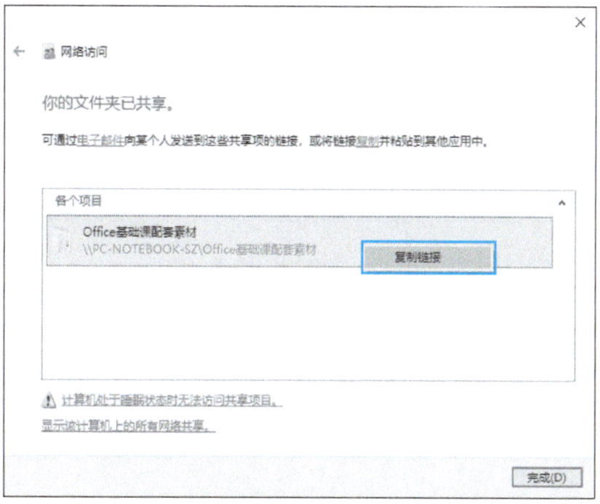

图 5-35　复制链接给局域网中的其他人

3. 访问共享

访问共享的方法有很多种，比如上面复制链接后，可以在资源管理器中输入链接的地址进行访问，如图5-36所示。

图 5-36 输入链接的地址进行访问

按Enter键后，就可以访问该共享文件夹了，如图5-37所示。

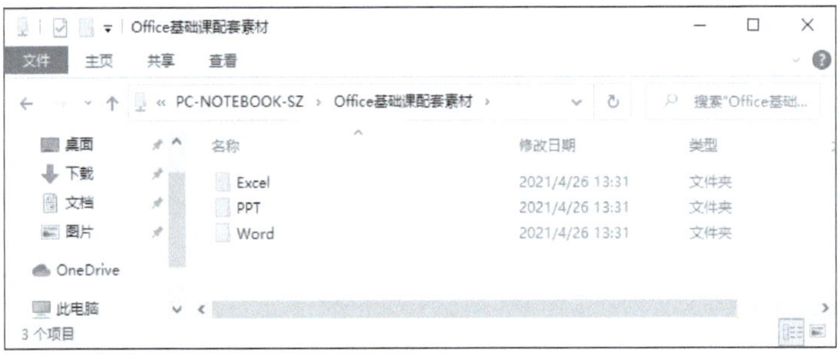

图 5-37 访问共享文件夹

拓展知识

其他访问方式

除了上面介绍的方法外，还可以从“网络”中找到并双击共享的计算机名称进行访问，如图5-38所示。也可以按Win+R组合键启动“运行”对话框，输入IP地址（如“\\192.168.1.121\”）进行访问，如图5-39所示。

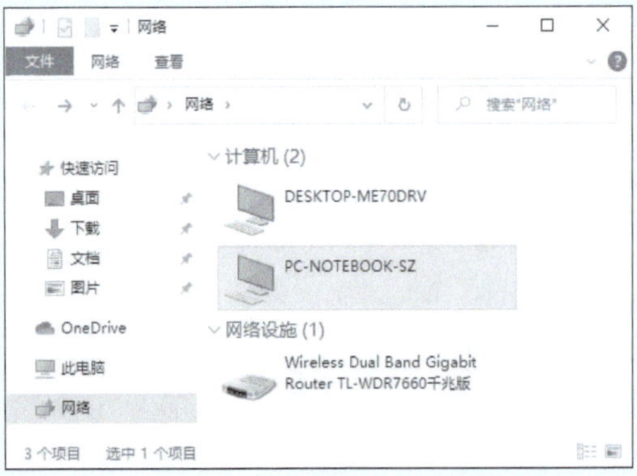

图 5-38 从“网络”中找到并双击共享的计算机名称

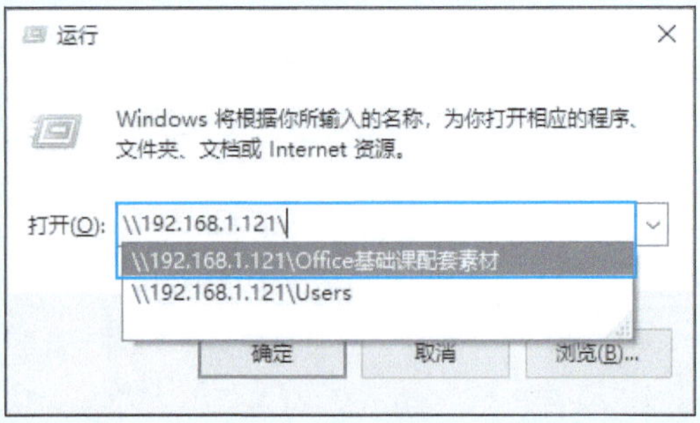

图 5-39 启动“运行”对话框，输入 IP 地址

4. 取消共享

为了安全，在共享完毕后建议取消共享。取消的方法就是进入共享文件夹的“属性”界

面，在“共享”选项卡中单击“高级共享”按钮，如图5-40所示。在弹出的界面中，取消勾选“共享此文件夹”复选框，并单击“确定”按钮，如图5-41所示。

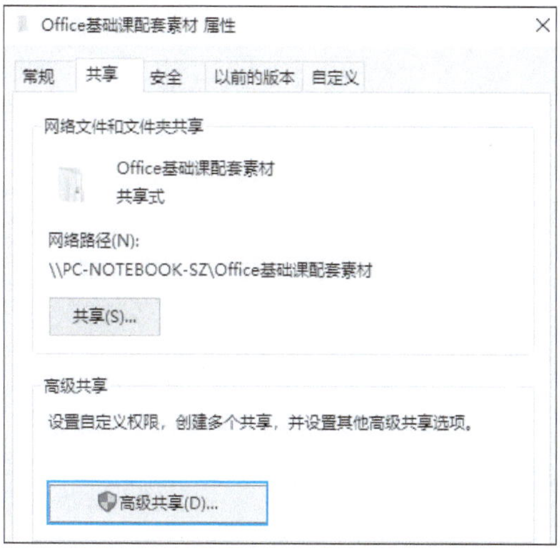

图 5-40 单击“高级共享”按钮

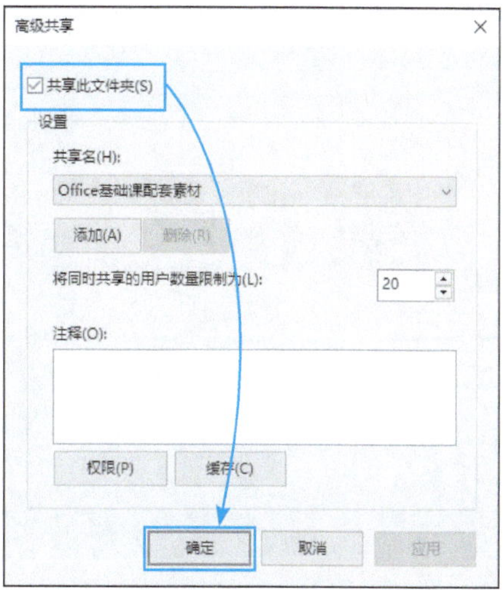

图 5-41 取消勾选“共享此文件夹”复选框

注意事项：无法查看到局域网设备。

如果在“网络”中看不到局域网的其他设备，用户只需搜索“Windows功能”，勾选“SMB 1.0/CIFS文件共享支持”复选框，安装该功能即可，如图5-42所示。

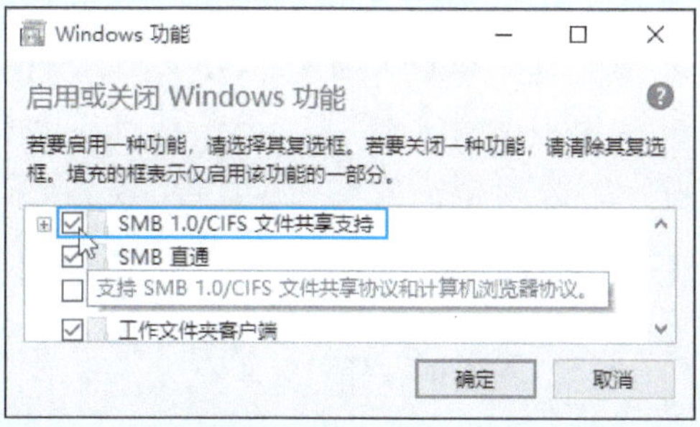

图 5-42 勾选“SMB 1.0/CIFS 文件共享支持”复选框

拓展阅读

构建一体化指挥通信体系。推进指挥通信自主化、高清化、加密化升级，加强卫星技术集成应用，强化警用无线局域网（PWL）推广应用，深化数字集群通信（PDT）网络建设，建成全国公安指挥通信“一张网”。

——《“十四五”国家信息化规划》

思考与练习

（1）一个公司的局域网环境，内网IP为192.168.1.0/24网段。公司一共有6个部门，每个部门30台计算机，应如何进行子网划分？

（2）安装PoE摄像机或AP，并链接到PoE交换机中。

（3）按照第5.4.2节的介绍，手动配置共享，并使用其他设备访问该共享。

第6章 大中型企业局域网的组建与配置管理

内容概要

大中型企业局域网相较于小型企业局域网，不仅范围上扩大几倍甚至几十倍，设备上也更趋于标准化和专业化，而且大中型企业局域网还采用了多种增加稳定性和提高效率的技术。在这种规模的局域网中，规划组建、设备选型、服务器搭建、设备功能配置都需要专业的技术和经验。本章将介绍大中型企业局域网的组建方案及配置技巧。

重点难点

- 大中型企业局域网的规划设计。
- 大中型企业局域网的设备选择。
- 大中型企业局域网的组网实例。
- 大中型企业局域网的配置管理。

6.1 大中型企业局域网的规划设计

在大中型企业局域网组建前，必须认真仔细地做好规划设计。

6.1.1 需求分析

需求分析是首先要讨论的问题，在进行需求分析之前，需要了解企业的基本状况。

1. 了解企业基本状况

大中型企业局域网的范围一般比较大，在进行需求分析前，一定要了解以下几点。

（1）总体建设目标。

了解企业对局域网建设的总体目标，如网络类型、技术指标、主干网速度、局域网应用目标、企业服务器服务目标、未来物理布局及分公司网络要求等。

（2）地理位置及布局。

了解企业的楼宇及办公场所的物理位置和分布情况、相互间距离、建筑物概况等。如果要进行结构化综合布线及其他楼宇智能设计，则需要获得建筑物的建筑施工图及电气类图纸，了解大楼建筑结构、配电间或管道井及网络机房的位置分布与电源系统的结构等信息，了解附近是否有强电磁干扰，有无对通信线路架设或埋设的限制等。

（3）了解现有情况。

主要是了解用户单位及人数与用户群之间的关系，个人计算机、用户终端数量及分布，服务器种类和配置，现有的网络设备类型和数量，现有通信环境、容量、性能、网络拓扑结构，现有的专业软件、系统软件、数据库软件等内容。

（4）了解预算。

大中型企业以稳定性和安全性为主，资金并不是首要的限制条件。但设计者应当根据用户目标及需求，结合预算经费选择产品和服务，并给出合理的报价，才能将工程顺利推进。

2. 需求分析

在详细了解以上内容后，再进行需求分析。需求分析应包含以下内容。

- 对当前企业环境和业务现状进行调查和分析，也就是上面的调查结果。
- 整理用户的需求和存在的问题，研究解决的办法。每个企业都会在网络上存在或多或少的问题，通过对网络的改造，解决存在的问题，这也是改造的目标所在。
- 提出实现网络系统的设想，对系统做概要设计，可以提出多个方案。
- 计算成本。成本包括硬件成本和软件成本，需要估算系统建设的总体投资，并结合建成后的各种功能，突出能带来的经济上的优势。
- 设计人员内部对所设想的网络系统进行评价，给出多种设计方案的比较。
- 编制系统概要设计书，对网络系统做出分析和说明。用户需求分析的主要结果就是“系统概要设计书”，这是组网工程的纲要性文件。
- 概要设计审查，验证与用户需求是否一致，重点对系统概要设计书进行汇报及审查，要求设计、管理、质量管理人员共同参与。

- 把基本调研情况连同系统概要设计书提交给用户，并做出解释。
- 用户对基本调研的工作和系统概要设计书进行评价，提出意见。
- 确认系统概要设计书：设计人员对系统概要设计书进行修改后，项目负责人应在系统概要设计书上签字。

3. 工程论证及可行性报告

弄清项目是否可以实现以及是否值得进行，为此所做的研究工作叫作工程论证。在投入大量资金前进行工程论证，研究工程的可行性，可以减少风险，避免浪费。

（1）工程论证的基本内容。

- 从经济角度看，论证经济价值、预算是否合理，成本回收是否合理等。
- 从技术角度看，分析实现方案的技术要求、技术难点、技术先进性、扩展性、稳定性、冗余备份及系统的时效性等。
- 从工程角度看，分析运行方式的可操作性、安全措施，确认有无安全漏洞等。
- 从法律角度看，分析工程实施的法律规范，以及是否会产生侵权、经济纠纷等问题。

（2）可行性报告。

可行性报告是向用户和上级主管部门说明网络开发的必要性、可行性及产生的效益等问题，给出系统概要设计内容、硬件方案及可选技术方案、建设的经费预算等，作为审批立项的重要参考。可行性报告的主要内容如下。

- 网络建设项目的必要性、可行性，以及可产生的经济效益和社会效益。
- 用户目前的信息技术使用状况和不足。
- 系统概要设计书的具体内容、硬件选型方案和可供选择的其他技术方案。
- 与应用系统的关系说明。
- 网络建设所需经费预算。
- 完成规划设计的其他保证等。

拓展知识

局域网组建项目的实施步骤

对于网络设计项目来说，一般需要按照以下步骤进行。

（1）构思阶段：完成用户调查、需求分析、系统规划，落实资金，组织实施人员。

（2）准备阶段：系统初步设计、系统招标和标书评审、确定集成商和供货商、合同谈判。

（3）设计阶段：网络系统详细设计、端站点详细设计、中继站点详细设计。

（4）部件准备阶段：机房装修、设备订货、设备到货验收、电源的准备和检查、网络布线和测试、远程网络线路租借。

（5）安装调试阶段：计算机安装和调试、网络设备安装和调试、网络系统调试、软件安装和调试、系统联调。

（6）测试验收阶段：系统测试、系统初步验收、系统最终验收。

（7）用户培训阶段：与用户的网络管理员沟通并提供各种资料，以及对管理人员进行培训。

（8）系统维护管理阶段：对整个网络系统进行维护，并进行有效的管理。

6.1.2 规划设计原则

在大中型企业局域网中，应建立一个可以满足客户业务和技术需求的功能完整的网络。一个成功的网络设计要考虑冗余、可扩展性、新技术以及现有资源。所以针对不同的网络设计，需要遵循以下原则。

1. 先进性

设计思想、网络结构、软硬件设备、主机系统、网络平台、数据库系统、应用软件均应使用目前较先进、较成熟的技术，符合国际标准和规范，满足未来3～5年内的需求。

2. 标准性

采用标准化技术，可以保证网络发展的一致性，增强网络的兼容性，达到网络的互连与开放。为确保将来不同厂家设备、不同应用、不同协议连接，整个网络从设计、技术、设备的选择上，均须支持国际标准的网络接口和协议，以提供高度的开放性。

3. 兼容性

跟踪世界科技发展动态，网络规划与现有传输网及将要改造的网络要有良好的兼容性，在采用先进技术的前提下，最大可能地保护已有投资，并能在已有的网络上扩展多种业务。

4. 可升级和可扩展性

随着技术的不断发展，新的标准和功能不断增加，网络设备必须可以通过网络进行升级，以提供更先进、更多的功能。在网络建成后，随着应用和用户的增加，核心骨干网络设备的交换能力和容量必须达到线性的增长。设备应能提供高端口密度、模块化的设计以及多种类型的接口和对新型技术的选择，以方便未来更灵活地扩展。

5. 安全性

网络的安全性对网络设计是非常重要的，合理的网络安全控制，可以使应用环境中的信息资源得到有效的保护，有效地控制网络的访问，灵活地实施网络安全控制策略。在大中型企业局域网中，关键应用服务器、核心网络设备必须只能由系统管理人员操作、控制，客户端只有访问共享资源的权限，网络应该能够阻止任何非法操作。在企业网络设备上应该可以进行基于协议、基于MAC地址、基于IP地址的包过滤控制功能。在大规模企业网络的设计上划分虚拟子网，一方面可以有效地隔离子网内的大量广播，另一方面可以隔离网络子网间的通信，从而有效控制资源的访问权限，提高网络安全性。在设计企业网的原则上必须强调网络安全控制能力，使网络可以任意连接，又可以从第2层、第3层控制网络的访问。

6. 可靠性

网络系统一般是7×24 h连续运行的，需要从硬件和软件两方面保证系统的高可靠性。硬件可靠性：系统的主要部件采用冗余结构，包括传输方式的备份，提供备份组网结构；主要的计算机设备（如数据库服务器等）支持双机或多机高可用结构；配备不间断电源等。软件可靠性：充分考虑异常情况的处理，具有较强的容错能力、错误恢复能力、错误记录及预警能力并给用户以提示；具有进程监控管理功能，保证各进程的可靠运行。

网络结构稳定性：当增加或扩充应用子系统时，不影响网络的整体结构以及整体性能，对关键的网络连接采用主备方式，以保证数据传输的可靠性。

另外还应具有较强的容灾容错能力，具有完善的系统恢复和安全机制。

7. 易操作性

提供中文方式的图形用户界面，简单易学，方便实用。除了提供管理客户端外，还需支持APP以及网页终端模式的操作，并提供各种远程访问控制的接口，以方便远程管理和监控使用。

8. 可管理性

网络中的任何设备均可以通过网络管理平台进行控制，网络的设备状态、故障报警等都可以通过网络管理平台进行监控，从而简化管理工作，提高网络管理效率。

在进行网络设计时，选择先进的网络管理软件是必不可少的。网络管理软件可用于网络设备配置、网络设备的状态显示、网络设备的故障事件报警、网络流量统计分析以及计费等。网管软件的应用可以提高网络管理效率，减轻网络管理人员负担。网络管理的目标是实现零管理和基于策略的管理方式。网络管理是通过制定统一的策略，由管理策略服务器进行全局控制的。基于Web的网管界面，是网管软件的发展趋势，灵活的操作方式简化了管理人员的工作。在设计企业网的设备选择上，要求网络设备支持标准的网络管理协议SNMP，同时支持RMON/RMONII协议，核心设备要求支持RAP（远程分析端口）协议，实施充分的网络管理功能。在设计企业网的原则上应该要求设备的可管理性，同时先进的网管软件可以支持网络维护、监控、配置等功能。

6.1.3 规划设计要点

在规划设计中，要遵循一定的规则和通用的标准才能更好地完成规划设计。在规划设计中，需要注意以下几点。

1. 网络分层设计

网络设计技术复杂而且更新迅速，因此在网络设计中没有一种方法可以适合所有网络。Cisco提出网络设计方法学，使用分级三层模型建立整个网络拓扑结构，这种模型也称为结构化设计模型。在该模型中，将网络划分为核心层、汇聚层和接入层。

在局域网的三层结构中，数据被接入层接入网络，被汇聚层汇聚到高速链路上，由核心层处理后返回到汇聚层和接入层，最终到达目的设备。核心层负责数据交换，汇聚层负责聚合路由路径，收敛数据流量；接入层负责接入设备以及网络访问控制等网络边缘服务。

使用分级模型有利于网络设计的实现，许多站点有相似的拓扑结构，模块化的体系结构促进了技术的逐渐迁移。

有效地使用分级设计模型的指导准则如下。

- 选择最适合需求的分级模型。边界作为广播的隔离点，同时作为网络控制功能的焦点。
- 不要使网络的各层总是完全网状的。如果接入层路由器是直接连接的，或是不同站点的路由器是直接相连的（不通过主干线连接起来），就会成为网状连接。但是核心层连接通常是网状的，这是出于对电路冗余和网络收敛速度的考虑。

- 不要把终端工作站安装在主干网上。如果主干网上没有工作站，可以提高主干网的可靠性，使通信量管理和增大带宽的设计更为简单。把工作站安装在主干网上还可能导致更长的收敛时间。
- 通过把80%的通信量控制在本地工作组内部，从而使工作组运行良好。用户可以通过合理设计使得通信量尽量局部化，尽量将联系较多的人员分配在同一子网或同一VLAN中，从而较高程度地实现通信隔离，既缓解了网络压力，又能保证安全性。

2. 合理规划IP地址原则

IP地址的合理分配对网络管理起到重要作用。IP地址分配需要遵守一定的规则。

（1）体系化编制。

体系化其实就是结构化、组织化，以企业的具体需求和组织结构为原则对整个网络地址进行有条理的规划。规划的一般过程是从大局、整体着眼，然后逐级由大到小进行分割、划分。最好在网络组建前配置一张IP地址分配表，对网络各子网指出相应的网络ID，对各子网中的主要层次指出主要设备的网络IP地址，对一般设备指出所在的网段。各子网之间最好列出与相邻子网的路由表配置。

（2）持续可扩展性。

这里所说的可扩展性是指在初期规划时就考虑到将来的网络拓展，为将来很可能增大规模的区块中留出较大的余地。当使用分级地址设计实现IP地址分配时，可以实现网络的可伸缩性和稳定性要求。

（3）按需分配公网IP。

相对于私有IP而言，公网IP不能由自己设置，而是由ISP等机构统一分配和租用的。这就造成了公网IP要稀缺得多，所以对公网IP必须按实际需求进行分配。对于不需要外网访问的设备，配置私有IP地址即可。对于有外网访问需求的部门，可以使用NAT技术，使多个设备共用一个公网IP地址进行对外通信。企业的Web服务器、邮件服务器等需要对外提供服务的，需要公网IP地址，须租用固定IP地址。

（4）静态与动态地址分配。

到底何种情况使用动态分配，何种情况使用静态分配呢？要从实际的网络结构和需求进行考虑，其中最重要的一个决定因素应该是网络规模的大小，它直接决定了网络管理的工作量。简单地说，大中型企业和远程访问的网络适合动态地址分配，特定的主机使用固定IP地址即可；而小型企业网络主机适合静态地址分配。

3. 布线设计注意事项

网络逻辑拓扑结构、IP地址划分完毕后，需要考虑物理链路，也就是网络布线系统。

大中型企业的网络布线设计需要考虑很多因素，如怎样设计布线系统，这个系统有多少信息量，多少语音点，怎样通过水平干线、垂直干线、楼宇管理子系统把它们连接起来，需要选择哪些传输介质（线缆），需要哪些线材（槽管），这些材料价格如何，以及施工费用等问题。综合布线系统可由以下子系统组成。

（1）工作区子系统（work area subsystem）。

工作区子系统由信息插座延伸至用户终端设备的布线组成，包括信息插座和相应的连接软线。用户能方便地把计算机、电话、传真等不同的终端设备接入大楼的通信网络系统。

（2）水平布线子系统（horizontal subsystem）。

水平布线子系统由楼层配线间延伸至信息插座的布线组成，通常可采用六类及以上双绞线，也可采用光纤以满足高带宽传输或长距离传输的要求。水平布线提供大楼网络通信系统到用户终端设备的信息传输。

（3）建筑物主干子系统（building backbone subsystem）。

建筑物主干子系统由大楼配线间延伸至各楼层配线间的布线组成。该子系统亦包括各配线间的配线架、跳接线等，采用的线缆是六类及以上双绞线或光纤。大楼配线间和楼层配线间通常也用于放置网络设备和其他有源设备。建筑物主干子系统是提供大楼内通信网络信息交换的主干通道。

（4）建筑群布线子系统（campus cabling subsystem）。

建筑群布线子系统由建筑群配线间延伸至各大楼配线间的布线组成，采用的线缆为光纤。建筑群配线间通常也用于放置电信接入设备和广域网连接设备。建筑群布线子系统提供了各建筑物间通信网络连接和信息交换的通道。

为了满足大中型企业局域网将来灵活组网的需要，在总部办公楼、分公司等建筑物内各设有配线间。整个企业设备间机房安置在总部大楼，各分公司的设备间机房安置在各分公司的一楼。为充分满足大中型企业局域网内部及对外高速高容量信息通信的需要，系统采用高速高容量的多模光纤作为企业的网络主干。建筑物内采用先进的六类及以上双绞线布线。

4. 系统安全设计

从本质上讲，网络安全就是网络上的信息安全，是指网络系统的硬件、软件及其系统的数据受到保护，不因偶然的或恶意的原因而遭到破坏、更改、泄露，系统能够连续可靠地正常运行。广义上来说，凡是涉及网络上的信息的保密性、安全性、可用性、真实性和可控性的相关技术和理论都是网络安全所要研究的领域。网络安全的内容既有技术方面的问题，也有管理方面的问题，两方面相互补充，缺一不可。技术方面主要侧重于防范外部非法用户的攻击，管理方面则侧重于内部人为因素的管理。如何有效地保护重要的信息数据、提高计算机网络系统的安全性已经成为所有计算机网络应用必须考虑和必须解决的一个重要问题。

网络安全体系结构主要考虑安全对象和安全机制，安全对象主要有网络安全、系统安全、数据库安全、信息安全、设备安全、信息介质安全和计算机病毒防治等。网络管理与网络信息系统的安全是网络设计中的重要部分，因此网络安全规划、设计应从设备安全、软件和数据库安全、系统运行安全以及网络互连安全等方面进行周密的考虑，具体表现在以下几个方面：硬件可靠性、数据备份方案、防病毒措施、环境安全性、网络互连安全。

由于网络的互连是在链路层、网络层、传输层、应用层应用不同的协议实现的，各个层的功能特性和安全特性也不同，因而其安全措施也不相同。

6.2 大中型企业局域网的设备选型原则

在大中型企业局域网中使用的设备必须是专业的网络设备，这是因为在大中型企业中稳定和安全永远放在首位。

6.2.1 路由器的选择原则

路由器作为整个企业局域网的因特网出口设备，决定着整个网络的性能、应用和网络安全。选择一款性能强大、功能丰富、满足企业办公需求的路由器十分必要。一般可根据带机量、接入宽带数量、总接入带宽大小、网络管理功能等选择合适的路由器。

1. 带机量

带机量指路由器最大连接数÷预估单台终端常见网络应用所需连接数得到的值，简单来说就是路由器正常工作时最大负载的终端数量。要保障企业网络的正常运行，需要根据带机量选择合适的路由器。

2. 接入宽带线路数量

可根据接入宽带线路数量，选择对应WAN口数量的路由器。例如，接入两条电信宽带和1条移动宽带，需要选择3个WAN口的路由器才能满足宽带接入需求。

3. 总接入带宽的大小

接入带宽大小是指宽带线路每秒能传输的最大数据量，也就是运营商所说的200 M、500 M、1 000 M等，应根据总接入宽带线路的带宽选择与之匹配的路由器。

4. 无线功能

双频是无线产品的主流规格，若需要直接接入无线终端，可选择双频、三频路由器，其无线干扰少、速度快，上网体验更好。无线企业路由器可搭配无线AP使用，不同机型最大在线管理AP数量略有不同，在选购时应根据无线规划进行选择。

5. 网络管理功能

不同企业的网络管理需求可能不同，下面介绍3种常见的管理功能应用。

（1）行为管控功能。

包括支持带宽控制、应用限制、网站过滤、网页安全以及行为审计功能，方便企业管理人员实现对内部人员上网行为的限制及监管。

（2）接入认证功能。

企业出于方便管理的需求，有时会要求员工通过唯一绑定的账号实现认证上网。可以使用微信认证、Web认证、短信认证等多种接入方式，以满足不同企业用户的需求。

（3）VPN互联功能。

当企业员工出差需要访问公司服务器或者总部与分公司需要互访时，VPN作为一种安全可靠的远程访问技术被广泛采用。企业VPN路由器通常支持IPSec、L2TP、PPTP 3种通用协议。

6. 是否支持多业务

各行业在不同场景对关键业务的侧重不同，如政府单位在召开视频会议时，对视频传输的要求是很高的，路由器如果不能有单独的通路对关键业务进行传输保障，那么在会议中视频往往会产生花屏、拖尾等现象。因此企业应当选择可以支持全业务、接口丰富的路由器组网。

6.2.2 交换机的选择原则

根据分层设计思想原则，在选择交换机时，也要严格按照分层设计的思想进行选择。

1. 核心层

核心层是大中型企业局域网的核心部分。其主要目的是尽可能快地交换数据。核心层不应该涉及费力的数据包操作或者会减慢数据交换的处理。应该避免在核心层中实现如访问控制列表和数据包过滤之类的功能。核心层主要负责以下几项工作。

- 提供交换区块间的连接。
- 提供到其他区块的访问。
- 尽可能快地交换数据帧或数据包。
- VLAN间路由。

核心层一般采用高端交换机。对核心交换，要求能提供线速多点广播转发和选路，以及用于可扩展的多点广播选路的独立于协议的多点广播，并且要求所选用的核心交换机能保证提供企业网主干所需要的带宽和性能。现在大中型企业局域网中使用的都是三层交换机。

2. 汇聚层

汇聚层也叫分布层，是网络接入层和核心层之间的分界点。该分层提供了边界定义，并在该处对潜在的数据包操作进行处理。在局域网中，汇聚层能够实现众多功能，主要有以下几项。

- VLAN聚合。
- 部门级和工作组接入。
- 广播域或组播域的定义。
- 介质转换。
- 安全功能。

总之，汇聚层可以被归纳为能提供基于策略的连通性的分层。它可将大量接入层过来的低速链路通过少量高速链路导入核心层，实现通信的聚合。同时，汇聚层可屏蔽经常处于变化之中的接入层对相对稳定的核心层的影响，从而可以隔离接入层拓扑结构的变化。

汇聚层交换机主要下联接入层交换机，上联监控中心核心交换机。在一般情况下汇聚层交换机需选择带千兆上传口的二层交换机，并优先选择具有三层交换功能，根据接入层的实际需求，选择满足带机量和接口带宽的交换机。

3. 接入层

接入层是直接与用户打交道的层次。接入层的基本设计目标包括以下3点。

- 将流量导入网络。
- 提供第2层服务，比如基于广播或MAC地址的VLAN成员资格和数据流过滤。

- 访问控制。

需要指出的是，VLAN的划分一般是在接入层实现的，但VLAN之间的通信必须借助于核心层的三层设备才能得以实现。

由于接入层是用户接入网络的入口，因此也是内网黑客入侵的门户。接入层通常用包过滤策略提供基本的安全性，保护局域网免受网络内外的攻击。

接入层的主要准则是能够通过低成本、高端口密度的设备提供接入功能。相对于核心层采用的高端交换机，接入层使用的就是相对“低端”的设备，常称之为工作组交换机或接入层交换机。因为局域网接入层往往已到用户桌面，所以又称为桌面级交换机。

6.2.3 防火墙的选择原则

在大中型企业局域网中，防火墙是必不可少的设备。防火墙的选购原则如下。

1. 符合公安部第二代防火墙标准

《信息安全技术　第二代防火墙安全技术要求》(GA/T 1177—2014）在制定时参考了网络安全等级保护制度2.0标准（以下简称为“等保2.0”），将第二代防火墙的功能分级与等保2.0的级别进行了关系对应，明确了第二代防火墙功能基本级对应等保2.0中的一、二级，第二代防火墙功能增强级对应等保2.0中的三、四级。第二代防火墙除具备传统防火墙的包过滤、状态检测等基本功能外，还具备应用层访问控制、Web攻击防护、恶意代码防护和入侵防御等功能，与等保2.0中提出的入侵防范和恶意代码防范等安全要求相呼应。

2. 具备风险可视与风险预警能力

等保2.0在多个控制点对风险可视与风险预警能力提出相关要求，风险的发现和预警可以由多种方式实现，在下一代防火墙上实现是其中之一。在防火墙上实现的最大好处是，防火墙距离攻击最近，当业务数据经过防火墙时，防火墙具备对业务数据的风险分析条件。相比独立的风险探测和扫描设备来说，防火墙更容易在攻击路径上发现威胁，且对风险的分析也更为实时。具备风险预警能力的下一代防火墙能够快速针对全网风险进行预测，生成对应的防御策略，提供更加有效的安全防护效果。

3. 具备双向攻击防护能力

近年来攻击从内部发起的占比非常高，僵尸网络等内部攻击行为几乎出现在每一个安全事件中。因此，等保2.0中提出了应对由内到外的攻击行为进行检测的相关要求，区别于以往的安全防御仅关注外部攻击的情况。因此，选择具备应用层双向攻击防护能力的防火墙，才能够满足等保2.0的安全要求，在当前安全形势下获得更好的防护效果。

4. 具备新型网络攻击行为发现及防御能力

近些年新型网络攻击行为频繁发生，2017年勒索病毒WannaCry利用“永恒之蓝”漏洞大肆传播，实际就是利用了安全防御功能对该漏洞的未知，类似案例不胜枚举。等保2.0作为网络和信息安全建设的重要指导，在对关键基础设施的安全保护中，就入侵防范增加了针对新型网络攻击行为的分析要求。

对防火墙来说，如何利用设备本地的防御能力，联动云端，通过智能分析算法模型的应用，利用快速高频更新的安全能力和云端的全网威胁情报提升设备对新型网络攻击行为的检测和快速响应能力，这是防火墙设备能否适应等保2.0安全建设的重要因素。

5. 具备更精准的应用层攻击防御能力

相比之前的网络安全等级保护制度，等保2.0更关注安全防护的颗粒度，对安全技术措施的有效性更为关注。例如，原来只在边界保护要求的端口级防护，现在扩展到了对关键网络节点进行应用层协议及内容的访问控制。当前网络环境中，攻击威胁超过75%是来源于应用层攻击，因此，在局域网建设中，选择防火墙设备应当考虑产品的实际防护效果，要更加关注设备的应用层攻击检测和防御能力。

6.3 大中型企业局域网的组网案例

下面以一个典型的大中型企业局域网的组建为例，介绍大中型企业局域网所采用的拓扑结构和所使用的设备。

6.3.1 大中型企业局域网拓扑结构

按照常见的分层设计思想，大中型企业局域网的拓扑结构如图6-1所示。

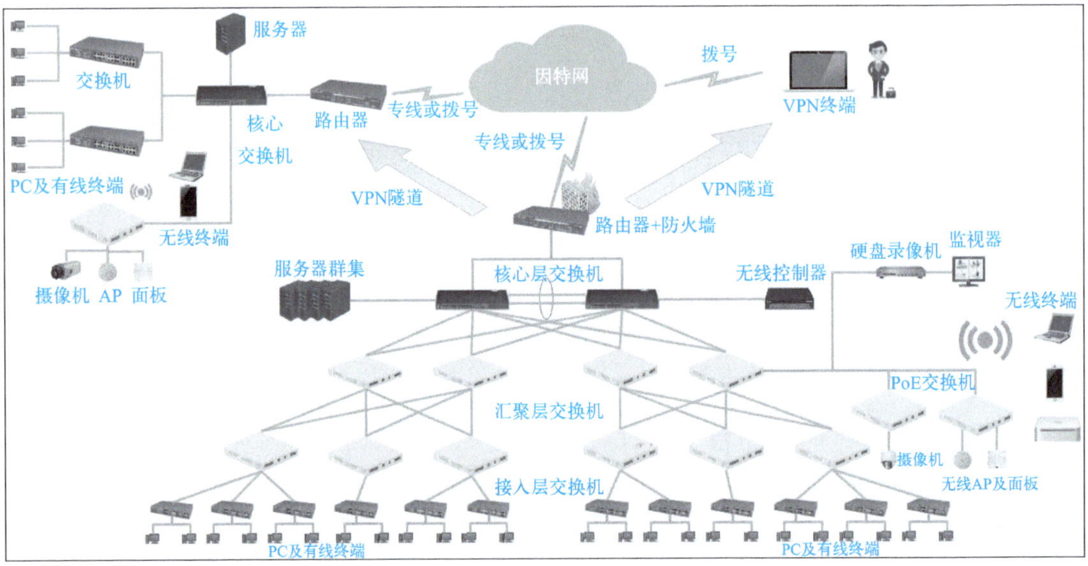

图 6-1 大中型企业局域网的拓扑结构

6.3.2 方案中主要产品的选型

在该网络中用到的主要产品包括核心交换机、汇聚层交换机、接入层交换机、路由器及防火墙，以及一些无线产品。关于无线知识，将在无线局域网中进行介绍。下面介绍一些主要产品的选型。

拓展知识

网络布线施工注意事项

在网络的布线施工中应该注意以下几点：①仔细查阅网络布线的施工图纸。②在施工中应满足设计余量。③采用质量可靠的管路和线缆。④严格遵守综合布线系统规范。⑤选材标准必须一致。

1. 核心层交换机

核心层交换机在大中型企业局域网中属于关键数据的中心枢纽，作用极其重要。在本例中使用的产品是思科Catalyst 9600系列交换机，如图6-2和图6-3所示。该产品的特性如下。

图 6-2 思科 Catalyst 9600 系列交换机 1

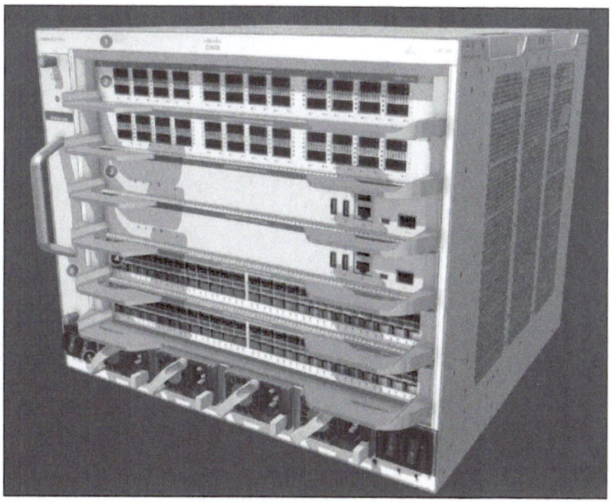

图 6-3 思科 Catalyst 9600 系列交换机 2

作为业界首批专为企业园区量身打造的模块化40和100千兆以太网交换机系列，Catalyst 9600系列交换机可为企业应用提供大型功能控制表[MAC表/路由表/访问控制列表（ACL）]及缓冲性能。思科Catalyst 9606R机箱的硬件最多可支持25.6 Tbit/s的有线交换容量，每个插槽最高可提供6.4 Tbit/s的带宽。思科Catalyst 9600系列交换机支持通过精细的端口密度满足不同的园区需求，包括非阻塞40和100千兆以太网（GE）四通道小型封装热插拔（QSFP+、QSFP28）及1、10、25 GE增强型小型封装热插拔（SFP、SFP+、SFP28）。该系列交换机支持高级路由和基础设施服务[如多协议标签交换（MPLS）第2层和第3层VPN、组播VPN（MVPN）、网络地址转换（NAT）]；思科软件定义接入功能[如主机跟踪数据库、跨域连接、VPN路由和转发（VRF）感知、定位/ID分离协议（LISP）]；基于思科StackWise虚拟技术的网络系统虚拟化（对于将这些交换机部署到园区核心至关重要）。思科Catalyst 9600系列还支持所有基本的高可用性功能，例如修补、平稳插入和移除（GIR）、思科具有状态切换功能的无中断转发（NSF/SSO）等功能。此外，还有白金级冗余电源以及风扇等。

- **更快的核心接入速度：** Catalyst 9600系列交换机的速度和容量均为传统交换机的两倍，功能与其相当，此外还具有提供Cisco DNA Center的优势。
- **恢复能力强：** 出色的平均无故障时间（MTBF）和ISSU、GIR、热补丁等功能，用于最大限度提高恢复能力的高可用性功能，可以帮助确保网络顺畅运行。
- **开放且可编程：** 与从ASIC到操作系统的全堆叠可编程性无缝集成，无须升级硬件即可实现未来的功能。

- **安全：**提供以Talos威胁情报、ETA、可靠解决方案和MACsec加密为基础的业内领先的思科安全产品组合。另外，持续学习和持续提供保护的集成安全功能可以帮助用户减少受攻击面，有助于检测并消除威胁。
- **集中管理：**SD-Access和WebUI可帮助弥补由云、虚拟化和自动化技术造成的IT技能缺口。
- **软件支持：**Cisco DNA软件为基于意图的网络提供助力。简单灵活的软件订用套件可帮助用户在整个网络中实现Cisco DNA在以下方面的创新，如基于策略的自动化、安全连接、关键分析和网络状态感知。
- **全面的售后服务：**获得专家指导，打造具有预测能力和适应能力的新型网络，并能保护企业网络，为实现出色成果奠定基础。

2. 汇聚层交换机

本例中使用的汇聚层交换机是思科Catalyst 9400系列交换机，如图6-4所示。

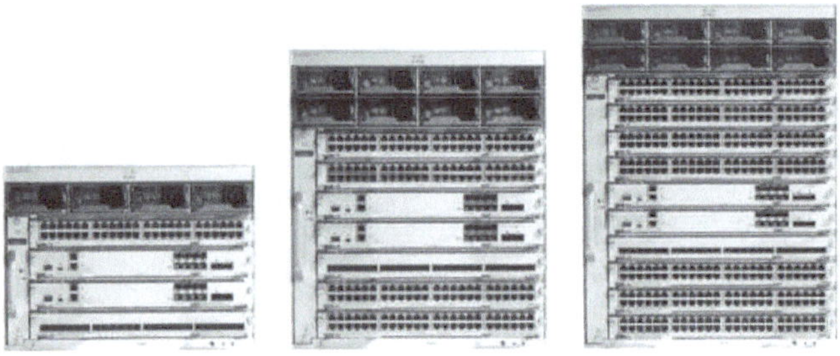

图 6-4　思科 Catalyst 9400 系列交换机

Catalyst 9400是业界部署广泛的企业交换平台。这款模块化接入交换机专为物联网（IoT）和云环境打造，且内置安全功能。该交换机可提供一流的高可用性，并支持最高8 Tbit/s的内存，可作为思科领先企业架构SD-Access的组件使用。

- **攻击全程防御：**Catalyst 9400交换机的高级功能可在攻击前、攻击中和攻击后为用户组织提供全面保护。它不仅能利用思科值得信赖的系统和MACSEC256加密技术减少受攻击面，而且能帮助用户增强恶意软件检测并实现快速威胁遏制。
- **物联网就绪性：**可实现业界领先的大规模物联网融合，其主要特性包括：最高384个100 W永久思科UPOE、PoE+和PoE端口，值得信赖的安全功能，对视听桥接（AVB）技术和IEEE 1588标准的支持以及物联网分类。
- **云就绪性：**保护用户的云环境，并推动用户的云环境实现简化和转型。思科的全数字化就绪型方法可全面覆盖用户的各种资产，从网络边缘一直延伸至应用所在位置。
- **基础技术：**这款接入交换机支持高可用性修补、轻松插入和移除（GIR）、NSF/SSO以及冗余铂金级电源和风扇。此外，该交换机还支持高级路由和基础设施服务。
- **有利于降低风险的服务：**借助思科的服务来规划和实施项目迁移，降低运营风险。

3. 接入层交换机

本例使用的接入层交换机是思科MS390-48系列交换机，如图6-5所示，它是适用于高性能网络的基于云端管理的交换机。

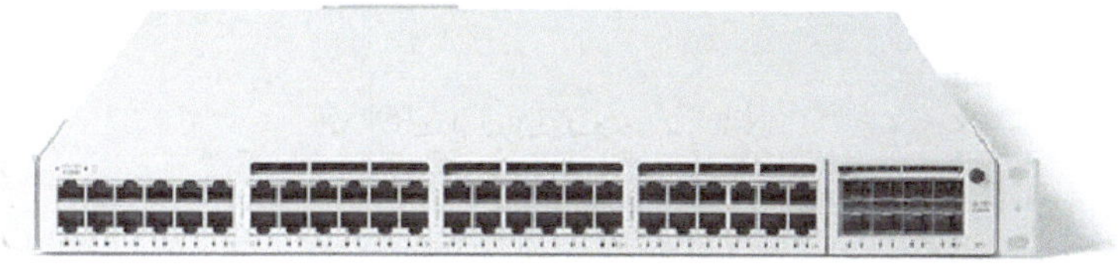

图 6-5　思科 MS390-48 系列交换机

- **交换机端口/堆叠端口：** MS390-48，48×1GbE；MS390-48P，48×1GbE PoE+；MS390-48U，48×GbE UPoE；MS390-48UX，36×2.5GbE UPoE+12×mGbE UPoE；MS390-48UX2，48×5GbE UPoE。两个40 G或4/8个10 G模块化光纤上行端口，最多可堆叠8台设备，480 Gbit/s物理堆叠。
- **电源/PoE：** 所有型号均包含电源、模块化电源/风扇、StackPower。
- **硬件平台：** 7×24 h的Meraki技术支持、支持1RU单元机架安装、灵活的安装选项、无阻塞交换矩阵。
- **基于云端管理：** 交换机管理邮件警告，远程故障排除工具，基于GUI的控制面板管理，零接触部署，每个端口和每个客户端的使用情况统计信息，安全、可自定义固件更新。
- **交换功能：** 三层交换、OSPF路由、MAC转发条目数多达32K、DHCP服务器、DHCP中继、802.1x认证、DHCP 监听、STP增强功能、IPv4和IPv6 ACL、Adaptive Policy。

4. 路由器

本例中使用的路由器为思科4000系列集成多业务路由器，如图6-6所示。

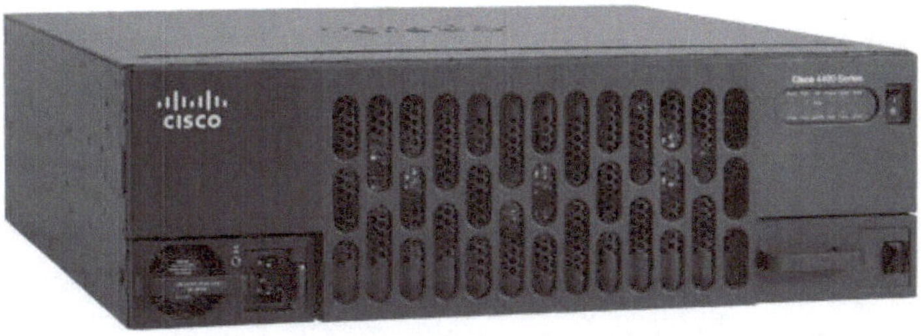

图 6-6　思科 4000 系列集成多业务路由器

利用思科4000系列集成多业务路由器（ISR）全数字化就绪型平台，让用户的分支机构站点获得保护并面向未来做好准备；简化日常IT管理，提供可扩展且灵活的基础，以便用户可迅速地将软件定义广域网和边缘计算等领先的IT项目集成到同一个平台，同时可满足因采用基于云的应用而带来的网络性能需求的爆炸性增长需要。4000系列在单一平台上提供高度安全的软件定义广域网连接、应用体验、统一通信、网络自动化、虚拟化，以及分支机构网络和直接互联网访问安全等多种解决方案。

5. 其他设备

防火墙选用思科2100系列，无线控制器选用TL-AC10000，室外无线AP选用TL-AP1750GP扇区AC1750双频室外高功率式，室内AP选用TL-HDAP2600C-PoE AC2600高密度无线吸顶式，面板AP选用TL-AP1758GI-PoE AC1750双频千兆无线面板式。

6.3.3 方案的主要特点

本方案主要选用Cisco公司的网络产品，这些产品在性能及稳定性上均有强大的表现。无线功能选用了TP-LINK公司的无线产品，性价比较高且实施方便。

本方案主要有以下特点。

- 在核心交换上采用了双核心交换，并使用链路聚合技术提高了性能和安全性，可有效地防止由于外损坏带来的整个局域网的故障。
- 全千兆有线网络，冗余备份，高速稳定：设备支持全千兆线速转发，核心层交换机更是提供万兆转发；核心层交换机支持堆叠功能，提供更多端口，结合端口汇聚，轻松实现线路冗余备份；汇聚层和接入层支持端口汇聚，成倍提高上联端口传输速率，解决上联端口传输瓶颈问题。
- 三层路由、VLAN、DHCP中继等丰富的网管功能，清晰划分部门权限：支持DHCP Server、VLAN、L2～L4的ACL等功能，实现部门、VLAN、IP地址一一对应，清晰划分部门权限，简化管理；支持三层静态路由，实现服务器资源共享；支持DHCP中继，使不同网段的DHCP客户端能共享一个DHCP服务器，减少服务器数量；支持ARP代理，使处于同一逻辑子网但不同交换机的设备能互访，实现同一个部门多地办公。
- 有线网络支持四元绑定、IEEE 802.1X认证，无线网络支持多种认证方式：支持IP-MAC-端口-VLAN四元绑定，支持IEEE 802.1X认证；支持IP源防护、MAC地址泛洪攻击防护，木马、蠕虫等病毒抑制，保护服务器安全；支持MAC认证、Web认证、微信认证等多种用户接入认证方式，防止非法设备接入无线网络。
- 室内室外无线全覆盖：TP-LINK提供无线吸顶式、面板式、室外等各种AP，可实现办公室、园区、仓库等所有区域的无线全覆盖。
- 统一配置，集中管理，支持AC备份、AP离线自管理功能：TP-LINK AC（无线控制器）能自动发现所有的TP-LINK AP，并对AP进行统一配置和管理；AC与AP既支持二层组网，也支持AP在内网、AC在外网的跨NAT三层组网模式；AC跨NAT远程管理所有AP，真正实现AP零配置、即插即用，极大地降低了网络维护的工作难度；支持AP离线自管理、AC双链路备份功能，保障网络的高稳定性。
- VPN互联，实现服务器共享和远程办公：总部和分支机构的路由器均支持IPSec VPN，可实现VPN互联，实现总部服务器共享，提高企业沟通效率；总部路由器支持PPTP/L2TP VPN，出差员工可随时访问总部服务器，实现远程办公。
- 规范员工上网行为，保障办公效率：出口路由器具有上网行为管控功能，能够管控IM软件、炒股软件、下载软件等数十种常见网络应用；可实现网址分类过滤、URL过滤及网页安全等功能，管控员工访问网站的权限及浏览网页的安全性。

6.4 大中型企业局域网的配置管理

在完成物理连接后，大中型企业局域网设备同样需要进行设置，但是这种设置需要具备专业知识的专业人员。下面介绍一些最常用的功能及其配置步骤。

6.4.1 VLAN技术及配置

VLAN（virtual local area network）即虚拟局域网，是一种通过将局域网内的设备逻辑地而不是物理地划分成一个个网段的技术。这里的网段是逻辑网段的概念，而不是真正的物理网段。

使用VLAN的目的是人为地按照MAC地址、端口号或者IP地址，将一个交换机上连接的设备进行分组，并且配置成不同的网段，将一个大的广播域划分成多个小广播域，从而预防广播风暴，并且增强了VLAN内的设备通信安全性。如果需要VLAN间通信，则需要路由器或三层交换在其中进行数据路由转发，而且是一次路由、多次转发。

网络术语

TRUNK

TRUNK 指 VLAN 的端口聚合，是用来在不同的交换机之间进行连接，以保证在跨越多个交换机建立的同一个 VLAN 的成员间能够相互通信，也就是在一条链路中传递多个 VLAN 信息的功能。其中交换机之间互联用的端口称为 TRUNK 端口。只需要两个交换机之间有一条级联线，并将对应的端口设置为 TRUNK，这条线路就可以承载交换机上所有的 VLAN 信息。

下面介绍如何配置交换机完成VLAN的配置以及如何配置三层交换，使VLAN之间可以通信。该实验的拓扑结构如图6-7所示。使用Console线连接计算机与网络设备，进入计算机的超级终端后，开始进行配置。

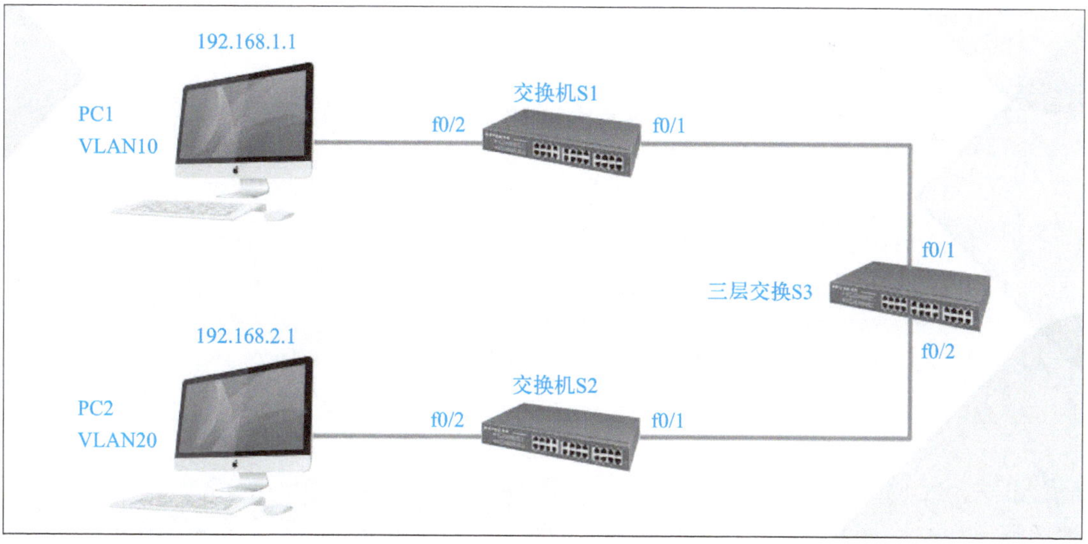

图 6-7　VLAN 技术及配置的拓扑结构

步骤 01 进入交换机S1的配置界面，开始进行配置。

```
Switch>en                                                     // 进入特权模式
Switch1#configure terminal                                    // 进入全局配置模式
Enter configuration commands,  one per line.  End with CNTL/Z.
Switch(config)#hostname S1                                    // 命名交换机为 S1
S1(config)#vlan 10                                            // 创建 VLAN 10
S1(config-vlan)#exit                                          // 退出 VLAN 设置模式
```

```
S1(config)#vlan 20                                   //创建 VLAN 20
S1(config-vlan)#exit
S1(config)#interface f0/2                            //进入 f0/2 端口
S1(config-if)#switchport access vlan 10              //端口加入 VLAN 10
S1(config-if)#no shutdown                            //开启端口
S1(config-if)#exit                                   //退出端口模式
S1(config)#in f0/1
S1(config-if)#switchport mode trunk                  //开启 TRUNK 模式
S1(config-if)#no shutdown
S1(config-if)#exit
```

步骤 02 按照同样方法，配置交换机S2，参数请参考拓扑图。

步骤 03 配置三层交换S3。

```
Switch(config)#hostname S3
S3(config)#vlan 10
S3(config-vlan)#exit
S3(config)#vlan 20
S3(config-vlan)#exit
S3(config)#in f0/1
S3(config-if)#switchport trunk encapsulation dot1q      //选择封装模式
S3(config-if)#switchport mo trunk
S3(config-if)#no shutdown
S3(config-if)#exit
S3(config)#in f0/2
S3(config-if)#switchport trunk encapsulation dot1q
S3(config-if)#sw mo trunk
S3(config-if)#no shutdown
S3(config-if)#exit
S3(config)#in vlan 10
S3(config-if)#ip address 192.168.1.10 255.255.255.0// 配置 VLAN10 网关 IP 地址
S3(config)#in vlan 20
S3(config-if)#ip address 192.168.2.10 255.255.255.0
S3(config)#ip routing                                   //开启三层交换路由模式
```

步骤 04 进入PC1中，设置IP为192.168.1.1、网关为192.168.1.10。接着设置PC2的IP为192.168.2.1、网关为192.168.2.10。用PC1 ping PC2的IP，如果可以通信，说明设置成功，如图6-8所示。

```
FastEthernet0 Connection:(default port)

   Link-local IPv6 Address.........: FE80::210:11FF:FE6C:705C
   IP Address......................: 192.168.1.1
   Subnet Mask.....................: 255.255.255.0
   Default Gateway.................: 192.168.1.10

PC>ping 192.168.2.1

Pinging 192.168.2.1 with 32 bytes of data:

Reply from 192.168.2.1: bytes=32 time=10ms TTL=127
Reply from 192.168.2.1: bytes=32 time=2ms TTL=127
Reply from 192.168.2.1: bytes=32 time=13ms TTL=127
Reply from 192.168.2.1: bytes=32 time=0ms TTL=127

Ping statistics for 192.168.2.1:
    Packets: Sent = 4, Received = 4, Lost = 0 (0% loss),
Approximate round trip times in milli-seconds:
    Minimum = 0ms, Maximum = 13ms, Average = 6ms
```

图 6-8　设置 IP 与网关

6.4.2 链路聚合及配置

链路聚合也叫作端口聚合，如图6-9所示，是将交换机的多个物理端口从逻辑上捆绑在一起，形成一个逻辑端口，以增加交换机之间的链路带宽。交换机根据用户配置的端口负载均衡策略决定报文从哪一个成员端口发送到对端的交换机。

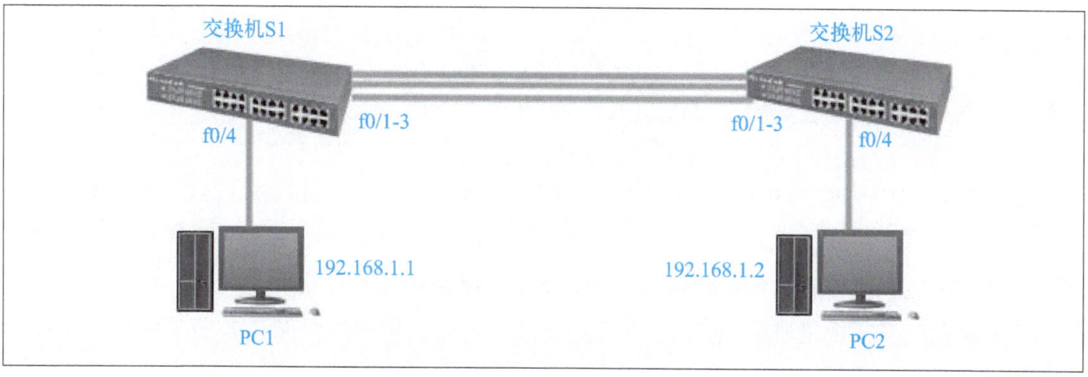

图 6-9 链路聚合

当交换机检测到其中一个成员端口的链路发生故障时，就停止在此端口上发送报文，并根据端口负载均衡策略在剩下的链路中重新计算报文发送的端口，故障端口恢复后再次重新计算报文发送端口。链路聚合在增加链路带宽、实现链路传输弹性和冗余等方面是一项很重要的技术。下面介绍其具体的配置过程：

```
witch>en                                              // 进入特权模式
Switch#configure terminal
Enter configuration commands, one per line.  End with CNTL/Z.
Switch(config)#hostname S1
S1(config)#in range f0/1 - 3                          // 进入聚合端口
S1(config-if-range)#channel-group 1 mode on           // 将 1 号通道在这 3 个端口开通
S1(config-if-range)#no shut
S1(config-if-range)#switchport mode trunk
```

S2的配置和S1的配置过程相同，只需修改路由器的名称为S2即可。修改完毕后，配置PC1的IP地址和PC2的IP地址，完成后可以通过ping命令测试是否能ping通。在正常情况下，模拟软件会以绿色显示正常的连接状态，如图6-10中的框体部分所示。

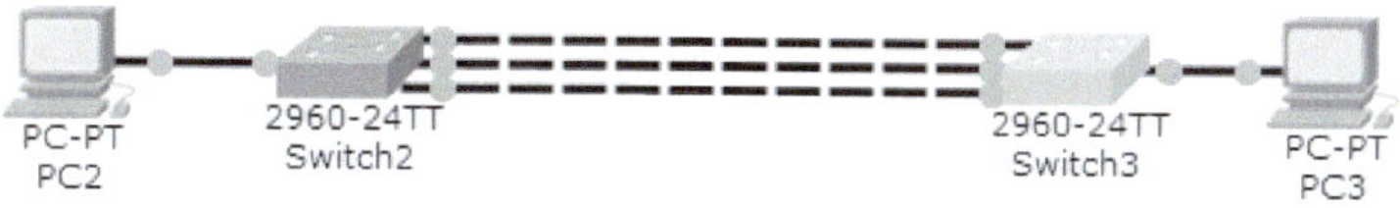

图 6-10 链路聚合的连接状态

6.4.3 生成树协议

生成树协议主要是通过算法，将交换机环路的某条线路阻塞掉，使其无法工作，这样将交换机环路变成树形结构，以防止环路造成广播风暴。而堵塞的那条线路在交换机之间的某条正常的链路坏掉时启用，使交换机之间仍然可以互通。

拓展知识

环路的危害

环路的危害主要有以下3种。

(1) 广播风暴：交换机隔绝冲突域，但不会隔绝广播域，反复传导会造成网络设备资源被耗尽，网络瘫痪。

(2) 多帧复制：如果存在环路，目的主机会收到某个数据帧的多个路径副本，导致数据无法发送、接收，网络连接中断。

(3) MAC地址表不稳定：因为环路不断更新，会导致交换机耗费大量资源，从而影响交换能力并降低转发效率，最终导致网络资源耗尽，网络瘫痪。

生成树协议也叫作STP协议，STP协议中定义了根交换机（root bridge）、根端口（root port）、指定端口（designated port）、路径开销（path cost）等概念，目的在于通过构造一种树形拓扑的方法达到阻塞冗余环路的目的，同时实现链路备份和路径最优化。

STP首先根据交换机MAC地址选择根交换机，然后计算根端口到达其他交换机的路径代价，寻找代价低的路径。到达的交换机端口为指定端口，发出的端口为根端口。最后肯定有线路未使用，或者说端口为非根、非指定端口，交换机就会禁用该端口，然后通过BPDU通知其他所有交换机，同步后就完成了STP收敛，最后，环路消失。

下面以最简单的双交换机实现生成树协议，来介绍生成树协议的配置，如图6-11所示。配置生效后，交换机之间的两条连接线肯定会阻塞掉一条。

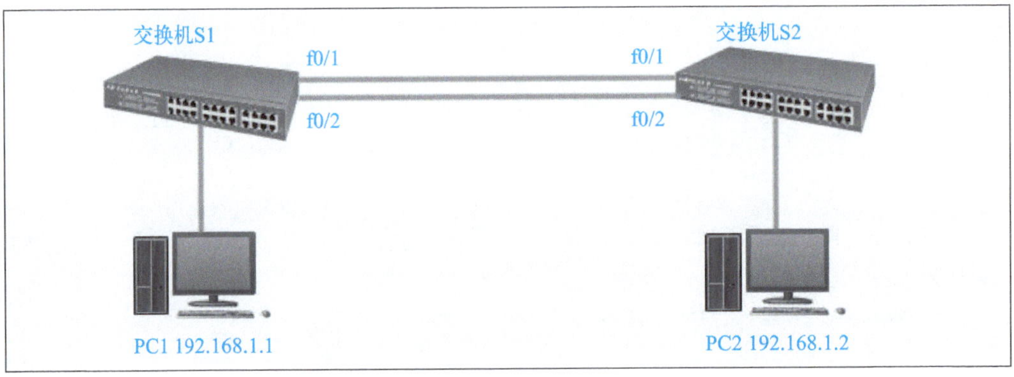

图 6-11　双交换机实现生成树协议

步骤01 交换机S1的基本配置如下。交换机S2的配置过程与S1相同，参数详见拓扑图。

```
Switch>en                                                    //进入特权模式
Switch#configure terminal
Enter configuration commands, one per line.  End with CNTL/Z.
Switch(config)#hostname S1                                   //命名交换机
S1(config)#vlan 10                                           //创建VLAN 10
S1(config-vlan)#exit
S1(config)#interface f0/3
S1(config-if)#no shutdown
S1(config-if)#switchport access vlan 10                      //端口加入VLAN 10
S1(config-if)#exit
```

```
S1(config)#interface range f0/1-2                        //进入聚合端口
S1(config-if-range)#no shutdown
S1(config-if-range)#switchport mode trunk                //端口为TRUNK模式
%LINEPROTO-5-UPDOWN: Line protocol on Interface FastEthernet0/1,
changed state to down
%LINEPROTO-5-UPDOWN: Line protocol on Interface FastEthernet0/1,
changed state to up
%LINEPROTO-5-UPDOWN: Line protocol on Interface FastEthernet0/2,
changed state to down
%LINEPROTO-5-UPDOWN: Line protocol on Interface FastEthernet0/2,
changed state to up
S1(config-if-range)#exit
```

步骤02 启用快速生成树协议。S1与S2相同。

```
S1(config)#spanning-tree
S1(config)#spanning-tree mode rstp
S1#show spanning-tree
```

步骤03 设置交换机优先级，指定S1为根交换。

```
S1(config)#spanning-tree priority 4096
```

步骤04 验证交换机S2中端口1和端口2的状态。

```
S2#show spanning-tree interface f0/1
S2#show spanning-tree interface f0/2
```

如果S1与S2的f0/1链路断掉，验证S2中端口2的状态，并观察状态转换时间。

```
S2#show spanning-tree interface f0/2
```

使用计算机观察是否依然能够通信。需要注意的是，最好先配置好交换机，然后再连接交换机。否则容易产生广播风暴，影响实验结果。

6.4.4 静态路由及默认路由的配置

前面介绍的主要是交换机技术，在路由器的配置中，静态路由及默认路由也是经常遇到的。前面介绍了静态路由和默认路由的区别，下面介绍静态路由及默认路由的配置。

1. 静态路由的配置

静态路由就是人工指定去往某个网络的数据包应该走哪个端口。下面以图6-12所示的拓扑图为例，介绍静态路由配置。

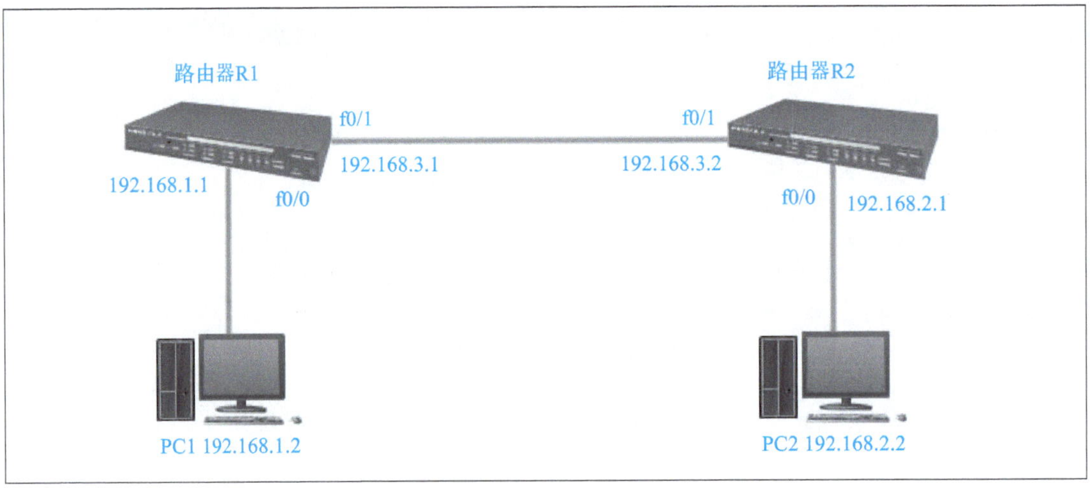

图 6-12　静态路由的拓扑图

注意事项：数据通信的双向性。

需要注意的是，数据的传输总是双向的，既然指定去的包，那么也必须保证包可以回来，所以在另一台路由器上也要做静态路由的配置。实际上，做默认路由的配置也是可以的。

步骤 01 配置R1的路由基本参数。

```
Router>en
Router#configure terminal
Enter configuration commands, one per line.  End with CNTL/Z.
Router(config)#hostname R1
R1(config)#in f0/0
R1(config-if)#no shut
R1(config-if)#
%LINK-5-CHANGED: Interface FastEthernet0/0, changed state to up
%LINEPROTO-5-UPDOWN: Line protocol on Interface FastEthernet0/0,
changed state to up
R1(config-if)#ip address 192.168.1.1 255.255.255.0        //配置IP地址
R1(config-if)#in f0/1
R1(config-if)#ip address 192.168.3.1 255.255.255.0
R1(config-if)#no shut
%LINK-5-CHANGED: Interface FastEthernet0/1, changed state to up
R1(config-if)#exit
R1(config)#
```

步骤 02 R2的配置过程与R1相同，注意IP地址和端口等参数，详见拓扑图6-12。此时PC1可以ping通192.168.3.1。通过查看路由表可以看到R1的路由表中只有1.0和3.0网段，如图6-13所示。

```
Gateway of last resort is not set

C    192.168.1.0/24 is directly connected, FastEthernet0/0
C    192.168.3.0/24 is directly connected, FastEthernet0/1
Router#
```

图 6-13 R1 的路由表

拓展知识

为什么ping不通3.2？

有些读者说，既然路由表中可以看到3.0的下一跳是f0/1，为什么ping不通3.2？但数据包是可以发送出去的。

数据包确实可以从f0/1发出，也可以到达3.2，数据通信还是双向的。但在路由器R2的表中，只有直连的2.0和3.0网段，包的源地址是1.0网段，在路由表中是没有相关条目的，所以R2回应的数据包是无法找到回来的路的，这和交换机是不同的，是由路由器的工作原理所决定的。所以PC1最多收到3.1的回应，而无法收到3.2的回应。请读者想一下：用R1 ping 3.2，是否可以ping通？

步骤03 在R1配置2.0网段的静态路由。

```
R1(config)#ip route 192.168.2.0 255.255.255.0 f0/1
```

经过上述配置后，所有去往2.0网段的包，全部从f0/1端口发出。配置完毕后，可以查看路由表，发现多了一条静态路由，用“S”表示，如图6-14所示。

```
Gateway of last resort is not set

C    192.168.1.0/24 is directly connected, FastEthernet0/0
S    192.168.2.0/24 is directly connected, FastEthernet0/1
C    192.168.3.0/24 is directly connected, FastEthernet0/1
Router#
```

图 6-14 查看路由表

注意事项：用其他方式表示该路由项。

除了用f0/1表示数据的发出端口，还可以使用下一跳“192.168.3.2”来代替“f0/1”。路由器会自动将192.168.3.2表示成“F0/1”端口。

步骤04 在R2上也创建一条静态路由。

```
R2(config)#ip route 192.168.1.0 255.255.255.0 192.168.3.1
```

使用PC1 ping PC2即可通信。可以看到，如果静态路由项过多，配置非常烦琐，如果稍有不慎配置错误，就需要做大量的排查工作。因此，静态路由只适合简单的、不易经常变动的网络结构使用。

2. 默认路由的配置

配置默认路由相当于配置网关，在网络边界路由器上经常使用。配置命令如下。

```
router(config)#ip route 0.0.0.0 0.0.0.0 [下一跳路由器的IP地址/本地接口]
```

其中0.0.0.0 0.0.0.0的意思是到达任意网络、任意子网掩码。仍以图6-12的拓扑图为例，在

R1和R2中，分别输入以下命令。

```
R1(config)# ip route 0.0.0.0 0.0.0.0 f0/1
R2(config)# ip route 0.0.0.0 0.0.0.0 f0/1
```

完成后两台计算机即可通信。静态路由在路由表中以“S*”表示，如图6-15所示。默认路由一般需要配置，以便在条目中找不到目标路由时，可以有默认帮助查找的路由器。

```
Gateway of last resort is 0.0.0.0 to network 0.0.0.0

S    192.168.1.0/24 [1/0] via 192.168.3.1
C    192.168.2.0/24 is directly connected, FastEthernet0/0
C    192.168.3.0/24 is directly connected, FastEthernet0/1
S*   0.0.0.0/0 is directly connected, FastEthernet0/1
Router(config)#
```

图 6-15 “S*”表示静态路由

6.4.5 RIP协议及配置

RIP（routing information protocol，路由信息协议）是内部网关协议（IGP）中最先得到广泛使用的协议。RIP是一种分布式的基于距离向量的路由选择协议，是因特网的标准协议，其最大优点就是简单。

RIP协议要求网络中的每个路由器都要维护从它自己到其他每一个目的网络的距离（这是一组距离，即“距离向量”）。RIP协议将“距离”定义如下：从路由器到直接连接的网络的距离定义为1，从路由器到非直接连接的网络的距离定义为所经过的路由器数加1。加1是因为到达目的网络后就进行直接交付，而到直接连接的网络的距离已经定义为1。

RIP协议的距离也称为跳数，每经过一个路由器，跳数就加1。RIP协议认为一个好的路由就是它通过的路由器的数目少，即距离短。RIP协议允计一条路径最多包含15个路由器，因此距离的最大值为16时相当于不可达。可见RIP协议只适用于小型互联网。RIP协议有以下3个要点。

- 仅和相邻路由器交换信息。
- 交换的信息是当前路由器所知道的全部信息，即自己的路由表。
- 按固定的时间间隔交换路由信息。

这里要强调一点，路由器刚开始工作时，只知道与其直接连接的网络的距离（此距离定义为1），以后每个路由器也只和数目非常有限的相邻路由器交换并更新路由器信息。经过若干次的更新后，所有的路由器最终都会知道到达本自治系统中任何一个网络的最短距离和下一跳路由器的地址。RIP协议的收敛（convergence）过程较快。

网络术语

收敛

收敛是指在自治系统中所有的节点都得到正确的路由选择信息的过程。

下面介绍RIP协议的配置实例，拓扑图如图6-16所示。

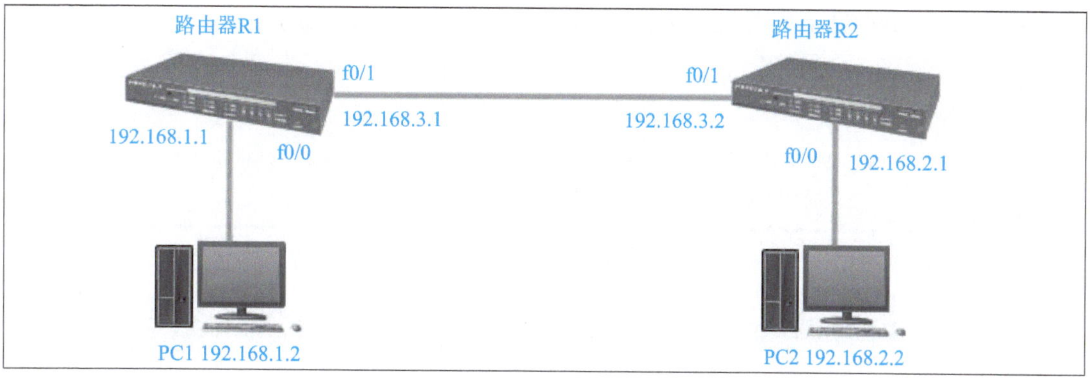

图 6-16 RIP 协议配置拓扑图

步骤 01 基础配置。在R1中配置好端口的IP信息，R2的配置过程与R1相同，IP按拓扑图上的内容进行配置。

```
Router>en
Router#configure terminal
Enter configuration commands, one per line. End with CNTL/Z.
Router(config)#hostname R1
R1(config)#in f0/0
R1(config-if)#no shut
R1(config-if)#
%LINK-5-CHANGED: Interface FastEthernet0/0, changed state to up
%LINEPROTO-5-UPDOWN: Line protocol on Interface FastEthernet0/0,
changed state to up
R1(config-if)#ip address 192.168.1.1 255.255.255.0
R1(config-if)#in f0/1
R1(config-if)#ip address 192.168.3.1 255.255.255.0
R1(config-if)#no shut
%LINK-5-CHANGED: Interface FastEthernet0/1, changed state to up
R1(config-if)#exit
R1(config)#
```

步骤 02 配置RIP协议。在R1中进行如下配置，在R2中也进行相同配置，但宣告的直连网段是2.0和3.0网络。

```
R1(config)#router rip                              //启动 RIP 配置
R1(config-router)#network 192.168.1.0              //宣告直连网段
192.168.1.0
R1(config-router)#network 192.168.3.0              //宣告直连网段
192.168.3.0
R1(config-router)#version 2                        //定义 RIP 协议 V2
R1(config-router)#no auto-summary                  //关闭路由器自动汇总
R1(config-router)#exit
```

完成后等待片刻，即可查看路由表，可以看到此时有个“R”标识的路由条目，这是RIP协议互相通告得到的。其具体含义就是数据包要到2.0网段，走f0/1接口发出即可，如图6-17所示。同样，路由器R2也有相关1.0网段的RIP条目出现，这时网络就畅通了。

```
Gateway of last resort is not set

C    192.168.1.0/24 is directly connected, FastEthernet0/0
R    192.168.2.0/24 [120/1] via 192.168.3.2, 00:00:04, FastEthernet0/1
C    192.168.3.0/24 is directly connected, FastEthernet0/1
Router(config)#
```

图 6-17　查看路由表

6.4.6　OSPF协议及配置

OSPF协议的全称为开放最短路径优先（open shortest path first），它是为克服RIP的缺点而开发出来的。

1. OSPF协议的特点

该协议的主要特点如下。

- 使用分布式的链路状态协议。
- 路由器发送的信息是本路由器与哪些路由器相邻，以及链路状态（如距离、时延、带宽等）信息。
- 当链路状态发生变化时用洪泛法向所有路由器发送。

为了能够用于规模很大的网络，OSPF将一个自治系统再划分为若干个更小的区域（area），一个区域内的路由器数不超过200个。

2. 自治系统内部划分区域

划分区域的好处是将利用洪泛法交换链路状态信息的范围局限于每个区域而不是整个自治系统，这就减少了整个网络的通信量。在一个区域内部的路由器只知道本区域的完整网络拓扑，而不知道其他区域的网络拓扑情况。

网络术语

OSPF 常见术语

区域（area）：区域号 ID 相同的一组路由器，区域中的所有路由器的链路状态都相同，区域中的每台路由器都是内部路由器。

邻接数据库（adjacencies database）：存放的是建立邻接关系之后的所有邻居列表。

拓扑数据库（topological database）：存入的是网络中所有其他路由的信息列表，它显示的是整个网络拓扑。

路由表（routing table）：在拓扑数据库中通过 SPF 算法计算出的最佳路径。

3. OSPF的执行过程

路由器的初始化过程。每个路由器用数据库描述分组，相邻路由器交换本数据库中已有的链路状态摘要信息，路由器使用链路状态请求分组，向对方请求发送自己所缺少的某些链路状态项目的详细信息，通过一系列的分组交换，建立全网同步的链路数据库。

网络运行过程。路由器的链路状态发生变化，该路由器就要使用链路状态更新分组，用洪泛法向全网更新链路状态。每个路由器计算出以本路由器为根的最短路径树，根据最短路径树更新路由表。

路由器定期（默认为每10 s）在广播域中通过组播224.0.0.5使用Hello包来发现邻居，所有运行OSPF的路由器都侦听和定期发送Hello分组。

OSPF路由器建立了邻居关系之后，它们并不是任意交换链路状态信息，而是在建立了邻接关系的路由器之间相互交换信息来同步形成相同的拓扑表，即每个路由器只会跟DR（指定路由器）和BDR（备用指定路由器）形成邻接关系来交换链路状态信息。

4. OSPF的配置

下面以图6-18所示的拓扑图为例，介绍OSPF的配置过程，其中R2与R3的区域为主干区域Area 0。

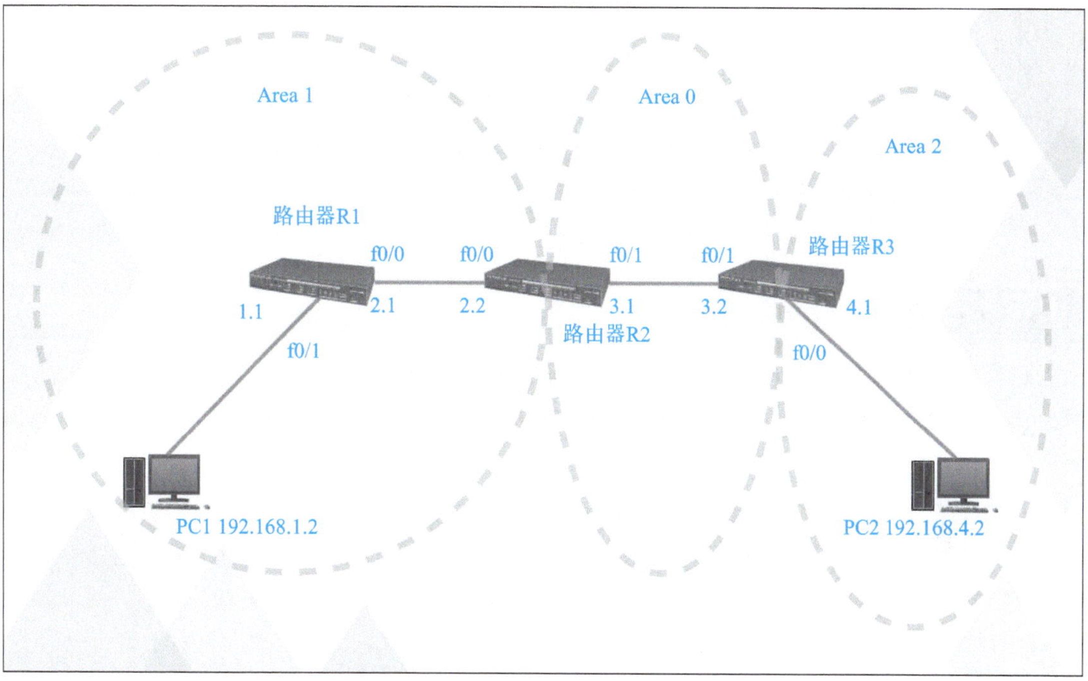

图 6-18 OSPF 配置拓扑图

步骤01 配置路由器R1的所有端口及IP地址，R2和R3也按照相同步骤配置IP地址和端口，参数详见拓扑图。

```
Router>en
Router#configure terminal
Enter configuration commands, one per line.  End with CNTL/Z.
Router(config)#hostname R1
R1(config)#in f0/1
R1(config-if)#ip address 192.168.1.1 255.255.255.0
R1(config-if)#no shut
R1(config-if)#in f0/0
R1(config-if)#ip address 192.168.2.1 255.255.255.0
R1(config-if)#no shut
R1(config-if)#exit
```

步骤02 接下来为R1配置OSPF设置。R2和R3也按照同样步骤配置OSPF设置，参数详见拓扑图。

```
R1(config)#router ospf 1                              //开启并进入OSPF 进程1配置
//宣告直连网段并分配区域号
R1(config-router)#network 192.168.1.0 0.0.0.255 area 1
R1(config-router)#network 192.168.2.0 0.0.0.255 area 1
R1(config-router)#end
```

完成后，即可ping通。查看路由表，如图6-19所示，其中O就代表OSPF协议。

```
Gateway of last resort is not set

C    192.168.1.0/24 is directly connected, FastEthernet0/1
C    192.168.2.0/24 is directly connected, FastEthernet0/0
O IA 192.168.3.0/24 [110/2] via 192.168.2.2, 00:19:05, FastEthernet0/0
O IA 192.168.4.0/24 [110/3] via 192.168.2.2, 00:19:05, FastEthernet0/0
R1#
```

图 6-19　O 代表 OSPF 协议

思考与练习

(1) 按照第6.4.1节介绍的内容及示例，为企业划分VLAN。

(2) 按照第6.4.4节介绍的内容，配置静态路由及默认路由。

(3) 按照第6.4.5节介绍的内容，在路由器之间启动RIP协议并观察路由表条目。

第7章 无线局域网的组建与配置管理

内容概要

无线局域网在前面章节中已有所介绍，因为无线的便利性，使无线局域网遍及很多常见的场所。简单的无线局域网是以无线路由器为中心进行组建与配置的，但在一些大型场所如企业局域网中，无线局域网还包括很多其他的技术和设备，本章将全面介绍这些技术和硬件。通过对本章内容的学习，用户可以了解到无线局域网的魅力所在。

重点难点

- 无线局域网技术的标准。
- 无线局域网的结构。
- 无线局域网的常见设备及作用。
- 无线局域网的组建。
- 无线局域网的配置管理。

7.1 无线局域网概述

无线局域网（WLAN）是指应用无线通信技术将计算机设备互连起来，构成可以互相通信和实现资源共享的网络体系。无线局域网的本质特点是不再使用通信电缆将计算机与网络连接起来，而是通过无线的方式进行连接，从而使网络的构建和终端的移动更加灵活。

无线的主要载体有3种：无线电、微波以及红外线。

目前无线局域网已经遍及生活的各个角落，家庭、学校、办公楼、体育场、图书馆、公司等都有无线技术的身影。另外，无线技术还可以解决一些有线技术难以覆盖或者布置有线线路成本过高的地方，如山区、河流、湖泊以及一些危险区域，如图7-1所示。

图 7-1　无线技术可解决有线技术难以覆盖的区域

7.1.1 无线局域网技术的标准

无线局域网技术的标准主要有以下几种。

1. 802.11标准

IEEE 802.11无线局域网标准的制定是无线网络技术发展的一个里程碑。802.11标准的颁布，使得无线局域网在各种有移动要求的环境中被广泛接受。它是无线局域网目前最常用的传输协议，各大网络设备制造公司都有基于该标准的无线网卡产品。

网络术语

BSSID 与 ESSID

BSSID 指接入点的 MAC 地址，不可修改。ESSID 就是常说的 SSID，可以修改。SSID 用来区分不同的无线网络，最多可以有 32 个字符。通过无线信号扫描可以发现 AP 发出的 SSID，为了安全，可以隐藏无线的 SSID。

2. 蓝牙

对于802.11标准来说，蓝牙的出现不是为了竞争而是相互补充。蓝牙是一种近距离无线数字通信的技术标准，传输距离为10 cm～10 m，通过增加发射功率可达到100 m。蓝牙比802.11标准更具移动性，比如，802.11标准限制在办公室和校园内，而蓝牙却能把一个设备连接到局域网和广域网，甚至支持全球漫游。此外，蓝牙成本低、体积小，可用于更多的设备。蓝牙最大的优势还在于，在更新网络骨干时，如果搭配蓝牙架构进行，可以使整体网络的成本比铺设线缆低。

3. HomeRF

HomeRF主要为家庭网络设计，是IEEE 802.11与数字无绳电话标准的结合，旨在降低语音数据成本。HomeRF也采用了扩频技术，工作在2.1 GHz频带，能同步支持4条高质量语音信道。

4. HiperLAN

HiperLAN 1推出时，数据传输速率较低，没有被重视。在2000年，HiperLAN 2标准制定完成。HiperLAN 2标准的最高数据传输速率为54 Mbit/s，HiperLAN 2标准详细定义了WLAN的检测功能和转换信令，用以支持更多无线网络，它还支持动态频率选择、无线信元转换、链路自适应、多束天线和功率控制等。该标准在WLAN性能、安全性、服务质量（QoS）等方面也给出了一些定义。

7.1.2 无线局域网的类型

WLAN有多种网络类型，包括对等网络、基础结构网络、桥接模式以及Mesh组网。下面详细介绍这几种网络。

1. 对等网络

对等网络也叫Ad-hoc，由一组有无线网卡的计算机组成，如图7-2所示。这些计算机以相同的工作组名、ESSID和密码以对等的方式相互直接连接，在WLAN的覆盖范围之内，进行点对点或点对多点之间的通信。

这种组网模式不需要固定的设施，只需要在每台计算机中安装无线网卡就可以实现，因此非常适用于一些临时网络的组建以及终端数量不多的网络中。

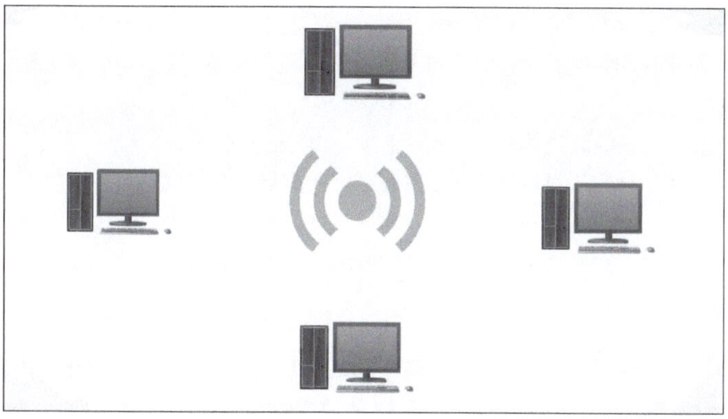

图 7-2　对等网络

2. 基础结构网络

在基础结构网络（图7-3）中，具有无线网卡的无线终端以无线接入点（AP）为中心，通过无线信号互相连接起来，实现无线移动办公的接入。任意站点之间的通信都需要使用AP转发，终端也使用AP接入网络。

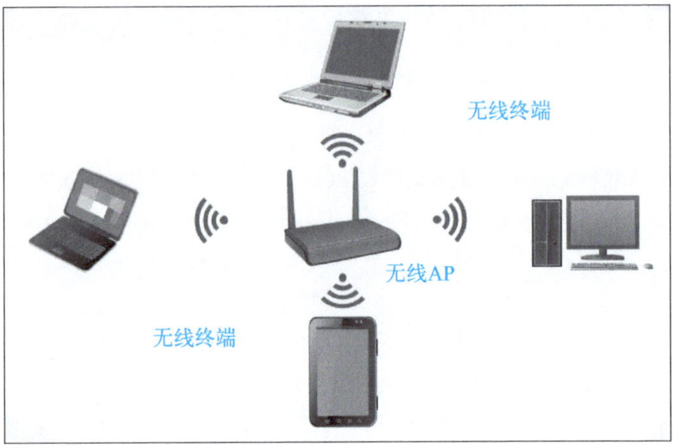

图 7-3　基础结构网络

3. 桥接模式

桥接模式也叫混合模式，如图7-4所示。在这种模式中，AP和节点1之间使用了基础结构的网络，而节点2通过节点1连接AP。

图 7-4　桥接模式

拓展知识

无线网络的分类

根据覆盖范围的不同，无线网络可以分为以下3种。

- 无线广域网：基于移动通信基础设施，由三大通信运营商经营，负责一个城市甚至一个国家所有区域的通信服务。
- 无线局域网：负责在短距离范围之内无线通信接入功能的网络。
- 无线城域网：无线城域网是可以让接入用户访问到固定场所的无线网络，它将一个城市或者多个固定场所连接起来。

4. Mesh组网

Mesh 网络即“无线网格网络”，是一种“多跳（multi-hop）”网络，由Ad-hoc网络（对等网络）发展而来。Mesh网络中的每一个节点都是可移动的，并且能以任意方式动态地保持与其他节点的连接，如图7-5所示。在网络演进的过程中，无线网络是一个不可或缺的技术，无线Mesh能够与其他网络协同通信，形成一个动态的可不断扩展的网络架构，并且在任意的两个设备之间均可保持无线互联。

- Mesh组网是为了解决单一无线路由器无法覆盖到全部范围的问题而采用的一种新型组网技术，它可以很轻松地达到无线覆盖。
- Mesh组网是一种多跳技术，能让用户的WiFi设备智能地跳到一个最合适的天线上。

- Mesh之间一般支持有线/无线组阵列。
- 采用Mesh之间无线回程方案回传数据时，路由器会拿出专属信道做Mesh之间的连接。当数据通信量非常大时，路由器可能会损失1/2的带宽做Mesh之间的内部通信。所以当多个Mesh之间采用无线回程回传数据，并且Mesh之间多次级联时，传输速度的差别会非常大。
- Mesh和AC+AP，一个是多跳网络，一个是天线管理。

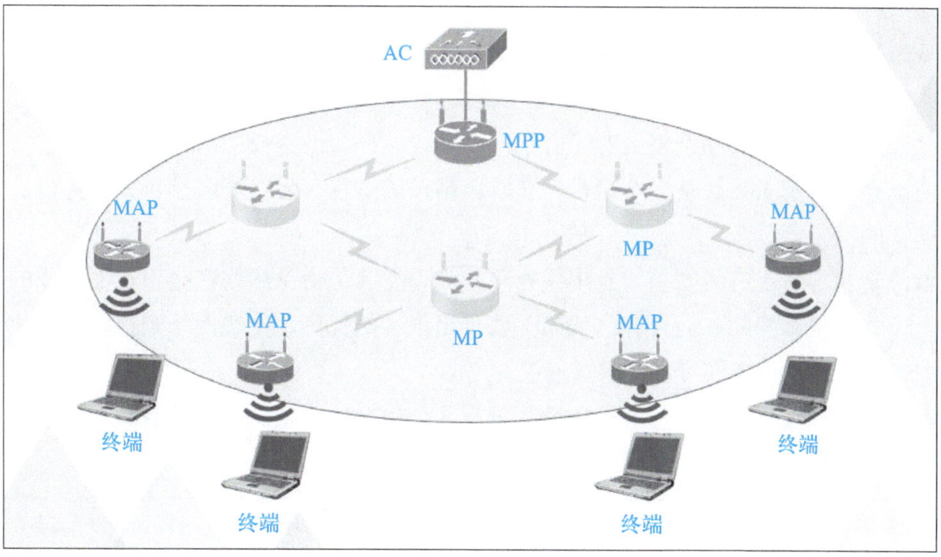

图 7-5 Ad-hoc 网络

网络术语

AC、MPP、MAP、MP

AC 用于控制和管理 WLAN 内所有的 AP；MPP（mesh portal point）是通过有线与 AC 连接的无线接入点；MAP（mesh access point）是同时提供 Mesh 服务和接入服务的无线接入点；MP（mesh point）是通过无线与 MPP 连接，但是不接入无线终端的无线接入点。

Mesh路由器的标配有3个发射频段、1个2.4 GHz频段和2个5 GHz频段。Mesh组网使用5 GHz高频段160 M做无线接入点之间的高速数据流传输，而5 GHz低频段80 M以及2.4 GHz频段则用来进行无线接入点与终端中速覆盖数据传输。

Mesh组网的优势如下。

- **部署简便：**Mesh网络的设计目标是将有线设备和有线、无线接入点的数量降至最低，因此大大降低了总拥有成本和安装时间。
- **稳定性强：**Mesh 网络比单跳网络更加健壮，因为它不依赖于某一个单一节点的性能。
- **结构灵活：**在多跳网络中，设备可以通过不同节点同时连接到网络中。
- **超高带宽：**一个节点不仅能传送和接收信息，还能充当路由器对其附近节点转发信息，随着更多节点的相互连接和可能的路径数量的增加，总的带宽也大大增加。

通常，实际使用时并没有那么复杂，只要使用几个可互联的Mesh进行简单设置即可。

7.1.3 无线局域网的优缺点

无线局域网的优缺点，主要是相对有线网络而言的。

1. 无线局域网的优点

- **灵活性和移动性：** 在有线网络中，网络设备的安放位置受网络位置的限制；而无线局域网在无线信号覆盖区域内的任何位置都可以接入网络，并且在移动的同时，能一直与网络保持连接。
- **安装便捷：** 无线局域网可以最大限度地减少网络布线的工作量，一般只要安装一个或多个接入点设备，就可建立覆盖整个区域的局域网络。
- **易于进行网络规划和调整：** 对于有线网络来说，办公地点或网络拓扑的改变通常意味着重新建网。重新布线是一个昂贵、费时、琐碎的过程，无线局域网可以避免或减少以上情况的发生。
- **故障定位容易：** 有线网络一旦出现物理故障，尤其是由于线路连接不良而造成的网络中断，往往很难查明，而且检修线路需要付出很大的代价。无线网络则很容易定位故障，只需更换故障设备即可恢复网络连接。
- **易于扩展：** 无线局域网可以很快地从只有几个用户的小型局域网扩展到上千用户的大型网络，并且能够提供节点间的“漫游”等有线网络无法实现的特性。

注意事项： WLAN与WiFi。

WiFi包含于WLAN中，两者发射信号的功率不同，覆盖范围也不同。从包含关系上来说，WiFi是WLAN的一个标准，属于采用WLAN协议的一项技术。WiFi的覆盖范围可达90 m左右，WLAN最大（加天线）可以到5 km。WiFi无线上网比较适合智能手机、平板电脑等智能数码产品。

---

2. 无线局域网的缺点

- **性能：** 无线局域网是依靠无线电波进行传输的。这些电波通过无线发射装置进行发射，而建筑物、车辆、树木和其他障碍物都可能阻碍电磁波的传输，影响网络的性能。
- **速率：** 无线信道的传输速率受很多因素影响，与有线信道相比稍低，适用于个人终端和小规模网络应用。另外延时和丢包问题一直是困扰无线网络的因素。
- **安全性：** 本质上无线电波不要求建立物理的连接通道，无线信号是发散的。从理论上讲，很容易监听到无线电波广播范围内的任何信号，造成通信信息泄露。

7.1.4 无线局域网的常见标准

现在的WLAN主要以802.11为标准，它定义了物理层和MAC层规范。基于IEEE 802.11系列的WLAN标准共有21个，其中802.11a、802.11b、802.11g、802.11n、802.11ac和802.11ax最具代表性。常见WLAN标准的有关参数数据详见表7-1。

表 7-1 WLAN 标准参数数据

标准	使用频率	兼容性	理论最高速率	实际速率
802.11a	5 GHz	/	54 Mbit/s	22 Mbit/s
802.11b	2.4 GHz	/	11 Mbit/s	5 Mbit/s
802.11g	2.4 GHz	兼容b	54 Mbit/s	22 Mbit/s
802.11n	2.4 GHz/5 GHz	兼容a/b/g	600 Mbit/s	100 Mbit/s
802.11ac W1	5 GHz	兼容a/n	1.3 Gbit/s	800 Mbit/s
802.11ac W2	5 GHz	兼容a/b/g/n	3.47 Gbit/s	2.2 Gbit/s
802.11ax	2.4 GHz/5 GHz	/	9.6 Gbit/s	/

7.1.5 无线局域网的安全性

WLAN应用中，对于家庭用户、公共场景中安全性要求不高的用户，使用VLAN隔离、MAC地址过滤、服务区域认证ID（ESSID）、密码访问控制和无线静态加密协议WEP（wired equivalent privacy）可以满足其安全性需求。但对于公共场景中安全性要求较高的用户，仍然存在着安全隐患，需要将有线网络中的一些安全机制引入到WLAN中，例如：在无线接入点（AP）实现复杂的加密解密算法；通过无线接入控制器（AC），利用PPPoE或者DHCP+Web认证方式对用户进行第二次合法认证；对用户的业务流实行实时监控等。这方面的WLAN安全策略有待进一步探讨和在实践中逐步完善。

无线加密技术有WEP、WPA/WPA2、WPA-PSK/WPA2-PSK、WPA3。

1. WEP

WEP是一种老式的加密方式，由于其安全性存在几个弱点，很容易被专业人士攻破，因此在2003年时就被WPA加密技术淘汰。由于WEP采用的是IEEE 802.11技术，而现在无线路由设备基本使用的都是IEEE 802.11n技术，因此，当使用WEP加密时会影响无线网络设备的传输速率。

2. WPA/WPA2

WPA/WPA2是一种安全的加密方式，但由于此加密方式需要安装Radius服务器，因此，一般用户用不到，只有企业用户为了无线加密更安全才会使用。使用这种加密方式时，设备在连接无线WiFi时需要Radius服务器认证，而且还需要输入Radius密码。

3. WPA-PSK/WPA2-PSK

WPA-PSK/WPA2-PSK是现在最为普遍的加密方式，这种加密方式安全性高，而且设置也相当简单。

网络术语

WPA-PSK/WPA2-PSK 加密算法

WPA-PSK/WPA2-PSK 数据加密算法主要有两种，包括 TKIP（temporal key integrity protocol，临时密钥完整性协议）和 AES（advanced encryption standard，高级加密标准）。其中，TKIP 是一种旧的加密标准，而 AES 不仅安全性能更高，而且由于其采用的是最新技术，在无线网络传输速率上比 TKIP 更快，因此推荐使用 AES。

4. WPA3

WPA3全名为Wi-Fi Protected Access 3，是Wi-Fi联盟组织于2018年1月8日在美国拉斯维加斯的国际消费电子展（CES）上发布的新WiFi加密标准，是WiFi身份验证标准WPA2技术的后续版本。其主要改进的地方有以下几点。

- 对使用弱密码的用户采取“强有力的保护”。如果密码多次输错，将锁定攻击行为，屏蔽WiFi身份验证过程来防止暴力攻击。
- WPA3简化了显示接口受限，甚至不具备显示接口的设备的安全配置流程，能够使用附近的WiFi设备作为其他设备的配置面板，为物联网设备提供更好的安全性。例如，用户能够使用手机或平板电脑来配置另一个没有屏幕的设备（如智能锁、智能灯泡或门铃等小型物联网设备）的密码和凭证，而不是将其开放给任何人访问和控制。
- 在接入开放性网络时，通过个性化数据加密增强用户隐私的安全性，它是对每个设备与路由器或接入点之间的连接进行加密的一个特征。
- WPA3的密码算法提升至192位的CNSA等级算法，与之前的128位加密算法相比，增加了字典法暴力密码破解的难度，并使用新的握手重传方法取代WPA2的4次握手。Wi-Fi联盟将其描述为“192位安全套件”，该套件与美国国家安全系统委员会国家商用安全算法（CNSA）套件相兼容，将进一步保护政府、国防和工业等安全要求更高的WiFi网络。

7.2 无线局域网的网络设备

在无线局域网中，最常见的设备是无线路由器。另外，随着无线技术的发展，各种无线设备层出不穷。常见的无线局域网网络设备主要有以下几种。

7.2.1 无线路由器

无线路由器如图7-6所示，在前面的章节中已有所介绍。无线路由器可以连接有线网络并提供无线服务，其配置简单、管理全面，还带有各种实用功能，已被广泛地使用在各种场所中。

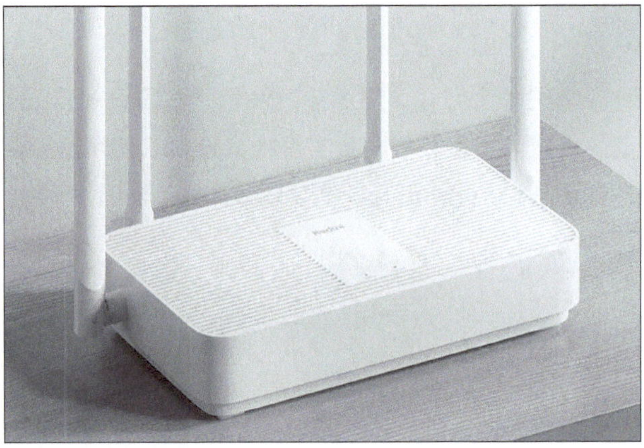

图 7-6 无线路由器

在购买时，应根据实际使用情况和未来发展趋势进行选择。现在基本上标配的就是全千兆口（IEEE 802.3ab）、支持WiFi 6（IEEE 802.11ax）的路由器，如图7-7所示。如果用户仅用于共享上网，且无线终端之间不需要大规模的数据传输，可以选择WiFi 5（IEEE 802.11ac）的路由器。

整机接口	1个10/100/1000M 自适应 WAN口（Auto MDI/MDIX） 3个10/100/1000M 自适应 LAN口（Auto MDI/MDIX）
LED指示灯	7个（SYSTEM指示灯*1，INTERNET指示灯*1，网口灯*4，AIoT状态灯*1）
系统重置按键	1个
电源输入接口	1个
协议标准	IEEE 802.11a/b/g/n/ac/ax，IEEE 802.3/3u/3ab
认证标准	GB/T9254-2008；GB4943.1-2011
保修信息	整机保修1年

图 7-7　全千兆口、支持 WiFi 6 的路由器

网络术语

MIMO

MIMO 是为极大地提高信道容量，在发送端和接收端都使用多根天线，在收发之间构成多个信道的天线系统。MIMO 系统的一个明显特点就是具有极高的频谱利用效率，在充分利用现有频谱资源的基础上通过利用空间资源来获取可靠性与有效性两方面的增益，其代价是增加了发送端与接收端的处理复杂度。大规模 MIMO 技术采用大量天线来服务数量较少的用户，可以有效提高频谱效率。

7.2.2 无线AP

无线AP，即无线接入点，是无线网与有线网之间沟通的桥梁，也是各种终端接入到无线的接入点。它是组建无线局域网的核心设备，主要用于宽带家庭、大楼内部以及园区内部，距离覆盖几十米至上百米，目前主要技术为802.11系列。大多数无线AP还带有接入点客户端模式（AP client），可以和其他AP进行无线连接，延展网络的覆盖范围。常见的无线AP如图7-8所示。

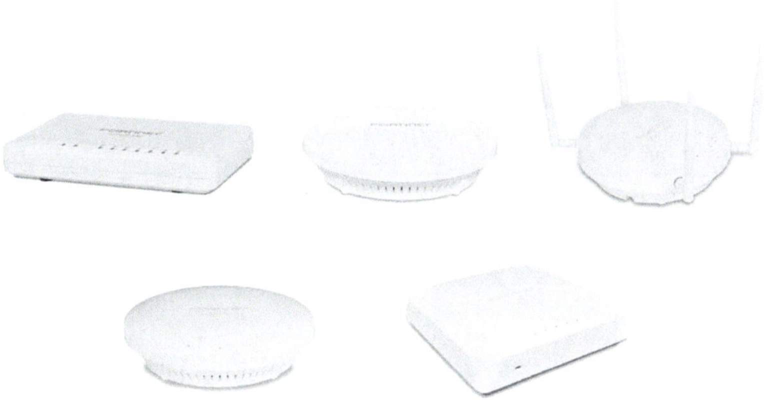

图 7-8　无线 AP

拓展知识

AP与无线路由器的关系

无线AP是一个含义很广的名称，它不仅包含单纯性无线接入点，也是无线路由器（含无线网关、无线网桥等）类设备的统称。它主要提供无线工作站对有线局域网以及从有线局域网对无线工作站的访问，在访问接入点覆盖范围内的无线工作站可以通过它相互通信。

1. 无线AP的功能

无线AP主要有以下3个功能。

- **共享：** 为接入到AP中的无线设备提供共享上网或无线设备之间的数据通信和共享。
- **中继：** 放大接收到的无线信号，使远端设备可以接收到更强的无线信号，扩大无线局域网的覆盖范围，并为其中的无线设备提供数据传输服务。
- **互联：** 将两个距离较远的局域网通过两个无线AP桥接在一起，形成一个更大的局域网。此时两个AP是同等地位，也不提供无线接入服务，只在两个AP之间收发数据。

2. 无线AP的分类

在一般情况下，无线AP分为两类：一类是扩展性AP，也叫胖AP；另一类是单纯AP，也叫瘦AP。

（1）胖AP。

胖AP除了提供无线接入功能外，还具备WAN口、LAN口等，功能比较全，一台设备就能实现接入、认证、路由、VPN等功能，有些还具备防火墙功能。此类AP包括常见的无线路由器。

（2）瘦AP。

瘦AP将胖AP进行瘦身，去掉了路由、DNS、DHCP服务器等功能，仅保留无线接入部分。瘦AP一般指无线网关或网桥，它不能独立工作，必须配合无线控制器（AC）的管理功能，多用于无线需求较高及无线终端较多的场合。例如，大企业或校园部署无线覆盖，可能需要几百个无线AP，如果采用胖AP一个一个地去设置会非常麻烦，而采用瘦AP可以统一管理及分发设置，效率会高很多。

拓展知识

胖AP及瘦AP的应用

一般家庭或者小型企业，因为范围小，且终端数量较少，通常使用一个胖AP即可。而大中型企业、包括各种广场、商场、园区，因为终端数量多，覆盖面积大，常采用无线控制器+瘦AP的组合方式，以方便管理，并且在多个AP之间可以无缝切换，无须再次认证，所有AP覆盖范围内都可以看作是一个无线局域网环境。

3. 常见的AP及作用

除了无线路由器，在公共场所常常可以看到无线AP的身影。

（1）吸顶式胖瘦一体AP。

吸顶式胖瘦一体AP一般安装在天花板上，提供2.4 GHz和5 GHz两个工作频段，提供千兆接口。可以使用电源适配器供电，建议使用PoE供电，这样一条网线就解决了数据和电源的问题。可以单独使用（胖AP）或者通过AC统一管理，通过功能调节按钮可设置胖瘦工作模式，如图7-9和图7-10所示。挑选时，需要查看其工作频段的带宽及带机量。

（2）面板式胖瘦一体AP。

面板式胖瘦一体AP通常安装在墙上，与信息盒类似，通过有线网络连接到交换机中，可以提供有线及无线连接。和吸顶式AP一样，面板式AP也可以调节胖瘦模式，可以使用PoE供电，以及通过AC进行管理，如图7-11和图7-12所示。

图 7-9 吸顶式胖瘦一体 AP

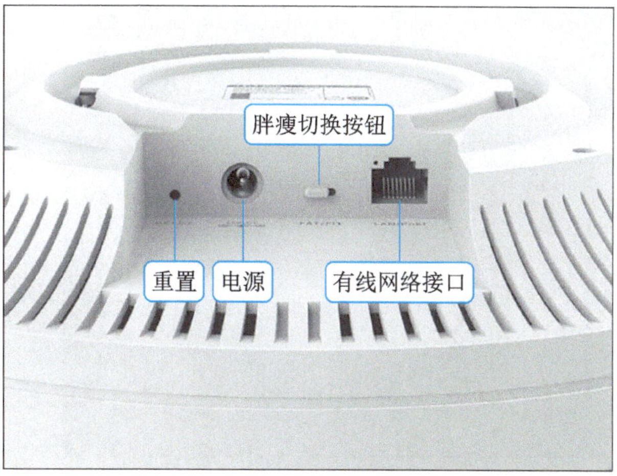

图 7-10 设置胖瘦工作模式

图 7-11 面板式胖瘦一体 AP

图 7-12 通过 AC 进行管理

（3）室外AP。

上面的使用场景基本都在室内，而室外（如公园、景区、广场、学校等）使用的AP需要带机量高、覆盖范围广、抗干扰强的产品。现在的室外AP，如图7-13和图7-14所示，还提供智能识别、剔除弱信号设备、自动调节功率、自动选择信道、胖瘦一体、支持多个SSID以设置不同的权限和策略等功能。在选购时，需要选择抗老化性能强、工业级防尘防水、具有稳定的散热以及供电方便、可长时间工作的产品。有条件的用户在远距离传输时，还可以使用带有光纤接口的室外AP。

你学会了吗？

图 7-13　室外 AP

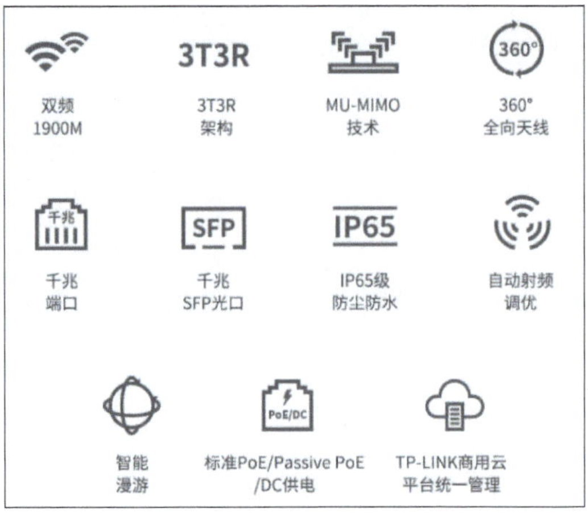

图 7-14　提供多种功能

4. 无线AP的参数与选购技巧

在选购无线AP时，需要注意以下几个重要参数。

（1）带机量。

AP的带机量决定了此AP可以接入的设备数量，可根据不同地点的实际情况进行选择。

拓展知识

不同AP类型的带机数量

一般而言，单频无线AP的带机量为10～25个，双频无线AP的带机量为50～70个，而高密度无线AP的带机量为100～140个。

（2）无线规格。

无线终端上网体验与无线AP的规格（速率、频段）相关。无线AP的速率规格越高，无线上网速率理论上会更高，另外5 GHz频段的无线网络体验远优于2.4 GHz频段的无线网络。部分场景对无线体验要求比较高，如企业、别墅等环境，这些环境中的无线终端配置往往也比较高端，所以在这种环境中应该选择双频AP。

（3）供电方式。

AP的供电方式分DC供电（图7-15）和PoE供电（图7-16）两种方式。这两种供电方式都不会影响设备工作的稳定性，但是相比DC供电，PoE供电方式在布线和安装上更加简单、方便、美观。

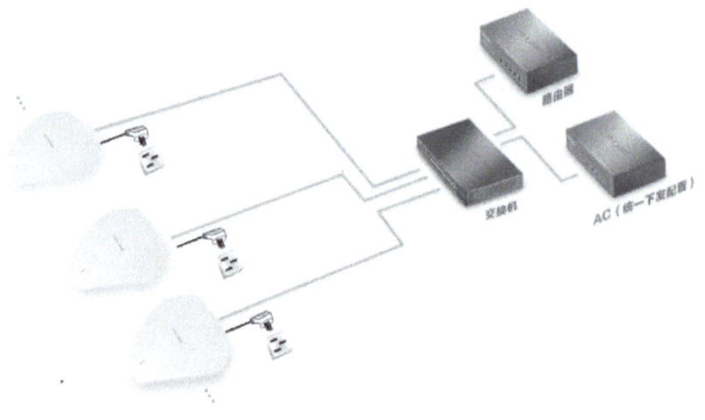

图 7-15　DC 供电

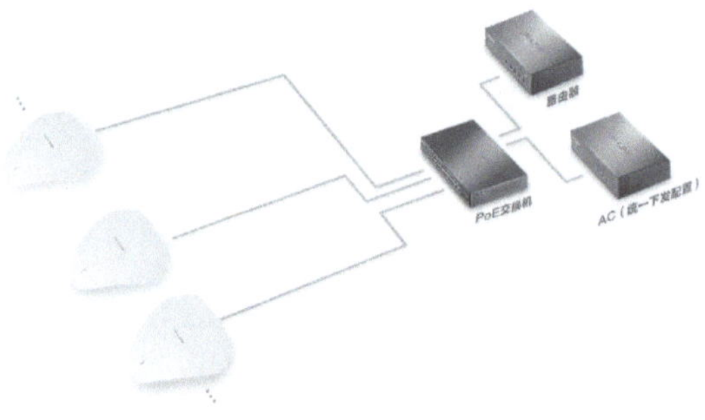

图 7-16　PoE 供电

(4) 面板接口规格。

根据实际需要，可以选择单AP、AP+有线、AP+有线+USB供电几种形式。

7.2.3 无线AC

无线AC（wireless access point controller，无线接入控制器）主要用来集中控制无线AP（瘦AP），是瘦AP必须使用的硬件。无线AC负责把来自不同AP的数据进行汇聚并接入因特网，同时完成AP设备的配置管理，无线用户的认证、管理及宽带访问、安全防护等控制功能。另外还提供DHCP功能、自动信道调整、WPA2安全机制、AP定时重启、AP自动统一升级、AP统一配置和管理、AP批量编辑、AP分组管理等，这些都是经常使用的功能。至于AC的管理模式，可以使用Web管理、串口CLI管理和TELNET管理等。

拓展知识

无线AC的其他功能

- 统一配置无线网络，支持SSID与Tag VLAN映射，也就是根据SSID划分不同的VLAN。
- 支持MAC认证、Portal认证、微信连WiFi等多种用户接入的认证方式。
- 支持AP负载均衡，均匀分配AP连接的无线客户端数量。在大场所布置AP时经常使用此功能。AP覆盖范围重叠时，可以进行连接端的透明分流。
- 禁止弱信号客户端接入和踢除弱信号客户端。

根据无线AC的存在形式，可以分为独立AC与集成AC两种。

1. 独立AC

独立AC是指采用单独的AC硬件设备，如图7-17所示。使用独立AC可以自动发现并统一管理同一厂家的AP。可以采用AC旁挂组网，无须更改现有网络架构，部署方便。

图 7-17 AC 硬件设备

网络术语

旁挂

旁挂是相对于直连而言的，比如 AC 旁挂指 AC 与 AP 并不直连，而是通过交换机连接。AC 只要连接到交换机上，就可以对所有的 AP 进行控制，所以非常灵活方便。AC 的旁挂模式如图 7-18 所示，其也是常见的无线局域网拓扑结构图。

学习体会

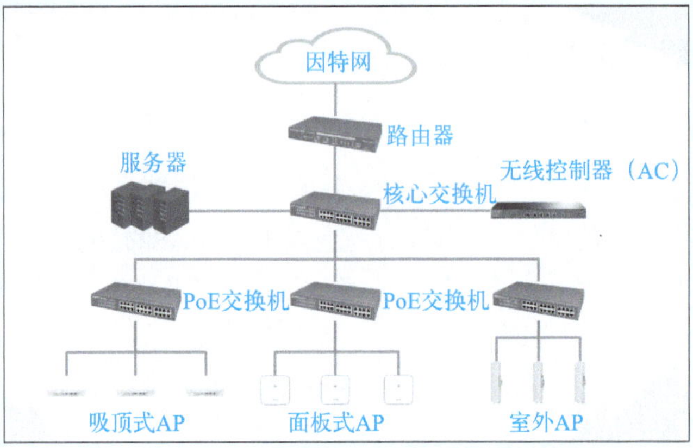

图 7-18　AC 的旁挂模式

2. 集成AC

集成AC是指不采用单独的AC硬件设备，而是采用在设备中集成AC硬件插卡或模块，来实现对所有AP的管理。很多企业级路由器也自带无线管理，不仅可以实现正常路由器的路由功能、防火墙功能、VPN功能，还自带AC功能，这样组合的性价比较高。如果是中小型企业使用，AP较少，还可以使用PoE、AC一体化路由器，如图7-19所示。

图 7-19　集成 AC

7.2.4　无线网桥

利用无线传输方式在两个或多个网络之间搭起通信的桥梁，即为无线网桥。无线网桥从通信机制上分为电路型网桥和数据型网桥。无线网桥除了具备有线网桥的基本特点，还工作在2.4 GHz或5.8 GHz的免申请无线执照的频段，因而比其他有线网络设备更方便部署。无线网桥的外观如图7-20所示。可以在办公大楼顶部、信号塔上发现无线网桥的身影。无线网桥根据不同的品牌和性能，可以实现几百米到几十千米的数据传输。很多监控使用无线网桥进行数据传输。

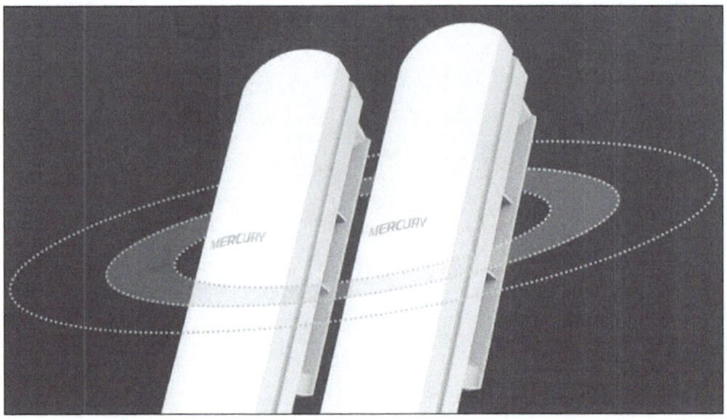

图 7-20　无线网桥

无线网桥可以用在不容易布线或者布线成本过高的地点，以实现数据的远距离传输，如远距离组建局域网共享上网或共享资源，如图7-21所示。

图 7-21 远距离数据传输

无线网桥也可以用在电梯中，用来传输视频信号，如图7-22所示。常见的位于办公大楼顶部的网桥，一般用来直接传输数据或作为跨建筑物的信号中继，如图7-23所示。

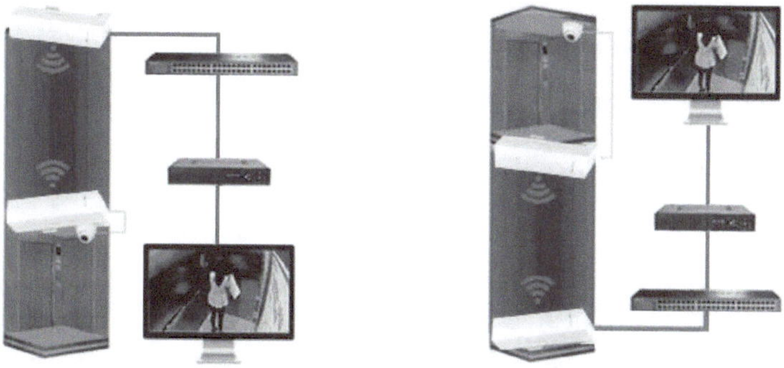

图 7-22 用于电梯中传输视频信号

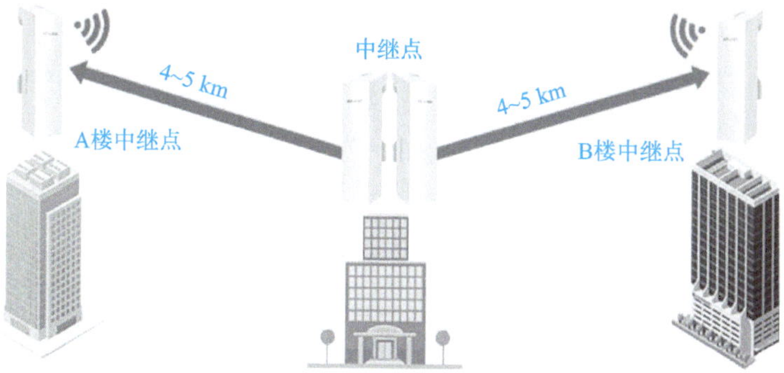

图 7-23 作为跨建筑物的信号中继

网络术语

BS 与 CPE

BS 就是基站的意思，经常可以在楼顶看到它。与 CPE 不同，BS 一般需外接天线使用，如图 7-24 所示。针对不同的应用场景，BS 可接入碟形天线、扇区天线、全向天线。CPE 是一种接收 WiFi 信号的无线终端接入设备，可取代无线网卡等无线客户端设备。它可以接收无线路由器、无线 AP、无线基站等发射的无线信号，是一种新型的无线终端接入设备。同时，它也是一种将高速 4G 信号转换成 WiFi 信号的设备。

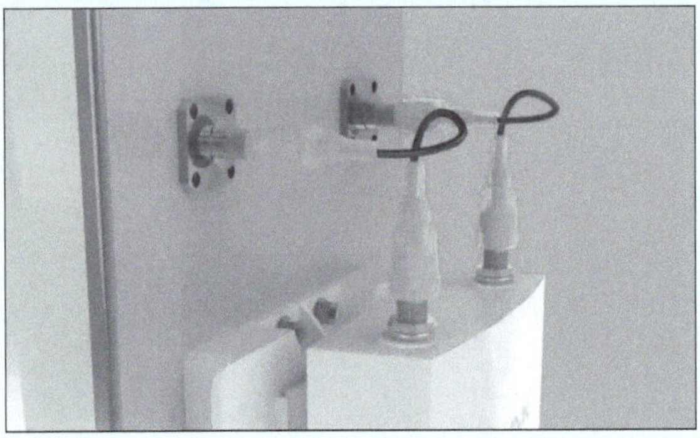

图 7-24　BS 外接天线使用

7.2.5　无线中继器

无线中继器也叫无线放大器，如图7-25所示。其作用其实并不会放大原始信号，仅仅是作为中继，增加网络的覆盖范围。因为无线中继器不仅连接了上级的无线信号，还要给无线终端提供信号，所以在带宽上要降一半。实际上，将用户使用的普通路由器改成中继模式后，也可以称其为无线中继器。配置简单、安装方便是无线中继器的最大优势。无线名称和主路由的SSID可以保持一致。至于需要多少个无线中继器，需要按照用户的户型和信号强度来决定，如图7-26所示。

图 7-25　无线中继器

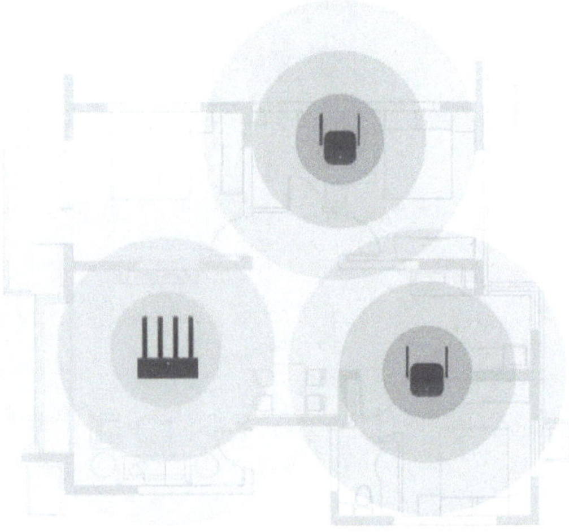

图 7-26　按户型和信号强度来决定所需个数

注意事项：无线中继器和Mesh的区别。

无线中继器的作用就是连接上级无线信号，并为无线终端提供接入服务。如果再有下级，可以像菊花链一样一直扩展。此时如果中间某台中继器发生故障，则下级的中继器就都无法使用了，而且带宽会额外消耗很多。一般家庭或小型公司使用无线中继器比较多。

Mesh会根据实际情况智能地选择频段和设备进行设备间的通信，还可以根据路由表智能选择转发路径。如果设备性能较好且支持3频的话，带宽是不会受到影响的。另外，跨Mesh设备对用户来说是无感的，也就是无缝漫游，可以随意切换。再结合有线回程，Mesh的实际效果要远好于无线中继器，且添加Mesh设备非常简单。

7.2.6 无线网卡

无线网卡分为内置集成的无线网卡和外置无线网卡，像手机、笔记本电脑、平板电脑、智能无线家居产品等设备中均为内置无线网卡，而外置无线网卡一般是为台式计算机准备的，而且现在基本都是免驱型网卡，插入计算机后会自动安装驱动。前面已经介绍了网卡包括无线网卡的知识，这里介绍一种外置式的无线网卡天线，将其配合计算机的无线网卡使用效果更好，如图7-27所示。另外一种要介绍的设备既可以作为USB无线网卡使用，也可以插入连网的计算机中作为随身WiFi使用，如图7-28所示。

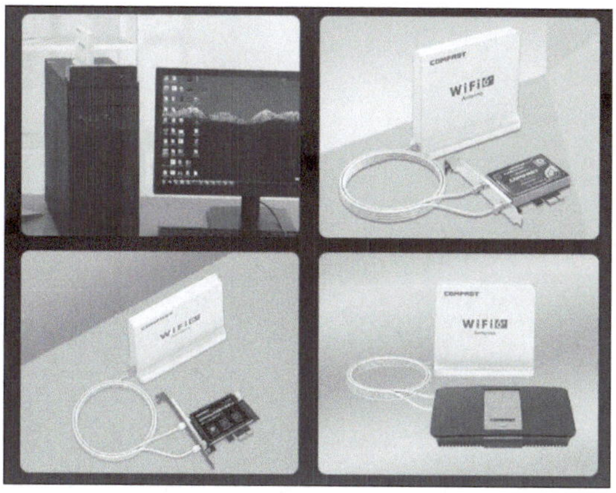

图 7-27 外置式无线网卡天线

图 7-28 随身 WiFi

7.3 无线局域网的其他组建模式

前面介绍的局域网的组建中已包含了部分无线局域网的组建知识，下面介绍一些常见的无线局域网的其他组建模式。

1. 组建无线AP网络

从无线角度来说，以路由器为中心的无线网络和以无线AP为中心的无线网络基本类似，所以可以用各种无线相关设备（如无线路由器、笔记本的无线网卡、随身WiFi、无线中继、Mesh设备开启无线热点或AP功能等）组建无线网络。

2. 组建无线对等网络

无线对等网络的组建更加简单，只要通信设备有无线功能，就可以通过生成虚拟AP来发送和接收信号。

3. Mesh网络

Mesh网络的建立，只要开启Mesh设备的Mesh功能就可以实现，其他设备接入Mesh网络中就可以通信。

7.4 无线局域网的配置管理

第7.3节介绍了无线局域网的一些其他组建模式，本节将介绍这些模式的组建配置过程。

7.4.1 无线对等网的组建和共享上网配置

无线对等网可以通过一台设备虚拟出一个无线网络，其他设备加入该网络中即可通信，无须无线路由器的支持。下面介绍无线对等网的组建和共享上网。

1. 无线对等网的组建

下面以笔记本电脑和手机的互连为例，介绍无线对等网的具体组建步骤。

步骤01 搜索“cmd”，并选择“以管理员身份运行”选项，如图7-29所示。

步骤02 输入命令“netsh wlan show drivers”并按Enter键，检测笔记本无线网卡是否支持虚拟AP功能，如图7-30所示。

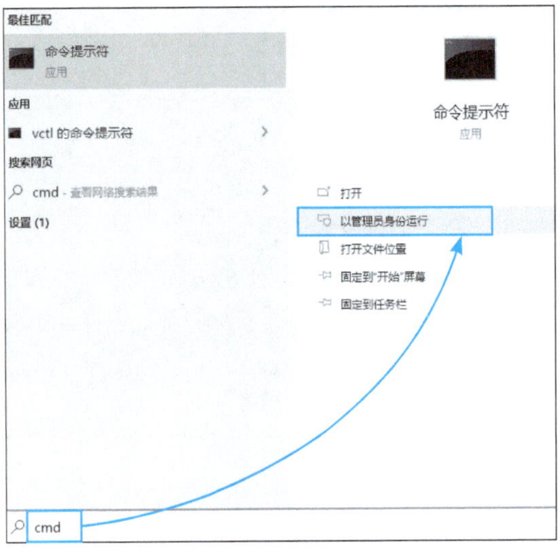

图 7-29　选择“以管理员身份运行”选项

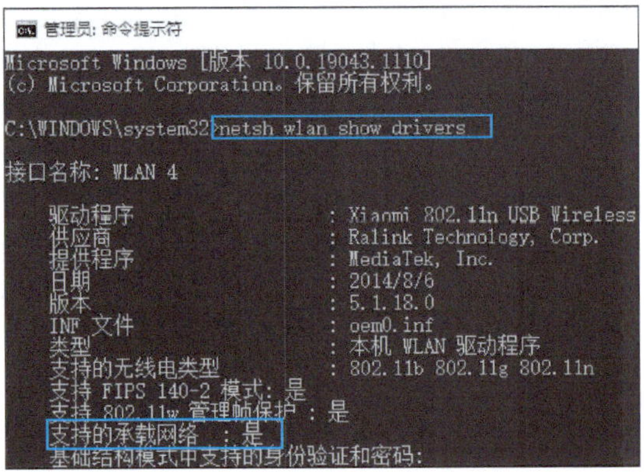

图 7-30　检测无线网卡是否支持虚拟成 AP 功能

注意事项：如何判断是否支持虚拟AP？

如果“支持的承载网络“后显示的是”是”，说明支持；如果显示的是“否”，说明不支持，需要更换驱动尝试或者更换网卡。

步骤03 使用命令“netsh wlan set hostednetwork mode=allow ssid=test key=12345678”设置SSID为“test”、密码为“12345678”的虚拟无线AP，如图7-31所示。

图 7-31　设置虚拟无线 AP

步骤04 使用命令“netsh wlan start hostednetwork”开启该无线AP功能，如图7-32所示。

图 7-32　开启无线 AP 功能

步骤05 此时搜索并进入“网络连接”界面，可以看到该虚拟无线AP，如图7-33所示。设置其IP地址，如图7-34所示。

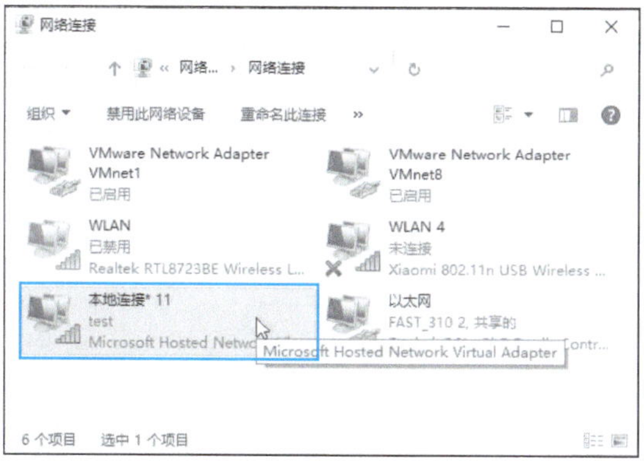

图 7-33 “网络连接”界面

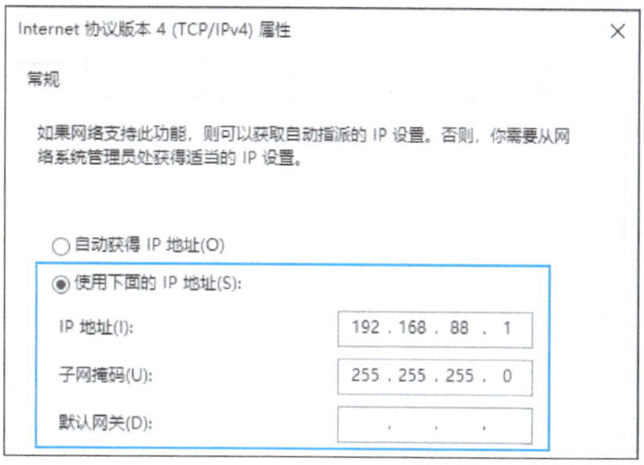

图 7-34 IP 地址设置

步骤06 使用其他终端设备（如手机等）连接到该网络后，手动给手机设置固定IP，如图7-35所示。完成后，使用计算机ping手机，查看是否可以通信，如图7-36所示。

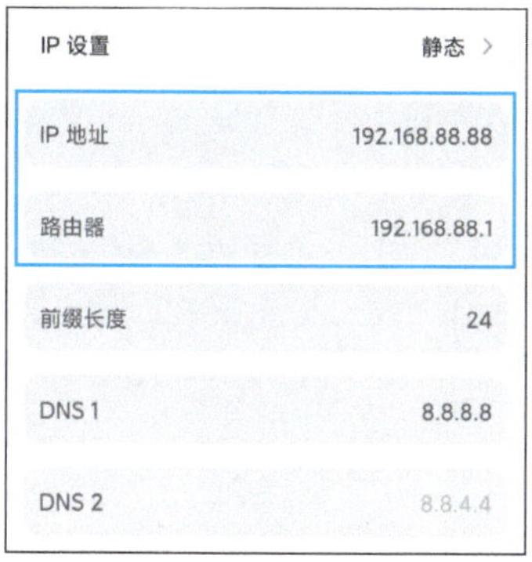

图 7-35 手动设置固定 IP

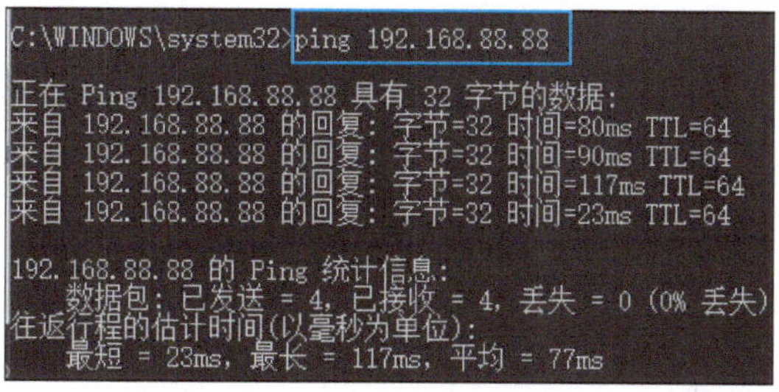

图 7-36 查看是否可以通信

至此，无线对等网的组建工作完成，可以通过各种第三方软件传递文件了。

2. 无线对等网的共享上网

无线对等网的共享上网和有线对等网的共享上网其实是一样的。本例中笔记本电脑使用有线网卡上网，然后为所有连接到虚拟AP的设备代理上网。下面介绍共享上网的配置方法。

步骤01 进入“网络连接”界面，在有线网卡上右击，选择“属性”选项，如图7-37所示。

步骤02 切换到“共享”选项卡，勾选“允许其他网络用户通过此计算机的Internet连接来连接”复选框，并选择共享网卡，完成后确认即可，如图7-38所示。

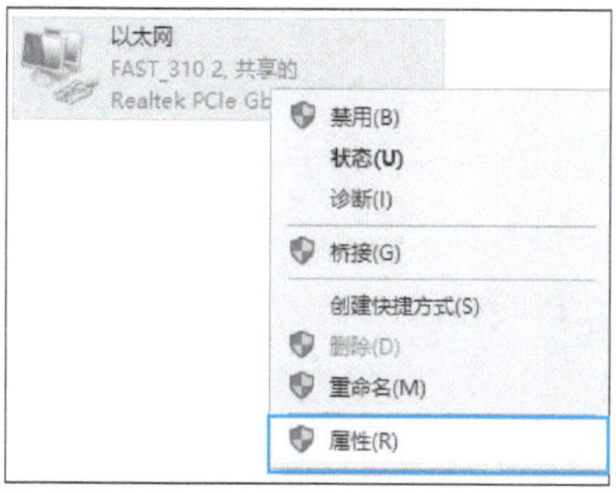

图 7-37 选择“属性”选项

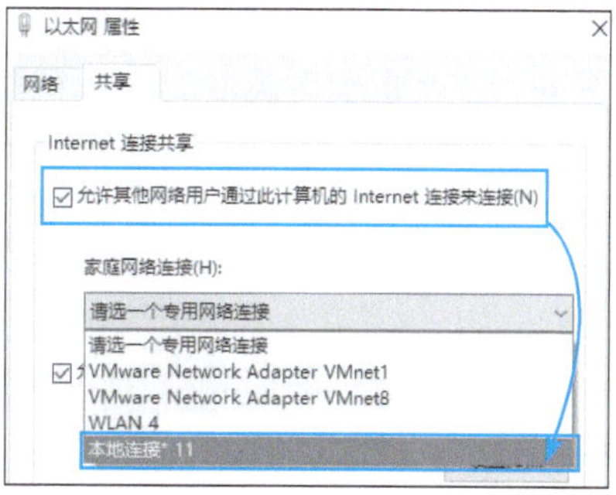

图 7-38 “共享”选项卡

步骤03 系统会弹出将把“本地连接*11”这块网卡的IP设置成192.168.137.1的提示，单击“是”按钮，如图7-39所示。

步骤04 连接该无线网络后，更改手机端的IP，使其在192.168.137.0/24网段中，如图7-40所示，并且将网关和DNS设置为笔记本虚拟AP的IP地址。

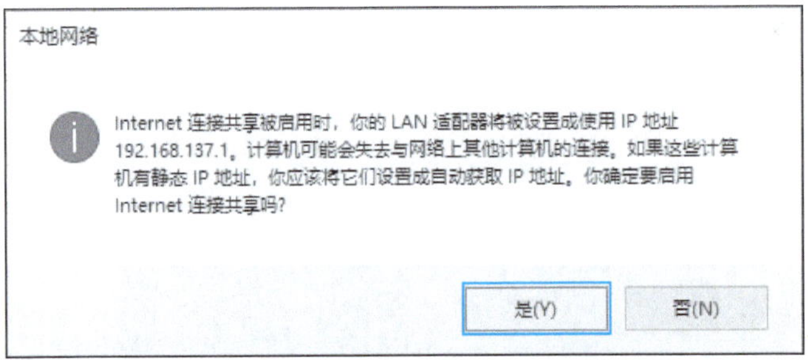

图 7-39　设置“本地连接 11”网卡 IP

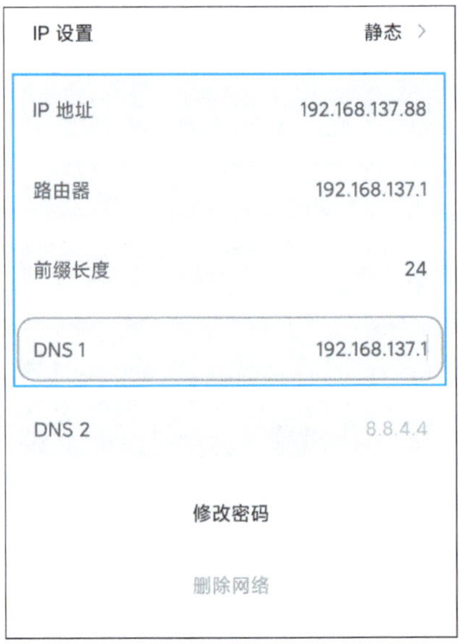

图 7-40　更改手机端的 IP

至此，无线对等网的共享上网配置结束，用户可以在手机端上网了。

拓展知识

关闭虚拟AP

要关闭虚拟AP，可以使用命令“netsh wlan stop hostednetwork”，如图7-41所示。

图 7-41　关闭虚拟 AP

7.4.2　无线热点网络的配置和管理

配置无线热点，设备必须首先接入网络中，例如笔记本电脑可以使用有线网络，手机可以使用移动网络，然后再用无线网卡生成虚拟的无线网络，其他设备连接后就可以上网了。手机可以配置无线热点，笔记本电脑也可以。下面介绍配置笔记本电脑无线热点的过程。

步骤01 当前实验环境是笔记本电脑以有线方式连接到因特网，然后用无线网卡创建热点。使用Win+I组合键启动“Windows设置”，选择“网络和Internet”选项，如图7-42所示。

步骤02 可以看到当前的网络状态是使用有线方式连接的“以太网专用网络”并连接到因特网。选择左侧的“移动热点”选项，如图7-43所示。

图 7-42　选择“网络和 Internet”选项

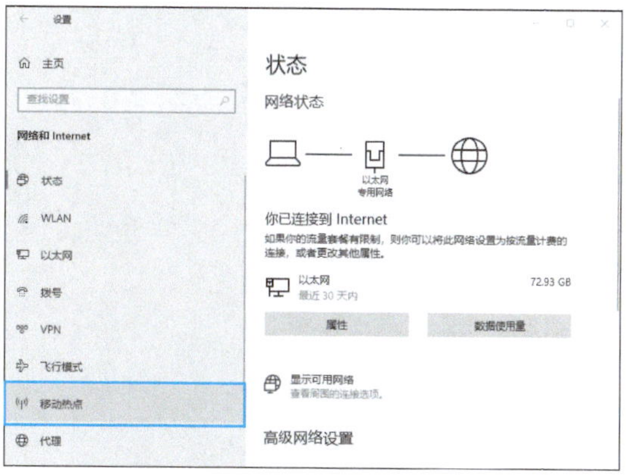

图 7-43　选择“移动热点”选项

步骤03 选择已连接到因特网的连接选项，单击“关”按钮，启动热点，如图7-44所示。单击“编辑”按钮，可更改网络名称（即SSID）和网络密码，如图7-45所示。

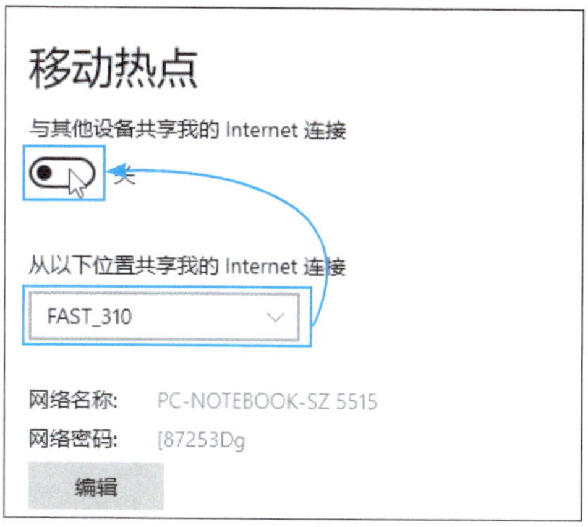

图 7-44　启动热点

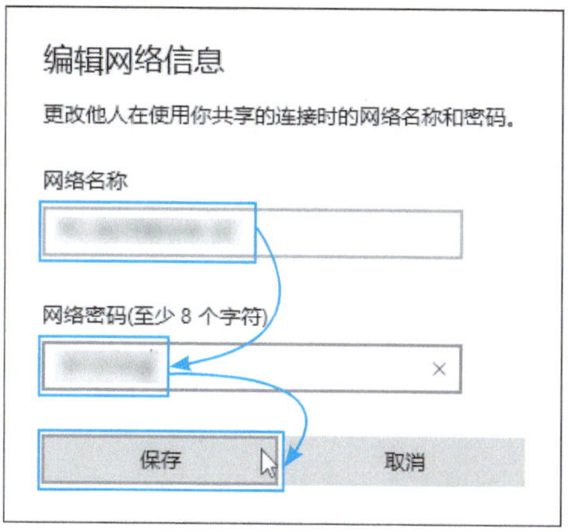

图 7-45　更改网络名称和网络密码

此时，热点启动，其他无线终端可以通过连接该热点访问因特网。

7.4.3　随身WiFi网络的配置和管理

如果感觉使用对等网或者使用Windows 10的热点功能比较麻烦，用户还可以购买和使用随身WiFi。

1. 使用随身WiFi功能

安装好计算机端的随身WiFi程序后，插入随身WiFi，此时会自动安装驱动程序并启动。

步骤01 系统检测到随身WiFi后，会自动开启随身WiFi功能，并生成其他设备可以连接的无线名称和无线密码，用户可以单击名称或密码进行修改，如图7-46所示。

步骤02 其他设备可以通过SSID和密码进行连接。连接后，单击“设备”图标，可以查看到当前连接的设备，并可以对连接的设备进行“限速”或“拉入黑名单”等操作，如图7-47所示。

图 7-46　修改名称和密码

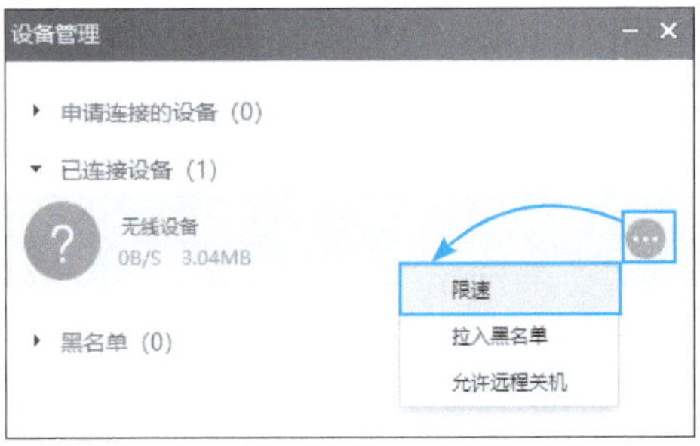

图 7-47　进行“限速”或“拉入黑名单”等操作

拓展知识

随身WiFi的其他功能

通过单击图7-46所示界面中的云朵图标，可以登录云盘，如图7-48所示。登录后，单击“添加共享文件”按钮，可以设置计算机上的共享文件夹，通过共享文件夹可以和手机端共享文件，如图7-49所示。

图 7-48　登录云盘

图 7-49　单击“添加共享文件”按钮

通过“设置中心”，还可以设置连接时是否需要确认、是否无密码访问、是否隐藏SSID以及设置界面颜色等，如图7-50所示。另外，用户还可以下载手机端APP实现“访问共享盘文件”“遥控电脑关机”“遥控电脑锁屏”“遥控PPT播放”等功能，如图7-51所示。

图 7-50　“设置中心”界面

图 7-51　下载手机端 APP 实现更多功能

2. 使用无线网卡功能

随身WiFi除了可以作为热点提供无线网络外，其本身还可以当作无线网卡来使用。下面介绍从随身WiFi切换到无线网卡模式的具体步骤。

步骤01 在功能面板上单击“选项”按钮，从弹出的菜单中选择“切换到网卡模式”选项，如图7-52所示。

步骤02 在弹出的界面中单击“开启”按钮，如图7-53所示。

步骤03 随身WiFi完成模式切换，面板中其他随身WiFi的管理功能和共享功能将无法使用，如图7-54所示。

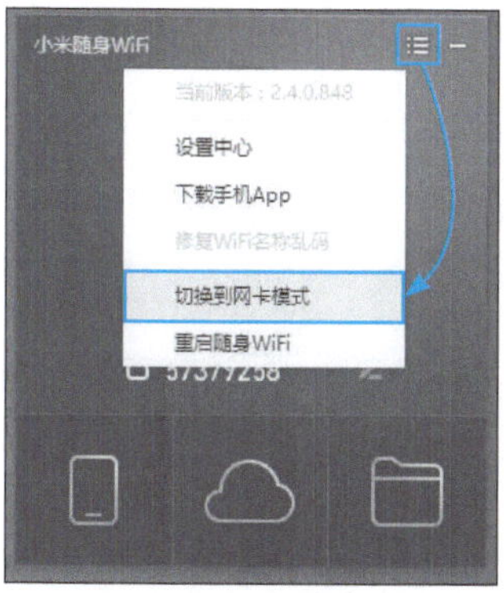

图 7-52　选择“切换到网卡模式”选项

图 7-53　单击“开启”按钮

图 7-54　无线网卡模式

拓展知识

切换回随身WiFi模式

在面板中单击“选项”按钮，选择“切换到WiFi模式”选项，即可切换回去，如图7-55所示。

图 7-55　选择“切换到 WiFi 模式”选项

步骤04 接下来就可以像计算机无线网卡一样，手动选择其他无线网络名称，连接到对应的无线网络中，如图7-56所示。

图 7-56　手动选择其他无线网络

7.4.4 Mesh组网路由器配置

使用Mesh路由器组建Mesh网络时，需要进行简单的设置，包括设置主路由器和子路由器。Mesh组网时需要注意以下几个方面。

- 参与组网的所有路由器的固件版本必须一致，并且都需要支持MESH功能。除主路由器外，其他加入Mesh网络的路由器要恢复到出厂设置。
- 尽量采用同型号路由器组网。虽然支持混合组网，但是不同型号的路由器的固件不一致，其稳定性和性能有待考察。
- 使用无线回程，路由器的距离尽量靠近，减少障碍物的阻挡，最好不要超过两堵墙。
- 跨楼层组网时建议使用有线方式。如果使用无线方式，楼层间应无地暖等阻隔，并尽量将设备靠近楼梯口摆放。
- 有线回程最好是主路由器和子路由器直接相连，减少因连接交换机引起的兼容性问题。

步骤01 用计算机连接主路由器后，进入配置向导，单击“开始配置路由器上网”按钮，如图7-57所示。

步骤02 进行拨号设置，如图7-58所示。

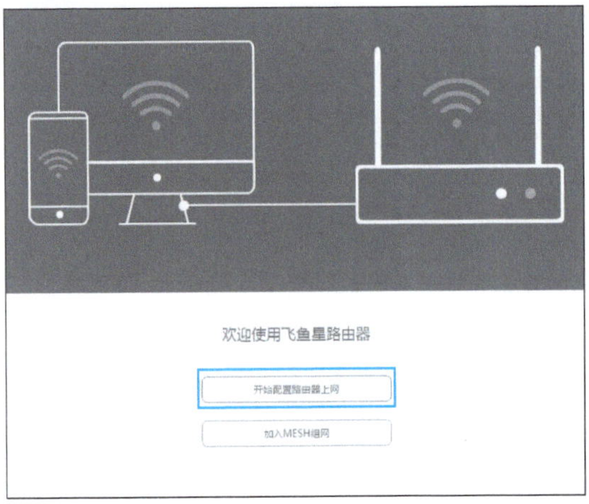

图 7-57 单击“开始配置路由器上网”按钮

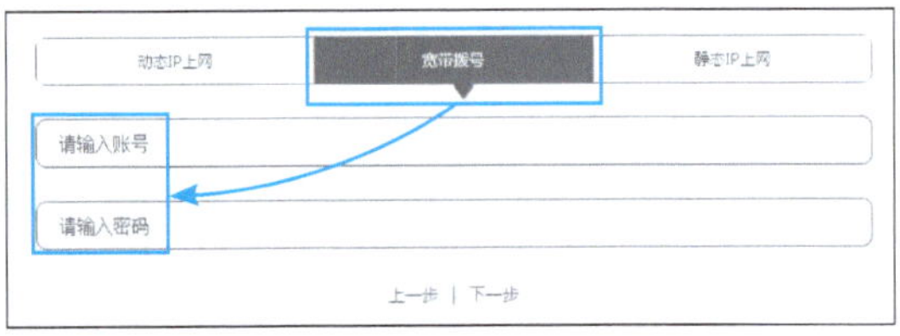

图 7-58 进行拨号设置

步骤03 设置WiFi名称和密码，并勾选“开启MESH自组网”复选框，如图7-59所示。

图 7-59 设置 WiFi 名称和密码

步骤04 设置管理员密码，如图7-60所示。

步骤05 接下来路由器会应用配置并重启。继续配置子路由器，在初始界面中单击“加入MESH组网”按钮，如图7-61所示。

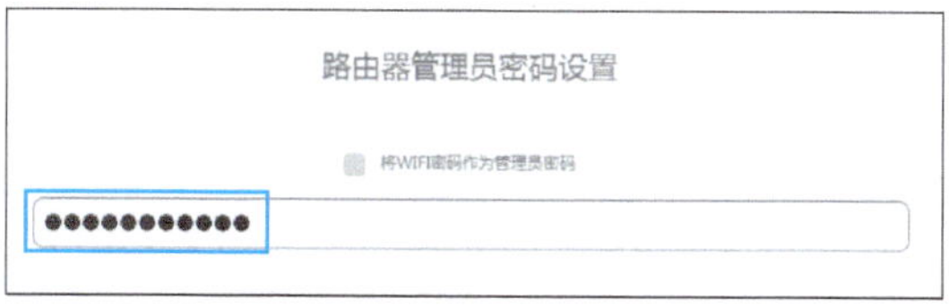

图 7-60 设置管理员密码

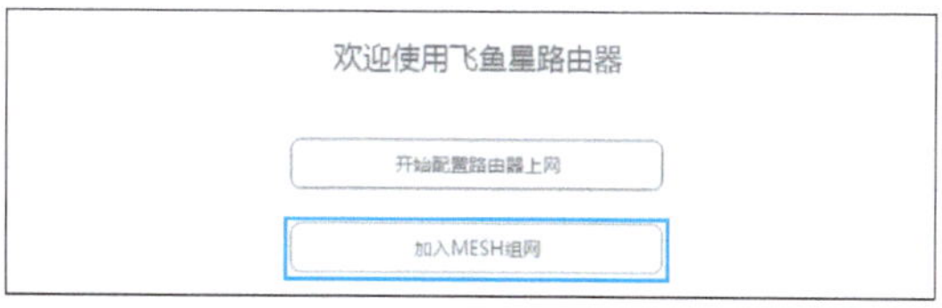

图 7-61 单击“加入 MESH 组网”按钮

步骤 06 路由器会自动搜索并加入其中。完成后，进入路由器管理界面的“MESH组网”中，可以查看到当前的组网状态，如图7-62所示。

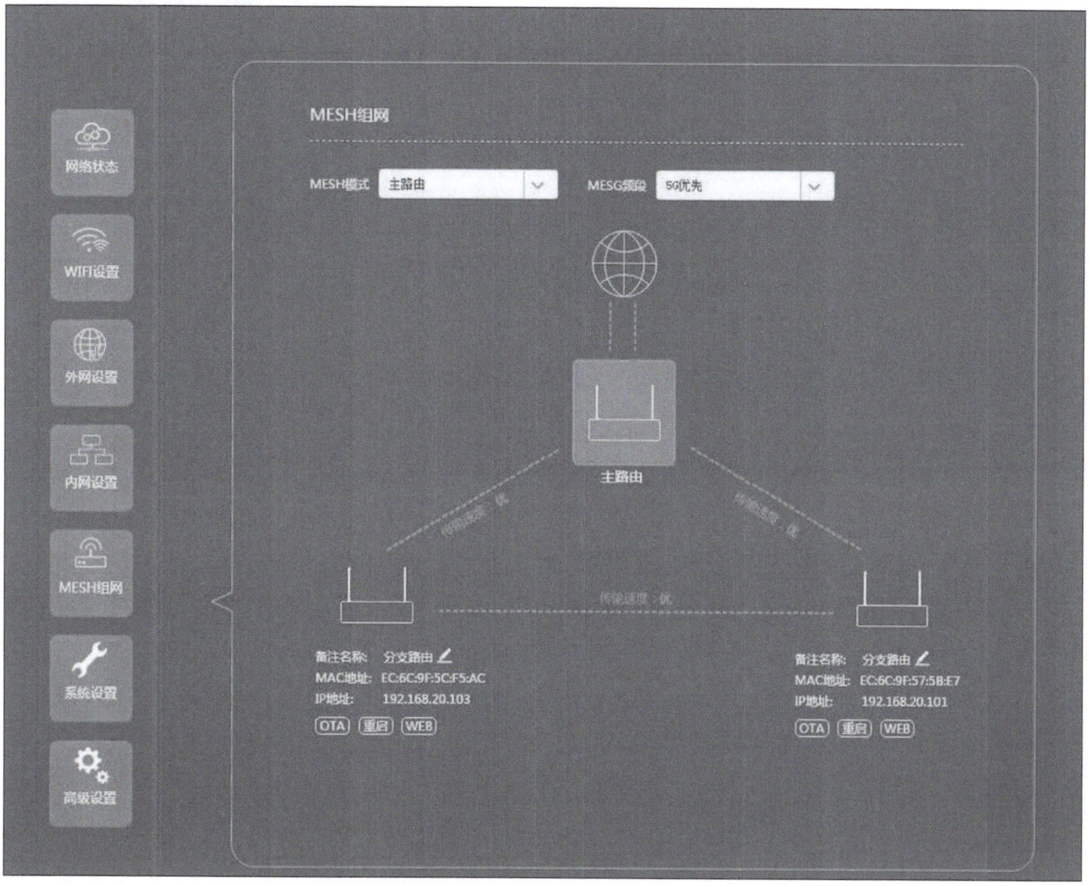

图 7-62 “MESH 组网”界面

思考与练习

（1）简述无线局域网的常见设备及其功能。

（2）按照第7.4.1节介绍的内容，创建对等网，并共享上网。

（3）按照第7.4.2节介绍的内容，使用笔记本电脑创建无线热点并共享上网。

第8章 网络服务器的搭建与配置管理

内容概要

在局域网或广域网中专门用来分享资源或是提供服务的设备称为服务器。网站的创建、上传下载文件、转换域名为IP地址、分配IP地址、代替用户进行各种网络请求等，都需要服务器提供的服务。本章将介绍一些常见的服务器及其搭建和配置方法。通过对本章内容的学习，读者将可以手动搭建属于自己的服务器和网站。

重点难点

- 服务器的分类。
- 常见的服务器操作系统。
- DHCP服务器的搭建和配置。
- DNS服务器的搭建和配置。
- Web服务器的搭建和配置。
- FTP服务器的搭建和配置。
- 网站集成环境及网站的快速搭建。

8.1 服务器简介

服务器，顾名思义就是一种专门用来为网络客户端提供服务的专业级计算机。客户端提交请求后，服务器根据请求完成操作，并将结果或文件传输给客户端。从构造上来说，服务器和普通的计算机一样，都有CPU、硬盘、内存、主板等硬件，但因为服务器都需要7×24 h不间断运行，所以服务器对于硬件的性能要求非常高，尤其对于稳定性、纠错能力、数据的冗余备份能力等方面的要求都要高于普通计算机。

8.1.1 服务器的种类

服务器按硬件及其外形划分，可以分成以下几类。

1. 机架式服务器

机架式服务器的外形有点像企业级交换机，有1U、2U、4U等规格，如图8-1所示。机架式服务器通常安装在机柜中。对于信息服务企业（如ISP、ICP、ISV、IDC等）而言，选择服务器时首先要考虑服务器的体积、功耗、发热量等物理参数，因为信息服务企业通常使用大型专用机房统一部署和管理大量的服务器资源，机房通常设有严密的安保措施、良好的冷却系统、多重备份的供电系统，所以机房的造价相当昂贵。如何在有限的空间内部署更多的服务器将直接关系到企业的服务成本。

图 8-1 机架式服务器

2. 刀片式服务器

刀片式服务器是指在标准高度的机架式机箱内可插装多个卡式的服务器单元，实现高可用和高密度，如图8-2所示。每一块“刀片”实际上就是一块系统主板。它们可以通过“板载”硬盘启动自己的操作系统，如Windows、Linux服务器操作系统等，类似于一个个独立的服务器。在这种模式下，每一块主板运行自己的系统，服务于指定的不同用户群，相互之间没有关联。因此相较于机架式服务器和机柜式服务器，单片主板的性能较低。不过，管理员可以使用系统软件将这些主板集合成一个服务器集群。在集群模式下，所有的主板可以连接起来提供高速的网络环境，并同时共享资源，为相同的用户群服务。在集群中插入新的“刀片”，就可以提高整体性能。由于每块“刀片”都是热插拔的，因此系统可以轻松地进行替换，并且可以将维护时间减少到最小。

图 8-2　刀片式服务器

3. 塔式服务器

塔式服务器的外形以及结构都跟平时使用的立式PC差不多，如图8-3所示。由于服务器的主板扩展性较强，插槽也多出一堆，其个头比普通主板大一些，因此塔式服务器的主机机箱也比标准的ATX机箱要大。一般要预留足够的内部空间，以便日后进行硬盘和电源的冗余扩展。由于塔式服务器的机箱比较大，服务器的配置也可以很高，冗余扩展功能可以很齐备，因此它的应用范围非常广，应该说使用率最高的一种服务器就是塔式服务器。平时常说的通用服务器一般是指塔式服务器。

4. 机柜式服务器

机柜式服务器是如今数据中心中最常用的服务器类型之一。与传统的塔式服务器不同，机柜式服务器通常是在一个垂直的机柜内组装的，因而能够有效地通过利用空间来提高服务器的性能，如图8-4所示。

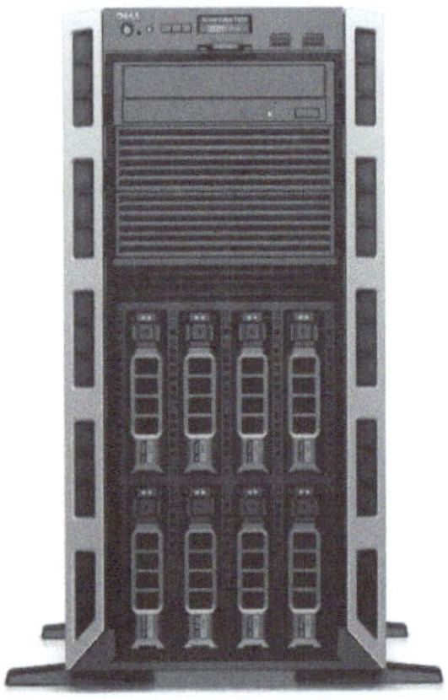

图 8-3　塔式服务器

图 8-4　机柜式服务器

拓展知识

按照应用层次划分服务器

按照应用层次进行划分，服务器可以分为入门级服务器、工作组服务器、部门级服务器、企业级服务器等。

8.1.2 服务器的服务种类

根据服务器提供的服务，可以将服务器划分为以下类型。

- **Web服务器：** 提供HTTP服务，即用户经常浏览的网页、网站所在的服务器。
- **FTP服务器：** 提供上传、下载功能的服务器，也可称为文件服务器。
- **邮件服务器：** 提供电子邮件发送、接收服务的服务器。
- **DNS服务器：** 提供域名与IP地址解析的服务器。
- **DHCP服务器：** 负责局域网中IP地址发放的服务器。
- **AD服务器：** 负责活动目录存放的域功能服务器。
- **VPN服务器：** 负责远程虚拟专线连接的服务器。
- **NAT服务器：** 负责将私有地址转换成公网地址，提供外网连接服务的服务器。
- **OA服务器：** 为公司提供办公自动化服务的服务器。
- **打印服务器：** 连接打印机并在局域网中提供共享打印操作的服务器。
- **数据库服务器：** 提供数据的科学存储、分类、查询、调取等功能的服务器。
- **流媒体服务器：** 提供视频点播服务的服务器。
- **无盘服务器：** 能够为局域网提供高速数据服务，客户机无须配备硬盘的服务器。

拓展知识

VPS

VPS（virtual private service，虚拟专用服务器）是指采用特殊的软硬件技术把一台完整的服务器主机分成若干个主机。VPS实际上是将真实的硬盘空间分成若干份，然后租给不同用户，每一台被分割出来的主机都具有独立的域名和IP地址，但共享真实主机的CPU、内存、操作系统、应用软件等。虽然虚拟程序占用了部分软硬件，但划分后可以大大提高服务器的利用率，现在大部分服务器都采用了这种技术。

8.2 服务器操作系统

服务器和其他设备一样，只有硬件是无法正常工作的，还需要软件的支持。服务器和计算机一样，在安装各种应用程序前需要安装操作系统。服务器的操作系统和普通计算机的操作系统是不同的。

8.2.1 常见的服务器操作系统

常见的服务器操作系统和普通计算机的操作系统类似，也分为Windows和Linux两大类。

1. Windows Server服务器系统

Windows Server系列操作系统是微软为服务器开发的专用系统，从2003版开始，历经2008版、2012版、2016版、2019版到目前最新的Windows Server 2022（图8-5）。用户可以使用Windows Server操作系统在服务器或者家用机上搭建如Web、FTP、DNS、DHCP等服务。

图 8-5　Windows Server 2022

2. Linux服务器操作系统

Linux作为服务器操作系统的主要优势是：开源，便于开发；稳定性较高；权限合理，安全；对硬件需求较低；非常灵活；性价比高；维护时效性和问题处理效率高。常见的Linux系统有RHEL（red hat enterprise linux）、Ubuntu Server、CentOS、SUSE、Debian。

RHEL是Red Hat公司开发的Linux服务器操作系统。在Red Hat 9.0后，Red Hat公司决定停止开发所有桌面发行版以及10.0，转而集中全部力量在服务器版的开发上，也就是RHEL，它的界面如图8-6所示。

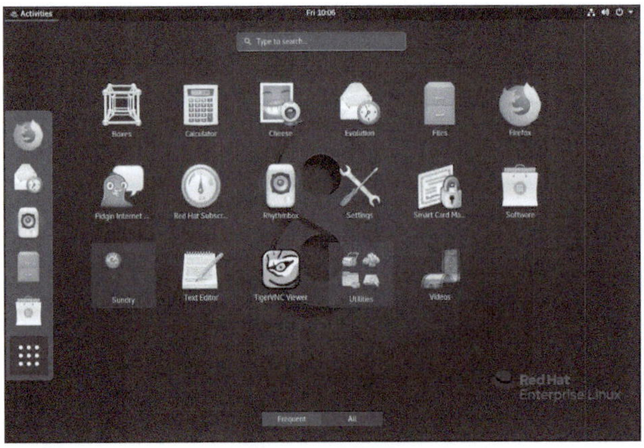

图 8-6　RHEL 界面

8.2.2　Windows Server 2019的安装

下面以Windows的服务器操作系统Windows Server 2019为例，介绍服务器操作系统的安装和常见服务的配置方法。读者可以使用虚拟机或者单独的计算机进行操作系统和各种服务的安装与学习。

1. 安装前的准备工作

在操作系统安装前，下载好Windows Server 2019的镜像文件，如果使用虚拟机，配置好虚拟机参数并载入镜像文件，即可开始安装。

网络术语

镜像文件

镜像文件可以简单地理解为操作系统的安装包。镜像文件通常是以 .iso 为扩展名的文件，用户可以在官网或者第三方网站上下载到相应的镜像文件。

如果是直接安装到计算机中，则需要制作系统启动U盘，将镜像文件拷贝到U盘上，用U盘启动计算机，再使用虚拟光驱加载镜像文件，启动后就可以开始安装了。

网络术语

虚拟机

虚拟机，也就是虚拟计算机。利用虚拟机，可以在一台计算机上完成复杂的网络及终端环境搭建，对于各种实验来说非常简单、安全、可靠。最常见的虚拟机软件是 VMware Workstation Pro，如图 8-7 所示。

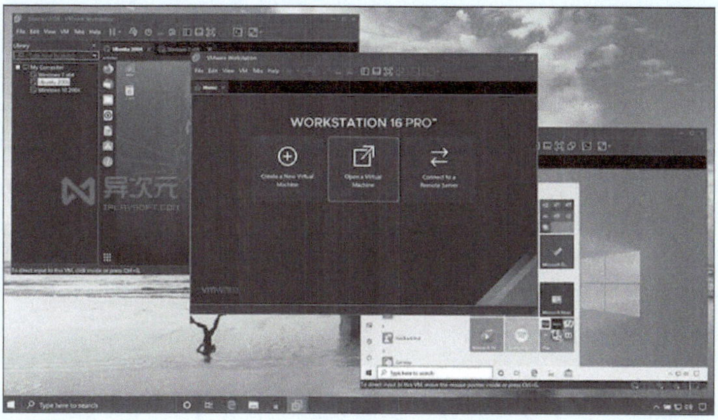

图 8-7　虚拟机软件 VMware Workstation Pro

2. 启动安装

Windows Server 2019的安装和Windows 10的安装有些类似，主要区别是在一些界面的参数和设置上。

步骤01 启动并进入安装界面后，选择安装语言，其他参数保持默认设置，单击“下一步”按钮，如图8-8所示。

步骤02 单击“现在安装”按钮，如图8-9所示。

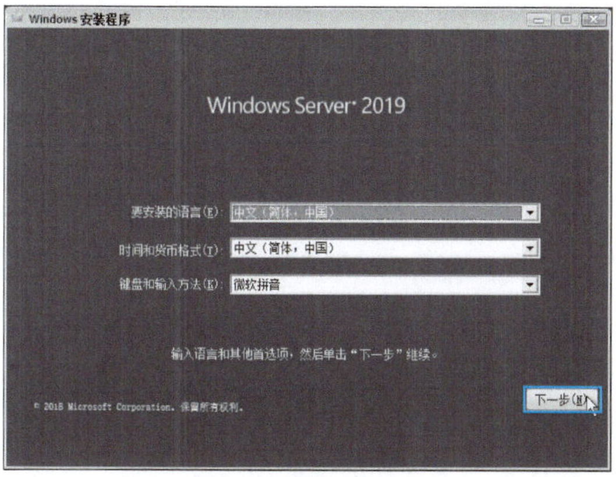

图 8-8　选择安装语言

图 8-9　单击“现在安装”按钮

步骤03 如果有产品密钥，输入产品密钥。也可安装后再激活，此时单击“我没有产品密钥”按钮，如图8-10所示。

步骤04 选择安装的版本。建议普通用户选择带“桌面体验”字样的选项，单击“下一步”按钮，如图8-11所示。

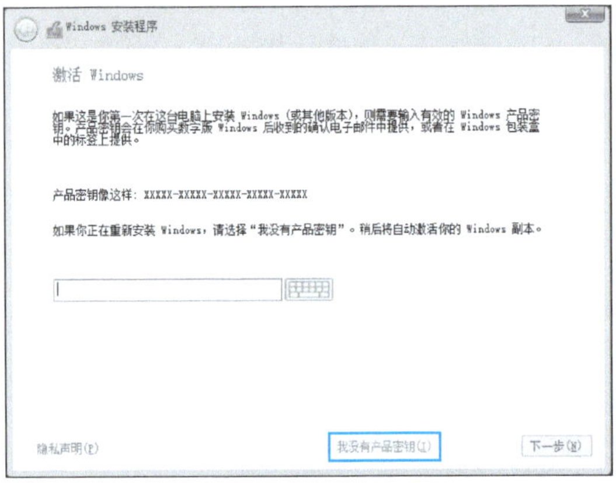

图 8-10　单击“我没有产品密钥”按钮

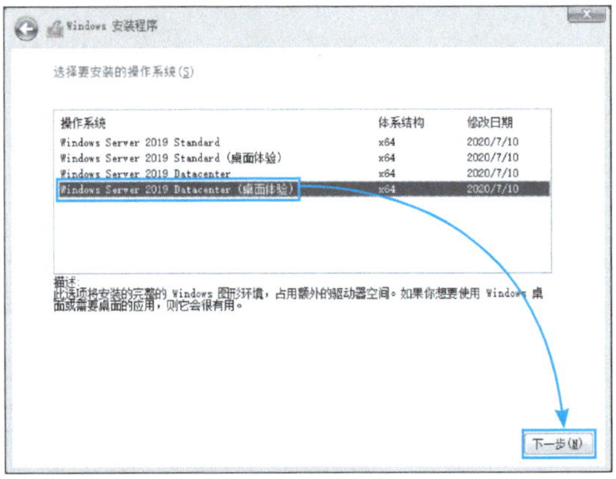

图 8-11　选择带“桌面体验”字样的选项

注意事项：“桌面体验”版本的功能。

“桌面体验”版本就是能看到Windows桌面的操作系统版本。如果没有选择“桌面体验”版本，则安装的系统是使用纯命令行进行操作的，也就是常说的黑底白字的命令界面，这种模式可以提高服务器的性能，配置相对于图形化界面而言也更加专业。

步骤05 接受许可条款后，选择安装模式，这里选择“自定义：仅安装Windows（高级）”选项，如图8-12所示。

步骤06 分区后，选择要安装的操作系统的分区，单击“下一步”按钮，如图8-13所示。

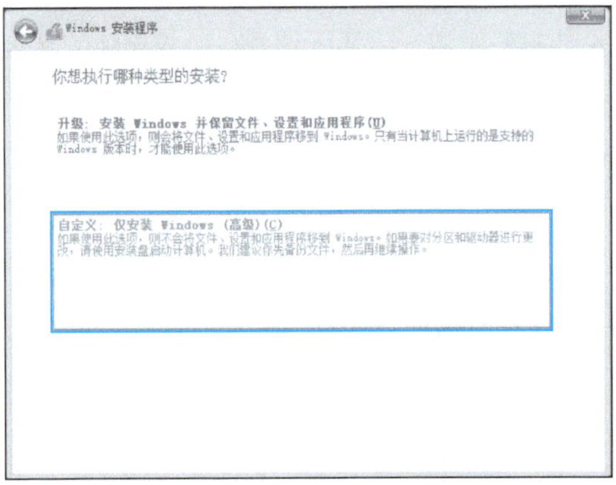

图 8-12　选择安装模式

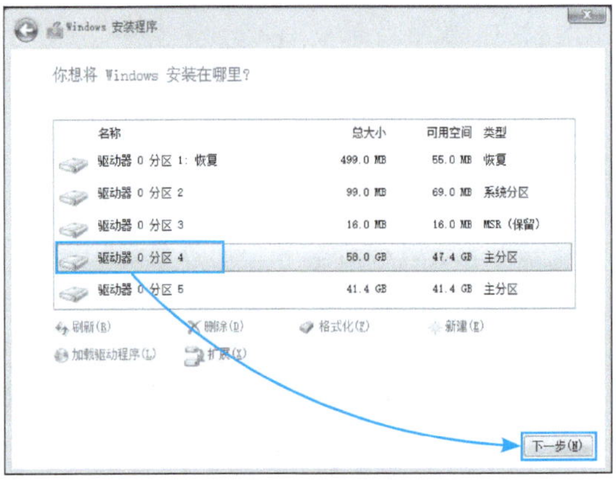

图 8-13　选择安装的操作系统的分区

注意事项：分区。

和Windows 10一样，如果需要以UEFI模式启动，则必须有启动分区（EFI分区）。建议删除硬盘所有分区后，使用默认模式创建分区，然后选择安装系统的主分区。

步骤07 和桌面操作系统类似，安装程序开始准备文件并安装各种功能，如图8-14所示。

步骤 08 系统重启后，进入第2阶段的安装，完成后，弹出配置界面，设置管理员密码，单击“完成”按钮，如图8-15所示。

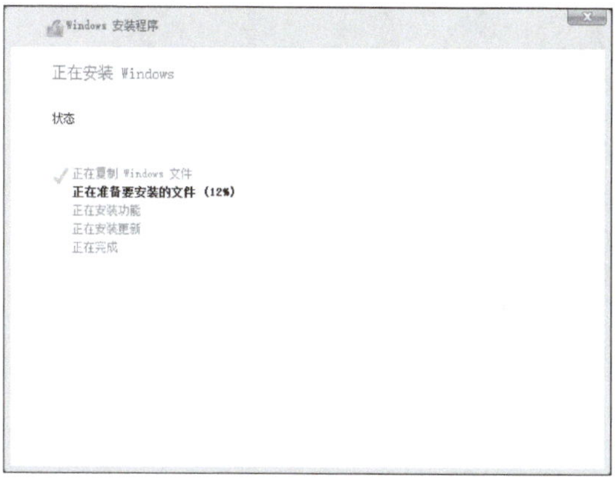

图 8-14 安装程序开始准备文件并安装各种功能

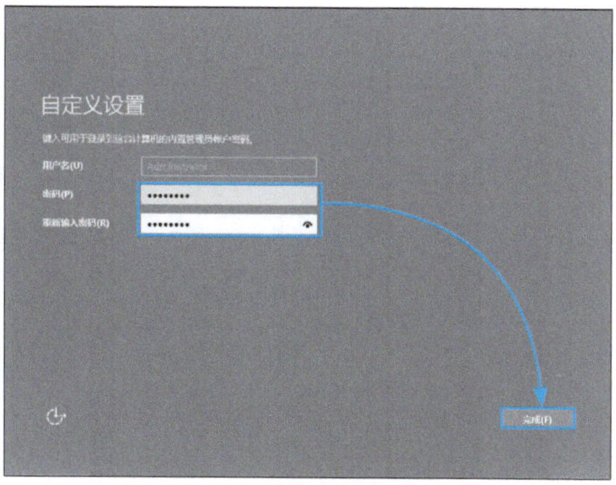

图 8-15 设置管理员密码

步骤 09 完成设置后，自动进入欢迎界面，输入刚才设置的密码，如图8-16所示。

步骤 10 进入桌面后，如图8-17所示，即完成Windows Server 2019的安装。

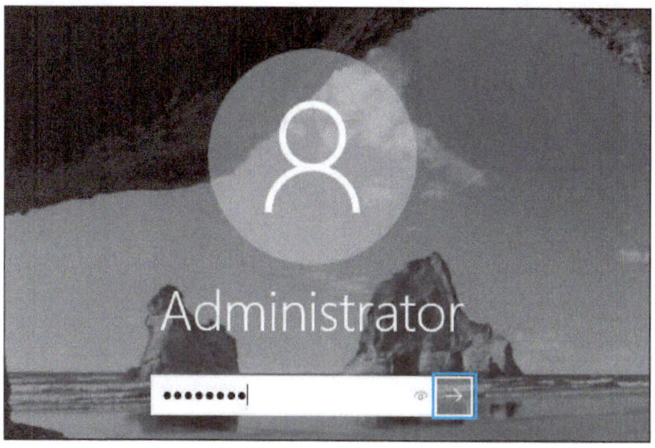

图 8-16 输入设置的密码

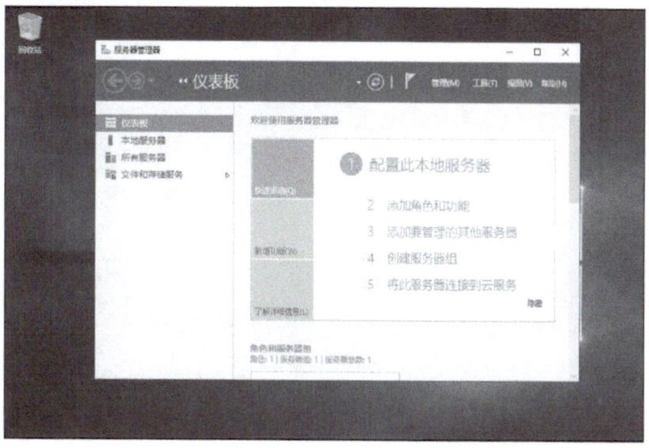

图 8-17 Windows Server 2019 安装完成

8.3 DHCP服务器的搭建和配置

DHCP服务器就是在局域网中为客户端动态分配IP地址的服务器。它主要是为了解决人工分配IP地址的缺点。在家庭局域网中，负责动态分配IP地址工作的是无线路由器。接下来介绍如何使用Windows Server 2019在局域网中搭建DHCP服务器。

8.3.1 设置固定IP地址

在搭建DHCP服务器前，需要先将服务器的IP地址设置为固定模式。因为服务器和普通计算机不同，需要固定IP地址才能设置侦听请求的网卡。经常变化IP地址，会对整个服务器的服务造成影响。所以在安装完毕后，用户需要到“网络连接”界面设置服务器的IP地址，如图8-18所示。如果不需要服务器连接外网，也可以只设置IP地址和子网掩码。设置完毕后，使用其他计算机ping服务器。如果可以ping通，如图8-19所示，即表示完成实验的环境搭建。

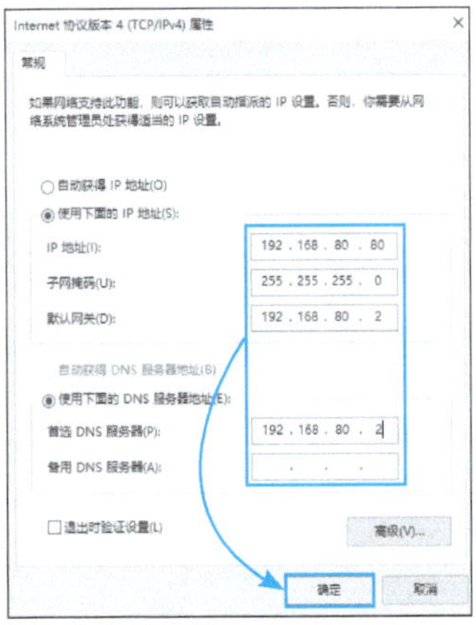

图 8-18　设置服务器的 IP 地址

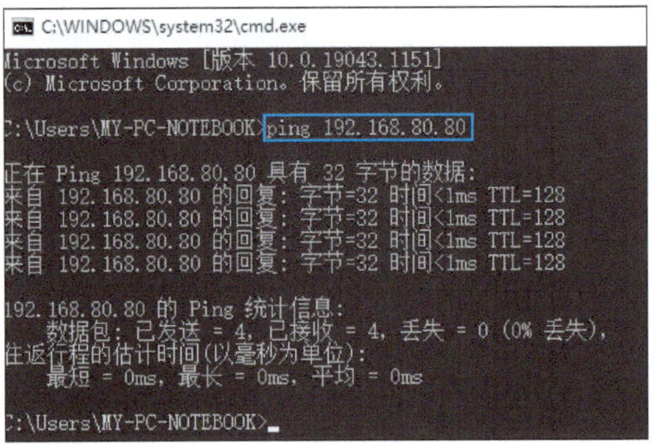

图 8-19　完成实验的环境搭建

8.3.2　开始安装DHCP服务

接下来安装对应的服务，首先介绍安装服务的步骤。

步骤 01 启动“服务器管理器”界面，单击“添加角色和功能”链接，如图8-20所示。

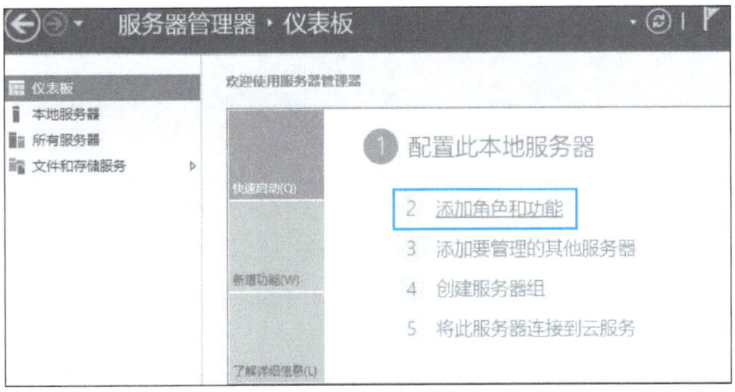

图 8-20　单击“添加角色和功能”链接

步骤 02 进入配置向导界面，勾选“默认情况下将跳过此页”复选框，单击“下一步”按钮，如图8-21所示。

步骤 03 保持默认设置，单击“下一步”按钮，如图8-22所示。

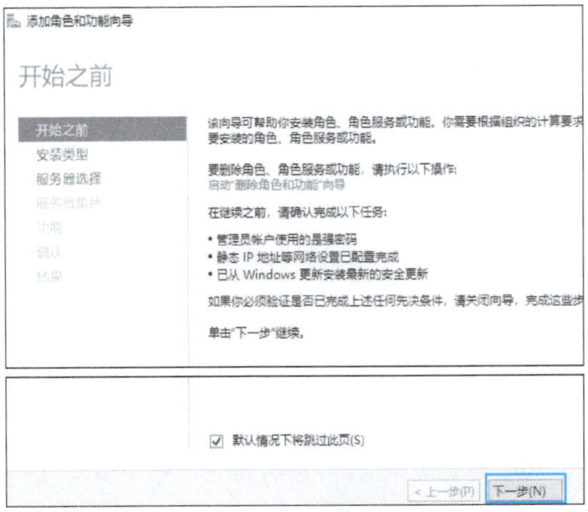

图 8-21　勾选“默认情况下将跳过此页”复选框

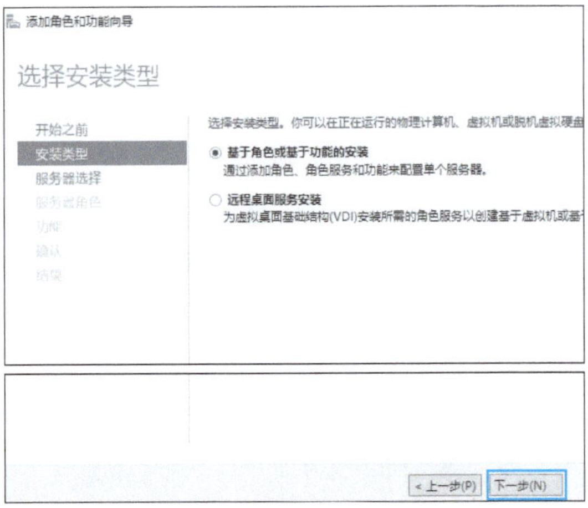

图 8-22　安装类型保持默认设置

步骤 04 进入“服务器选择”界面，保持默认设置，单击“下一步”按钮，如图8-23所示。

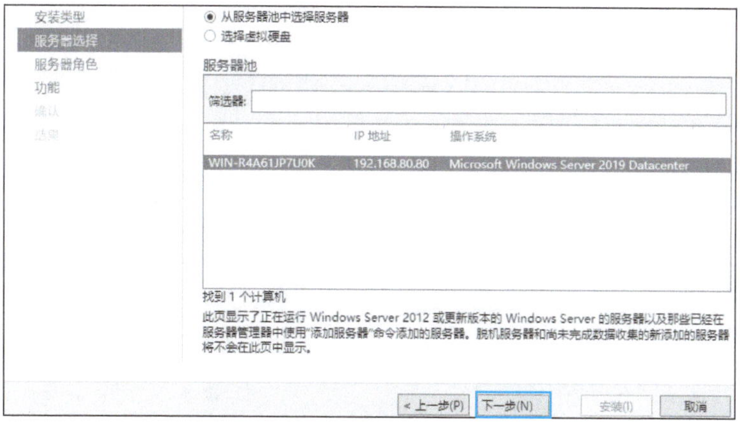

图 8-23　服务器选择保持默认设置

步骤 05 从列表中找到并勾选“DHCP服务器”复选框，如图8-24所示。

步骤 06 在弹出的界面中单击“添加功能”按钮，如图8-25所示。

图 8-24　勾选“DHCP 服务器”复选框

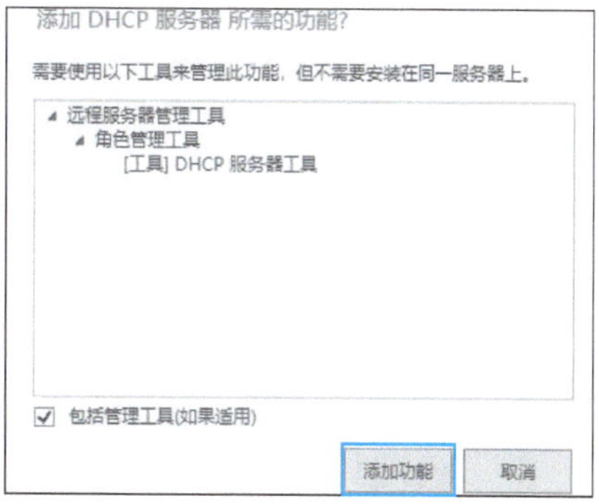

图 8-25　单击“添加功能”按钮

步骤 07 返回后，单击“下一步”按钮，如图8-26所示。

步骤 08 进入功能选择界面，这里保持默认设置，单击“下一步”按钮，如图8-27所示。

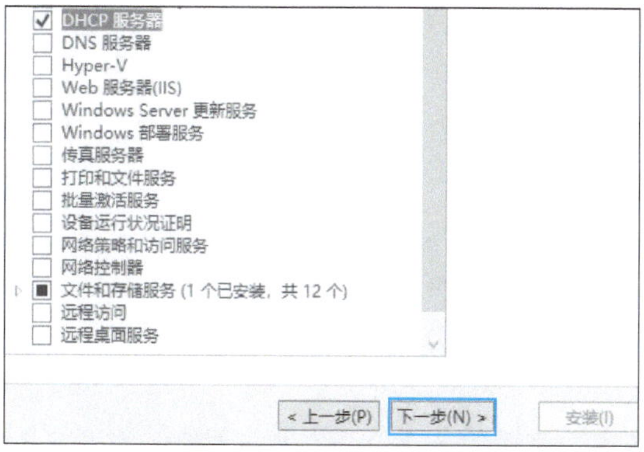

图 8-26　单击“下一步”按钮

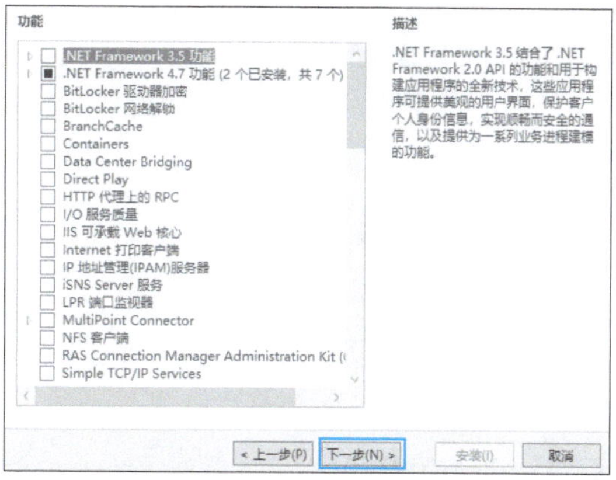

图 8-27　单击“下一步”按钮

步骤 09 查看注意事项，完成后单击“下一步”按钮，如图8-28所示。

步骤 10 核对信息后，单击“安装”按钮，如图8-29所示。

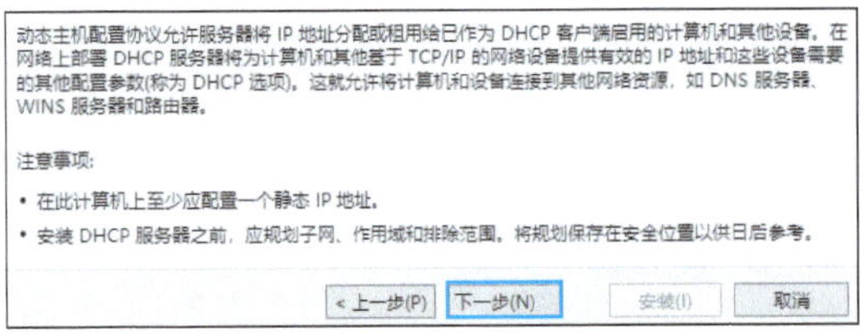

图 8-28　单击“下一步”按钮

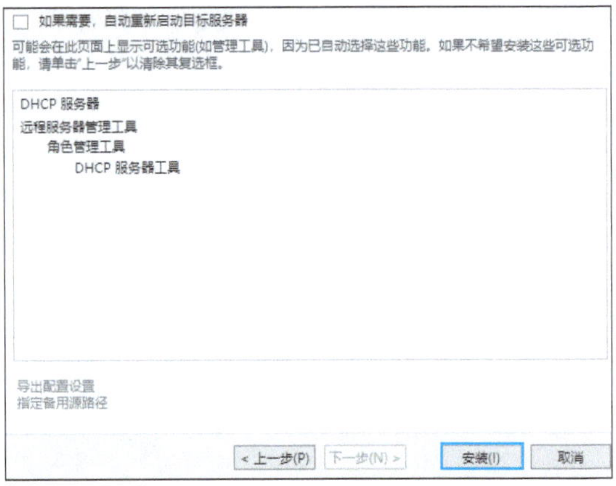

图 8-29　单击“安装”按钮

步骤 11 服务开始安装，如图8-30所示。

步骤 12 安装完成后会弹出安装成功提示，如图8-31所示，关闭该界面，完成安装。

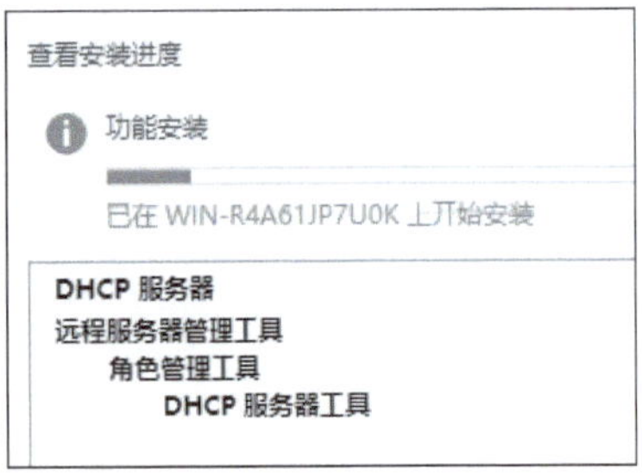

图 8-30　服务开始安装

图 8-31　安装成功提示

8.3.3　配置DHCP服务

仅仅安装完成是不够的，一般在服务安装完毕后，都需要进行配置。其具体配置步骤如下。

步骤 01 在“服务器管理器”界面中，单击“工具”下拉按钮，选择“DHCP”选项，如图8-32所示。

步骤 02 在弹出的“DHCP”管理器中展开左侧的服务器，在“IPv4”图标上右击，选择“新建作用域”选项，如图8-33所示。

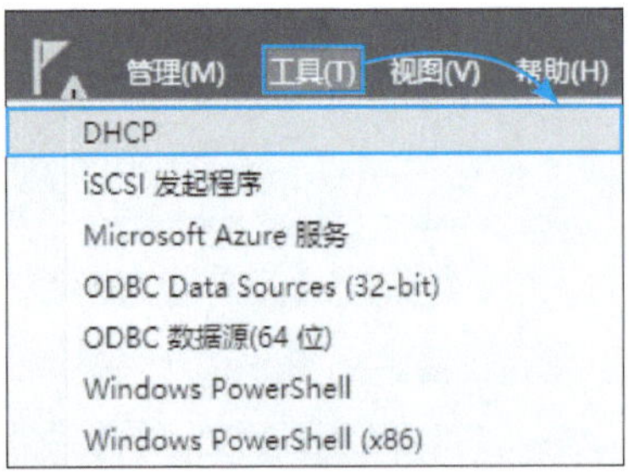

图 8-32　选择“DHCP”选项

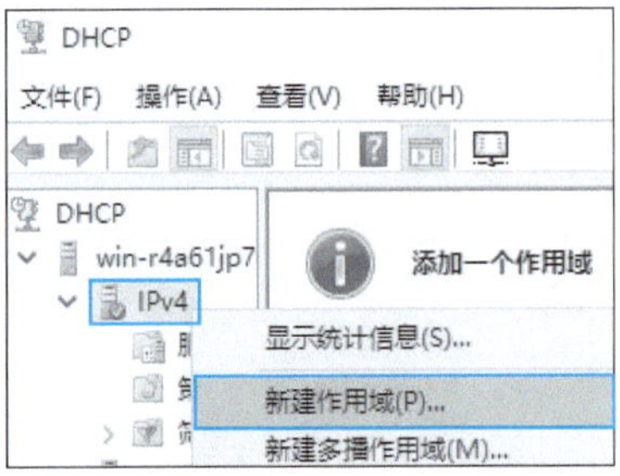

图 8-33　选择“新建作用域”选项

步骤 03 启动配置向导后，设置作用域的名称和描述，完成后单击“下一页”按钮，如图8-34所示。

步骤 04 设置分配的起始IP地址、结束IP地址以及子网掩码，完成后单击“下一页”按钮，如图8-35所示。

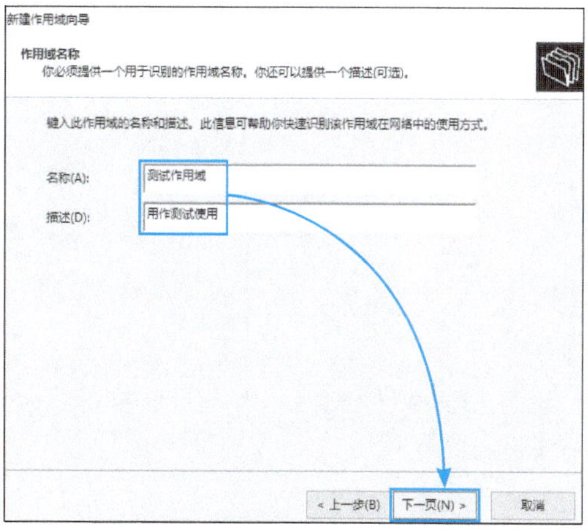

图 8-34 单击“下一页”按钮

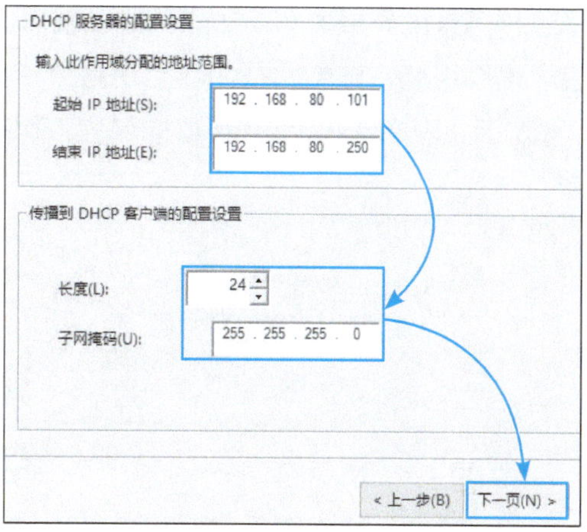

图 8-35 单击“下一页”按钮

步骤 05 设置地址段中需要排除的IP地址，如果没有则单击“下一页”按钮，如图8-36所示。

步骤 06 进入租用期限设置界面，这里保持默认设置，单击“下一页”按钮，如图8-37所示。

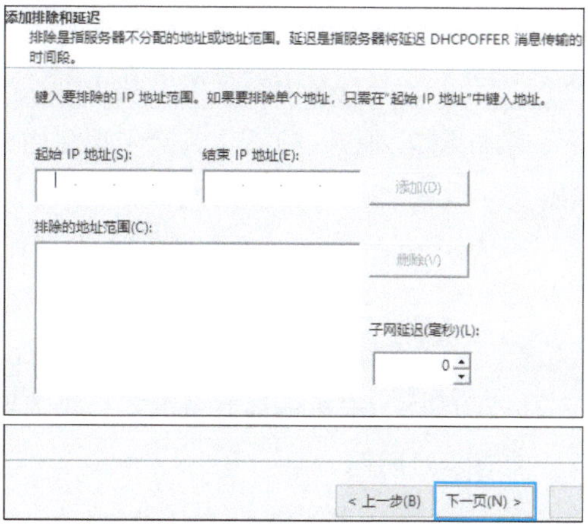

图 8-36 设置地址段中需排除的 IP 地址

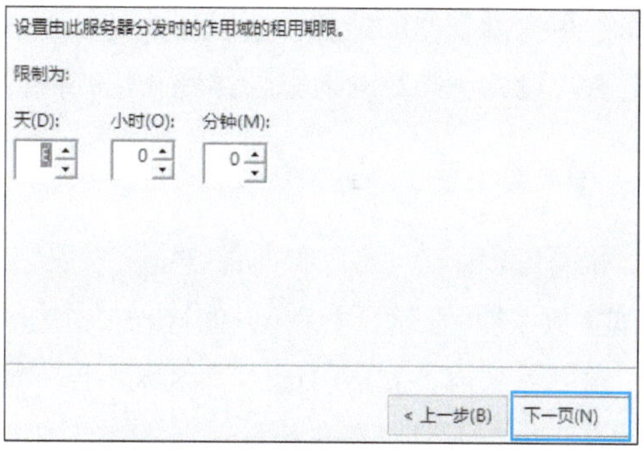

图 8-37 租用期限保持默认设置

步骤 07 系统提示是否配置其他参数，如果不需要客户机上网，则选中“否，我想稍后配置这些选项”单选按钮。这里为了更全面地了解设置，选中“是，我想现在配置这些选项”单选按钮，并单击“下一页”按钮，如图8-38所示。

步骤 08 配置网关IP，完成后单击“下一页”按钮，如图8-39所示。

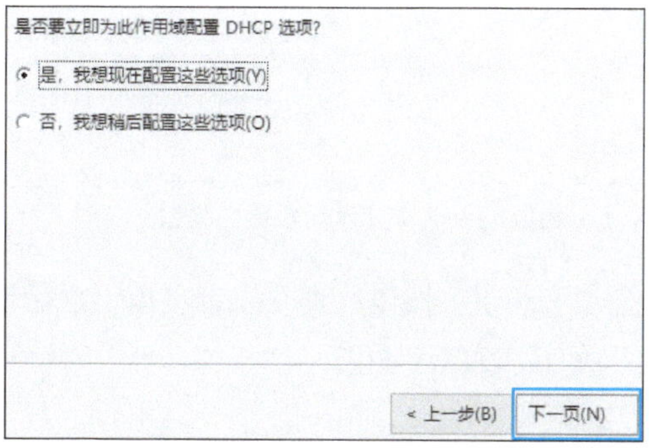

图 8-38 单击“下一页”按钮

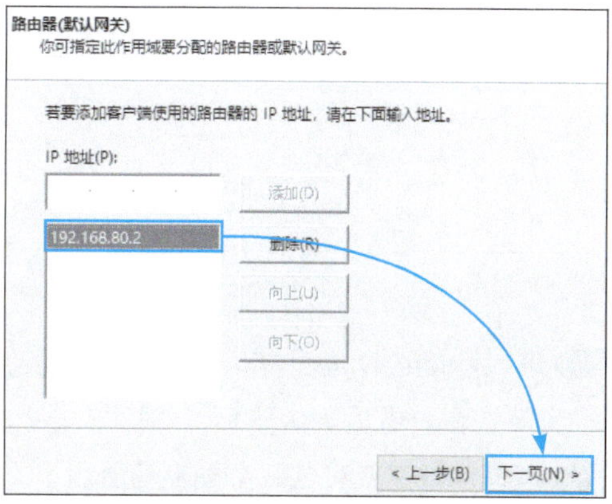

图 8-39 单击“下一页”按钮

步骤 09 接下来配置域名和DNS服务器以及WINS服务器，保持默认设置即可。最后系统提示是否激活此作用域，选中“是，我想现在激活此作用域”单选按钮，单击“下一页”按钮，如图8-40所示。至此，DHCP服务器的配置工作完成。

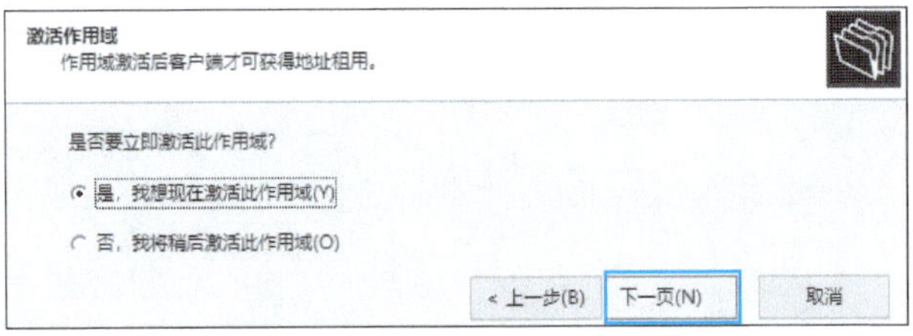

图 8-40　单击“下一页”按钮

8.4　DNS服务器的搭建和配置

DNS服务器主要用于将域名解析成IP地址。在局域网中搭建域环境需要用到DNS服务器（域环境需要域名解析）。DNS协议运行在UDP协议之上，使用端口号53。下面介绍DNS服务器的搭建以及配置过程。

因为接下来的各种服务及设置都使用了向导功能，为了介绍更多内容，需要减少默认配置页面占用大量篇幅的情况。所以遇到默认配置页面，会介绍其内容，但不会为此步骤配图，在需要更改设置或参数的地方会详细介绍并保留配图。

8.4.1　安装DNS服务

和DHCP服务一样，DNS服务需要先安装DNS功能，经过设置后才可使用。

步骤 01 从“服务器管理器”界面进入“添加角色和功能向导”，选择本地服务器后，进入服务器“角色”功能界面，勾选“DNS服务器”复选框，如图8-41所示。

步骤 02 进入DNS功能添加页面，单击“添加功能”按钮，如图8-42所示。

图 8-41　勾选“DNS 服务器”复选框

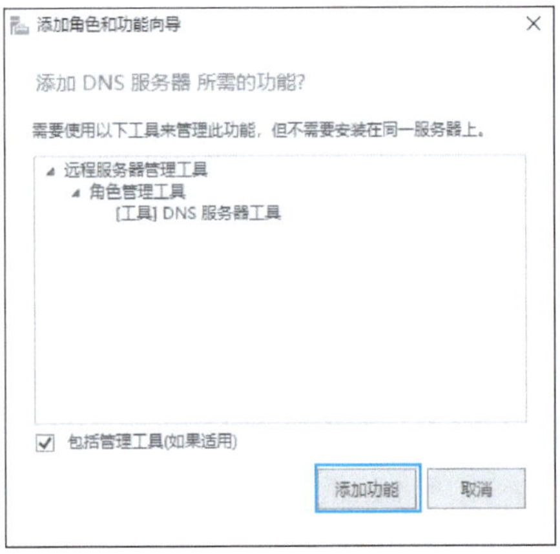

图 8-42　单击“添加功能”按钮

步骤 03 进入功能选择页面中，保持默认设置，单击“下一步”按钮；查看注意事项，之后单击“下一步”按钮；最后确认信息，然后单击“安装”按钮，如图8-43所示。

步骤 04 稍等片刻完成安装，如图8-44所示。

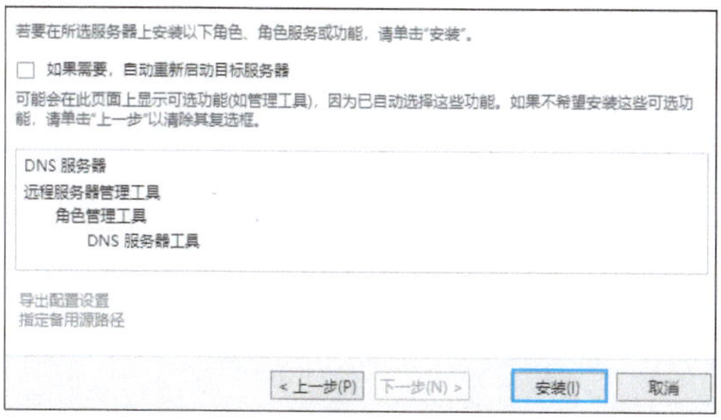

图 8-43 单击“安装”按钮

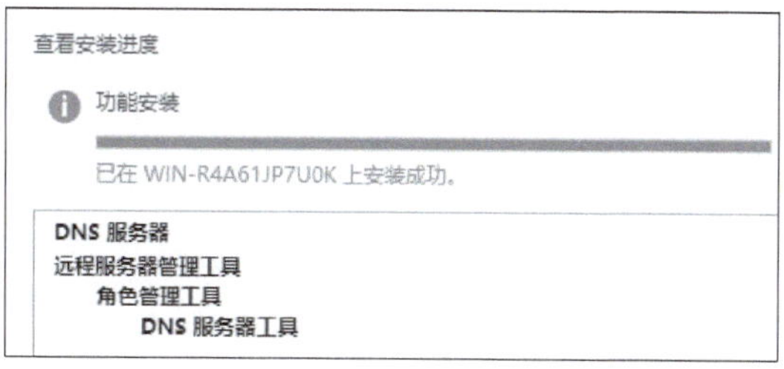

图 8-44 DNS 安装完成

8.4.2 配置DNS服务

DNS的配置过程主要是设置作用域的过程。下面介绍其具体设置步骤。

步骤01 在“服务器管理器”界面中单击“工具”下拉按钮，选择“DNS”选项，如图8-45所示。

步骤02 在“DNS管理器”界面中展开服务器，在“正向查找区域”上右击，选择“新建区域”选项，如图8-46所示。

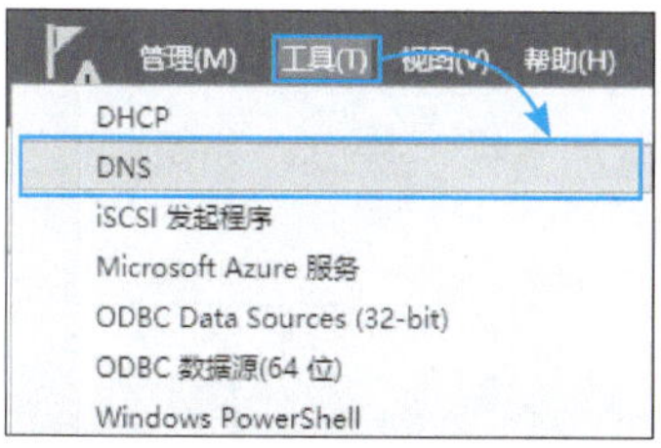

图 8-45 选择“DNS”选项

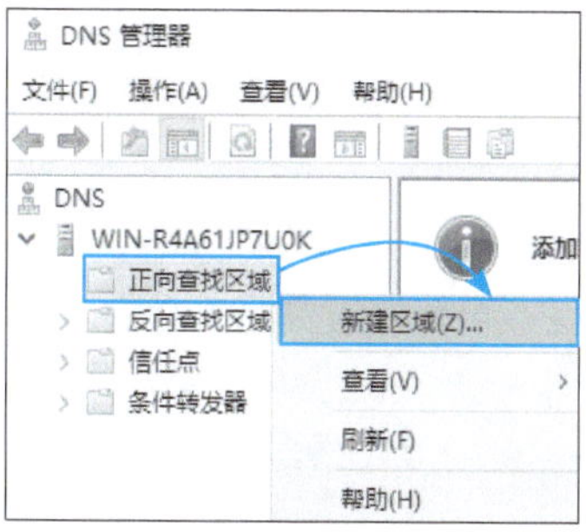

图 8-46 选择“新建区域”选项

步骤03 进入配置向导后，选择要创建的区域类型，这里选择“主要区域”，并单击“下一页”按钮，如图8-47所示。输入要创建的区域的名称，如图8-48所示。

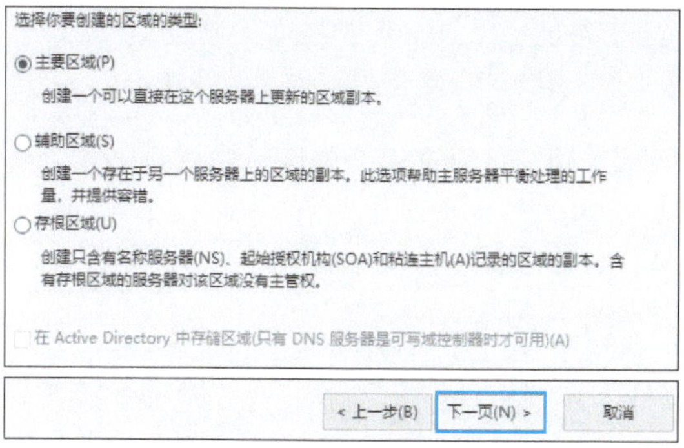

图 8-47 选择“主要区域”

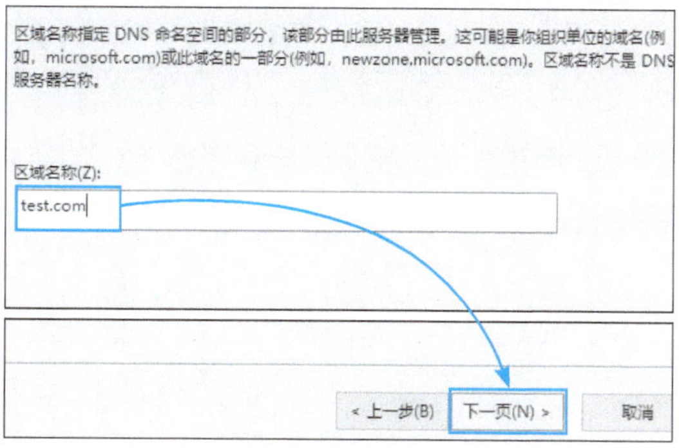

图 8-48 输入区域名称

步骤04 进入“区域文件”界面，因为是新建文件，保持默认设置，单击“下一页”按钮，如图8-49所示。

步骤05 进入“动态更新”界面，因为是本地使用，所以保持默认设置，单击“下一页”按钮，如图8-50所示。

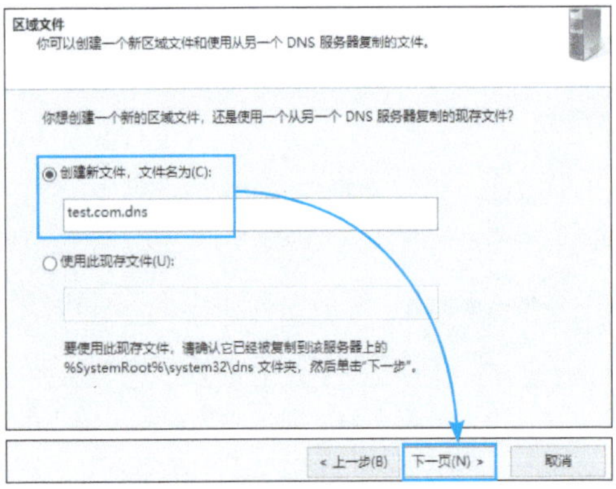

图 8-49　单击“下一页”按钮

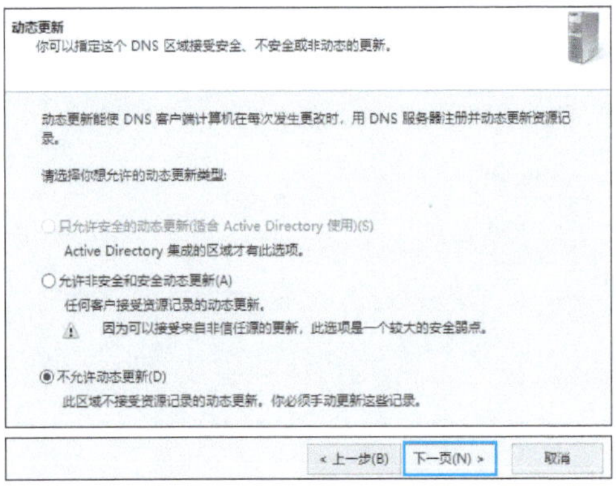

图 8-50　单击“下一页”按钮

系统弹出创建完成的提示，至此DNS区域配置完成。

8.4.3　创建A记录

A记录就是主机记录，例如www.baidu.com中，baidu.com是域名，www就是主机名，即A记录。下面介绍创建A记录的方法。

步骤 01 在“DNS管理器”界面中，展开并找到之前创建的“test.com”域，在其上右击，选择“新建主机（A或AAAA）”选项，如图8-51所示。

步骤 02 设置主机名称以及解析的IP地址，单击“添加主机”按钮，如图8-52所示。

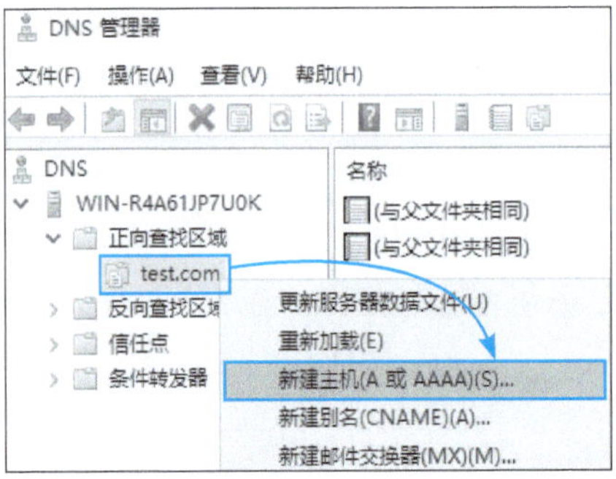

图 8-51　选择“新建主机 (A 或 AAAA)”选项

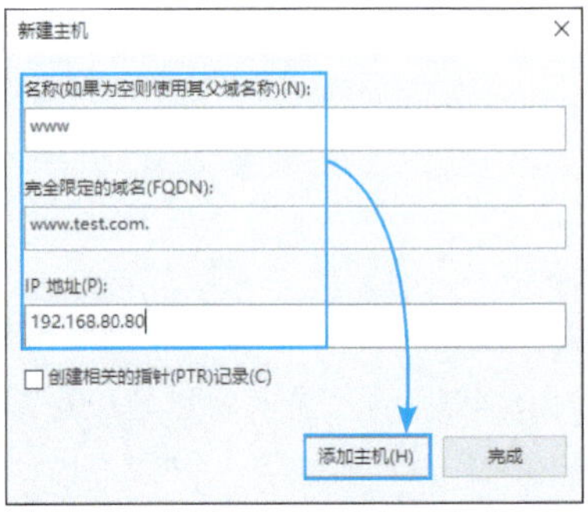

图 8-52　单击“添加主机”按钮

步骤 03 创建成功，系统弹出提示信息，如图8-53所示。用户可以在对应的区域中找到刚才创建的主机记录，如图8-54所示。

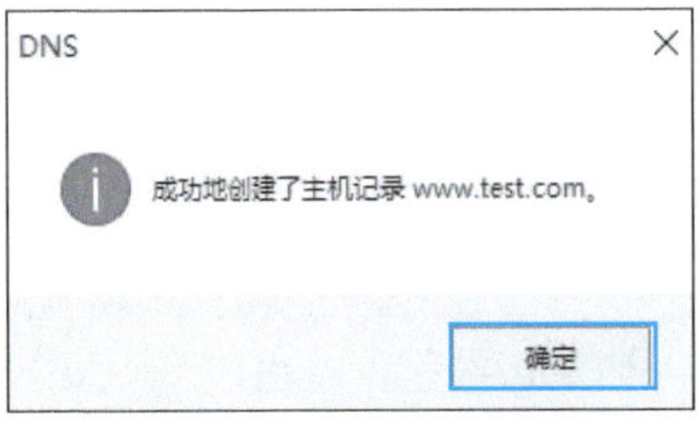

图 8-53　系统提示创建成功

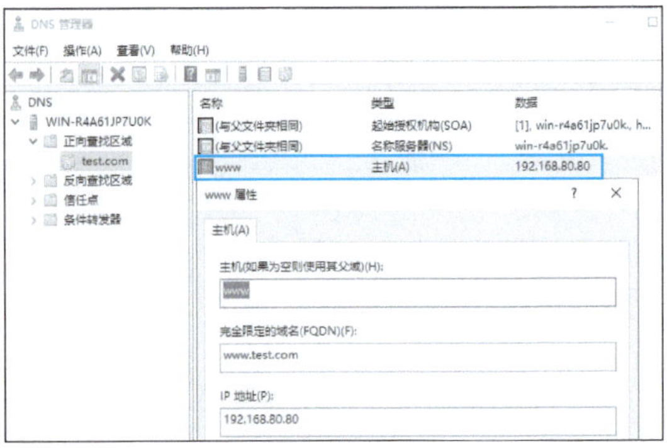

图 8-54　对应区域找到创建的主机记录

拓展知识

查看是否可以解析成功

将服务器的DNS设置为自己的IP，或者将其他主机的DNS设置为DNS服务器的IP后，使用命令"nslookup www.test.com"查看解析，如果配置无误，就可以正确解析主机记录了，如图8-55所示。其中第1条服务器Address里的192.168.80.80指DNS服务器的IP，第2条www.test.com是主机记录解析到的IP是192.168.80.80（解析成功），两者含义是不同的。

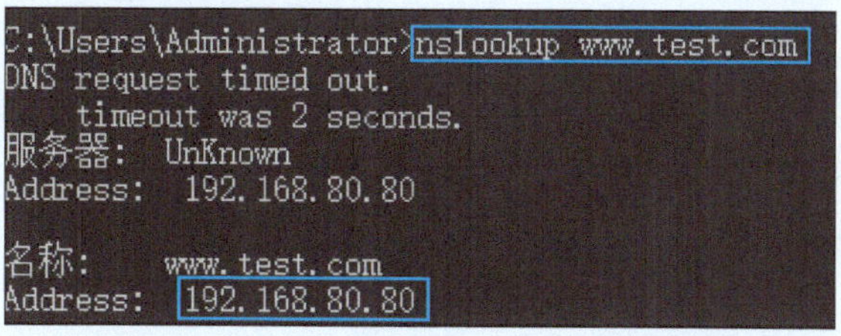

图 8-55 检测主机记录是否可以正确解析

8.4.4 创建转发器

转发器的作用是将无法解析的域名向根域服务器申请查询，相当于默认DNS设置。步骤就是选中服务器，并双击"转发器"选项，如图8-56所示，编辑并输入外网DNS的IP地址即可，如图8-57所示。这样不仅刚才创建的本地域名可以解析，外网的域名也可以解析。

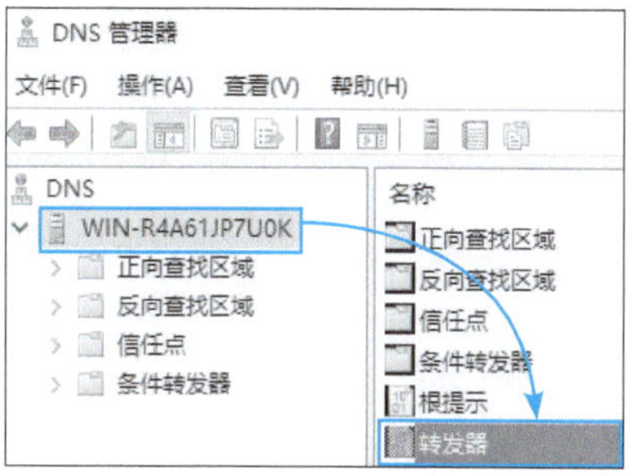

图 8-56 双击"转发器"选项

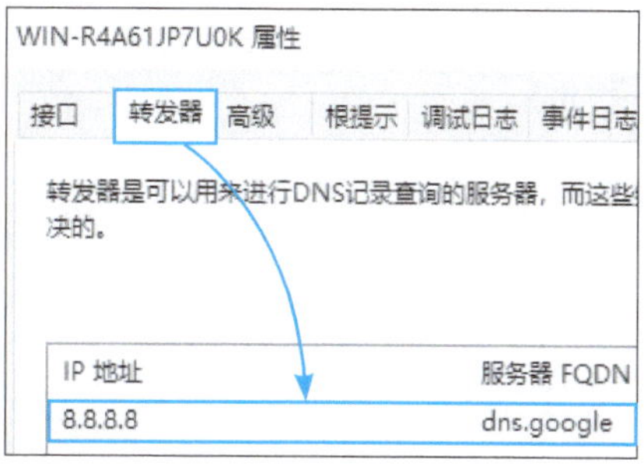

图 8-57 编辑并输入外网 DNS 的 IP 地址

8.5 Web服务器的搭建和配置

Web服务器就是网页服务器，它为网页文件提供存储和访问服务。用户在本地就可以创建Web服务器，可以使用系统自带的如Windows的IIS（因特网信息服务器）服务或Linux的Apache服务进行创建，也可以使用第三方工具进行创建，或者手动使用Apache的Windows版本进行创建。下面先介绍使用Windows自带的IIS服务创建Web服务器的步骤。在后面打造集成环境和快速创建网站中，将再介绍使用第三方集成工具进行创建的方法，以及快速创建网站的方法。

8.5.1 安装Web服务

下面介绍Web服务的安装过程，具体步骤如下。

步骤 01 在"服务器管理器"界面中单击"管理"下拉按钮，选择"添加角色和功能"选项，如图8-58所示。

步骤 02 启动向导后保持默认设置，进入服务器“角色”界面，勾选“Web服务器（IIS）”复选框，如图8-59所示。

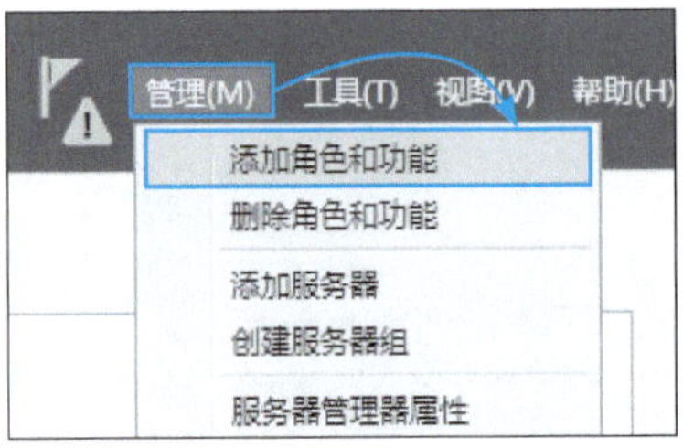

图 8-58　选择“添加角色和功能”选项

图 8-59　勾选“Web 服务器 (IIS)”复选框

步骤 03 一直保持默认设置，直到进入最后的确认安装界面中。安装完毕后，弹出安装成功提示信息，如图8-60所示。

步骤 04 此时使用服务器或者局域网中的其他计算机访问服务器IP地址时，会弹出IIS的默认主页，说明Web服务器已经正常工作，如图8-61所示。

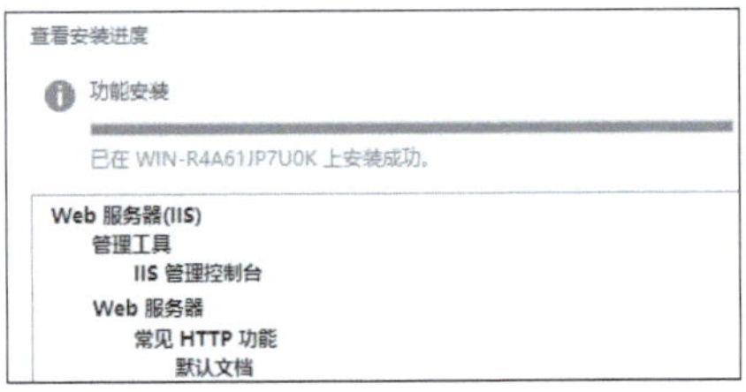

图 8-60　弹出安装成功提示信息

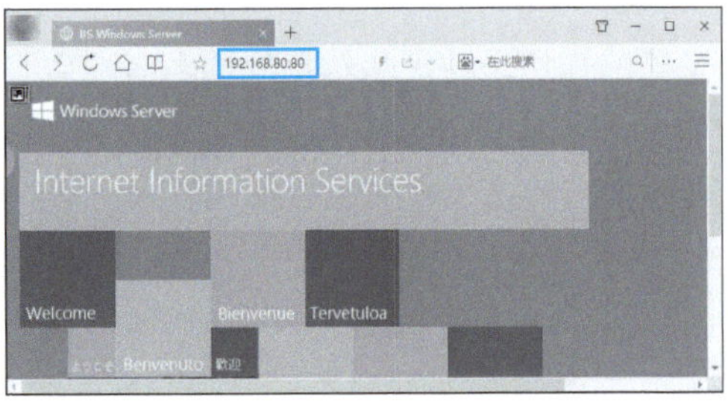

图 8-61　弹出 IIS 的默认主页

8.5.2　配置Web服务器

配置Web服务器，主要需配置网页文件的目录和访问方式等。下面介绍其具体配置方法。

步骤 01 在“服务器管理器”界面的“工具”下拉列表中选择“Internet Information Services（IIS）管理器”选项，如图8-62所示。

步骤 02 在弹出的“Internet Information Services（IIS）管理器”界面中，展开服务器，在“网站”中的“Default Web Site”节点上右击，从“管理网站”级联菜单中选择“停止”选项，如图8-63所示。

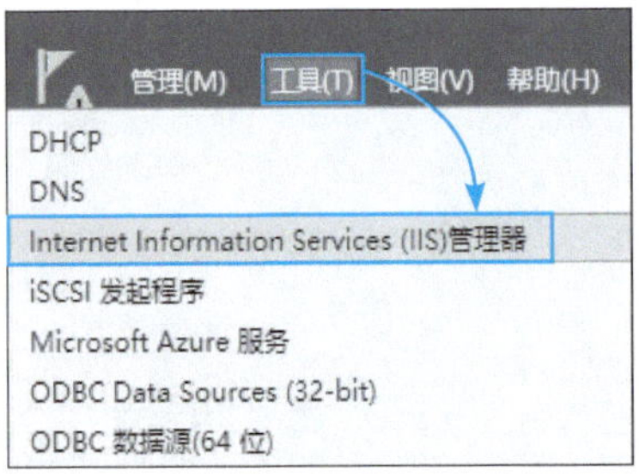

图 8-62　选择“Internet Information Services(IIS) 管理器”选项

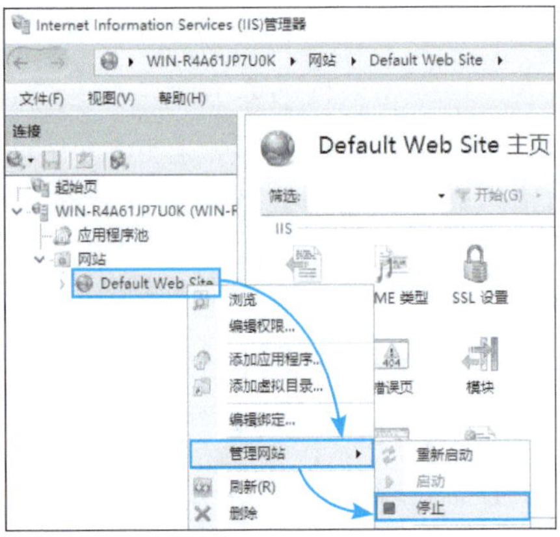

图 8-63　选择“停止”选项

注意事项：新手应关闭默认网站。

因为默认网站占用了服务器的80端口，如果不关闭，新手创建新网站时有极大概率造成监听端口冲突。所以建议新手用户关闭默认网站。如果不关闭，也可以修改默认网站监听的端口号或者主机头等内容。

步骤 03 在“网站”上右击，选择“添加网站”选项，如图8-64所示。

步骤 04 在“添加网站”界面中，输入网站的名称、网站的路径、监听的IP地址和端口号，然后单击“确定”按钮，如图8-65所示。

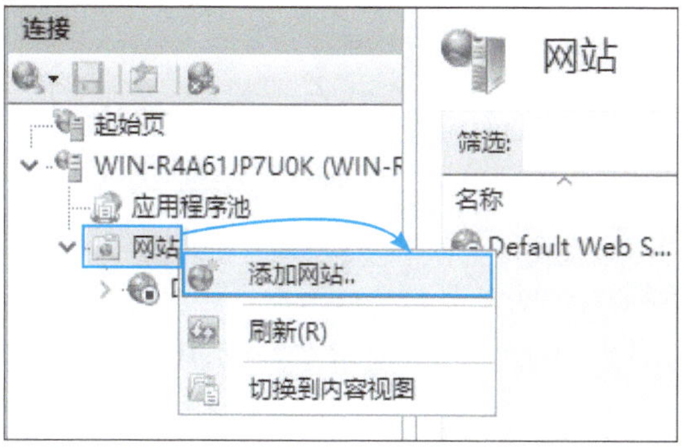

图 8-64 选择“添加网站”选项

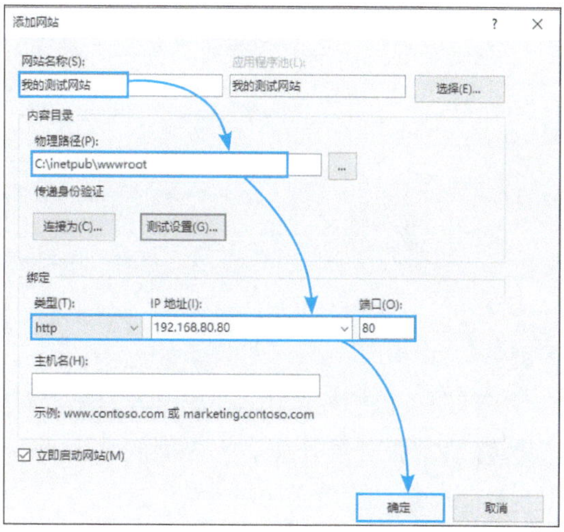

图 8-65 “添加网站”界面

进入网站目录，新建文本文档，修改内容后，将其文件名修改为“index.html”。使用其他计算机访问Web服务器的IP地址，如能访问，说明网站正常，如图8-66所示。

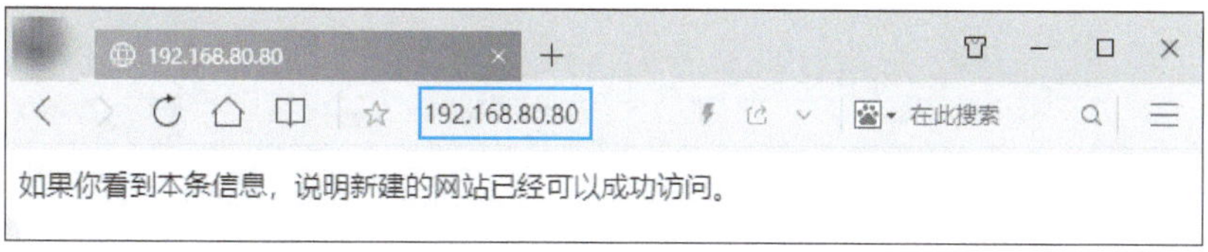

图 8-66 网站可正常访问

8.6 FTP服务器的搭建和配置

FTP服务器就是网络中提供文件存储和访问服务的计算机。FTP服务依赖于FTP协议的支持。下面介绍FTP服务器的搭建过程和配置步骤。

8.6.1 搭建FTP服务器

搭建FTP服务器也可以用向导功能实现。

进入“添加角色和功能向导”，保持默认设置，进入“角色”选择界面，展开“Web服务器（IIS）”选项，勾选“FTP服务器”复选框，如图8-67所示。其余页面保持默认设置，开始安装，如图8-68所示。

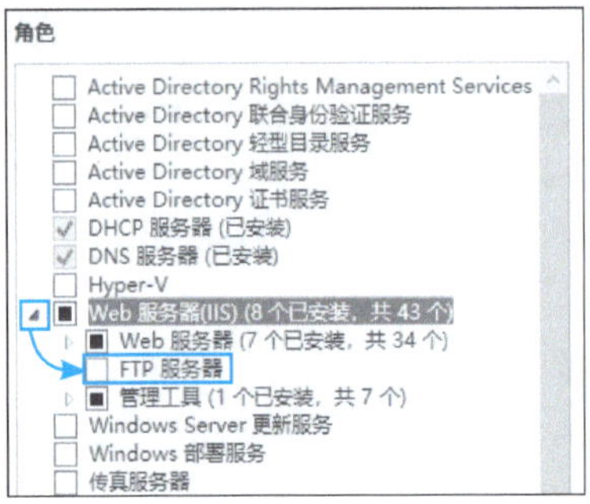

图 8-67　勾选“FTP 服务器”复选框

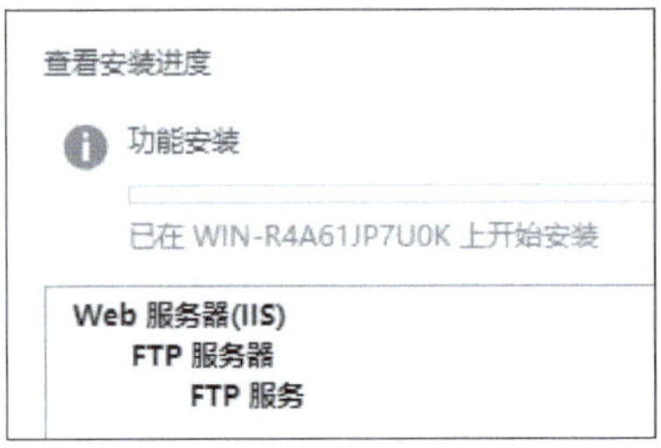

图 8-68　开始安装

完成安装后，弹出安装成功提示，如图8-69所示。

图 8-69　弹出安装成功提示

8.6.2　配置FTP服务器

FTP服务器的配置和Web服务器的配置有些类似。下面介绍其具体的配置步骤。

步骤 01 从“服务器管理器”界面的“工具”下拉列表中选择“Internet Information Services（IIS）管理器”选项，如图8-70所示。

步骤 02 在弹出的界面中展开服务器，在“网站”上右击，选择“添加FTP站点”选项，如图8-71所示。

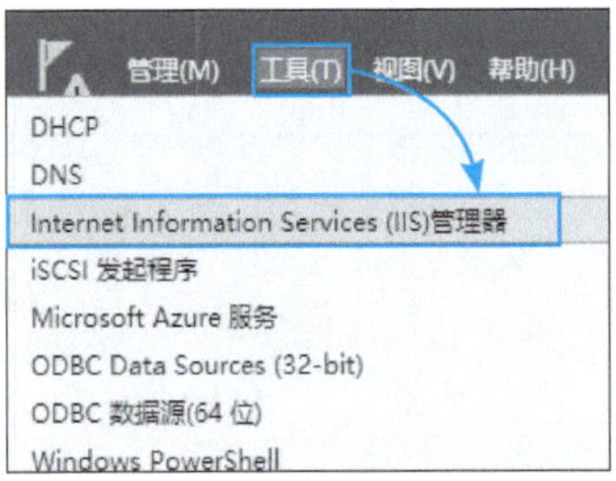

图 8-70　选择“Internet Information Services(IIS) 管理器”选项

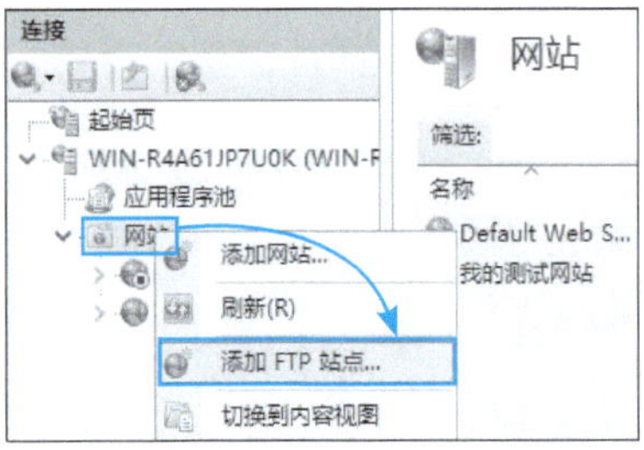

图 8-71　选择“添加 FTP 站点”选项

步骤 03 输入FTP站点名称以及内容目录的位置，如图8-72所示。

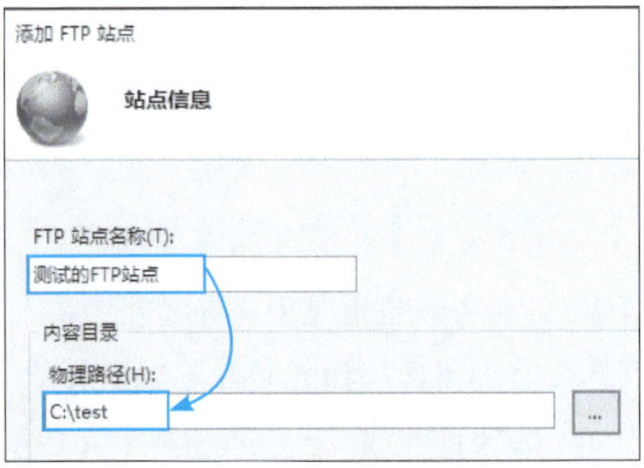

图 8-72　输入 FTP 站点名称、内容目录位置

步骤04 设置监控的IP地址和端口号，选中“无SSL”单选按钮，并单击“下一步”按钮，如图8-73所示。

步骤05 设置身份访问验证方式，因为是局域网访问，所以勾选“匿名”复选框，并为“所有用户”赋予“读取”和“写入”的权限，单击“完成”按钮，如图8-74所示。

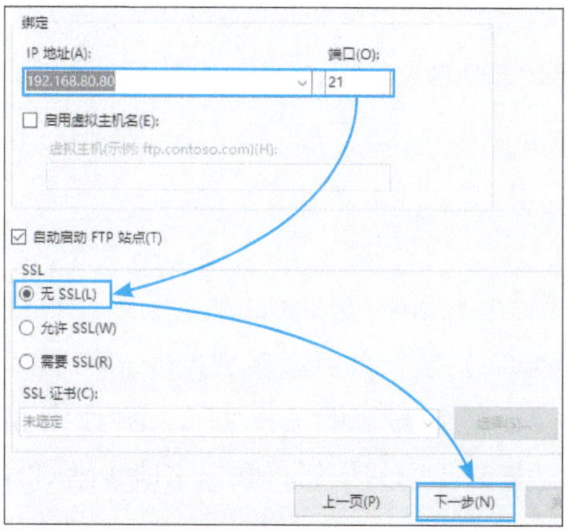

图 8-73 设置监控的 IP 地址和端口号

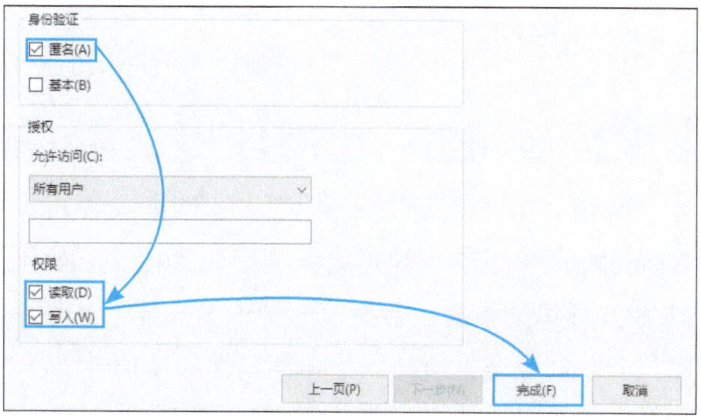

图 8-74 设置身份访问验证方式

使用局域网的其他计算机打开资源管理器，输入ftp命令。例如在本例中输入命令“ftp://192.168.80.80”并按Enter键，就会打开FTP的共享文件夹，如图8-75所示，此时可以进行上传、下载和删除文件等操作。

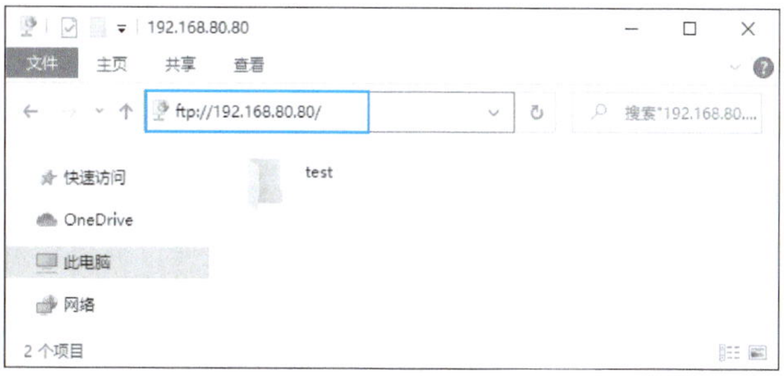

图 8-75 打开 FTP 的共享文件夹

8.7 搭建网站集成环境

以前的网站都比较简单，如上一节创建的Web服务器，主要用于静态网站使用。现在的网站基本上都属于动态网站，网站集成了动态环境，可以实现很多功能。所以本节重点介绍网站集成环境的搭建。

8.7.1 网站集成环境简介

网站集成环境需要IIS或Apache网站组件、PHP环境支持，以及MySQL数据库的支持等。用户可以手动搭建PHP环境并安装MySQL数据库，也可以采用第三方软件，实现安装后就完成所有网站所需环境的搭建。

集成环境搭建完毕后，就可以创建动态网站了，这不需要非常高的技术，只需像安装应用程序一样安装网站即可。

网络术语

IIS、Apache、PHP、MySQL

IIS 是 Microsoft Windows 网站组件，使用它可以在 Windows 环境中搭建网站服务器。

Apache 也是网站服务软件，主要用于在 Linux 中搭建网站服务器，当然也有 Windows 版本的 Apache。

PHP 是一种通用开源的脚本文件，可以在服务器上执行一些专业的脚本语言以实现更强大的功能。现在很多网站都集成了 PHP 的环境以实现更丰富的功能体验。

MySQL 是最为常用的数据库软件之一，具有体积小、速度快的优点。很多网站采用 MySQL 作为数据库来存储网站使用的基本数据和动态数据。

8.7.2 使用第三方工具搭建集成环境

现在有很多第三方工具可以搭建集成环境，笔者经常使用的是UPUPW。UPUPW是Windows平台下的一款集成环境搭建套件，只需通过简单的安装，就可以实现Apache+PHP+MySQL环境的搭建、各组件的管理等操作，是新手学习网站搭建最好的工具之一。UPUPW虽然很长时间没有更新，但是其稳定性和便捷性仍然非常适合新手学习使用。掌握本地建站的方法后，就可以在外网购买VPS服务器建站。

其他常见的集成环境搭建软件还有phpEnv、宝塔面板、PHPTS、phpStudy、WampServer等，用户可以根据自己的情况选择。这些软件的操作方法类似，用户学会某一个软件后，其他软件基本上也就会操作了。

用户可以上网搜索UPUPW的官网，下载该软件后安装。安装完毕后，双击桌面图标可以启动该软件。下面介绍UPUPW的使用方法。

1. 搭建Web服务器

UPUPW默认使用Nginx程序作为Web服务器，Nginx是一个高性能的HTTP和反向代理Web服务器，因其具有良好的稳定性、丰富的功能和示例配置文件、低系统资源消耗而闻名。下面介绍使用UPUPW搭建Web服务器的步骤。

步骤 01 启动软件后，在主界面中单击“+”按钮，如图8-76所示。

步骤 02 在弹出的配置窗口中，设置网站的名称、路径、端口以及当前的主要域名。因为没有域名，这里的“主要域名”填写服务器的IP地址即可。选择PHP的版本后，单击“提交保存”按钮，如图8-77所示。

图 8-76　单击“+”按钮

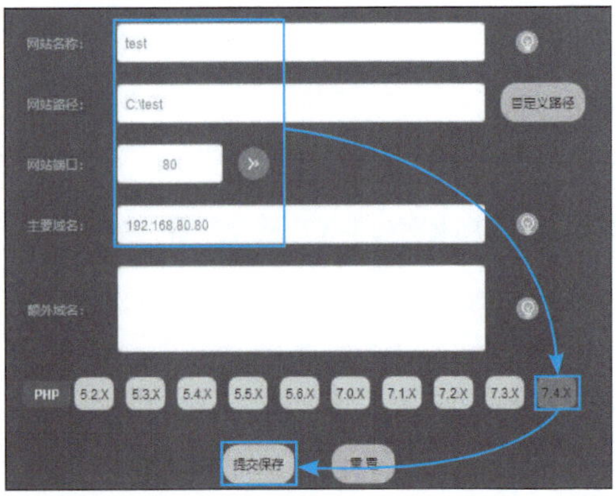

图 8-77　设置网站名称、路径、端口及当前主要域名

注意事项：网站名称不能用中文。

使用UPUPW创建网站时，网站名称不能用中文，否则无法启动该网站。

步骤03 单击主界面右侧的“一键开启”按钮，启动所有的服务，如图8-78所示。完成启动后，所有的灰色图标变成彩色状态，如图8-79所示。

图 8-78 单击“一键开启”按钮

图 8-79 完成启动

完成配置后，用户可以使用局域网中的其他计算机访问Web服务器的IP地址。如果出现PHP探针界面，说明Web服务器正常并且PHP环境正常，如图8-80所示。

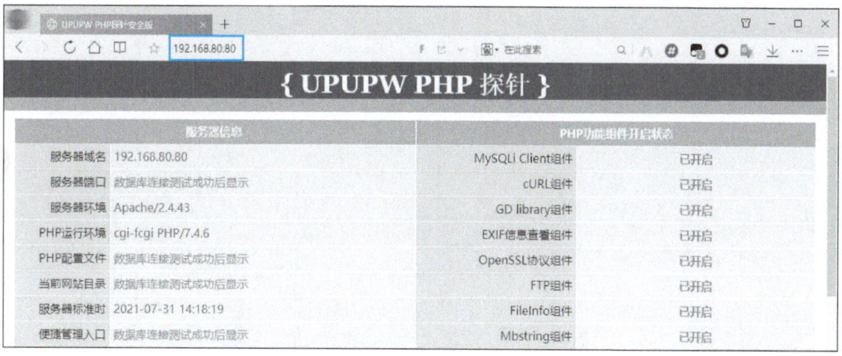

图 8-80 Web 服务器及 PHP 环境正常

网络术语

PHP 探针

PHP 探针是一个 PHP 的脚本文件。搭建网站后，浏览默认网站会启动 PHP 探针。其主要作用是探测服务器运行状态、各组件以及当前的 PHP 环境是否正常。

2. 搭建FTP服务器

UPUPW除了可以创建网站，还可以搭建FTP服务器。Web与FTP搭档是因为Web页面程序等需要使用FTP上传到服务器，这将在后面快速建站中看到。

步骤 01 启动UPUPW，切换到“FTP管理”选项卡，并在下方切换到“添加用户”选项卡中，手动设置可以访问FTP的账户名称、密码及路径，选择用户的权限后，保存即可，如图8-81所示。

步骤 02 在其他普通计算机上使用“ftp://192.168.80.80”访问服务器，输入刚才设置的用户名和密码后，勾选“保存密码”复选框，单击“登录”按钮，如图8-82所示。

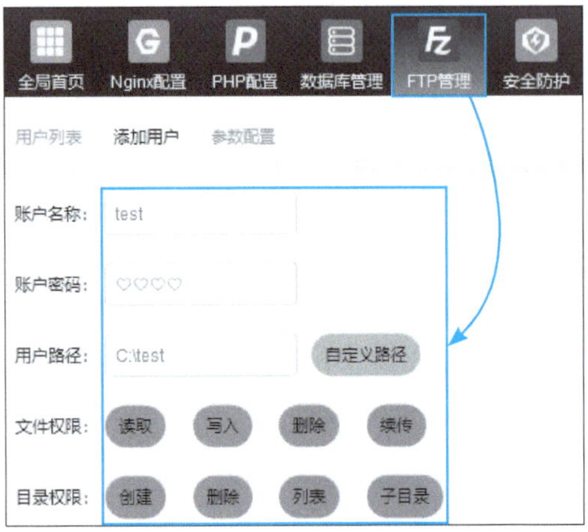

图 8-81 “FTP 管理”选项卡

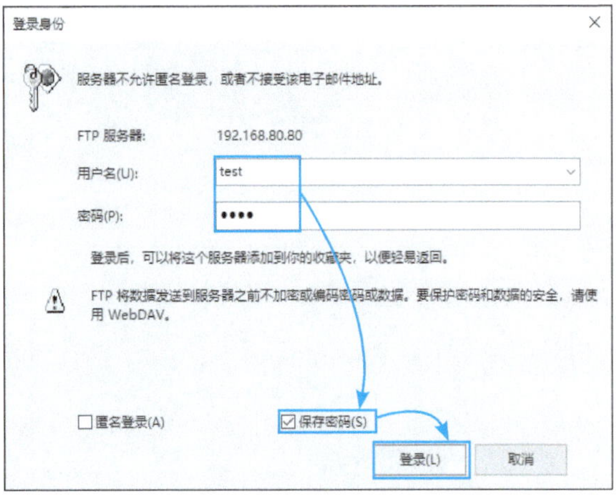

图 8-82 在其他普通计算机上访问服务器

接下来就可以访问FTP服务器的目录，如图8-83所示。用户也可以使用第三方FTP软件访问，以便此后上传网站文件使用，如图8-84所示。

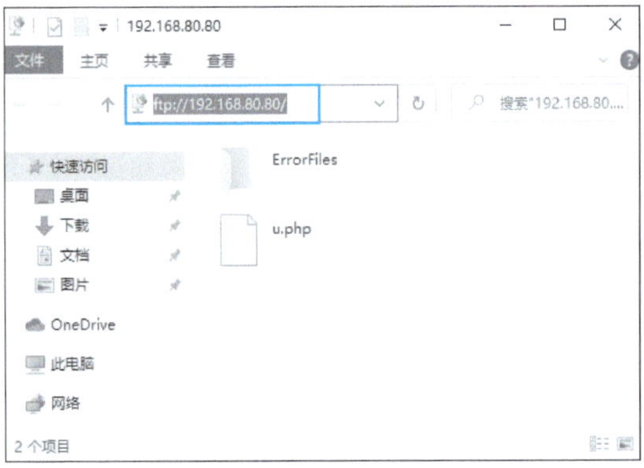

图 8-83 访问 FTP 服务器的目录

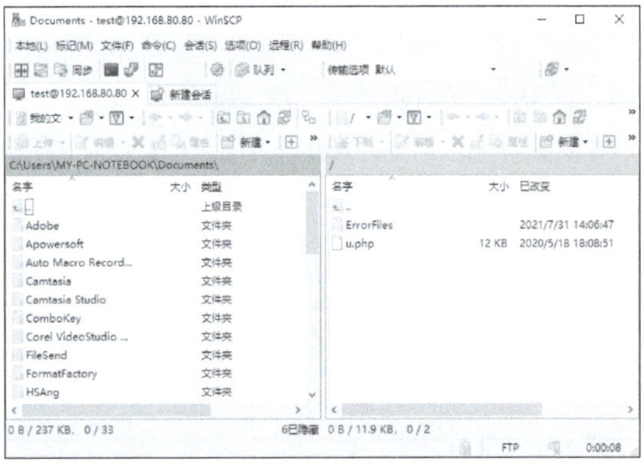

图 8-84 使用第三方 FTP 软件访问

8.7.3 快速建站

对于有一定水平的用户，可以手动创建网站。没有建站基础的用户也不用担心，现在有很多可以将网站打包，像安装软件一样安装网站的程序。这种程序只需上传网站相关文件就可以安装，再经过简单配置即可完成建站，非常适合新手使用。下面介绍快速建站的方法。

1. 设置数据库的参数

动态网站一般需要8.7.1节介绍的集成环境，另外，还需要设置数据库的参数，以方便建站程序访问并使用数据库。

步骤 01 打开UPUPW，切换到“数据库管理”选项卡，单击“密码管理”按钮，如图8-85所示。

图 8-85　单击“密码管理”按钮

步骤 02 将账户名称设置为root，输入新的账户密码，单击“更改密码”按钮，其他参数保持默认设置，如图8-86所示。

图 8-86　单击“更改密码”按钮

成功后会弹出提示信息，单击“确定”按钮，如图8-87所示。

图 8-87　单击“确定”按钮

2. 准备网站文件

这里以比较流行的个人网站建站程序“WordPress”为例进行介绍。用户可以到WordPress的官网下载该程序的压缩包，解压后上传到个人网站的目录中，如图8-88所示。

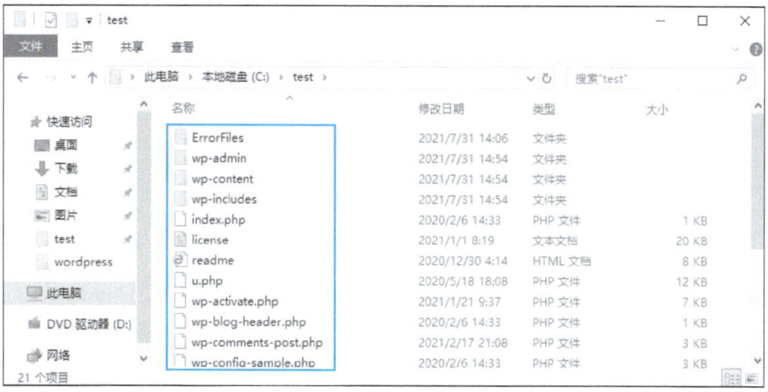

图 8-88　解压程序的压缩包后上传到网站目录中

3. 开始安装

使用局域网计算机访问Web服务器，即可启动WordPress的安装，非常方便。其具体安装步骤如下。

步骤 01 查看程序的要求，单击“现在就开始！”按钮，如图8-89所示。

步骤 02 输入数据库名称，以及之前设置的数据库用户名和密码，单击“提交”按钮，如图8-90所示。

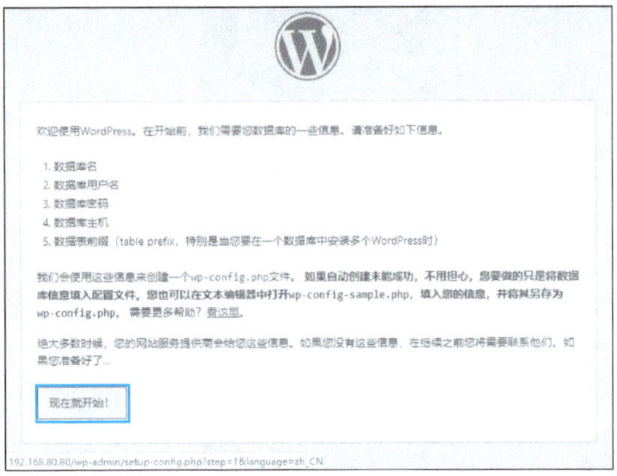

图 8-89　单击“现在就开始！”按钮

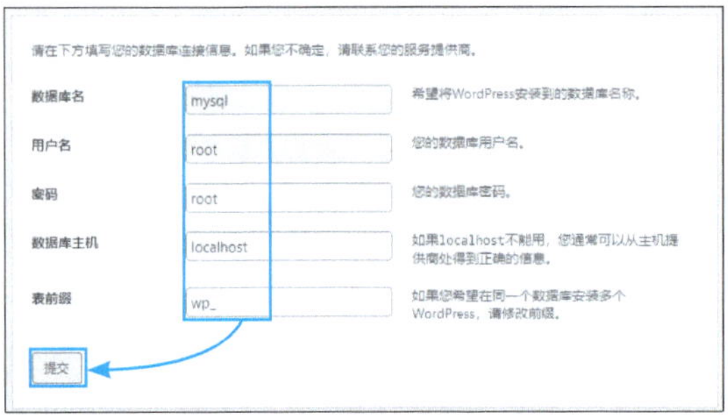

图 8-90　单击“提交”按钮

步骤 03 如果数据库无误，会显示成功提示，单击“现在安装”按钮，如图8-91所示。

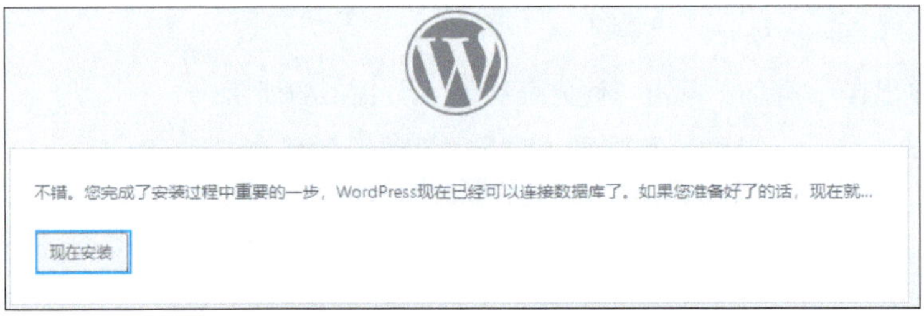

图 8-91　单击“现在安装”按钮

步骤 04 填写新建网站的标题、管理员账户名及密码、电子邮件地址，完成后单击“安装WordPress”按钮，如图8-92所示。

步骤 05 接下来程序将自动安装，如果成功，会弹出登录提示。单击“登录”按钮，如图8-93所示。

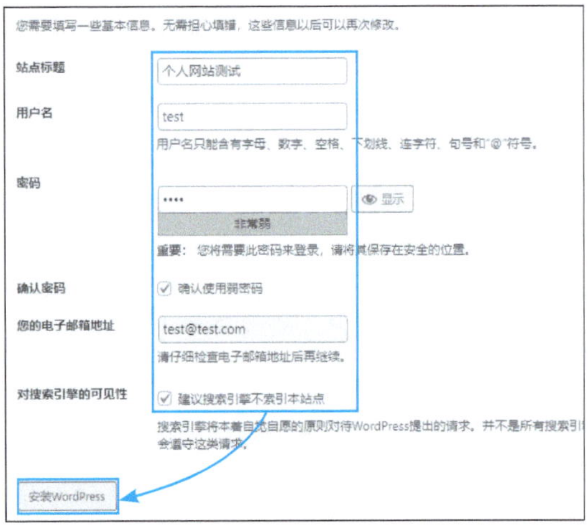

图 8-92　单击“安装 WordPress”按钮

图 8-93　单击“登录”按钮

步骤 06 输入之前设置的用户名和密码，单击“登录”按钮，如图8-94所示。

步骤 07 此时可以登录到后台进行网站的管理、设置、更新以及个人博客内容的撰写和编辑等，如图8-95所示。

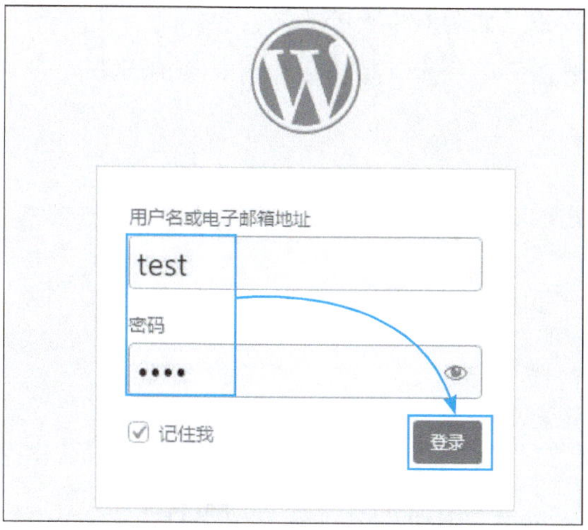

图 8-94　输入用户名和密码

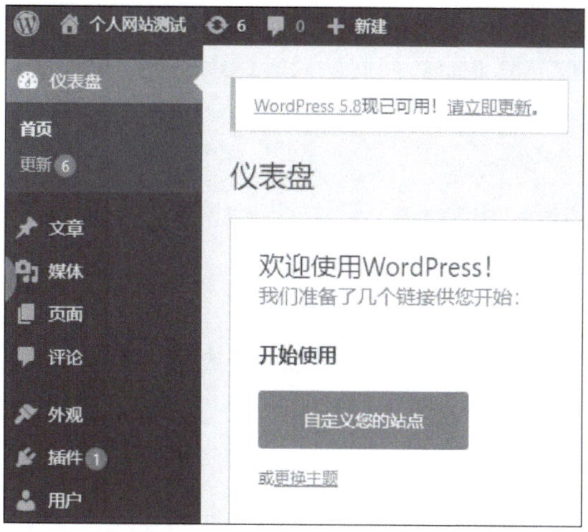

图 8-95　登录到后台管理网站及撰写个人博客等

局域网的其他用户可以通过IP地址访问该博客网站。图8-96所示为默认显示的界面，用户可以更换主题。

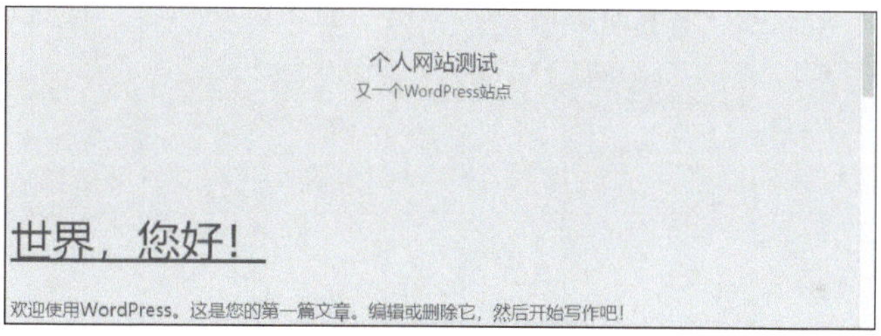

图 8-96　默认显示界面

4. 快速创建公司网站

除了可以快速创建个人博客网站，用户还可以使用EyouCms快速创建其他类型的网站，如公司网站等。其具体创建步骤如下。

步骤 01 从EyouCms官网下载模板文件，并将网站相关文件拷贝到个人网站目录的文件夹中，如图8-97所示。

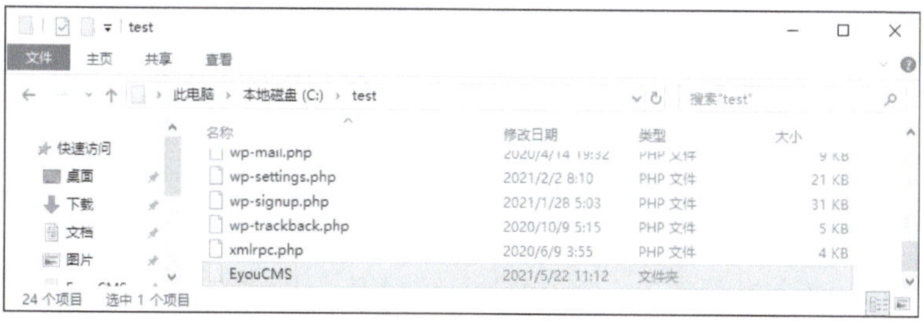

图 8-97　拷贝网站文件到网站目录文件夹中

步骤 02 使用局域网中的其他计算机访问Web服务器的IP地址，但在IP地址后加上目录“eyoucms”，如图8-98所示。

图 8-98　在 IP 地址后加上目录“eyoucms”

步骤03 此时会弹出软件使用协议，单击“接受”按钮，如图8-99所示。

步骤04 此时软件开始检查环境，确认无误的话，单击“下一步”按钮，如图8-100所示。

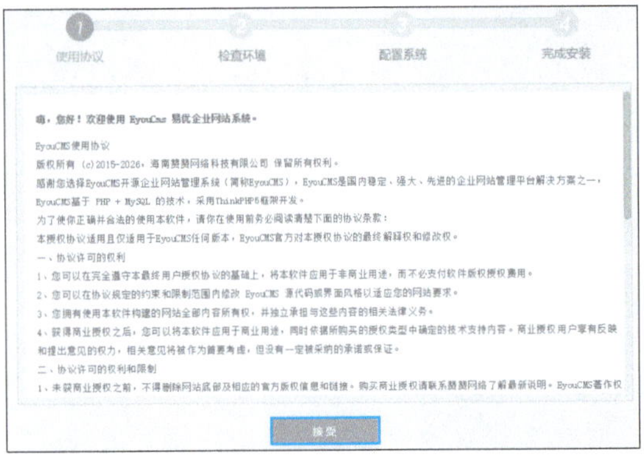

图 8-99　单击“接受”按钮

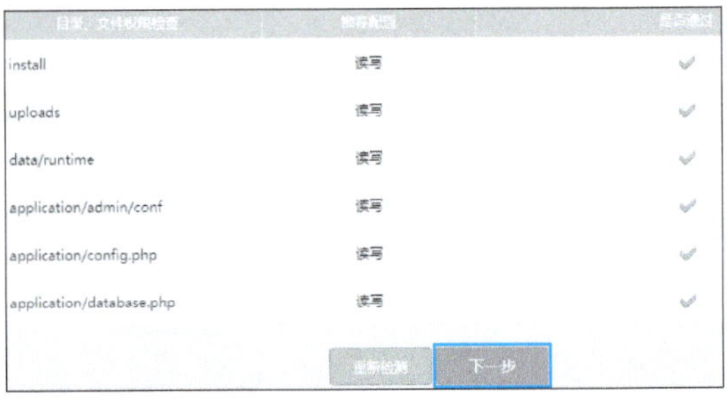

图 8-100　单击“下一步”按钮

步骤05 设置数据库的地址、端口、数据库账号与密码以及管理员密码。完成后单击“创建数据”按钮，如图8-101所示。

步骤06 安装完成后会显示安装完成提示信息，单击“登录网站后台”按钮，如图8-102所示。

图 8-101　单击“创建数据”按钮

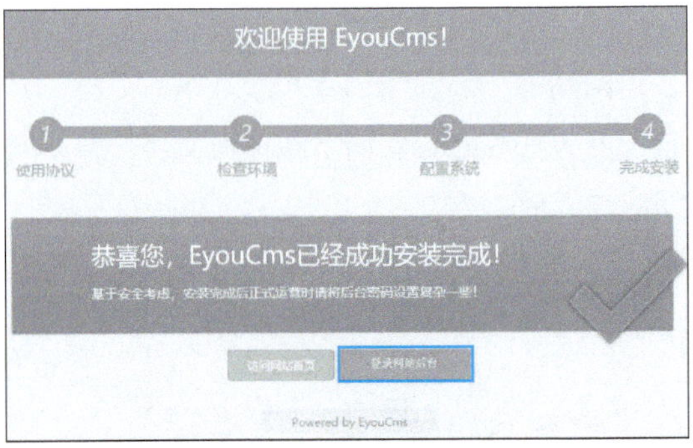

图 8-102　单击“登录网站后台”按钮

步骤07 输入刚才设置的管理员账户、密码和验证码后，单击“登录”按钮，如图8-103所示。

步骤08 在后台中可以进行产品添加、栏目管理、网站内容设置等操作，如图8-104所示。

你学会了吗？

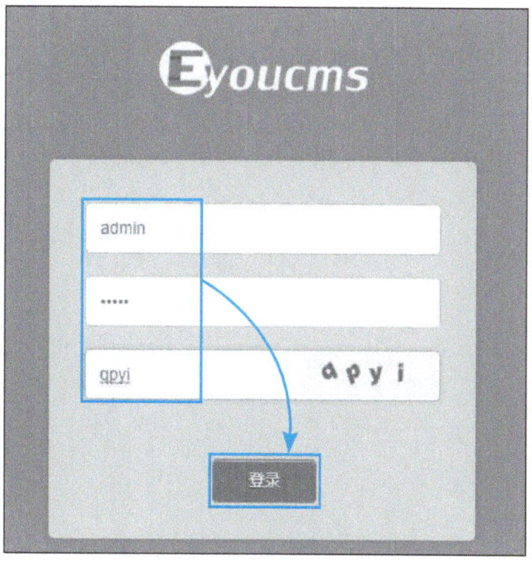

图 8-103 登录创建的 Eyoucms 账户

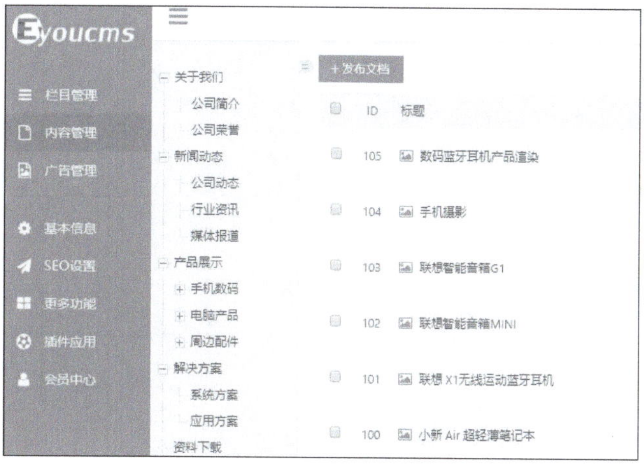

图 8-104 后台可进行多种操作

使用其他计算机登录后，会看到网站的内容，如图8-105所示，其中包含公司介绍、产品展示、联系方式等。这样就快速组建了一个公司网站。

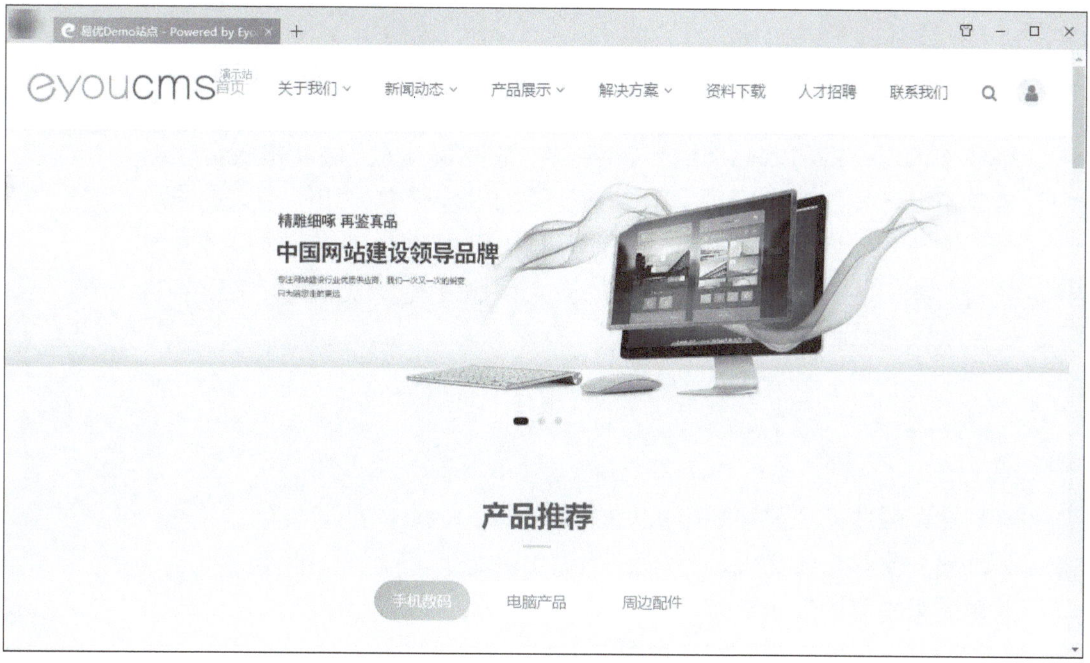

图 8-105 其他计算机查看网站内容

思考与练习

（1）简述服务器的种类和作用。

（2）按照第8.3节介绍的内容，创建DHCP服务器并验证效果。

（3）按照第8.7节介绍的内容，搭建网站集成环境，并完成网站的快速创建。

第9章 局域网网络安全与维护管理

内容概要

网络在带给人们便利性的同时，也隐藏着极大的安全风险，像网络非法入侵、病毒木马肆虐、重要资料被窃取、个人隐私被贩卖、勒索等事件频发。局域网同样存在着类似的安全隐患，如今黑客直接从外网入侵局域网已经越来越难，而从局域网中反向突破已经慢慢成为主流。本章将介绍局域网中存在的安全问题及其表现形式、主要的防御方法以及防护配置管理等内容。

重点难点

- 局域网威胁的主要表现形式及原理。
- 网络安全体系的建设。
- 局域网主要的安全机制。
- 面对局域网安全威胁的应对措施。
- 局域网常见的安全防护配置。
- 局域网常见的维护方法。

9.1 网络安全形势

近年来，随着各种黑客技术的发展以及大量漏洞的爆出，在巨大利益诱惑下，黑客利用网络入侵获取数据或是攻击网站使其瘫痪等手段来获利的事件层出不穷。

9.1.1 常见网络威胁

在网络环境中，由于要提供服务，服务器相当于公开在网上，因此黑客可以使用各种手段对服务器进行攻击。另外，黑客往往不断尝试各种攻击方式入侵局域网，以便获取存在于局域网中的一些有价值的数据。常见的典型网络威胁介绍如下。

1. 数据泄露

数据是永远无法用价值去衡量的。几千万甚至几亿条数据库的数据，能带来可观的直接或间接利益，这成为黑客或者内部人员不惜铤而走险的诱因。图9-1所示为在某国外论坛中有人发帖售卖国内某银行1 679万笔数据，并放出的部分数据样本，数据包括名字、性别、卡号、身份证号、手机号码、所在城市、联系地址、工作单位、邮编、工作电话、住宅电话、卡种、发卡行等信息。这些数据如果大规模扩散，后果不堪设想。

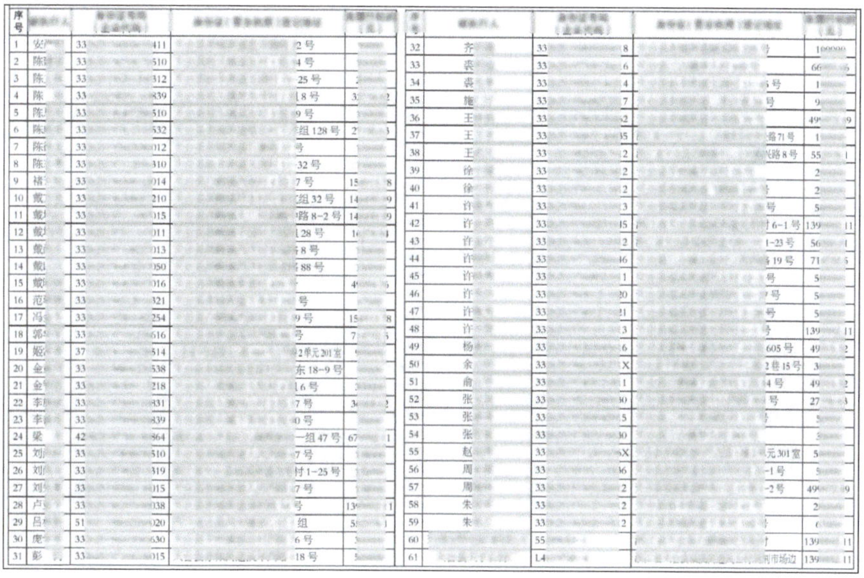

序号	[illegible]	[illegible]	[illegible]	[illegible]
1	安[illegible]	33[illegible]411	[illegible]2号	[illegible]
2	陈[illegible]	33[illegible]510	[illegible]4号	[illegible]
3	陈[illegible]	33[illegible]312	[illegible]-25号	[illegible]
4	陈[illegible]	33[illegible]839	[illegible]8号	3[illegible]2
5	陈[illegible]	33[illegible]510	[illegible]9号	[illegible]
6	陈[illegible]	33[illegible]532	[illegible]组128号	2[illegible]3
7	陈[illegible]	33[illegible]012	[illegible]号	[illegible]
8	陈[illegible]	33[illegible]310	[illegible]-32号	[illegible]
9	褚[illegible]	33[illegible]014	[illegible]7号	15[illegible]8
10	戴[illegible]	33[illegible]210	[illegible]组32号	14[illegible]9
11	戴[illegible]	33[illegible]015	[illegible]路8-2号	14[illegible]9
12	戴[illegible]	33[illegible]011	[illegible]128号	16[illegible]
13	戴[illegible]	33[illegible]013	[illegible]8号	[illegible]
14	戴[illegible]	33[illegible]050	[illegible]88号	[illegible]
15	戴[illegible]	33[illegible]016	[illegible]	4[illegible]
16	范[illegible]	33[illegible]321	[illegible]号	[illegible]
17	冯[illegible]	33[illegible]254	[illegible]9号	15[illegible]8
18	郭[illegible]	33[illegible]616	[illegible]号	7[illegible]5
19	姬[illegible]	37[illegible]514	[illegible]2单元201室	[illegible]
20	金[illegible]	33[illegible]538	[illegible]东18-9号	[illegible]
21	金[illegible]	33[illegible]218	[illegible]6号	[illegible]
22	李[illegible]	33[illegible]831	[illegible]7号	3[illegible]2
23	李[illegible]	33[illegible]839	[illegible]0号	[illegible]
24	梁[illegible]	42[illegible]864	[illegible]一组47号	67[illegible]1
25	刘[illegible]	33[illegible]510	[illegible]7号	[illegible]
26	刘[illegible]	33[illegible]319	[illegible]村1-25号	[illegible]
27	刘[illegible]	33[illegible]015	[illegible]7号	[illegible]
28	卢[illegible]	33[illegible]038	[illegible]号	139[illegible]1
29	吕[illegible]	51[illegible]020	[illegible]组	5[illegible]
30	庞[illegible]	33[illegible]630	[illegible]6号	[illegible]
31	彭[illegible]	33[illegible]015	[illegible]18号	[illegible]
32	齐[illegible]	33[illegible]8	[illegible]号	1[illegible]
33	裘[illegible]	33[illegible]6	[illegible]	66[illegible]
34	裘[illegible]	33[illegible]4	[illegible]5号	1[illegible]
35	施[illegible]	33[illegible]7	[illegible]号	9[illegible]
36	王[illegible]	33[illegible]2	[illegible]	49[illegible]9
37	王[illegible]	33[illegible]35	[illegible]路71号	1[illegible]
38	王[illegible]	33[illegible]2	[illegible]路8号	55[illegible]1
39	徐[illegible]	33[illegible]2	[illegible]	2[illegible]
40	徐[illegible]	33[illegible]2	[illegible]号	2[illegible]
41	许[illegible]	33[illegible]3	[illegible]号	5[illegible]
42	许[illegible]	33[illegible]15	[illegible]村6-1号	139[illegible]11
43	许[illegible]	33[illegible]2	[illegible]1-23号	56[illegible]1
44	许[illegible]	33[illegible]46	[illegible]19号	71[illegible]5
45	许[illegible]	33[illegible]1	[illegible]号	5[illegible]
46	许[illegible]	33[illegible]20	[illegible]号	5[illegible]
47	许[illegible]	33[illegible]21	[illegible]号	5[illegible]
48	许[illegible]	33[illegible]3	[illegible]号	139[illegible]11
49	杨[illegible]	33[illegible]6	[illegible]605号	49[illegible]2
50	余[illegible]	33[illegible]X	[illegible]2巷15号	3[illegible]
51	俞[illegible]	33[illegible]1	[illegible]4号	49[illegible]2
52	张[illegible]	33[illegible]30	[illegible]号	27[illegible]3
53	张[illegible]	33[illegible]5	[illegible]	5[illegible]
54	张[illegible]	33[illegible]30	[illegible]	[illegible]
55	赵[illegible]	33[illegible]X	[illegible]元301室	5[illegible]
56	周[illegible]	33[illegible]36	[illegible]-1号	5[illegible]
57	周[illegible]	33[illegible]2	[illegible]-2号	49[illegible]9
58	朱[illegible]	33[illegible]2	[illegible]	2[illegible]
59	朱[illegible]	33[illegible]2	[illegible]	6[illegible]
60	[illegible]	55[illegible]	[illegible]	139[illegible]11
61	[illegible]	L4[illegible]	[illegible]市场边	139[illegible]11

图 9-1 被售卖的银行数据样本

2. 勒索事件频发

图9-2所示的是在2017年肆虐全球网络的一款勒索病毒，该病毒会对文件、网络权限、访问规则等进行恶意加密。黑客还利用各种攻击手段，如DDoS（distributed denial of service，分布式拒绝服务）攻击，以获取的后台管理信息、企业关键内部信息等威胁受害者来直接牟利。比如某计算机巨头曾遭到勒索软件攻击，勒索软件团伙REvil成功入侵该公司系统，并公布了部分财务电子表格、银行对账单，其索要的金额高达5 000万美元。除了大型公司，一些证券交易机构，尤其是虚拟货币交易机构也是黑客关照的重点对象。无法交易或者数据被篡改带来的损失往往是这些交易机构所无法承受的。

图 9-2　勒索病毒

3. 拒绝服务攻击

对于病毒、木马可以使用各种策略和手段进行防御，但拒绝服务攻击则不是那么容易应对。例如常见的DDoS攻击，如图9-3所示，就是利用了服务器必须响应访问请求的固有机制的缺陷，用大量的请求耗尽服务器的各种资源，进而使服务器无法工作。

图 9-3　DDoS 攻击

就算可以通过各种策略阻止大量的虚假请求，但大量的传入请求还是会榨干服务器的带宽资源。虽然服务器不会宕机，但正常的请求也无法传入，这也就达到了黑客的目的：让网站无法正常工作，进而对大型门户网站和交易机构进行勒索。

2017年9月，某大型门户网站就遭到了超大规模的DDoS攻击，流量峰值达到了2.5 Tbit/s（平均约312 Gbit/s），这是非常恐怖的攻击了。

4. 漏洞攻击

无论是程序还是系统，只要是人设计的，就都会有漏洞。漏洞的产生原因包括编程时对程序逻辑结构设计不合理，编程中的设计错误，以及编程水平等情况。一个固若金汤的系统，加上一个漏洞百出的软件，整个系统的安全就会形同虚设。另外，随着技术的发展，以前很安全的系统或协议，也会逐渐暴露出不足和矛盾，这也是漏洞产生的原因之一。现在每天都会发现各种漏洞，如图9-4所示，黑客可以利用这些漏洞，对系统进行攻击和入侵。

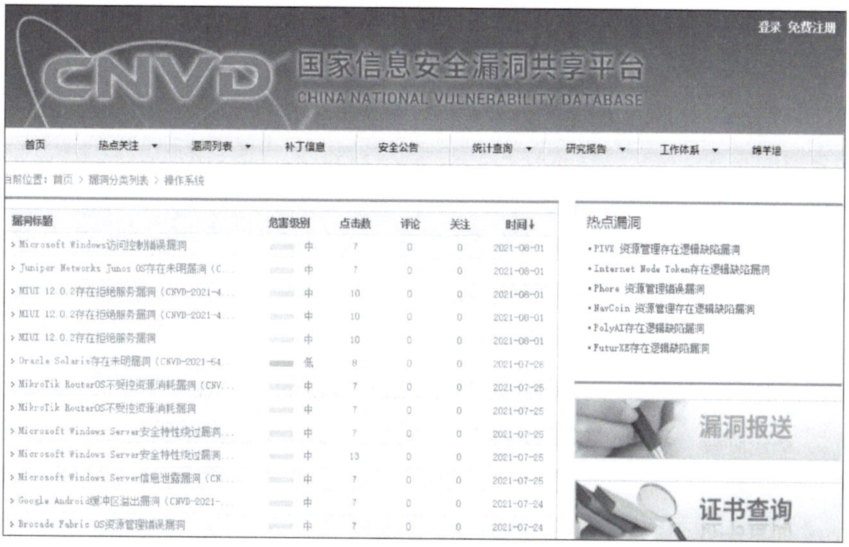

图 9-4　国家信息安全漏洞共享平台

5. 被钓鱼

网络中的“钓鱼”一词属于专业术语，是指创建与官网类似的页面诱导用户输入账户名和密码以获取用户信息，之后即可用窃取的信息登录真正的官网，进行各种非法操作。除了网页“钓鱼”，还有短信“钓鱼”。短信“钓鱼”通常以手机银行失效或过期为由，诱骗客户点击不明链接登录“钓鱼”网站，从而发生资金被盗取等安全事件，如图9-5和图9-6所示。

图 9-5　网页“钓鱼”

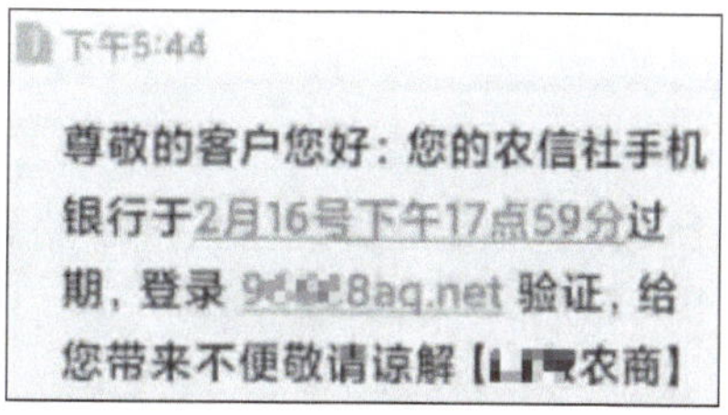

图 9-6　短信“钓鱼”

6. 违规APP

现在，通过手机APP违规收集用户信息、过度索取权限以及欺骗用户下载的问题越来越多，已经引起工信部的高度重视。

7. 社工攻击

社工（social engineering）是社会工程学的简称，指利用人类社会的各种资源途径来解决问题的一门专业学科。黑客领域的社工就是利用网络公开资源或人性弱点来干预其心理，从而收集信息，达到入侵系统的目标。

随着网络及设备安全性的提升，各大网站的安全系统也在不断完善，防犯入侵已经越来越专业。因此普通的黑客，现在仅仅依靠几个工具就想达到入侵的目的已经越来越困难了。

一个系统只要是人为控制的，就会有漏洞。现在中国网民总数已经超过10亿人，但其中80%以上基本无安全意识。所以即使再安全的系统，也不可能完全拒绝人为的漏洞。社工技术对于未来黑客发展的方向将会起到主导作用。

8. 其他网络威胁

其他网络威胁，如网络摄像头权限被他人获取，滥用人脸识别，云上主机被攻击，邮件被攻击，密码被暴力破解，网络硬件系统漏洞等，无时无刻不在威胁着网络用户的安全。

9.1.2 局域网威胁的表现形式及其原理

外网的威胁如此严重，那么局域网有没有威胁，威胁产生的原理又是什么呢？

1. 局域网欺骗技术

局域网欺骗包括ARP欺骗、DHCP欺骗、DNS欺骗、生成树欺骗等。其主要的过程就是利用欺骗手段，将黑客控制的设备伪装成网关或DNS服务器，然后悄无声息地截获局域网中其他设备发送的数据包，不管是监控还是篡改都非常简单。如果是DNS欺骗，则可以将某访问定向到黑客设置的“钓鱼”网站中，没有经验的用户中招概率极高。

2. 缓冲区溢出攻击

在计算机中，有一个叫“缓冲区”的地方，它是用来存储用户输入的数据的，缓冲区的长度是事先设定好且不变的。如果用户输入的数据超过了缓冲区的长度，那么就会溢出，而这些溢出的数据就会覆盖在合法的数据上。

通过这个原理，黑客就可以将病毒代码通过缓冲区溢出，让计算机执行并传播，如大名鼎鼎的“冲击波”病毒、“红色代码”病毒等。另外，可以通过溢出攻击得到系统最高权限，接着通过木马将计算机变成“肉鸡”。

3. 病毒木马攻击

病毒和木马的界线现在已越来越模糊，一般是通过木马的方式控制主机，并通过病毒的方式进行威胁和勒索。除了计算机，现在的病毒和木马正在向手机端蔓延，盗取手机资料和各种照片等。因此一定要防范各种聊天陷阱。

4. 解密和密码破解

包括重要资料的非法解密在内，局域网中暴力破解网络账户密码、开机密码、保护密码等事件在不断发生。这些破解软件大部分使用了密码字典进行破解，理论上只要有密码就会被破解，只是时间的长短问题。密码越复杂，理论上破解时间就越长，若达到了理论界限，如几年到几十年甚至上百年，就认为无法破解。

网络术语

密码字典

密码字典是使用生成工具，按照设置自动生成的密码组合，有些将常见密码也加入进来，破解软件再使用密码字典进行比对实现破解。使用简单密码或者常用密码本身就降低了破解难度。但密码字典也有缺点，那就是如果密码字典中没有正确的密码，破解密码反而会浪费时间。

9.1.3 网络安全的现状与发展趋势

1. 我国的网络安全现状

我国的网络安全产业经过多年的探索已经有了长足的发展。特别是近几年，随着互联网的普及，以及政府和企业信息化建设步伐的加快，人们对网络安全的需求迅猛增长。目前，网络安全问题日益突出，促使网络安全企业不断采用最新的安全技术，不断推出满足用户需求、具有时代特色的安全产品，进一步促进了网络安全技术的发展。网络安全产品从简单的防火墙到具备报警、预警、分析、审计、监测等全面功能的网络安全系统，在技术角度已经实现了巨大进步，也为政府和企业在构建网络安全体系方面提供了更加多样化的选择。

下面简单分析网络安全环境的现状。

（1）在网络和应用系统保护方面采取了安全措施，每个网络或应用系统分别部署防火墙、访问控制设备等安全产品，并采取备份、负载均衡、硬件冗余等安全措施。

（2）实现了区域性的集中病毒防控，以及病毒库的升级和防病毒客户端的监控、管理。

（3）安全工作由各网络或应用系统具体的维护人员兼职负责，安全工作具体到各个维护人员。

（4）应用系统账号管理、防病毒等在网络安全管理方面的流程相对薄弱，需要进一步进行修订。

（5）普通用户的网络安全意识有待加强，日常存在一定的非安全操作，终端使用和接入情况复杂。

2. 网络安全发展趋势

越来越多的安全问题已逐渐涌现，新型安全威胁快速发展。下面总结了网络安全的几种发展趋势。

（1）搜索引擎成为黑客全新赢利的方式。

网络用户通常非常信任搜索引擎，对排在前几位的搜索结果更是毫无任何怀疑，这就给了黑客可乘之机，他们正是利用搜索引擎优化技术并借助钓鱼网站吸引用户上钩，并展开网络攻击。搜索引擎成了黑客全新赢利的重要渠道。

（2）恶意软件将立足“社交网络”。

恶意软件在行为上将有所改观，病毒化特征削弱，但手段更“高明”，包含更多的钓鱼欺骗元素。Koobface蠕虫等安全问题对社交网站用户形成了很大的困扰，但这些恶意软件仍然是首先感染用户的计算机，然后窃取信息。现在安全专家认为，恶意软件作者将进一步拓展攻击范围，把恶意软件植入社交网站应用内部。有了这种病毒，无论用户是否访问社交网站，黑客都能毫无限制地窃取用户的资料和登录密码。

（3）集团化、产业化的趋势。

黑客制造病毒木马已呈现集团化、产业化的趋势。

- 产业链，即病毒木马编写者、专业盗号人员、销售渠道、专业玩家。
- 病毒不再仅仅局限于破坏系统，销毁数据，而是更关注财产和隐私。
- 电子商务成为热点，针对网络银行的攻击也更加突出。
- 病毒会更加紧盯在线交易环节，从早期的虚拟价值盗窃转向直接金融犯罪。

（4）银行木马的数量和质量都没有下降的可能性。

当代的黑客，进行网络攻击的目的之一便是进行经济犯罪，而银行是实现这一犯罪过程最直接也是最有效的一个途径。黑客不会忽视网络银行用户，对于越来越多的网络银行用户而言， 在未来需要更加关注账号的安全问题。

（5）Web 2.0的产品将受到挑战。

- 以博客、论坛为首的Web 2.0产品将成为病毒和网络钓鱼的首要攻击目标。
- 社区网站上带有社会工程学性质的欺骗往往超过安全软件所保护的范畴。
- 自动邮件发送工具日趋成熟，垃圾邮件制造者正在将目标转向音频和视频垃圾邮件。

通过上面的总结可以看出，网络安全威胁无处不在，无时不有，网络越开放人们面临的网络威胁就越多，无视和过于紧张都不是应该持有的态度，严密地保护个人和企业的安全，学习安全技术或求助于身边的安全专家都是处理这些威胁的正确方法。

9.2 网络安全体系的建设

要保障网络的安全，不是头痛医头、脚痛医脚，而是要建立完善的网络安全体系。首先从全局考虑网络安全，再根据实际情况解决具体问题。

9.2.1 网络安全体系简介

1. 网络安全的定义

网络安全是指利用网络管理控制和技术措施，保证网络系统及数据的保密性、完整性、 网络服务可用性和可审查性受到保护。狭义上，网络安全是指计算机及其网络系统资源和信息资源不受有害因素的威胁和危害。广义上，凡是涉及计算机网络信息安全属性特征（保密性、完整性、可用性、可控性、可审查性）的相关技术和理论，都是网络安全的研究领域。

网络安全问题实际上包括两方面的内容：一是网络的系统安全；二是网络的信息安全。网络安全从其本质上来讲就是网络上信息的安全，它涉及的内容相当广泛，既有技术方面的问题，也有管理方面的问题，两方面相互补充，缺一不可。技术方面主要侧重于如何防范外部非法攻击，管理方面则侧重于内部人为因素的管理。如何更有效地保护重要的信息数据，提高计算机网络系统的安全性已经成为所有计算机网络应用必须考虑和必须解决的一个重要问题。

2. 网络安全的内容

从层次结构上，可将网络安全所涉及的内容概括为以下5个方面。

（1）实体安全也称物理安全，指保护计算机网络设备、设施及其他媒介免遭地震、水灾、火灾、有害气体和其他环境事故破坏的措施及过程，具体包括环境安全、设备安全和媒体安全3个方面。实体安全是信息系统安全的基础。

（2）运行安全是指网络运行和网络访问控制的安全，如设置防火墙实现内外网的隔离，备份系统实现系统的恢复等。运行安全包括内外网的隔离机制、应急处置机制和配套服务、网络系 统安全性监测、网络安全产品运行监测、定期检查和评估、系统升级和补丁处理、跟踪最新安全漏洞、灾难恢复机制与预防、安全审计、系统改造、网络安全咨询等。

（3）系统安全主要包括操作系统安全、数据库系统安全和网络系统安全。系统安全主要以网络系统的特点、实际条件和管理要求为依据，通过有针对性地为系统提供安全策略机制、保障措施、应急修复方法、安全建议和安全管理规范等，确保整个网络系统的安全运行。

（4）应用安全由应用软件开发平台安全和应用系统数据安全两部分组成。应用安全包括应用软件的程序安全性测试分析、业务数据安全检测与审计、数据资源访问控制验证测试、实体的身份鉴别检测、业务现场的备份与恢复机制检查、数据的唯一性/一致性/防冲突检测、数据保密性测试、系统可靠性测试和系统的可用性测试等。

（5）管理安全主要指对人员及网络系统安全管理的各种法律、法规、政策、策略、规范、标准、技术手段、机制和措施等内容。管理安全包括法律法规、政策策略管理、规范标准管理、人员管理、应用系统使用管理、软件管理、设备管理、文档管理、数据管理、操作管理、运营管理、机房管理、安全培训管理等。

拓展知识

造成网络安全的因素

自然灾害、意外事故；计算机犯罪；人为行为，如使用不当，安全意识差等；“黑客”行为，由于黑客的入侵或侵扰，如非法访问、拒绝服务、计算机病毒、非法链接等；内部泄密；外部泄密；信息丢失；电子谍报，如信息流量分析、信息窃取等；网络协议中的缺陷，如TCP/IP协议的安全问题；等等。

9.2.2 网络安全体系建设的目的

网络安全体系建设的主要目的如下。

1. 保护

尽一切可能保护网络、系统以及信息安全。

2. 检测

了解和评估网络和系统的安全状态，为安全防护和安全响应提供依据。

3. 响应

建立应急响应机制，形成快速安全响应能力，对网络和系统而言至关重要。

9.2.3 局域网的安全体系

局域网的安全体系结构也采用分层的方法。

1. 局域网设备的物理安全

局域网设备的物理安全包括通信线路的安全、物理设备的安全、机房的安全等。物理层的安全主要体现在通信线路的可靠性（线路备份、网管软件、传输介质），软硬件设备安全性（替换设备、拆卸设备、增加设备），设备的备份、防灾害能力、防干扰能力，设备的运行环境（温度、湿度、烟尘），不间断电源保障等。

没有物理安全根本谈不到网络安全。如果能简单地接触到设备，所有的安全都是空谈。例如，能用U盘接入计算机，通过PE跳过Windows账户验证，随意拷贝文件的情况，应杜绝发生。

2. 网络层面的安全

局域网设备通信依赖于各种网络设备，该层次的安全问题主要体现在网络方面的安全性，包括网络层身份认证、网络资源的访问控制、数据传输的保密性与完整性、远程接入的安全、域名系统的安全、路由系统的安全、入侵检测的手段、网络设施防病毒等。

3. 应用层面的安全

应用层面的安全问题主要由提供服务所采用的应用软件和数据的安全性产生，包括Web服务、电子邮件系统、DNS等。此外，还包括病毒对系统的威胁。

另外，该层次的安全问题还包括网络内使用的操作系统的安全。这主要表现在3个方面：一是操作系统本身的缺陷带来的不安全因素，主要包括身份认证、访问控制、系统漏洞等；二是对操作系统的安全配置问题；三是病毒对操作系统的威胁。

4. 管理层面的安全

安全管理包括安全技术和设备的管理、安全管理制度、部门与人员的组织规则等。管理的制度化极大程度地影响着整个网络的安全，严格的安全管理制度、明确的部门安全职责划分、合理的人员角色配置都可以在很大程度上降低其他层次的安全漏洞。

网络安全体系有着自己的设计原则：①木桶原则。②整体性原则。③安全性评价与平衡原则。④标准化与一致性原则。⑤技术与管理相结合原则。⑥统筹规划分步实施原则。⑦等级性原则。⑧动态发展原则。⑨易操作性原则。

9.3 局域网主要的安全机制

在局域网的数据通信中，有一些常见的安全机制，可以用来保障数据的安全传输和网络通信的安全性。

9.3.1 加密技术

信息加密技术是利用数学或物理手段，对电子信息在传输过程中和存储体内进行保护，以防止泄露的技术。通过加密算法对数据进行转化，使之成为没有正确密钥任何人都无法读懂的报文。这些以无法读懂的形式出现的数据一般被称为密文。为了读懂报文，密文必须重新转变为它的最初形式——明文。含有用来以数学方式转换报文的双重密码就是密钥。在这种情况下即使信息被截获并阅读，这则信息也是毫无利用价值的。而实现这种转化的算法标准，据不完全统计，到现在为止已经有近200种。

就像以前战争时期的电报人员，所有的数据内容都在公共频道中传输，别人也能截获，但必须有密码本，才能读懂电报内容。当然，现在的加密算法更加复杂，而且有很多防范措施。

1. 对称加密与非对称加密

对称加密也叫私钥加密算法，数据传输双方均使用同一个密钥，双方的密钥都必须处于保密的状态，因为私钥的保密性必须基于密钥的保密性，而非算法上，收发双方都必须为自己的密钥负责。对称加密算法使用起来简单快捷，破译困难。

与对称加密不同，非对称加密需要两个密钥：公开密钥（public key）和私有密钥(private key)。公开密钥与私有密钥是一对，如果用公开密钥对数据进行加密，只有用对应的私有密钥才能解密；如果用私有密钥对数据进行加密，那么只有用对应的公开密钥才能解密。因为加密和解密使用的是两个不同的密钥，所以这种算法叫作非对称加密算法。

拓展知识

算法综合使用

在保证安全性的前提下，为了提高效率，出现了两个算法结合使用的方法，原理就是使用对称算法加密数据，使用非对称算法传递密钥。

2. 常见的加密算法

常见的对称加密算法有DES、3DES、AES等，常见的非对称加密算法有RSA、DSA、ECC等。

DES算法全称为data encryption standard，即数据加密算法。DES算法的入口参数有3个：Key、Data、Mode。其中，Key为8个字节共64位（56位的密钥和附加的8位奇偶校验位，产生最大64位的分组大小），是DES算法的工作密钥；Data也为8个字节64位，是要被加密或被解密的数据。

3DES是DES加密算法的一种模式，它使用3条64位的密钥对数据进行3次加密。比起最初的DES，3DES更为安全。AES（advanced encryption standard）：高级加密标准，速度快，安全级别高。RSA是一种非对称加密算法。为提高保密强度，RSA密钥至少为500位长，一般推荐使用1 024位。这就使加密的计算量很大。

9.3.2 数字签名与数字证书

数字签名用来校验发送者的身份信息。在非对称加密算法中，使用私钥进行加密，再用公钥进行解密，如果可以解密，说明该数据确实是由正常的发送者发送的，间接证明了发送者的身份信息，而且签名者不能否认或者说难以否认。这种技术可以作为身份验证的手段，也叫作数字签名。

数字签名和数据完整性校验在技术程度上可以确保发送方的真实性和数据的完整性。但是对于请求方来说，如何确保其收到的公钥一定是由发送方发出的，而且没有被篡改呢？

这时候，需要有一个权威的值得信赖的第三方机构（一般是由政府审核并授权的机构）来统一对外发放主机机构的公钥，从而避免上述问题的发生。这种机构被称为证书权威机构（Certificate Authority，CA），它们所发放的包含主机机构名称、公钥在内的文件就是人们所说的“数字证书”。

9.3.3 防病毒技术

随着计算机技术的不断发展，计算机病毒变得越来越复杂和高级，对计算机信息系统构成了极大的威胁，特别是通过网络传播的计算机病毒，具有不可估量的破坏力和威胁性，往往能在很短的时间内使整个计算机网络处于瘫痪状态，从而造成巨大的损失，甚至可能带来灾难性的后果。因此网络病毒的防范也是网络安全的重要一环。

计算机病毒的防治应以防范为主，在病毒防范中普遍使用防病毒软件。防病毒软件从功能上可以分为单机防病毒软件和网络防病毒软件两大类。单机防病毒软件一般安装在单台计算机上，即对本地和本地工作站连接的远程资源采用分析扫描的方式检测、清除病毒。网络防病毒软件则主要注重网络防病毒，一旦病毒入侵网络或从网络向其他资源传染，网络防病毒软件会立刻检测到并加以清除。

9.3.4 访问控制

访问控制技术主要通过访问控制策略来放行或拒绝网络流量和网络访问的行为，一般由防火墙来实现，也可以通过操作系统的安全策略来实现。

防火墙的策略可以分为两种：①定义禁止的网络流量或行为，允许其他一切未定义的网络流量或行为。②定义允许的网络流量或行为，禁止其他一切未定义的网络流量或行为。比如常见的禁止ping本机，可以将ICMP协议禁用等。

对于操作系统，尤其是文件系统安全性方面，主要是根据账户控制其权限，包括文件访问、系统功能等。比如共享文件需要登录账户才能访问，只有管理员权限才能运行某些修改系统参数的命令等。

9.3.5 入侵检测技术

与防火墙的被动式防御不同，入侵检测技术会主动检测那些在防护过程中遗漏的入侵行为，发现新的安全问题的成因，进而提高网络的整体安全性。入侵检测技术是指通过对系统、应用程序的日志及网络数据流量的分析，完成防火墙无法完成的安全防护功能。

顾名思义，入侵检测就是对入侵行为的发觉。那么何为入侵呢？根据美国国家标准与技术研究院（National Institute of Standards and Technology，NIST）的定义，入侵是指试图破坏计算机或网络系统的保密性、完整性、可用性或者企图绕过系统安全机制的行为。

完整地说，入侵检测是通过对计算机网络或计算机系统中若干关键点信息的收集和分析，从中发现网络或系统是否有违反安全策略的行为和被攻击迹象的一种安全技术，是防火墙等边界防护技术的合理补充，可有效提高信息安全基础结构的完整性。

入侵检测的工作基于这样的假设：入侵者的行为和合法用户的行为之间有着可以量化的差别。可靠而完备地收集系统和网络中的信息，准确而全面地分析所收集的信息是入侵检测技术区分入侵行为和合法行为的关键。入侵检测着重体现在以下3个方面。

- **信息收集技术：**日志、流量、异常显现。
- **信息分析技术：**误用检测、漏报、异常检测、统计分析。
- **完整性分析：**文件或程序对象是否被修改。

9.4 局域网威胁的主要应对措施

在局域网中，针对不同的网络威胁，有着不同的应对方法。

1. 提高网络反病毒、木马能力

通过安装杀毒软件，提高防范病毒和木马的能力，并做到定期扫描、杀毒。在使用软件方面，尽量使用官方原版软件以及正版软件。在工作站上使用硬件防御卡，在服务器上也要安装实时监控软件来预防病毒威胁。

2. 提高物理环境的安全性

首先要提高物理环境的安全性，包括温度、湿度、空气洁净度、腐蚀度、虫害、振动和冲击、电气干扰等方面，都要有具体的要求和严格的标准。选择机房场地，要注意其外部环境安全性、可靠性、场地抗电磁干扰性，避开强振动源和强噪声源，并避免设在建筑物高层和用水设备的下层或隔壁。

3. 建立安全的管理制度

安全的管理制度主要针对的是管理人员，应提高包括系统管理员和用户在内的人员的网络技术素质和专业修养。对于重要部门和信息，要严格做到专人专机。对于安放网络设备和服务器的机房来说，应禁止无关人员进入、禁止使用可以拷贝文件的各种存储设备等，定期检查日志信息，定期进行人员考核。

4. 重要数据的备份

现在的勒索病毒以加密数据为主要的手段进行威胁，所以对于服务器来说，重要的数据一定要定期、及时地进行备份，并且将备份同步存储在多个位置。一旦遭遇勒索病毒，尽快恢复数据才是抵制勒索病毒的有效方法。

另外，备份也是解决安全问题的一个重要手段，包括各种设备的系统备份、配置备份、数据备份、重要文件备份等。

5. 高级加密技术的应用

在局域网传输数据时，可以使用一些新型的加密方式来保护数据。在文件加密方面，对于重要文件的存储可以使用更新的加密方案，以及更复杂的密钥进行加密；也可以在文件存储的分区使用加密技术，使文件无法拷贝，且只有创建者才能打开。

6. 针对不同的攻击使用不同的防御方法

高级用户可以安装防火墙等防御软件。如果遭遇黑客攻击，可以针对不同的攻击，采取不同的措施。比如为了防止ARP欺骗，可以使用MAC地址绑定功能或者使用ARP防火墙；担心漏洞攻击，就使用最新的系统，并开启补丁更新功能，或者手动打上对应的补丁程序；出现了DDoS攻击或其他无法处理的网络威胁，第一时间断开网络。至于企业用户，需要在网络设备，尤其是防火墙和对外接口设备上做好安全防范策略，完善入侵检测机制和数据审核策略。

7. 安装补丁

操作系统开发者（或组织）除了研发操作系统外，还对操作系统进行各种安全测试，在发现存在的系统漏洞及其他问题后会通过补丁的形式发布修补程序，用来修复漏洞。用户需要及时使用系统自带的升级程序下载补丁。对于配置不高及网络性能不好的计算机，这可能会造成系统性能上的降低，但安全性方面应永远排在首位。

8. 养成良好的安全习惯

日常使用计算机、手机等设备时需要养成良好的安全习惯，具体包括不下载一些奇怪的软件及APP，尽量不使用破解软件以及非官方版本的软件；不去浏览一些奇怪的网站；APP尽量减少授权；不参加一些奇怪的互联网促销活动等，尽量减少个人隐私的透漏。如果要研究病毒、攻击、破解等方面的内容，建议安装并使用虚拟机进行操作，这在一定程度上可以保证系统的安全。

拓展阅读

加快5G网络建设。科学统筹5G网络布局和站址规划，加强5G网络共建共享、公共设施资源开放，推进主要城市和重点区域深度覆盖，逐步向重点县镇延伸覆盖，形成热点地区多网并存、边远地区一网托底的网络格局。构建适应5G发展和垂直应用的安全防护体系，加强5G供应链安全管理。

——《“十四五”国家信息化规划》

9.5 局域网常见的安全防护配置

下面将具体介绍局域网常见的安全配置和管理。

9.5.1 ARP绑定

ARP绑定可以解决各种欺骗问题。所谓ARP绑定，就是将IP地址与MAC地址进行绑定。ARP绑定可以在交换机上实现，如图9-7所示。

你学会了吗？

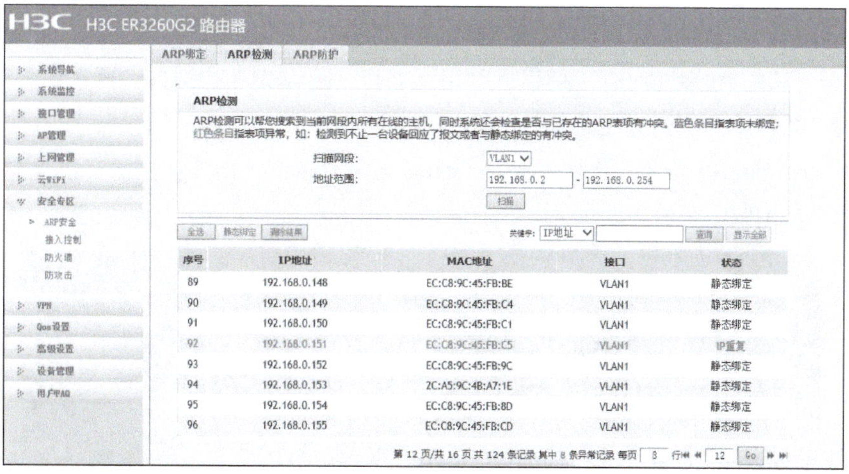

图 9-7 ARP 绑定

也可以在计算机上开启ARP防火墙，这样会更加安全，如图9-8所示。

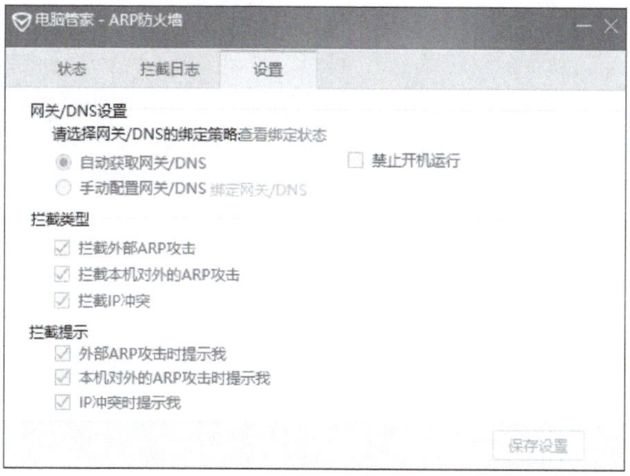

图 9-8 开启 ARP 防火墙

9.5.2 更新补丁

对于漏洞，可以通过在操作系统中打补丁的方式解决。例如在Windows 10中，用户可以在“更新和安全”中更新补丁程序。其他的软件往往也需要安装对应的补丁程序。如果需要进行漏洞扫描，可以使用第三方软件，如比较常见的Nessus，如图9-9所示。

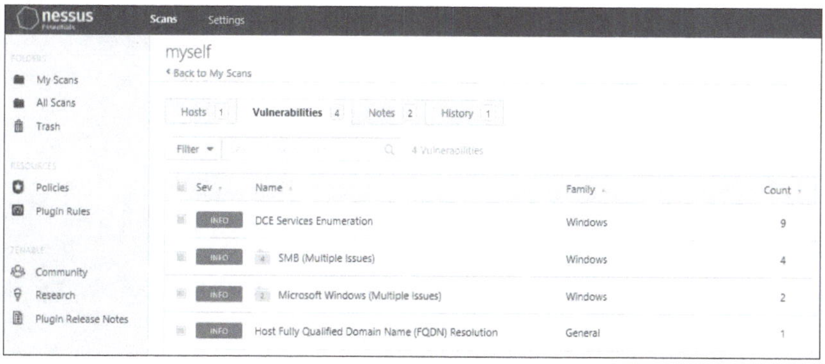

图 9-9 使用 Nessus 进行漏洞扫描

9.5.3 通过端口查找并关闭可疑程序

在Windows中，如果发现有可疑程序占用了端口，可以先查找端口，再在任务管理器中结束使用该端口的程序。下面介绍其具体的操作步骤。

步骤01 进入命令提示符界面，使用命令“netstat -noa|findstr 443”查找所有包含443关键字的行，查找结果如图9-10所示。

```
C:\Users\MY-PC-NOTEBOOK>netstat -noa|findstr 443
  TCP    0.0.0.0:443            0.0.0.0:0              LISTENING       6856
  TCP    192.168.1.121:1078     8.36.80.215:443        ESTABLISHED     16220
  TCP    192.168.1.121:1185     113.31.106.190:443     ESTABLISHED     16404
  TCP    192.168.1.121:1239     101.91.60.49:443       CLOSE_WAIT      5952
  TCP    192.168.1.121:1265     101.91.60.49:443       CLOSE_WAIT      5952
  TCP    192.168.1.121:1266     101.91.60.49:443       CLOSE_WAIT      5952
  TCP    192.168.1.121:1267     101.91.60.49:443       CLOSE_WAIT      5952
  TCP    192.168.1.121:1274     180.163.25.202:443     CLOSE_WAIT      5952
  TCP    192.168.1.121:1461     59.63.237.215:443      CLOSE_WAIT      5952
  TCP    192.168.1.121:1594     61.129.7.17:443        CLOSE_WAIT      5952
  TCP    192.168.1.121:1617     40.119.211.203:443     ESTABLISHED     5352
  TCP    192.168.1.121:1657     106.75.225.172:443     ESTABLISHED     5156
  TCP    192.168.1.121:2013     113.96.237.36:443      CLOSE_WAIT      5952
  TCP    192.168.1.121:2113     104.21.23.124:443      ESTABLISHED     16968
  TCP    192.168.1.121:2139     104.21.23.124:443      ESTABLISHED     16968
  TCP    192.168.1.121:2155     101.91.63.141:443      ESTABLISHED     12248
  TCP    192.168.1.121:2157     104.16.8.157:443       TIME_WAIT       0
  TCP    192.168.1.121:2159     104.16.110.238:443     TIME_WAIT       0
  TCP    192.168.1.121:2161     104.20.130.175:443     TIME_WAIT       0
  TCP    192.168.1.121:2163     104.21.88.129:443      ESTABLISHED     16968
  TCP    192.168.1.121:2699     180.163.25.114:443     CLOSE_WAIT      5952
  TCP    192.168.1.121:2733     52.96.57.2:443         ESTABLISHED     13528
  TCP    [::]:443               [::]:0                 LISTENING       6856
```

图 9-10 包含443关键字的查找结果

步骤02 打开“任务管理器”界面，在名称上右击，选择“PID”选项，如图9-11所示。

步骤03 根据PID找到对应的可疑程序。在可疑程序上右击，选择“结束任务”选项即可，如图9-12所示。

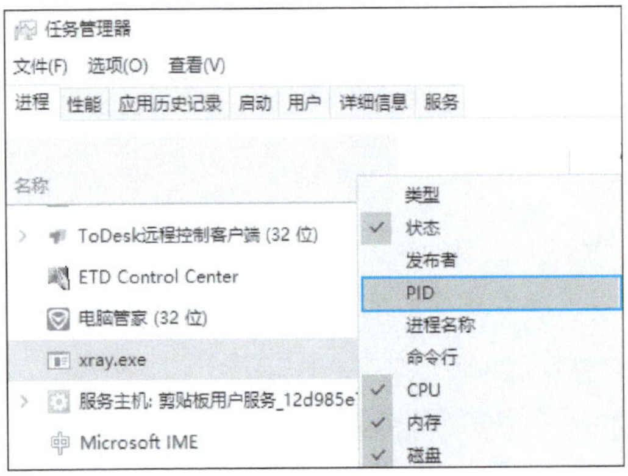

图 9-11 “任务管理器”界面

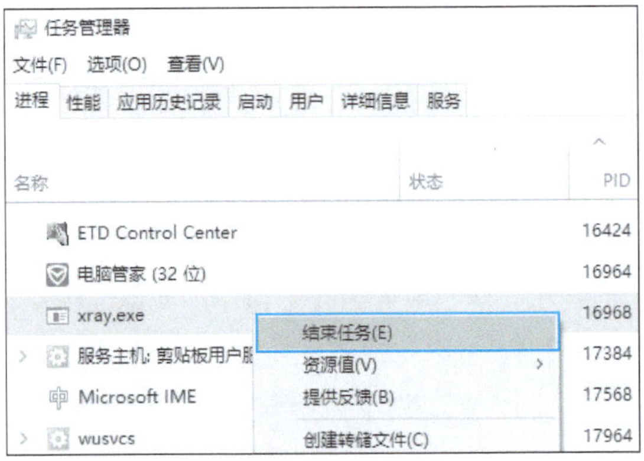

图 9-12 选择“结束任务”选项

网络术语

netstat 命令

netstat 命令是一个监控 TCP/IP 网络非常有用的工具，它可以显示路由表、实际的网络连接以及每一个网络接口设备的状态信息。

其中，“-n”的作用是使用 IP 地址显示而不通过域名服务器，这样更好查看；“-o”的作用是显示 PID，也就是后面在任务管理器中查找的 PID；参数“-a”的作用是显示所有连接中的 socket；“|findstr”的作用是将结果按照某参数筛选出来。findstr 就是 find str 的意思，即找出字符串。

9.5.4 使用安全的代理

局域网中的用户，如果需要使用代理，不管是局域网本地代理还是公网上的代理，一定要确保代理服务器的安全性，并且在传递时要保证数据加密达到一定的安全等级。这是因为数据在经过代理服务器时，如果代理服务器对数据进行收集和破解，那么用户的隐私就会完全暴露。因此，在挑选代理服务器时一定要小心谨慎。

9.5.5 注意可疑进程

进程是程序在计算机中运行的实例。一个程序可能包含多个进程，一个进程也可能服务于多个程序。用户可以使用软件Process Explorer来查看及在线检测是否有可疑进程，如图9-13所示。如果确实是可疑进程，查看该进程对应的程序的存放位置，然后结束进程，删除可疑程序，再使用杀毒软件进行全盘扫描。

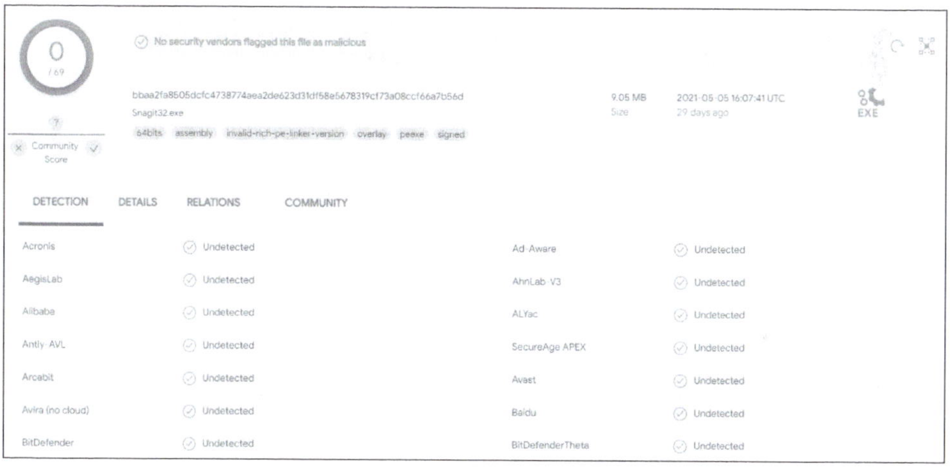

图 9-13 Process Explorer 查看可疑进程

9.5.6 定期查看系统日志

系统日志是记录系统中硬件、软件和系统问题的系统组件，同时还会监视系统中发生的事件。用户可以通过它来查找错误发生的原因，或者寻找受到攻击时攻击者留下的痕迹。日志包括系统日志、应用程序日志和安全日志。

如果发现有可疑的日志条目，需要具体分析，查看端口并及时杀毒，以防有后门程序正在运行。如果发现某个时间段的系统日志被清除了，则很大程度上是黑客所为，建议重新安装系统并排查局域网的出口设备。

9.5.7 网站攻击防御

一般的网站攻击方式有流量攻击、域名攻击、恶意扫描、网页篡改以及数据库攻击等。建议在网站或主机上配置入侵检测系统，如常见的Easyspy（图9-14）、Abelssoft HackCheck等。用户在布置好后，可以使用第三方工具进行抗压测试。另外，在网站的入口处配置防御策略，包括不准ping，同IP的访问不能大于*n*个，流量大于某个值会自动启动保护模式等，以防止服务器宕机或其他异常情况发生。

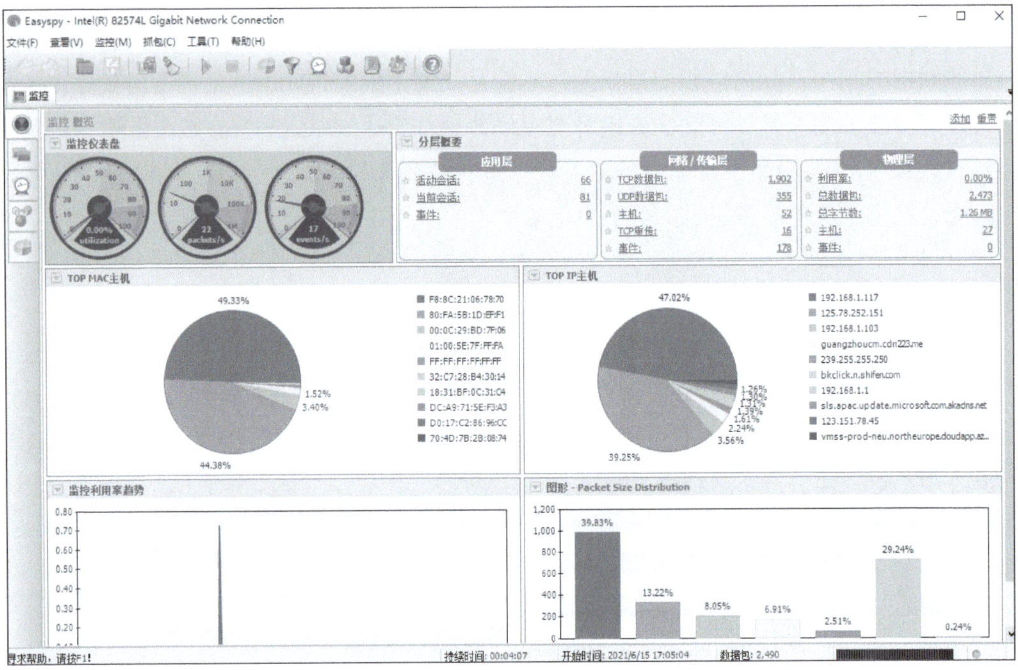

图 9-14　Easyspy 软件界面

拓展知识

Easyspy

Easyspy是一款网络入侵检测和流量实时监控软件。通过Cut-Off动作和“数据包事件”可以实现常见的防火墙功能，比如对端口/IP地址的封堵。作为一个入侵检测系统，Easyspy能够快速发现诸如ARP攻击、DDoS攻击、分片IP报文攻击等恶意攻击行为，帮助用户发现安全隐患。

9.5.8　针对无线局域网攻击的防御

无线局域网也会受到各种攻击，其处理方法和有线局域网相同。另外，无线终端应禁止安装类似密码共享的软件，否则无线密码泄露出去更容易被他人连接，影响无线局域网的性能和安全。最安全的措施就是将无线终端的MAC地址和IP绑定，只允许绑定的设备上网。常见的破解无线密码的方法如图9-15所示。

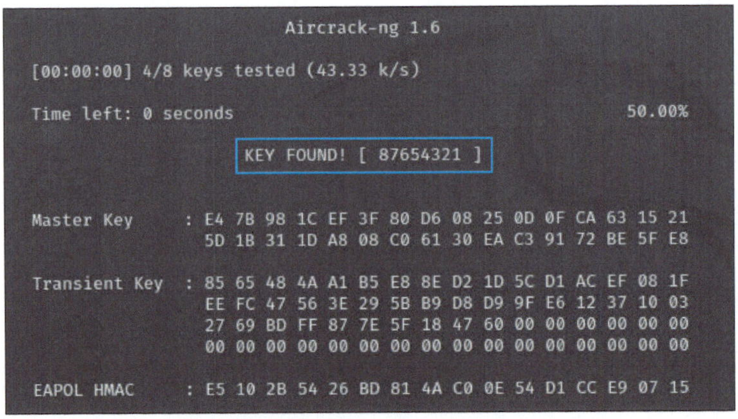

图 9-15　常见的破解无线密码的方法

可以通过提高密码强度、隐藏SSID、禁止黑名单设备再次连接（图9-16）、提高管理员密码强度、开启后台访问控制、关闭端口转发等方式提高无线局域网的防御能力。另外，无线设备也要配置强密码和强加密方式，以防止未授权用户连接无线AP、无线摄像机等。

图 9-16　通过黑名单禁止设备再次连接

9.5.9　按时备份

按时备份各种重要的文件、数据等，包括操作系统、数据库、网络设备配置等。操作系统的备份有很多种方法，建议使用镜像备份，在出现故障后，可全盘还原，如图9-17所示。

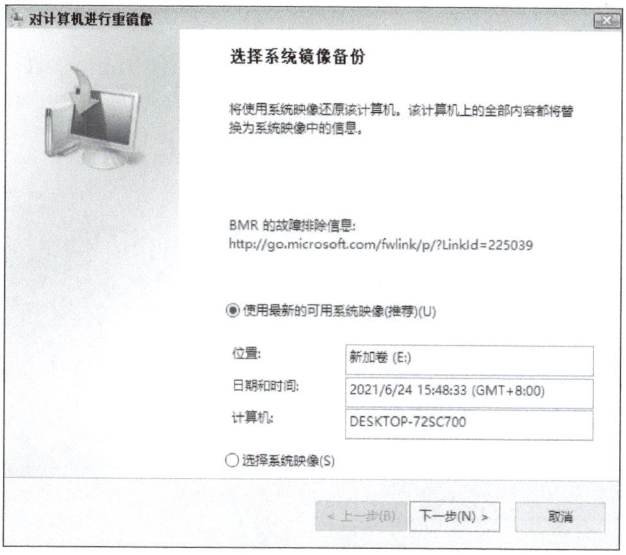

图 9-17　镜像备份

拓展知识

Windows 10的备份方法

Windows 10支持还原点备份还原、Windows备份还原、Windows 7备份还原、镜像文件备份还原、Ghost备份还原等。另外，如果系统出现问题，可以使用重置功能来还原出厂值，还可以使用升级功能在保留已安装软件的情况下重新安装系统。至于选择哪种方法，用户需要根据实际情况决定。

一旦被勒索病毒加密了文件，首先应全盘杀毒，再进行备份文件的恢复。现在很多第三方软件都提供了文档守护功能，可以自动备份各种Office文档，也可以自定义要备份的文件，如图9-18所示。还可以尝试这些软件的“文档解密”功能，对于一些常见的勒索加密可以直接使用该功能解锁。

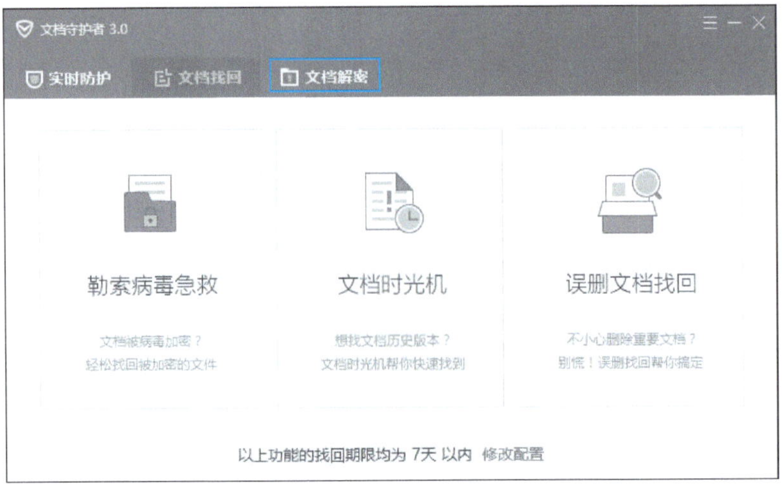

图 9-18　文档守护功能

9.5.10　手机终端的安全防护

手机终端面临的威胁主要是病毒木马、恶意APP、非法Root、被开启调试模式以及其他的网络威胁。手机终端的主要防御方法包括使用屏幕锁、账号锁功能，开启丢失查找模式，安装手机杀毒软件进行杀毒（图9-19），从正规网站下载APP，安装时给予最小权限（图9-20）等。

图 9-19　手机杀毒软件

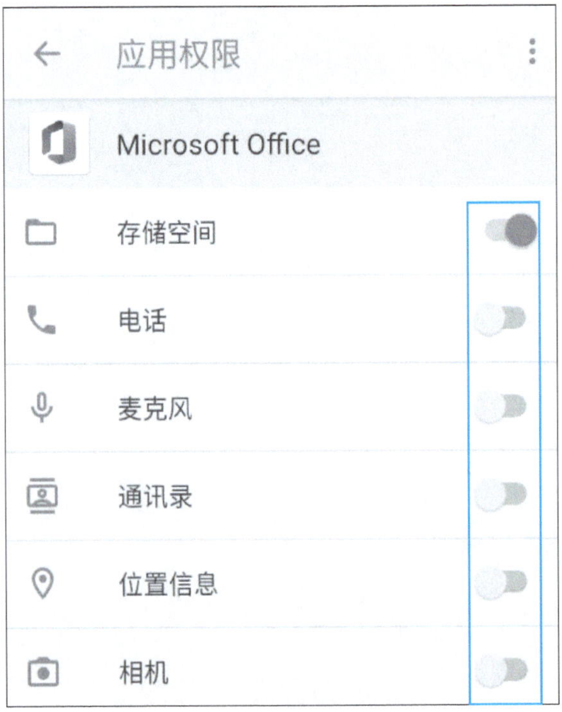

图 9-20　给予最小权限

9.5.11 账户安全策略

无论是Windows还是Linux，账户都与各种控制权限相关，因此账户的安全性对操作系统来说非常重要。

对于Windows 10来说，可以进入“本地用户和组”界面中查看当前系统中的账户情况，并可进行添加及删除账户等操作，如图9-21所示。

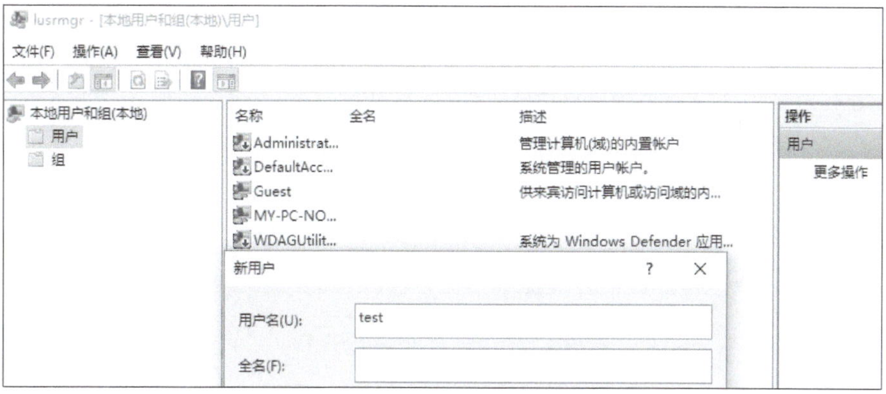

图 9-21 “本地用户和组”界面

另外，不再使用的账户可以禁用掉。如果需要做更详细的设置，用户可以在“本地组策略编辑器”界面中展开并找到“用户权限分配”项，从中设置更加详细的用户权限，如图9-22所示。

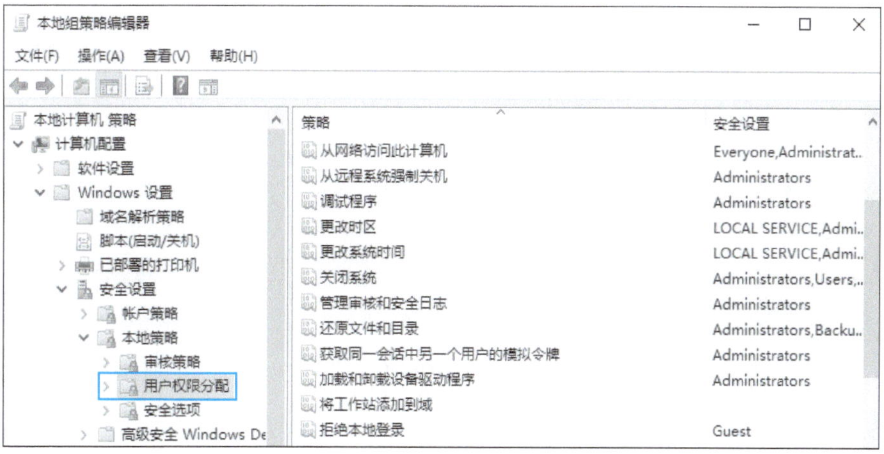

图 9-22 设置更加详细的用户权限

注意事项：如何打开本地组策略编辑器？

使用Win+R组合键启动“运行”对话框，输入“gpedit.msc”，按Enter键后即可打开“本地组策略编辑器”界面。“lusrmgr.msc”是打开“本地用户和组”界面的命令。

本地组策略编辑器是管理员为计算机和用户定义的，用来控制应用程序、系统设置和管理模板的一种机制。通俗地说，它是介于控制面板和注册表之间的一种修改系统、设置程序的工具，建议有一定基础的用户使用。在本地组策略编辑器中除了可以设置账户策略，还可以完成很多计算机安全设置，如图9-23所示。

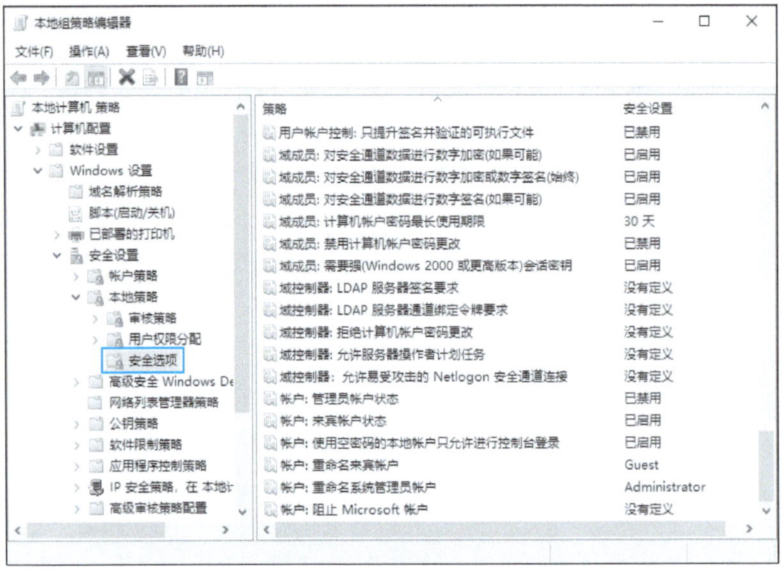

图 9-23　其他计算机安全设置

9.5.12　提防可疑开机启动项及陌生服务

一些木马程序和后门程序常常以服务的形式存在于计算机中，随着开机一同启动。所以经常检查开机启动项目是个好习惯，用户可以在“任务管理器”的“启动”选项卡中，查看所有的开机启动项目。如果有可疑的启动项，可以在其上右击，选择“禁用”选项，如图9-24所示。

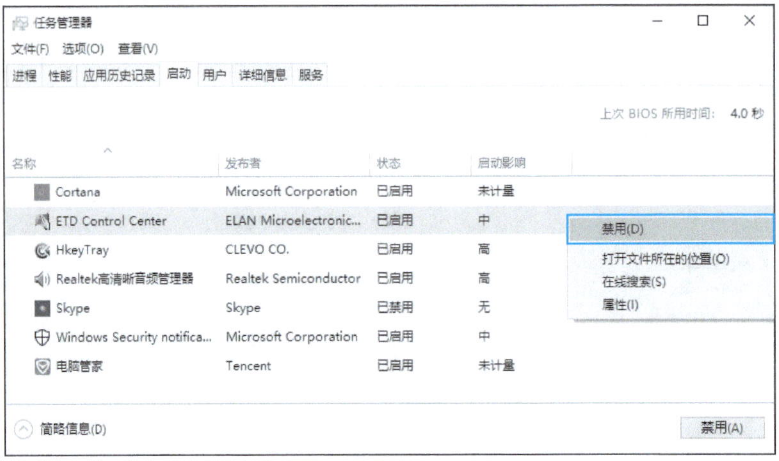

图 9-24　禁用可疑的开机启动项

学习体会

如果要查询可疑的服务，可以在“运行”对话框中输入命令“Services.msc”并按Enter键，在打开的“服务”界面中查找是否有可疑的服务项，如图9-25所示。

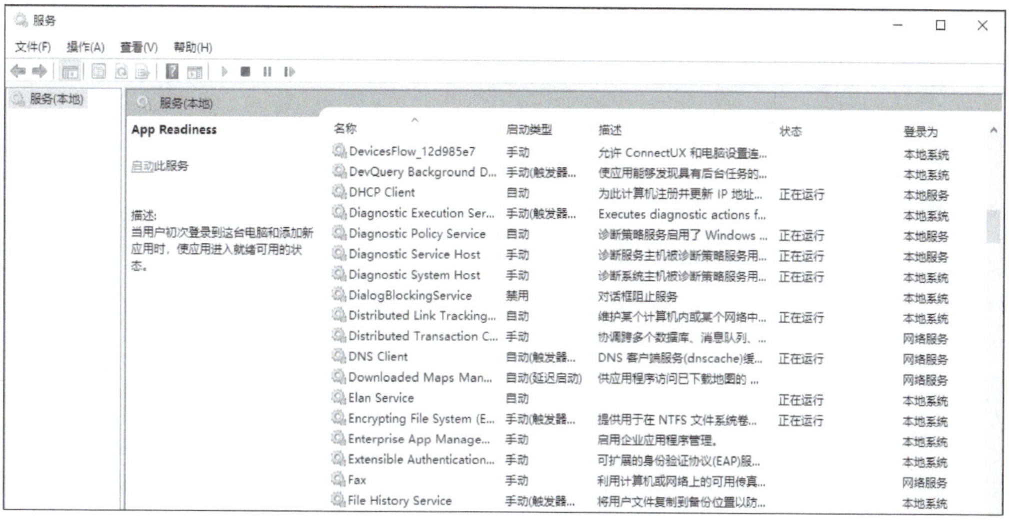

图 9-25 “服务”界面

9.5.13 防火墙的ACL设置

防火墙的功能就是控制数据包的转发，预防网络攻击。防火墙控制数据包的依据是ACL（访问控制列表），该表中详细规定了符合某种规则的数据包应该怎样处理。要提高局域网的安全性，防火墙的ACL就必须设置得科学严谨，并且在效率与安全中实现平衡。因为过于复杂的规则必定会大大消耗防火墙的处理能力，降低包转发的效率，从而增大数据包的延时，所以在配置ACL规则时一定要适度，如图9-26所示。

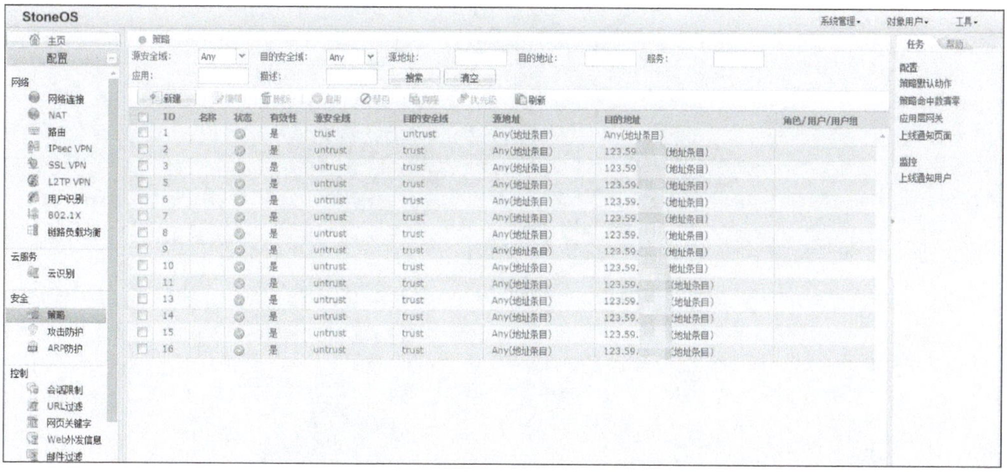

图 9-26 适度配置 ACL 规则

9.6 局域网的维护

在局域网中经常需要对网络设备和终端设备进行检查和维护，这包括参数设置、硬件故障的排除、设备安装及拆除等。

9.6.1 局域网维护的工作内容

局域网的维护工作一般由网络管理员负责，其主要工作内容如下。

- 硬件测试、软件测试、系统测试、可靠性（含安全）测试。
- 网络状态监测和系统管理。
- 网络性能监测及认证测试（工程验收评测）。
- 网络故障诊断和排除，灾难恢复方案。
- 定期测试并制作文档备案、故障报告、参数登记、资料汇总统计分析等。
- 网络性能分析、预测。
- 故障预防，故障早期发现。
- 维护计划、方法以及实施效果的评测、改进和总结回顾，规章制度的制定。
- 选择合适的网络评测方法，对综合可靠性和网络维护的目标作评定。
- 人员培训、工具配备等。

9.6.2 局域网维护的主要工具

网络维护时，为了快速准确地排除网络中的各种故障，需要各种工具的支持。局域网维护时常见的工具及作用如下。

1. 网线检测仪

网线检测仪如图9-27所示，用户可以使用该设备进行网线及电话线路的检测。使用方法有两种：将网线两端的水晶头插入检测仪，通过LED灯的亮起情况判断8根线的连通性。对于已经铺设好并连接到网络设备上的线路，可以直接连接网线检测仪启动检测。

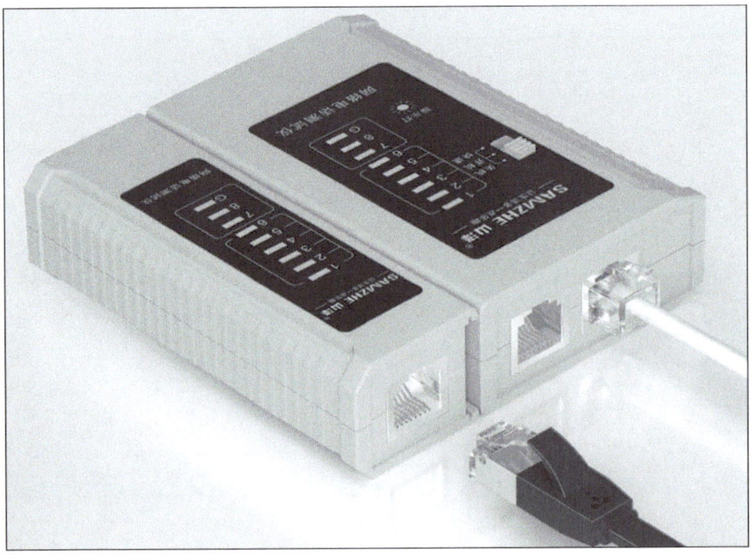

图 9-27　网线检测仪

2. 寻线仪

图9-28所示的寻线仪可以说是一款网管神器，它不仅可以实现网线检测仪的功能，还可以在机房复杂的线路中，快速找到需要的通信线缆。有些高端产品在确定线路发生断路后，可以

大概判定故障距离，这样便于寻找断路点。

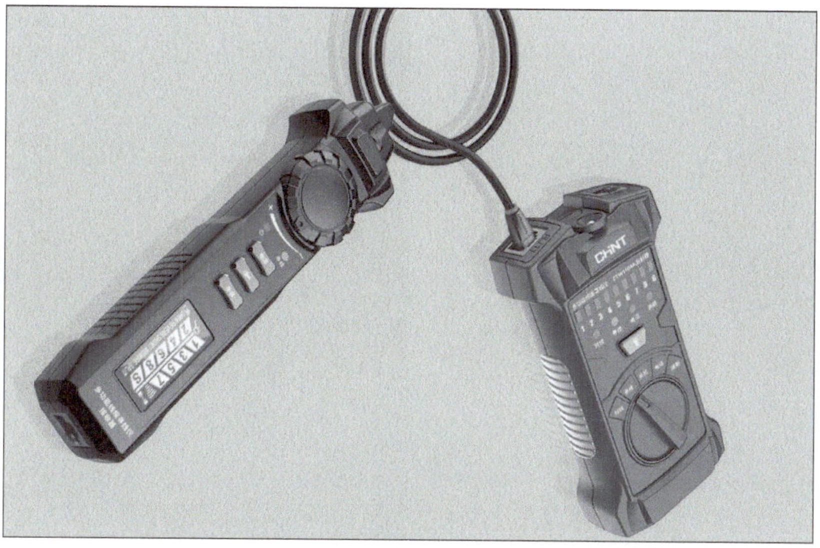

图 9-28 寻线仪

3. 网线处理类工具

网线处理类工具包括制作水晶头的网线钳、用来剥线的剥线刀（图9-29）、用来打线的打线钳（图9-30）等。

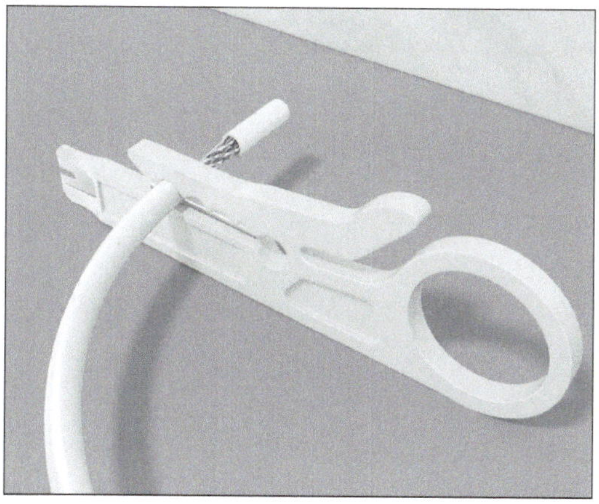

图 9-29 剥线刀

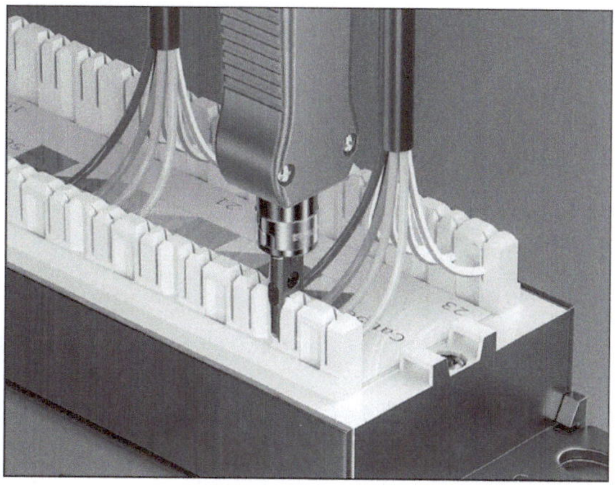

图 9-30 打线钳

4. 光纤处理类工具

光纤处理类工具包括红光笔、光功率计等。

5. 接线类工具

接线类工具包括网线对接时使用的网络直通头或者叫双通（图9-31），还有将网线一分为二使用，即将1根网线作为两根使用的网线分线器（图9-32）。

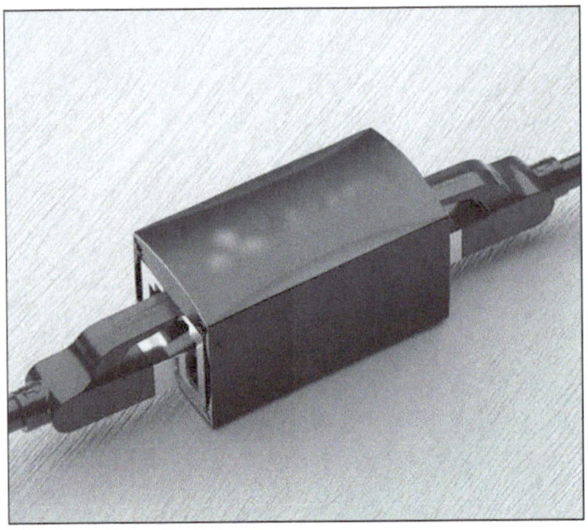

图 9-31　网络直通头

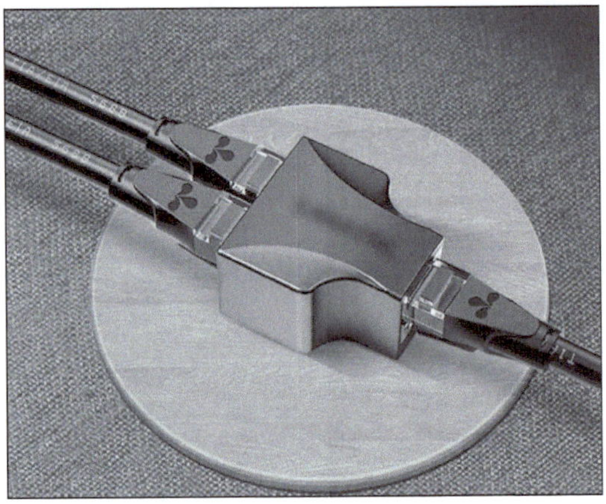

图 9-32　网线分线器

另外，还有专门用来接线的接线子，如图9-33所示。

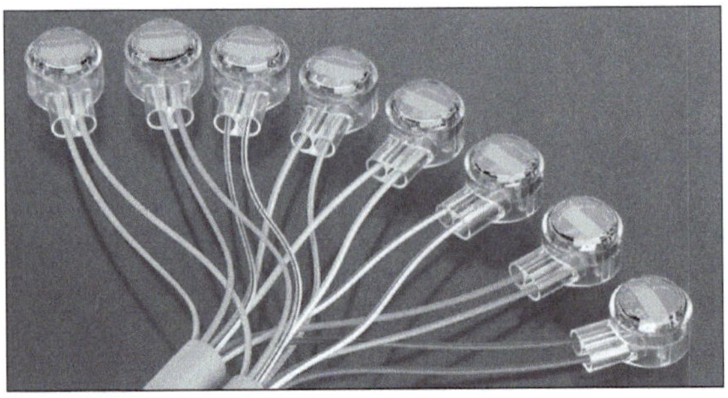

图 9-33　接线子

合理使用上面提到的各种工具，可以大大降低网络工程的难度。

9.6.3　常见局域网故障的排除

作为电子设备，产生故障是不可避免的，如何快速、准确地定位故障点，并运用各种方式排除故障，是检测一名网络管理员是否合格的标准。

1. 局域网常见故障的产生原因

局域网产生故障的原因有很多，常见的故障产生原因如下。

- 网络配置问题：IP、网关、DNS、共享参数、服务器配置参数、域配置不当等。
- 网络通信协议配置问题：没有安装协议，网卡绑定不当，网卡、RIP、OSPF、NAT配置不当等。
- 网卡本身安装问题：网卡故障、接触不良等。
- 网络传输介质问题：如网线断线、接头故障等。
- 网络交换设备问题：供电不足、质量问题、接口问题、添加删除硬件造成的设备之间的冲突等。
- 计算机病毒引起的问题。
- 误操作引起的问题。
- 硬件损坏引起的问题。

● 病毒或木马引起的问题。
● 软件之间冲突导致的问题，软件依赖关系产生的问题。
● 驱动程序的问题：与操作系统不兼容、驱动没安装好。
● 操作系统来源不当产生的问题，如盗版及精简系统等。

2. 局域网故障排除思路

对于局域网故障来说，需要一套比较全面的故障排除思路，在实际应用时应灵活掌握。

● 观察故障现象，询问故障相关情况。
● 复现故障。
● 根据经验列举故障原因。
● 缩小故障范围。
● 隔离故障。
● 分析故障。
● 开始排除故障。

注意事项：故障的实际处理方式。

● 设备本身的质量问题，可以联系售后服务人员进行维修。
● 网线等物理链路及接口问题，可以重新铺设线路，制作接口。
● 软件问题，需要卸载原有软件重新安装，或者重新进行设置。
● 硬件冲突问题，去除或更换冲突设备或者重新安装不冲突的驱动。
● 服务配置问题，需要重新配置。

3. 常见故障的产生原因及故障排除

（1）终端设备无法通过共享上网。

如果是有线，查看线缆是否正常，并查看终端的IP地址、网关和DNS设置是否正常。例如配置了IP地址，但在DHCP环境中无法上网，如图9-34和图9-35所示。

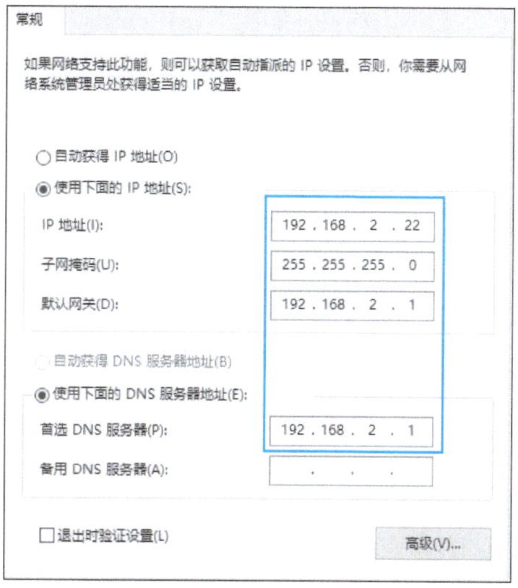

图 9-34　配置的 IP 地址

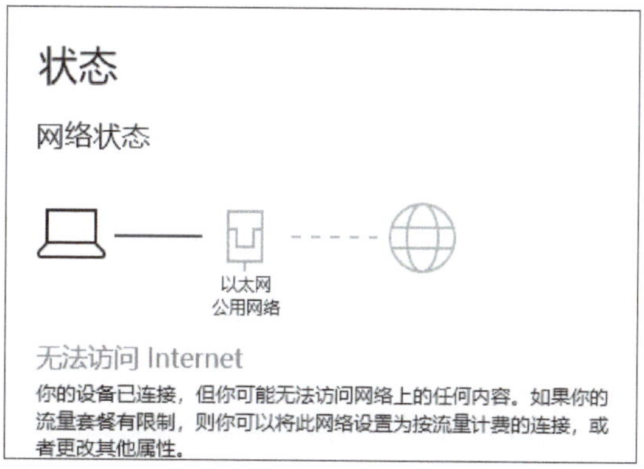

图 9-35　无法访问 Internet

上述情况如果获取到的IP地址为169.254.X.X网段，需要检查DHCP服务器是否工作正常，另外还要检查网线和网线接口是否有问题。

> **注意事项：IP地址正确但无法上网。**
> 该问题是典型的DNS故障，用户需要检查路由器的DNS是否正确，主机的DNS设置是否正确，若确认DNS被篡改，则可以手动设置DNS服务器的IP地址。

（2）物理链路问题。

可以使用测线仪检查线路是否正常，观察网卡的指示灯，如果正常工作则绿灯长亮，代表数据传输的黄色LED灯会闪烁，当然网卡的指示灯需要参照说明书检查其工作状态。如果是水晶头接触不良、水晶头线序不正确（图9-36）、线未插到水晶头底部等情况，需要重新制作水晶头。一般来说，操作系统会自动识别网卡并自动安装驱动，用户可以到“设备管理器”中查看网卡驱动是否正常工作、是否被禁用了，如图9-37所示。

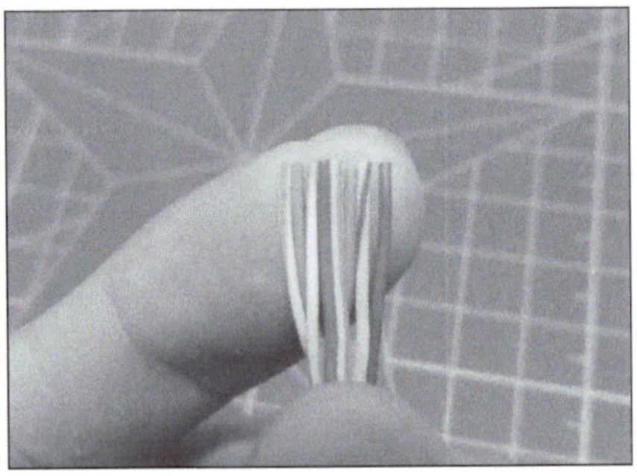

图 9-36　水晶头线序不正确

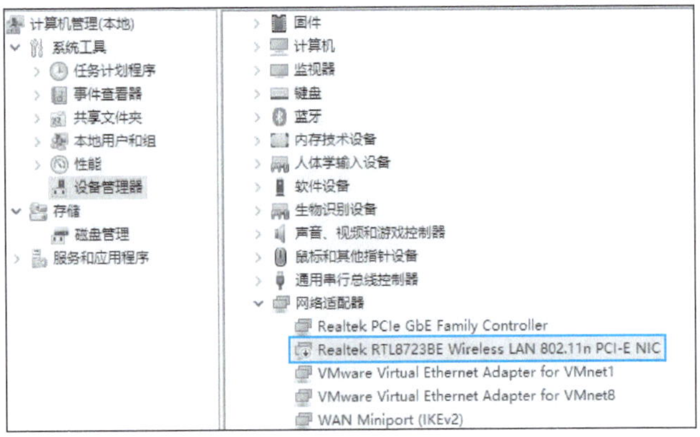

图 9-37　查看网卡驱动是否正常工作

（3）共享无法访问。

共享无法访问包括提示权限不够，需要登录访问，无法从“网络”中查看到其他设备共享等情况，用户可以重新设置共享，关闭共享的密码保护并安装SMB服务，如图9-38和图9-39所示。

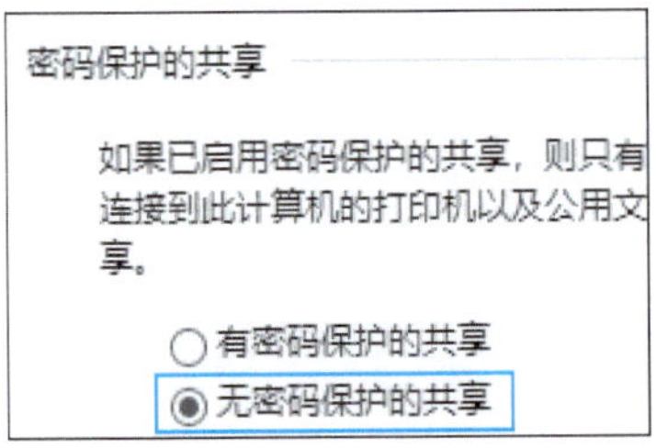

图 9-38　重新设置共享

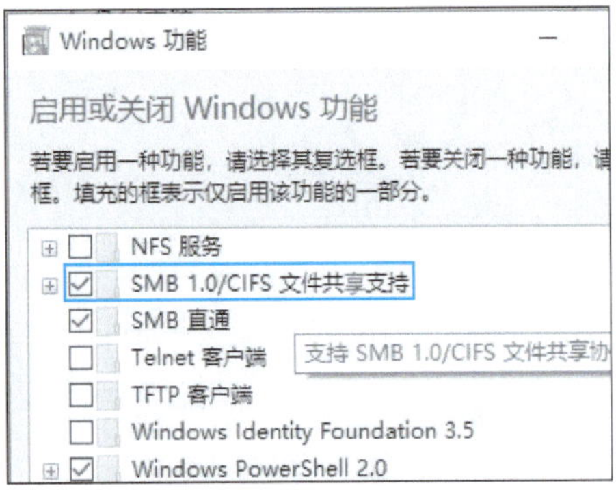

图 9-39　安装 SMB 服务

（4）网络交换设备无法正常工作。

网络交换设备无法正常工作主要包括供电不足、质量问题、接口问题、设备之间的冲突等，尤其是广播风暴引起的交换机宕机更是常有的情况。如果运营商方面没有问题，那么首先检查交换机及路由器的网络及无线设置。当出现断网或掉线的情况时，可以使用拔线法进行测试，并使用命令ping-t来配合检测是哪台主机或者网络设备出现了故障或环路。建议开启生成树协议来防止交换机之间出现环路的情况。

（5）网速突然变慢。

排除掉网络风暴后，最有可能的原因是局域网中某台主机进行了大量数据的下载及上传。可以使用局域网监控软件或者在网络设备中启动网络统计功能，查看具体是哪台设备，然后进行控制即可。可以实行限速，也可以提前为所有设备设置最高速度，如图9-40所示，并且要限制上传速度，上传速度被占满也会影响整体网速。如果是访客或者其他蹭网的设备，可以记录下MAC地址，将其加入到黑名单中，禁止其连网。

ID	IP地址范围	上行带宽(Kbps)		下行带宽(Kbps)		启用	配置
		最小	最大	最小	最大		
1	192.168.1.102	100	100	100	100	☑	编辑 删除
2	192.168.1.103	2000	2000	2000	2000	☐	编辑 删除
3	192.168.1.104	100	100	100	100	☑	编辑 删除
4	192.168.1.106	0	0	0	0	☑	编辑 删除
5	192.168.1.110	0	0	0	0	☑	编辑 删除
6	192.168.1.107	0	0	0	0	☑	编辑 删除

添加新条目 删除所有条目

图 9-40 使用局域网监控软件进行管理

（6）光猫工作异常。

光猫有很多指示灯，如图9-41所示。Power电源指示灯正常加电会长亮，如果出现问题，请检查电源。局域网工作灯（LAN灯）正常情况会亮起，当有数据传输时，会闪烁；如果熄灭，需要检查用户端的网线及计算机网卡。LOS指示灯和ADSL猫上的LINK指示灯功能类似，用来表示光链路的链接状态：红色闪烁表示设备未收到光信号；熄灭表示设备已收到光信号；可以手动插拔来排除故障。PON指示灯用来表示PON链路状态以及OLT注册状态：绿灯长亮表示设备已经注册到OLT；绿灯闪烁表示设备注册有误；熄灭表示设备未注册到OLT。如果注册出现问题，需要运营商工作人员前来处理。

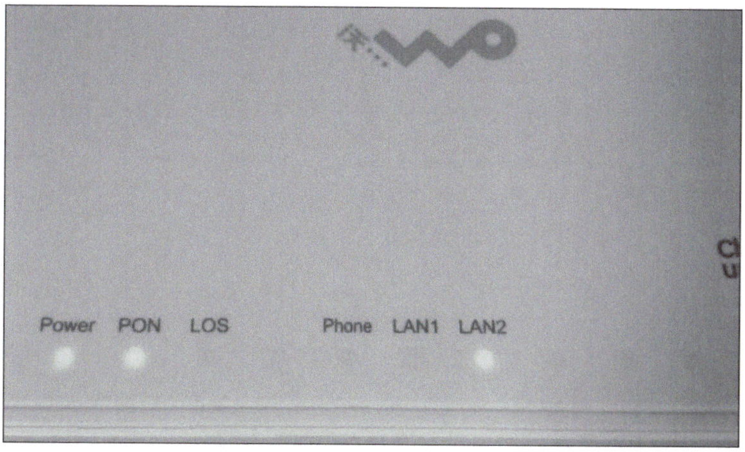

图 9-41 光猫指示灯

（7）局域网ARP攻击。

采用双向绑定地址，即路由器上绑定，客户机上也绑定。绑定的方法很多，可以用命令方式绑定，也可以用软件绑定（如360安全卫士自带功能等）。如果路由器上没有这个功能就只能装一个ARP防火墙，360安全卫士自带的也可以，最根本的是找出感染ARP病毒的机器，先断网，再杀毒处理。

（8）获取到两个网段的IP。

有可能局域网有两台DHCP设备，需要在局域网中查找出非法提供DHCP服务的设备，将其断开连接或关闭DHCP服务。如果是黑客所为，还要使用杀毒软件全盘查杀。

（9）新添加路由器后无法上网。

有些路由器的默认地址池都是192.168.1.X或192.168.0.X网段。如果再加入的路由器仍然向其下的设备分配同一个网段，则设备无法上网。这时需要修改二级路由器的地址池分配，将其改为其他网段的地址池即可。

拓展阅读

全面加强网络安全保障体系和能力建设。加强网络安全核心技术联合攻关，开展高级威胁防护、态势感知、监测预警等关键技术研究，建立安全可控的网络安全软硬件防护体系。实施国家基础网络安全保障能力提升工程，加强关键信息基础设施安全防护体系建设，增强网络安全平台支撑能力，强化5G、工业互联网、大数据中心、车联网等安全保障。完善网络安全监测、通报预警、应急响应与处置机制，提升网络安全态势感知、事件分析以及快速恢复能力。

——《“十四五”国家信息化规划》

思考与练习

（1）简述局域网威胁的表现形式及其原理。

（2）简述常见的安全机制及其原理。

（3）按照第9.5.3节介绍的内容查看系统中的端口，并练习关闭指定端口。

第 10 章 云计算技术

内容概要

云计算技术是近年来非常流行的一种技术，该技术能够将本地数据上传至网络上的设备，然后通过各种算法对数据进行处理、存储，并将结果返回终端。实际上，云计算技术已经应用在很多领域中了。本章将着重介绍云计算技术的相关知识。

重点难点

- 云计算的概念。
- 云计算的分类。
- 云服务类型。
- 云计算的主要应用。
- 云计算的安全问题。

10.1 云计算简介

云计算已经渗透到人们生活的方方面面，比如各种APP的数据处理、网络数据存储、云主机等，都属于云计算的范畴。

10.1.1 云计算的概念

云计算（cloud computing）属于分布式计算的一种，是利用网络（云）将数据分解成数个小部分，通过多台服务器组成的系统，按照特定的算法分析和处理这些数据，并将结果返回给用户。云计算，早期就是简单的分布式计算，解决任务分发，并进行计算结果的合并。因而，云计算又称为网格计算。通过这项技术，可以在很短的时间内完成对大量复杂数据的处理，从而满足用户的各种计算需求。

现阶段所说的云计算已经不单单是一种分布式计算，而是分布式计算、效用计算、负载均衡、并行计算、网络存储、热备份冗余和虚拟化等计算机技术混合的结果。

10.1.2 云计算的优势

相对于其他的计算方式，云计算具有以下优势。

1. 性价比高

云计算让用户无须购买硬件和软件以及在设置和运行现场数据中心（包括服务器机架、用于供电和冷却的全天不间断电力、管理基础结构的IT专家）方面进行资金投入。

2. 速度快

大多数云计算服务作为按需自助服务提供，因此通常只需单击几下鼠标，即可在数分钟内调配海量计算资源，赋予企业非常大的灵活性，并消除了容量规划的压力。

3. 可动态扩展

对于云而言，弹性扩展能力意味着能够在需要的时候从适当的地理位置提供适量的IT资源，例如更多或更少的计算能力、存储空间、带宽。

网络术语

弹性计算

用户能够对计算机处理器、内存和存储资源等进行动态设置或取消设置以满足不断变化的需求，而无须考虑使用率峰值的容量规划及工程设计。

4. 能够提高效率

现场数据中心通常需要大量“机架和堆栈”、硬件设置、软件补丁和其他费时的IT管理事务。云计算可避免其中的大部分内容，让IT团队能把节省的时间用来实现更重要的业务目标。

5. 高可用性

云计算服务运行在安全的数据中心中，通过专有网络为全球客户服务。它会定期升级核心计算设备，以保持快速而高效的运行状态。与单个企业数据中心相比，可以降低应用程序的网络延迟，并根据需要扩展或收缩所使用的计算资源，使之更加经济。

6. 高可靠性

因为可以在云服务提供商网络中的多个冗余站点上对数据进行镜像处理，因而云计算能够以较低费用简化数据备份、灾难恢复和实现业务的连续性。

7. 高安全性

许多云服务提供商都提供了广泛地用于提高整体安全情况的策略、技术和控件，这将有助于保护数据、应用和基础结构免受潜在安全风险的威胁。

8. 虚拟化技术

虚拟化突破了时间、空间的界限，是云计算最为显著的特点。虚拟化技术包括应用虚拟和资源虚拟两种。众所周知，物理平台与应用部署的环境在空间上是没有任何联系的，只有通过虚拟平台对相应终端操作，才能实现数据备份、迁移和扩展等服务。

10.1.3 云计算技术产生的历史

云计算技术不是凭空产生的，有其特有的应用背景。

- 1983年，Sun公司提出“网络即计算机”(The network is the computer)的概念。
- 1996年，Compaq公司在其公司的内部文件中首次提及“云计算”这个词汇。
- 2006年3月，亚马逊推出弹性计算云服务。
- 2007年10月，谷歌与IBM开始在美国大学校园推广云计算的计划，这项计划希望能降低分布式计算技术在学术研究方面的成本，为这些大学提供相关的软硬件设备及技术支持，而学生则可以通过网络开发各项以大规模计算为基础的研究计划。
- 2008年7月29日，雅虎、惠普和英特尔宣布一项涵盖美国、德国和新加坡的联合研究计划，推出云计算研究测试床，推进云计算。该计划要与合作伙伴创建6个数据中心作为研究试验平台，每个数据中心配置1 400～4 000个处理器。
- 2008年，微软发布其公共云计算平台（Windows Azure Platform），由此拉开了微软的云计算大幕。云计算在国内也掀起一场风波，许多大型网络公司纷纷加入云计算的阵列。
- 2009年1月，阿里软件在江苏南京建立首个“电子商务云计算中心”。同年11月，中国移动云计算平台“大云”计划启动。
- 2010年3月5日，Novell与云安全联盟（CSA）共同宣布一项供应商中立项目，名为“可信任云计算项目”。
- 2010年7月，美国国家航空航天局和Rackspace、AMD、英特尔、戴尔等支持厂商共同宣布“OpenStack”开放源码项目；微软在2010年10月表示支持OpenStack与Windows Server 2008 R2的集成；而Ubuntu已把OpenStack加至11.04版本中。2011年2月，思科系统正式加入OpenStack，重点研制OpenStack的网络服务。
- 2010年华为发布云计算平台。
- 2011年苹果发布iCloud，让人们可以随时、随地存储和共享内容。
- 2011年5月，NEC面向虚拟化数据中心和云服务市场，推出了第一台可商用的OpenFlow交换机。

- 2012年3月季昕华创立UCloud。
- 2013年9月腾讯云面向全社会开放。
- 2013年，IBM收购SoftLayer，提供业界领先的私有云解决方案。
- 2014年3月，微软正式宣布Microsoft Azure在中国正式商用；同年4月，微软Office 365正式落地中国。
- 2014年11月金山云成立。
- 2015年4月，Citrix 宣布以企业赞助商的方式加入OpenStack基金会，不久后的7月，谷歌也加入了OpenStack基金会。
- 2016年10月，VMware和亚马逊旗下公司Amazon Web Services达成战略联盟，将VMware软件定义数据中心（SDDC）带入AWS Cloud，支持客户在基于VMware vSphere®私有云、公有云以及混合云环境下运行各种应用，并获得对AWS服务的最佳访问。
- 2017年8月，在VMworld® 2017大会上，VMware和Amazon Web Services共同宣布VMware Cloud™ on AWS初步可用。
- 2018年1月4日金山云宣布D1轮获得2.2亿美元融资。
- 2019年（据Gartner统计），以LaaS、PaaS和SaaS为代表的全球云计算市场规模达到1 883亿美元，增速20.86%。根据中国信通院《云计算发展白皮书（2019）》，国内云计算市场，2018年LaaS市场为270亿元人民币，PaaS市场为22亿元人民币，SaaS市场为145亿元人民币。2019年我国云计算整体市场规模达到1 334亿元人民币，增速38.6%。2019年，阿里云、AWS、腾讯云、百度云、华为云位于公有云PaaS市场前列。
- 2020年以来，受新冠疫情影响的催化，全球云计算技术、产业、应用等多方面的发展呈现了新的趋势，也正在进入新的阶段。
- 2021年4月8日，华为云TechWave全球技术峰会在深圳举行，大会宣布2021年华为云专属月活动在深圳首发。
- 2022年9月15日，在华为云全球创业者峰会期间，华为云宣布正式启动华为云加速器。
- 2023年1月5日，华为云正式发布CodeArts TestPlan，这是一款一站式测试管理平台。7月7日，在华为开发者大会 2023 上，华为云宣布，盘古大模型 3.0 正式发布。

拓展知识

华为云

华为云隶属于华为技术有限公司。华为云专注于云计算中公有云领域的技术研究与生态拓展，致力于为用户提供一站式云计算基础设施服务。

华为云立足于互联网领域，提供包括云主机、云托管、云存储等基础云服务、超算、内容分发与加速、视频托管与发布、企业IT、云电脑、云会议、游戏托管、应用托管等服务和解决方案。

2023年2月14日，华为云发布分布式编译构建系统CodeArts Build，旨在支撑企业实现高效的软件开发，缩短产品上市周期，帮助企业的软件产品快速形成关键竞争力。2023年5月9日，华为云正式启动Workspace+X伙伴计划。

10.2 云计算的分类

根据不同的使用者和不同的解决方案，云计算有多种不同的模型、类型和服务。部署云计算资源主要有3种不同的方法，分别是公有云、私有云和混合云。

10.2.1 公有云

公有云是最常见的云计算部署类型。公有云资源（如服务器和存储空间等）由第三方云服务提供商拥有和运营，这些资源通过因特网提供。在公有云中，所有硬件、软件和其他支持性基础结构均为云提供商所拥有和管理。Microsoft Azure是公有云的一个范例。

注意事项：云服务器和VPS的区别。

云服务器与VPS服务器都具有独立操作系统、独立IP等相同特点，但是其不同点也很多：云服务器的计算能力是同等配置独立服务器计算能力的4倍，可满足高性能计算的要求，而VPS服务器的计算能力只是独立服务器的一部分；云服务器是基于服务器集群的，因此硬件冗余度较高，故障率低，而VPS服务器相对来说硬件冗余较低，故障率较高；云服务器使用了云计算技术，整合了计算、网络、存储等各种软件和硬件技术，而VPS服务器只是单纯地使用了虚拟化软件技术，相对于云计算技术的高标准来讲更适合低端需求。

在公有云中，用户与其他组织或云“租户”共享相同的硬件、存储和网络设备，并且可以使用Web浏览器访问服务和管理账户。公有云部署通常用于提供基于Web的电子邮件、网上办公应用、存储以及测试和开发环境。

公有云的优势有很多。①成本更低：无须购买硬件或软件，仅对使用的服务付费。②无须维护：维护由服务提供商提供。③近乎无限制的缩放性：提供按需资源，可满足业务需求。④高可靠性：拥有众多服务器，确保免受故障影响。

网络术语

云服务提供商

云服务提供商是指提供基于云的平台、基础结构、应用程序或存储服务，并按服务收取费用的企业。

10.2.2 私有云

私有云由专供一个企业或组织使用的云计算资源构成。私有云可在物理上位于组织的现场数据中心，也可由第三方服务提供商托管。但是，在私有云中，服务和基础结构始终在私有网络上进行维护，硬件和软件仅专供该组织使用。

私有云可使组织更加方便地自定义资源，从而满足特定的IT需求。私有云的使用对象通常为政府机构、金融机构以及其他具备业务关键性运营且希望对环境拥有更大控制权的大中型组织。

私有云的优势也有很多。①灵活性更强：组织可自定义云环境以满足特定业务需求。②控制力更强：资源不与其他组织共享，因此能获得更高的控制力以及更高的隐私级别。③可伸缩性更强：与本地基础结构相比，私有云通常具有更强的可伸缩性。

网络术语

云爆发

云爆发是设于私有云与公有云之间的配置。如果使用了私有云中100%的资源容量，那么通过云爆发可以将溢出流量引导到公有云。

10.2.3 混合云

混合云组合了公有云和私有云，通过允许在这二者之间共享数据和应用程序的技术，将它们绑定到一起。混合云允许数据和应用程序在私有云和公有云之间移动，使用户能够更灵活地处理业务并提供更多部署选项，有助于优化现有基础结构。混合云平台提供了许多优势，例如更大的灵活性、更多的部署选项、更高的安全性和符合性，并能从其现有的基础结构获得更多价值。当计算和处理需求发生变化时，混合云计算使企业能够将其本地基础结构无缝扩展到公有云，以处理任何溢出，而无须授予第三方数据中心访问其完整数据的权限。通过在云中运行特定工作负载，组织可以获得公有云提供的灵活性和创新能力，同时将高度敏感的数据保存在自己的数据中心，能更好地满足客户需求或监管要求。

混合云不仅允许企业扩展计算资源，还消除了进行大量资本支出以处理短期需求高峰的需要，以及企业释放本地资源以获取更多敏感数据或应用程序的需要。企业将仅就其暂时使用的资源付费，而不必计划、购买和维护可能长时间闲置的额外资源和设备。

混合云的优势主要有以下几种。①控制力：组织可以针对需要低延迟的敏感资产或工作负载维护私有基础结构。②灵活性：需要时可利用公有云中的其他资源。③成本效益：具备扩展至公有云的能力，可仅在需要时扩展额外的计算能力。④轻松使用：无须费时费力即可过渡到云，可根据时间按工作负载逐步迁移。

10.3 云服务类型

大多数云服务都可以归结成以下4种。

1. 基础结构即服务

基础结构即服务（infrastructure as a service，IaaS）是云计算服务的最基本类别。使用IaaS时，以即用即付的方式从服务提供商处租用IT基础结构，如服务器和虚拟机（VM）、存储空间、网络和操作系统等。

通过将组织的基础结构迁移到IaaS解决方案，可帮助用户减少对本地数据中心的维护，节省硬件成本，同时获得实施业务改进建议。借助IaaS解决方案，用户可根据需要灵活地纵向扩展和缩减IT资源，还可帮助用户快速预配新的应用程序，提高底层基础结构的可靠性。

购买和管理物理服务器与数据中心基础结构既费钱又复杂，而使用IaaS可避免这些问题。每项资源作为单独服务组件提供，用户只需根据需要为特定资源付费。云计算服务提供商负责管理基础结构，而用户只需购买、安装、配置和管理自己的软件，包括操作系统、中间件和应用程序等。

2. 平台即服务

平台即服务（platform as a service，PaaS）是指云计算服务可以按需提供开发、测试、交付和管理软件应用程序所需的环境。PaaS旨在让开发人员能够更轻松、更快速地创建Web应用或移动应用，而无须考虑开发所必需的服务器、存储空间、网络和数据库基础结构的设置或管理。

PaaS主要优势如下：①减少编码时间，无须增员便可提高开发能力。②可更轻松地针对多种平台进行开发，包括移动平台。③可使用经济实惠的先进工具，支持地理位置分散的开发团队，能有效管理应用程序生命周期等。

3. 无服务器计算

无服务器计算侧重于构建应用功能，不用花费时间继续管理需要管理的服务器和基础结构。云服务提供商可为用户处理设置、容量规划和服务器管理。无服务器体系结构具有高可缩放性和事件驱动特点，且仅在出现特定函数或事件时才使用资源。

服务器名称来源于这样一个事实：与基础结构预配和管理相关联的任务对开发者是不可见的。这种方式让开发者能够更多地专注于业务逻辑，向业务核心交付更多价值。无服务器计算可帮助团队提高生产力，更快地将产品推向市场，并让组织可以更好地优化资源，保持专注于创新工作。

4. 软件即服务

软件即服务（software as a service，SaaS）是通过因特网交付软件应用程序的方法，通常以订阅为基础按需提供。使用SaaS时，云服务提供商托管并管理软件应用程序和基础结构，并负责软件升级和安全修补等维护工作。用户（通常使用电话、平板电脑或PC上的Web浏览器）通过因特网连接到应用程序。

SaaS的优点如下：可以使用先进的应用程序，只为自己使用的东西付费；免客户端软件使用，轻松增强员工移动性，可从任何位置访问应用数据等。

10.4 云计算技术的使用

很可能你此刻就正在使用云计算，但你却没有意识到。当使用在线服务来发送邮件、编辑文档、看电影或电视、听音乐、玩游戏或存储图片和其他文件时，很可能正是云计算在幕后使得这一切成为可能。尽管云计算服务首创至今也没多少年，但众多组织（从小型初创公司到全球企业、政府机构、非营利组织等）出于各种原因都积极采用了这项技术。

10.4.1 云计算的主要应用方向

其实云计算离我们并不遥远。下面介绍几个云计算的主要应用方向。

1. 创建云原生应用程序

利用云原生技术和方法，如容器、微服务架构、API驱动的通信和DevOps，可快速构建、部署和缩放应用程序（Web、移动应用和API）。

网络术语

DevOps

DevOps 即通过联合用户、过程和技术，向客户持续交付价值。DevOps 的实践使开发团队和运营团队相互合作，从而加快软件交付的速度，并提高产品的安全性和可靠性。

2. 构建并测试应用程序

使用可轻松进行纵向扩展或缩减的云基础结构，降低应用程序开发的成本并节省时间。

3. 存储备份和恢复数据

通过因特网将数据传输到可从任何位置和任何设备访问的离线云存储系统，可大大降低保护数据的成本（大规模缩放时）。

4. 分析数据

在云中跨团队、部门和位置统一分析数据，然后使用云服务（如机器学习和人工智能等）发掘见解，有助于做出更明智的决策。

5. 对音频和视频进行流传输

借助全球分布的高清视频和音频，可从任何设备随时随地与受众建立联系。

6. 嵌入式智能

使用智能模型有助于吸引客户，并能从捕获到的数据中发现有价值的见解。

7. 按需交付软件

按需交付软件也称为软件即服务（SaaS），可随时随地为客户提供最新的软件版本和更新。

10.4.2　云计算的应用领域

随着云计算应用的深入发展，它已经进入社会生活的方方面面。

1. 存储云

存储云又称云存储，是在云计算技术上发展起来的一个新的存储技术。云存储是一个以数据存储和管理为核心的云计算系统。用户可以将本地的资源上传至云端，可以在任何地方连入互联网来获取云上的资源。大家所熟知的谷歌、微软等大型网络公司均有云存储服务。在国内，百度云和微云则是市场占有量最大的存储云。存储云向用户提供存储容器服务、备份服务、归档服务和记录管理服务等，大大方便了使用者对资源的管理。例如，常见的百度网盘就是云存储的一种形式，如图10-1所示。

网络术语

云存储

通过云存储服务，用户可以通过因特网或其他网络将数据转移到由第三方维护的场外存储系统进行存储。

2. 医疗云

医疗云是指在云计算、移动技术、多媒体、4G/5G通信、大数据以及物联网等新技术基础上，结合医疗技术，使用“云计算”创建医疗健康服务云平台，实现医疗资源的共享和医疗范围的扩大。因为云计算技术的运用，医疗云提高了医疗机构的效率，方便了居民就医。像现在医院的预约挂号、电子病历（图10-2）、电子医保等都是云计算与医疗领域结合的产物，医疗云还具有数据安全、信息共享、动态扩展、布局全国的优势。

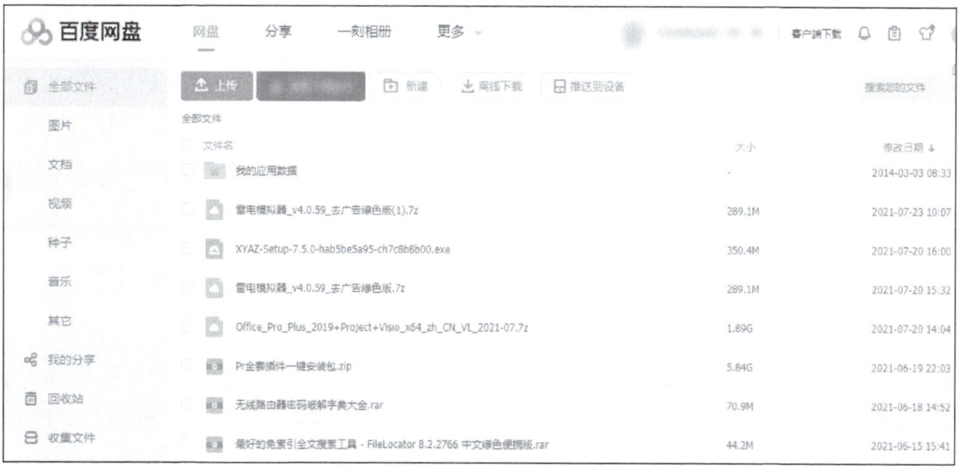

图 10-1　百度网盘

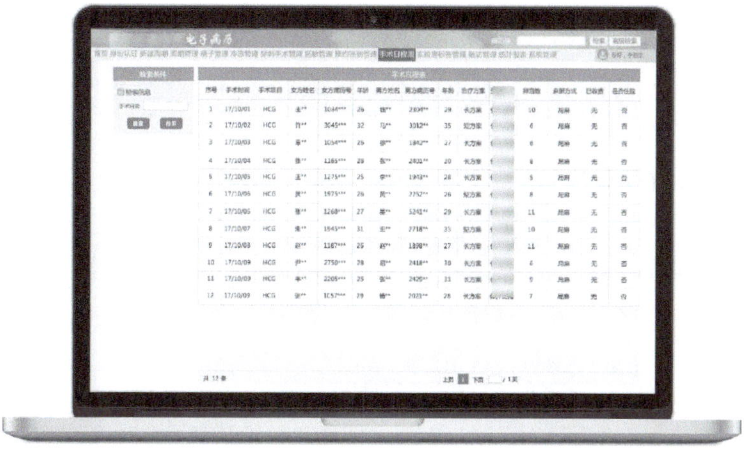

图 10-2　电子病历

3. 金融云

金融云是指利用云计算的模型，将信息、金融和服务等功能分散到由庞大分支机构构成的互联网"云"中，旨在为银行、保险和基金等金融机构提供互联网处理和运行服务，同时共享互联网资源，从而解决现有问题并且达到高效、低成本的目标。其实，现在国内基本普及的快捷支付就属于金融云服务，因为金融与云计算的结合，现在只需要在手机上简单操作，就可以完成银行存款、购买保险和基金买卖等业务。现在，不仅阿里巴巴推出了金融云服务，像苏宁金融、腾讯等企业均推出了自己的金融云服务。

4. 教育云

教育云是教育信息化的一种发展方式。教育云可以将所需要的任何教育硬件资源虚拟化，然后将其上传到互联网中，为教育机构和学生、老师提供一个方便快捷的平台。现在流行的慕课就是教育云的一种应用。

10.5 云计算技术面临的安全问题

云计算依赖于网络，所以也会面临各种网络安全问题。

1. 隐私保护

现今，随着时代的发展，人们运用网络进行交易或购物，网上交易在云计算的虚拟环境下进行，交易双方会在网络平台上进行信息之间的沟通与交流。而网络交易存在着很大的安全隐患，不法分子可以通过云计算对网络用户的信息进行窃取，同时还可以在用户与商家进行网络交易时窃取用户和商家的信息。当有企图的不法分子在云计算平台中窃取信息后，就会采用一些技术手段对信息进行破解，同时对信息进行分析，以此发现用户更多的隐私信息。

2. 资源被冒用

云计算的环境有虚拟的特性，而用户通过云计算在网络进行交易时，需要在保障双方网络信息都安全时才会进行网络操作，但是云计算中储存的信息很多，同时云计算的环境也比较复杂，云计算中的数据会出现滥用的现象，这样会影响用户的信息安全；同时，一些不法分子利用被盗用的信息欺骗用户亲人，甚至有些不法分子会利用在云计算中盗用的信息进行违法交易，因此造成云计算用户的经济损失。这些都是云计算信息被冒用引起的，严重威胁了云计算的安全。

3. 黑客攻击

黑客攻击指的是利用一些非法手段进入云计算的安全系统，给云计算的网络安全带来一定的破坏行为。黑客入侵云计算后，给云计算的操作带来未知性，可能会造成无法预测的损失，所以黑客入侵给云计算带来的危害远大于病毒给云计算带来的危害。黑客入侵的速度远大于安全评估和安全系统的更新速度，这使得当黑客入侵到计算机后，必将给云计算带来巨大的损失，同时对黑客攻击无法进行预防，这也是造成当今云计算不安全的因素之一。

4. 云中的病毒

大量的用户通过云计算将数据存储到云中，当云计算出现异常时，就会出现一些病毒，这些病毒的出现会导致以云计算为载体的计算机无法正常工作的情况。同时这些病毒还能进行复制，并通过一些途径进行传播，这样就会导致以云计算为载体的计算机出现死机的情况。另外，因为互联网的传播速度很快，导致云计算或计算机一旦出现病毒，就会很快地进行传播，这样会产生很大的攻击力。

思考与练习

（1）简述云计算的分类及其特点。

（2）简述云服务的3种类型。

（3）简述云计算的主要应用领域及应用方式。

附录 网络维护常见命令的用法

在局域网中，管理员经常使用命令行的方式检查网络连通性、IP地址、主机共享信息、创建用户等。下面介绍一些常见命令的用法及其参数含义等。

1. ping命令

ping命令是Windows系统中集成的一个专用于TCP/IP协议的探测工具，应用于TCP/IP协议的局域或广域网络。当客户端与客户端之间无法正常访问或者网络工作出现各种不稳定的情况时，建议一定要先试试用ping命令来确认并排除问题，而且ping命令还可用于检测网络延时。

用法：

```
ping [-t] [a] [-n count] [-l size] [-f] [-I TTL] [-v TOS] [-r count] [-s count] [[-j host-list] | [-k host-list]]
[-w timeout]
```

参数：

- **-t**：用当前主机不断向目的主机发送测试数据包，直到用户按Ctrl+C组合键终止。
- **a**：ping主机的完整域名，先解析域名的IP地址，再ping该主机。
- **-n count**：指定ping的次数，默认值为4。

实例：

（1）测试逻辑连通性。

可以使用ping命令测试与某台设备之间是否可以通信，如附图1所示。默认为4次。

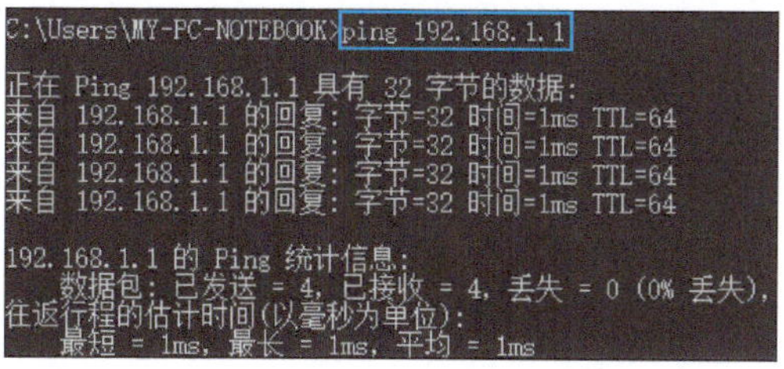

附图1 ping命令测试与某台设备之间是否可以通信

（2）测试DNS服务是否正常。

可以ping网站的域名，检查是否可以访问网站，如附图2所示。使用参数-t，可一直ping，直到使用Ctrl+C组合键停止。

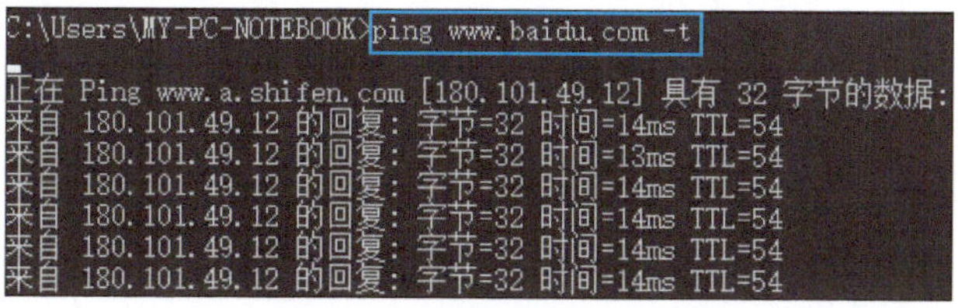

附图2 检查是否可以访问网站

拓展知识

ping的几种返回结果及含义

（1）unknown host（不知名主机）。

该主机名不能被命名服务器转换成IP地址。故障原因可能是命名服务器存在故障或名字不正确，或者网络管理员的系统与远程主机之间存在通信线路故障。

（2）network unreachable（网络不能到达）。

表示本地没有到达对方的路由，可检查路由表来确定路由配置情况。

（3）no answer（无响应）。

说明有一条到达目标的路由，但接收不到它发给远程主机的任何分组报文。这种情况可能是由于远程主机没有工作、本地或远程主机网络配置不正确、本地或远程路由器没有工作、通信线路有故障或远程主机存在路由选择问题等原因。

（4）timeout（超时）。

连接超时、数据包全部丢失。故障原因可能是到路由的连接问题或者路由器不能通过；远程主机关机或死机；远程主机有防火墙，禁止接收数据包等。

ping几种特殊IP的作用

- ping 127.0.0.1：ping不通，表示TCP/IP安装或运行存在问题，可从网卡驱动和TCP/IP协议着手解决问题。
- ping 本地IP：ping不通，说明计算机配置或系统存在问题，可拔下网线再试。如果可以ping通，说明局域网IP冲突了。
- ping 局域网IP：收到回送说明网卡和传输介质正常，若出现问题，说明子网掩码不正确、网卡配置故障、集线设备出现故障或通信线路出现故障。
- ping 网关：能ping通则说明网关路由器接口正常，数据包可以到达路由器。
- ping 外网IP：能ping通则表示网关工作正常，可以连接对端或者因特网。
- ping localhost：localhost是系统保留名，是127.0.0.1的别名，计算机都应该能将该名称解析成IP地址。如果不成功，说明主机Host文件出现问题。
- ping 完整域名：能ping通，说明DNS服务器工作正常且可以解析到对方IP地址，该命令也可以获取域名对应的IP地址。如果不通，可以从DNS方面检查问题。

2. tracert命令

使用该命令可以通过检测数据包经过路由器的相关信息来验证数据包走哪个网关出口。tracert用于跟踪路径，可记录从本地至目的主机所经过的路径和到达时间。利用它，可以准确地知道究竟在本地到目的地之间的哪一环节上发生了故障。每经过一个路由，数据包上的TTL值递减1，当TTL值为0时说明目标地址不可达。

用法：

```
tracert[-d] [-h maximum_hops] [-j hostlist] [-w timeout]
```

参数：

- **-d**：不解析主机名，防止tracert试图将中间路由器的IP地址解析成主机名，起到加速作用。
- **-h maximum_hops**：指定搜索到目标地址的最大条数，默认为30个。
- **-w timeout**：设置超时时间（单位：ms）。

实例：

跟踪路由信息。使用此命令可以查出数据从本地机器传输到目标主机所经过的所有路径信息，如附图3所示，这对了解网络布局和结构很有帮助。

```
C:\Users\MY-PC-NOTEBOOK>tracert www.baidu.com

通过最多 30 个跃点跟踪
到 www.a.shifen.com [180.101.49.12] 的路由:

  1     1 ms     1 ms     1 ms  192.168.1.1
  2     8 ms     3 ms     3 ms  100.97.128.1
  3     3 ms     3 ms     3 ms  58.218.135.65
  4    10 ms    10 ms    18 ms  61.147.1.45
  5     *       14 ms     *     58.213.95.150
  6     *       24 ms     *     58.213.95.86
  7    11 ms    12 ms    14 ms  58.213.96.102
  8     *        *        *     请求超时。
  9     *        *        *     请求超时。
 10     *        *        *     请求超时。
 11    14 ms    14 ms    14 ms  180.101.49.12

跟踪完成。
```

附图3　查出数据到目标主机所经过的所有路径信息

3. ipconfig命令

利用ipconfig命令可以查看网络中TCP/IP协议的有关配置，如IP地址、网关、子网掩码、MAC地址等，还可以重新获取DHCP分配的IP等相关信息。

用法：

```
ipconfig [/all /renew[adapter]/release[adapter]][/displaydns][/flushdns]
```

参数：

- **/all**：显示网络适配器完整的TCP/IP配置信息。不带该参数，只显示IP地址、子网掩码、默认网关等信息；使用该参数，还可显示主机名称、IP路由功能、WINS代理、物理地址、DHCP功能等。适配器可以代表物理接口（如网络适配器等）和逻辑接口（如VPN拨号连接等）。
- **/renew[adapter]**：表示更新所有或指定网络适配器的DHCP设置，为自动获取IP地址的计算机分配IP地址；adapter表示指定网络适配器的名称。
- **/release[adapter]**：释放所有或指定适配器的当前DHCP设置，并丢弃IP地址设置。
- **/displaydns**：显示DNS客户解析缓存的内容，包括本地主机预装载的记录以及最近获取的DNS解析记录。
- **/flushdns**：刷新并重设DNS客户解析缓存的内容。

实例：

（1）查看当前的IP地址，如附图4所示。

```
C:\Users\MY-PC-NOTEBOOK>ipconfig

Windows IP 配置

以太网适配器 以太网:

   连接特定的 DNS 后缀 . . . . . . . :
   本地链接 IPv6 地址. . . . . . . . : fe80::45e:e3ac:14c8:e5be%22
   IPv4 地址 . . . . . . . . . . . . : 192.168.1.121
   子网掩码  . . . . . . . . . . . . : 255.255.255.0
   默认网关. . . . . . . . . . . . . : 192.168.1.1
```

附图4　查看当前的IP地址

（2）释放IP，重新获取IP。

如果DHCP改变可以将当前的IP释放，并重新获取IP，如附图5和附图6所示。

```
C:\Users\MY-PC-NOTEBOOK>ipconfig/release

Windows IP 配置

以太网适配器 以太网:

   连接特定的 DNS 后缀 . . . . . . . :
   本地链接 IPv6 地址. . . . . . . . : fe80::45e:e3ac:14c8:e5be%22
   默认网关. . . . . . . . . . . . . :
```

附图5　释放当前的IP

```
C:\Users\MY-PC-NOTEBOOK>ipconfig/renew

Windows IP 配置

以太网适配器 以太网:

   连接特定的 DNS 后缀 . . . . . . . :
   本地链接 IPv6 地址. . . . . . . . : fe80::45e:e3ac:14c8:e5be%22
   IPv4 地址 . . . . . . . . . . . . : 192.168.1.121
   子网掩码  . . . . . . . . . . . . : 255.255.255.0
   默认网关. . . . . . . . . . . . . : 192.168.1.1
```

附图6　重新获取IP

4. netstat命令

netstat命令可以帮助用户了解网络的整体使用情况。在网络管理过程中，网络管理员最关心的问题应该是如何知道某个主机在运行过程中与哪些远程主机进行了连接，开启了什么端口，是TCP连接还是UDP连接。因为所有的网络攻击都需要借助相应的TCP/UDP端口才能实现，所以，了解本地主机的端口使用情况，了解本地主机与远程主机的连接状态，对于预防各种网络攻击十分必要。

用法：

```
netstat [-a] [-e] [-n] [-s] [-p proto] [-r] [interval]
```

参数：

- **-a**：显示主机的所有连接和监听端口信息，包括TCP及UDP。主要用于获取用户的本地系统开放端口，也可以用于检查本地系统上是否被安装了黑客的后门程序。
- **-e**：显示以太网统计信息。
- **-n**：以数据表格显示地址端口，但不尝试确定名称。
- **-s**：显示每个协议的使用状态（包括TCP、UDP、ICMP及IP协议信息）。
- **-p proto**：显示特定协议的具体使用信息。
- **-r**：显示本机路由表的内容，该参数与route print命令等价。
- **interval**：刷新显示的时间间隔（单位：ms）。

实例：

查看当前开放的端口，并显示PID号，可使用命令“netstat-ano”，如附图7所示。

```
C:\Windows\system32\cmd.exe
Microsoft Windows [版本 10.0.19045.3324]
(c) Microsoft Corporation。保留所有权利。

C:\Users\YSY>netstat -ano

活动连接

  协议  本地地址          外部地址        状态           PID
  TCP    0.0.0.0:135            0.0.0.0:0              LISTENING       1188
  TCP    0.0.0.0:445            0.0.0.0:0              LISTENING       4
  TCP    0.0.0.0:903            0.0.0.0:0              LISTENING       6016
  TCP    0.0.0.0:913            0.0.0.0:0              LISTENING       6016
  TCP    0.0.0.0:1026           0.0.0.0:0              LISTENING       928
  TCP    0.0.0.0:2869           0.0.0.0:0              LISTENING       4
  TCP    0.0.0.0:5040           0.0.0.0:0              LISTENING       5356
  TCP    0.0.0.0:5357           0.0.0.0:0              LISTENING       4
  TCP    0.0.0.0:7890           0.0.0.0:0              LISTENING       8376
  TCP    0.0.0.0:23332          0.0.0.0:0              LISTENING       10148
  TCP    0.0.0.0:49664          0.0.0.0:0              LISTENING       936
  TCP    0.0.0.0:49665          0.0.0.0:0              LISTENING       856
  TCP    0.0.0.0:49666          0.0.0.0:0              LISTENING       1568
  TCP    0.0.0.0:49667          0.0.0.0:0              LISTENING       1676
  TCP    0.0.0.0:49677          0.0.0.0:0              LISTENING       5304
  TCP    127.0.0.1:1001         0.0.0.0:0              LISTENING       4
  TCP    127.0.0.1:1044         127.0.0.1:10809        ESTABLISHED     21852
  TCP    127.0.0.1:1062         127.0.0.1:10809        ESTABLISHED     12916
  TCP    127.0.0.1:1278         127.0.0.1:10809        ESTABLISHED     21852
  TCP    127.0.0.1:1727         127.0.0.1:10809        ESTABLISHED     21852
```

附图7　查看当前开放的端口，显示PID号

5. route print命令

直接使用该命令可查看计算机中的路由表信息，如附图8所示。

```
C:\Users\MY-PC-NOTEBOOK>route print
===========================================================================
接口列表
  3...00 50 56 c0 00 01 ......VMware Virtual Ethernet Adapter for VMnet1
 10...00 50 56 c0 00 08 ......VMware Virtual Ethernet Adapter for VMnet8
  1...........................Software Loopback Interface 1
 22...80 fa 5b 1d ef f1 ......Realtek PCIe GbE Family Controller
===========================================================================

IPv4 路由表
===========================================================================
活动路由:
网络目标        网络掩码          网关       接口   跃点数
          0.0.0.0          0.0.0.0      192.168.1.1    192.168.1.121    200
        127.0.0.0        255.0.0.0            在链路上         127.0.0.1    331
        127.0.0.1  255.255.255.255            在链路上         127.0.0.1    331
  127.255.255.255  255.255.255.255            在链路上         127.0.0.1    331
      192.168.1.0    255.255.255.0            在链路上     192.168.1.121    356
    192.168.1.121  255.255.255.255            在链路上     192.168.1.121    356
    192.168.1.255  255.255.255.255            在链路上     192.168.1.121    356
     192.168.10.0    255.255.255.0            在链路上      192.168.10.1    291
     192.168.10.1  255.255.255.255            在链路上      192.168.10.1    291
   192.168.10.255  255.255.255.255            在链路上      192.168.10.1    291
     192.168.80.0    255.255.255.0            在链路上      192.168.80.1    291
     192.168.80.1  255.255.255.255            在链路上      192.168.80.1    291
   192.168.80.255  255.255.255.255            在链路上      192.168.80.1    291
        224.0.0.0        240.0.0.0            在链路上         127.0.0.1    331
        224.0.0.0        240.0.0.0            在链路上     192.168.1.121    356
        224.0.0.0        240.0.0.0            在链路上      192.168.10.1    291
        224.0.0.0        240.0.0.0            在链路上      192.168.80.1    291
  255.255.255.255  255.255.255.255            在链路上         127.0.0.1    331
  255.255.255.255  255.255.255.255            在链路上     192.168.1.121    356
  255.255.255.255  255.255.255.255            在链路上      192.168.10.1    291
  255.255.255.255  255.255.255.255            在链路上      192.168.80.1    291
===========================================================================
永久路由:
```

附图8　查看计算机中的路由表信息

参考文献

[1] 刘永华,张秀洁.局域网组建、管理与维护[M].3版.北京:清华大学出版社,2018.

[2] 宋一兵.局域网组建与维护项目式教程[M].3版.北京:人民邮电出版社,2019.

[3] 高良诚.局域网组建与管理项目教程[M].2版.北京:中国水利水电出版社,2017.

[4] 蔺玉珂,王波.无线局域网组建与优化:HCIA-WLAN:微课版[M].北京:人民邮电出版社,2022.

[5] 杨海军.局域网组建实训教程:交换机和路由器配置[M].北京:中国建材工业出版社,2021.

[6] 李建林,史律.局域网交换机和路由器的配置与管理[M].2版.北京:电子工业出版社,2020.